JN172883

大学入試シリーズ

466

大阪医科薬科大学

薬学部

教学社

はしがき

長引くコロナ禍による社会の停滞や，突如勃発した悲惨な戦争の報道を目の当たりにして，人類は疫病と戦争の脅威をいまだ克服できていなかったことを思い知らされ，無力感を覚える人も多いのではないかと思います。こうした混沌とした時代にあって，自分自身がこの先どのように生きていくか，将来何を成し遂げたいかを，自分の内面を見つめ直しながら，じっくりと考えてほしいと思います。

自分がよりよく生きるため，目標を達成するために努力をするのはもちろんのことですが，社会の中で自分の力をいかに役立てられるか，貢献できるかを考えることもまた大切なことです。幕末の思想家・教育家である吉田松陰は，「初一念（しょいちねん），名利のために初めたる学問は，進めば進むほど，その弊著（へいあら）われ，博学宏詞（こうし）をもってこれを粉飾すといえども，ついにこれを掩（おお）うこと能（あた）わず」と説いています。名声や利益のための学問は，やがて弊害が出てきて，どんなに広い知識や多い言葉で飾っても誤魔化すことはできないということです。このような先行き不透明な時代だからこそ，自己の利益だけを追求するのではなく，まわりの人の幸福や社会の発展のために，学んだことを生かせるように心がけたいものです。

また，晴れて志望する大学に合格できたとしても，その成功に慢心してしまってはいけません。大学受験はあくまでも通過点であって，自己の研鑽と学問や真理の探究は一生続いていくものです。将来何を成し遂げるかは，一日一日をいかに取り組むかにかかっています。たとえすぐに実を結ばなかったとしても，新しいことに挑戦した経験が，その後の人生で支えになることもあります。幾多の試練や難題を乗り越えて，栄冠を勝ち取られることを心より願っています。

＊　＊　＊

本書刊行に際しまして，入試問題や資料をご提供いただいた大学関係者各位，掲載許可をいただいた著作権者の皆様，各科目の解答や対策の執筆にあたられた先生方に，心より御礼を申し上げます。

編者しるす

赤本とは…

受験生のための大学入試の過去問題集！

60年以上の歴史を誇る赤本は，600点を超える刊行点数で全都道府県の370大学以上を網羅しており，過去問の代名詞として受験生の必須アイテムとなっています。

Q. なぜ受験に過去問が必要なの？

A. 大学入試は大学によって問題形式や頻出分野が大きく異なるからです。

マーク式か記述式か，試験時間に対する問題量はどうか，基本問題中心か応用問題中心か，論述問題や計算問題は出るのか――これらの出題形式や頻出分野などの傾向は大学によって違うので，とるべき対策も大学によって違ってきます。
出題傾向をつかみ，その大学にあわせた対策をとるために過去問が必要なのです。

赤本で志望校を研究しよう！

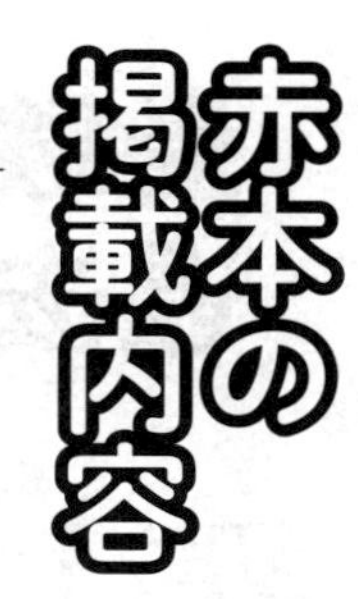

赤本の掲載内容

傾向と対策

これまでの出題内容から，問題の**「傾向」**を分析し，
来年度の入試にむけて具体的な**「対策」**の方法を紹介しています。

問題編・解答編

年度ごとに問題とその解答を掲載しています。
「問題編」ではその年度の試験概要を確認したうえで，実際に出題された過去問に取り組むことができます。
「解答編」には高校・予備校の先生方による解答が載っています。

ページの見方

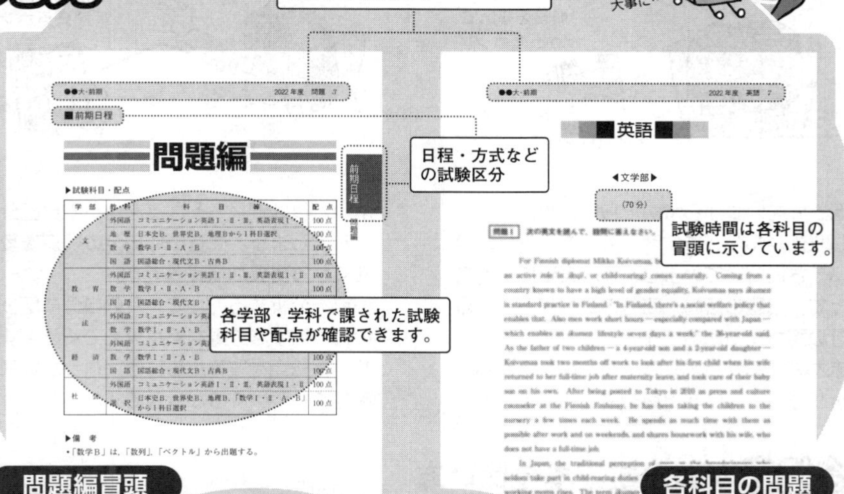

ページの上部に年度や日程，科目などを示しています。見たいコンテンツを探すときは，この部分に注目してください。
ギュ
ホンを…大事に…
●●大-前期
2022年度 問題 3
■前期日程
問題編
前期日程
日程・方式などの試験区分
▶試験科目・配点
各学部・学科で課された試験科目や配点が確認できます。
●●大-前期
2022年度 英語 7
英語
◀文学部▶
(70分)
試験時間は各科目の冒頭に示しています。
問題編冒頭
各科目の問題

他にも赤本によって，大学の基本情報や，先輩受験生の合格体験記，在学生からのメッセージなどが載っています。

● 掲載内容について ●

著作権上の理由やその他編集上の都合により問題や解答の一部を割愛している場合があります。なお，指定校推薦入試，社会人入試，編入学試験，帰国生入試などの特別入試，英語以外の外国語科目，商業・工業科目は，原則として掲載しておりません。また試験科目は変更される場合がありますので，あらかじめご了承ください。

受験勉強は過去問に始まり，過去問に終わる。

STEP 1 まずは解いてみる

なにはともあれ

しずかに…
今，自分の心と
向き合ってるんだから
ムーン
それは
問題を解いて
からだホン!

過去問をいつから解いたらいいか悩むかもしれませんが，まずは一度，**できるだけ早いうちに**解いてみましょう。**実際に解くことで，出題の傾向，問題のレベル，今の自分の実力がつかめます。**
赤本の「傾向と対策」にも，詳しい傾向分析が載っています。必ず目を通しましょう。

STEP 2 弱点を分析する

じっくり具体的に

分析の結果だけど
英・数・国が苦手みたい
スリー
必須科目だホン
頑張るホン

解いた後は，ノートなどを使って自己分析をしましょう。**間違いは自分の弱点を教えてくれる貴重な情報源です。**
弱点を分析することで，今の自分に足りない力や苦手な分野などが見えてくるはずです。合格点を取るためには，こうした弱点をなくしていくのが近道です。

合格者があかす赤本の使い方

傾向と対策を熟読
(Fさん／国立大合格)

大学の出題傾向を調べることが大事だと思ったので，赤本に載っている「傾向と対策」を熟読しました。解答・解説もすべて目を通し，自分と違う解き方を学びました。

目標点を決める
(Yさん／私立大合格)

赤本によっては合格者最低点が載っているものもあるので，まずその点数を超えられるように目標を決めるのもいいかもしれません。

時間配分を確認
(Kさん／公立大合格)

過去問を本番の試験と同様の時間内に解くことで，どのような時間配分にするか，どの設問から解くかを決めました。

過去問を解いてみて，まずは自分のレベルとのギャップを知りましょう。
それを克服できるように学習計画を立て，苦手分野の対策をします。
そして，また過去問を解いてみる，というサイクルを繰り返すことで効果的に学習ができます。

STEP 3 重点対策をする

志望校にあわせて

分析した結果をもとに，参考書や問題集を活用して**苦手な分野の重点対策**をしていきます。赤本を指針にして，何をどんな方法で強化すればよいかを考え，**具体的な学習計画を立てましょう**。
「傾向と対策」のアドバイスも参考にしてください。

STEP 1▸2▸3… 実践を繰り返す

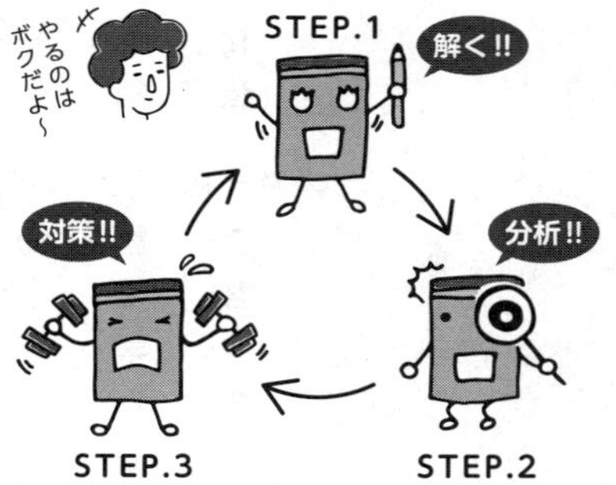

ステップ１～３を繰り返し，足りない知識の補強や，よりよい解き方を研究して，実力アップにつなげましょう。
繰り返し解いて**出題形式に慣れること**や，試験時間に合わせて**実戦演習を行うこと**も大切です。

添削してもらう
(Sさん／国立大合格)

記述式の問題は自分で採点しにくいので，先生に添削してもらうとよいです。人に見てもらうことで自分の弱点に気づきやすくなると思います。

繰り返し解く
(Tさん／国立大合格)

１周目は問題のレベル確認程度に使い，２周目は復習兼頻出事項の見極めとして，３周目はしっかり得点できる状態を目指して使いました。

他学部の過去問も活用
(Kさん／私立大合格)

自分の志望学部の問題はもちろん，同じ大学の他の学部の過去問も解くようにしました。同じ大学であれば，傾向が似ていることが多いので，これはオススメです。

目次

University Guide
大学情報

大学の基本情報

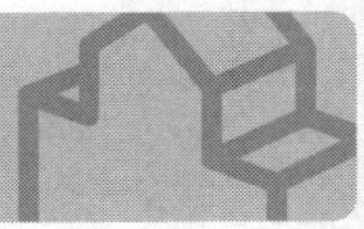

学部・学科の構成

大　学

医学部　本部キャンパス

医学科

看護学部　本部北キャンパス

看護学科

薬学部　阿武山キャンパス

薬学科

大学院

医学研究科 / 看護学研究科 / 薬学研究科

大学所在地

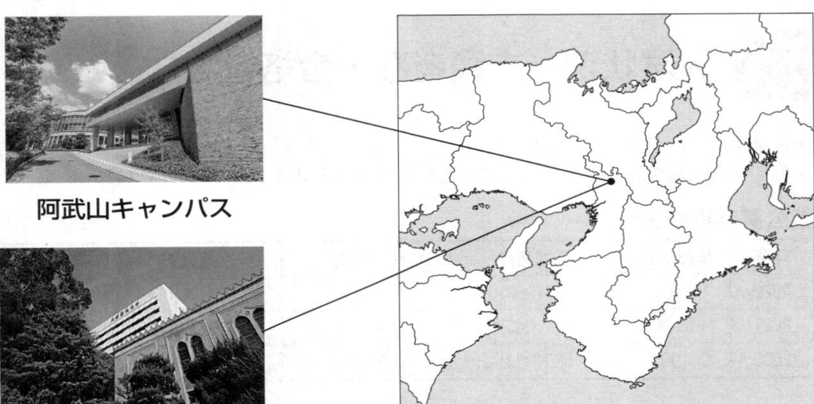

阿武山キャンパス　〒569-1094　大阪府高槻市奈佐原４丁目 20 番１号
本部キャンパス　〒569-8686　大阪府高槻市大学町２番７号

入試データ

入試状況（志願者数・合格者数など）

- 競争率は受験者数÷合格者数で算出。
- 個別学力試験を課さない大学入学共通テスト利用入試は１カ年分のみ掲載。

公募制推薦入試

（　）内は女子内数

年度	募集人員	志願者数	受験者数	合格者数	競争率
2022	90	375(260)	375(260)	227(163)	1.7
2021	90	387(245)	387(245)	193(130)	2.0
2020	90	590(384)	588(382)	239(169)	2.5

一般入試Ａ

（　）内は女子内数

年度	募集人員	志願者数	受験者数	合格者数	競争率
2022	100	675(443)	651(427)	321(224)	2.0
2021	100	631(396)	613(384)	314(214)	2.0
2020	100	790(491)	766(477)	359(235)	2.1

一般入試Ｂ

（　）内は女子内数

年度	募集人員	志願者数	受験者数	合格者数	競争率
2022	50	538(342)	377(234)	161(96)	2.3
2021	50	447(277)	339(211)	158(92)	2.1
2020	50	562(360)	434(275)	116(78)	3.7

大学入学共通テスト利用入試

（　）内は女子内数

年度	募集人員	志願者数	受験者数	合格者数	競争率
2022	14	373(259)	371(258)	177(131)	2.1

合格最低点

公募制推薦入試

配点は理科（化学，生物から１科目）100 点，外国語（英語），数学（Ⅰ・Ⅱ・A・B〈数列・ベクトル〉）各 75 点，調査書 25 点の計 275 点満点。

年　度	2022	2021	2020
最　低　点	164.0	174.5	156

一般入試A・B

配点は，Aが理科（化学，生物から１科目）150 点，外国語（英語），数学（Ⅰ・Ⅱ・A・B〈数列・ベクトル〉）各 100 点の計 350 点満点，Bが 2020 年度は理科（化学，生物から１科目），外国語（英語），数学（Ⅰ・Ⅱ・A・B〈数列・ベクトル〉）各 100 点の計 300 点満点，2021・2022 年度は化学 100 点，数学（Ⅰ・Ⅱ・A・B〈数列・ベクトル〉），生物から１科目 100 点，外国語（英語）100 点の計 300 点満点。

年　度	2022		2021		2020	
最　低　点	A	232	A	212	A	230
	B	207	B	174	B	208

大学入学共通テスト利用入試

2020 年度の配点は理科（化学必須，物理，生物から１科目），外国語（英語，リスニング含む），数学（Ⅰ・A，Ⅱ・B）各 200 点の計 600 点満点。なお，英語は記述式 200 点満点とリスニング 50 点満点の合計得点を 200 点満点に換算。

2021・2022 年度の配点は理科（化学），外国語（英語，リスニング含む），数学（Ⅰ・A，Ⅱ・B）各 200 点の計 600 点満点。なお，化学は 100 点満点を 200 点満点に換算，英語はリーディング 100 点とリスニング 100 点の合計。

年　度	2022	2021	2020
最　低　点	367	420	424.4

募集要項（出願書類）の入手方法

Web 出願が導入されています。募集要項は，９月中旬からホームページでダウンロードが可能になります。

問い合わせ先

大阪医科薬科大学　入試・広報課（薬学部）
電話　(072)690-1019　　FAX　(072)690-1058
e-mail　p-e-exam@ompu.ac.jp
〒569-1094　大阪府高槻市奈佐原 4-20-1 阿武山キャンパス
ホームページ　https://www.ompu.ac.jp/

Trend & Steps

傾向と対策

傾向と対策を読む前に

科目ごとに問題の「傾向」を分析し，具体的にどのような「対策」をすればよいか紹介しています。まずは出題内容をまとめた分析表を見て，試験の概要を把握しましょう。

■注意

「傾向と対策」で示している，出題科目・出題範囲・試験時間等については，2022 年度までに実施された入試の内容に基づいています。2023 年度入試の選抜方法については，各大学が発表する学生募集要項を必ずご確認ください。

また，新型コロナウイルスの感染拡大の状況によっては，募集期間や選抜方法が変更される可能性もあります。各大学のホームページで最新の情報をご確認ください。

英　語

年度		番号	項目	内容
2022	推薦	〔1〕	読解	空所補充，内容説明，英文和訳
		〔2〕	文法・語彙	空所補充
		〔3〕	発音	アクセント
		〔4〕	文法・語彙	空所補充
		〔5〕	文法・語彙	語句整序
	一般A	〔1〕	読解	同意表現，空所補充，内容説明，英文和訳
		〔2〕	読解	空所補充，語句意，内容説明，英文和訳
		〔3〕	発音	アクセント
		〔4〕	文法・語彙	語句整序
	一般B	〔1〕	読解	語句意，内容説明，英文和訳，空所補充，内容真偽
		〔2〕	文法・語彙	空所補充
		〔3〕	発音	アクセント
		〔4〕	文法・語彙	共通語による空所補充
		〔5〕	文法・語彙	語句整序
2021	推薦	〔1〕	読解	内容説明，英文和訳，空所補充，和文英訳
		〔2〕	文法・語彙	空所補充
		〔3〕	発音	アクセント
		〔4〕	文法・語彙	空所補充
	一般A	〔1〕	読解	内容説明，語形変化，英文和訳
		〔2〕	読解	空所補充，英文和訳
		〔3〕	英作文	和文英訳
	一般B	〔1〕	読解	内容説明，英文和訳，空所補充
		〔2〕	文法・語彙	空所補充
		〔3〕	発音	アクセント
		〔4〕	文法・語彙	共通語による空所補充
		〔5〕	英作文	和文英訳

2020	推薦	〔1〕	読　　解	英文和訳，内容説明，空所補充
		〔2〕	文法・語彙	空所補充
		〔3〕	文法・語彙	誤り指摘
		〔4〕	文法・語彙	空所補充
		〔5〕	英 作 文	和文英訳
	一般A	〔1〕	読　　解	英文和訳，空所補充
		〔2〕	読　　解	内容説明，英文和訳，語句整序
		〔3〕	英 作 文	和文英訳
	一般B	〔1〕	読　　解	語句意，内容説明，英文和訳
		〔2〕	文法・語彙	空所補充
		〔3〕	文法・語彙	誤り指摘
		〔4〕	文法・語彙	空所補充
		〔5〕	英 作 文	和文英訳

▶読解英文の主題

年　度		番号	主　　題
2022	推薦	〔1〕	夢をあきらめざるを得ない日本のヤングケアラー
	一般A	〔1〕	家で育児をする父親
		〔2〕	絶滅危惧種での最初のクローン
	一般B	〔1〕	気候の危機は子どもの権利の危機
2021	推薦	〔1〕	文化の違い
	一般A	〔1〕	音楽は世界の共通言語
		〔2〕	ウェアラブル端末と COVID-19
	一般B	〔1〕	睡眠と記憶
2020	推薦	〔1〕	知識の錯覚
	一般A	〔1〕	医師と患者のモバイルアプリ
		〔2〕	ピアノ演奏の恩恵
	一般B	〔1〕	外国人が日本で家を賃借するとき

傾　向　背景知識を含めた読解力と幅広い文法的知識・語彙力が試される

1　出題形式は？

推薦入試は試験時間 60 分，大問数は 4，5 題，一般入試 A は試験時間 75 分，大問数は 3，4 題，一般入試 B は試験時間 75 分，大問数は 5 題である。いずれの入試も解答は記述式と選択式の併用で，文法・語彙問題，発音問題は主に選択式，読解問題の英文和訳や内容説明，英作文問題などは記述式となっている。また，2022 年度はいずれの入試も英作文問題が出題されず，選択式の語句整序となった。

2　出題内容はどうか？

〈推薦入試〉

読解問題：長文のテーマは社会，経済，科学など多岐にわたっている。設問は，空所補充，内容説明，英文和訳などである。

文法・語彙問題：空所補充では，類義語の判別，イディオムや重要構文の知識などが問われている。空所補充以外では，文法上の誤り指摘の問題が出題されていたが，2021 年度以降はなくなり，2022 年度には語句整序が新たに出題された。

発音問題：2021・2022 年度に，単語の第 1 アクセントを問う問題が 10 問出題されている。

英作文問題：2020 年度までは独立した大問として出題され，2021 年度は読解問題の設問の一部として出題されていたが，2022 年度は出題されなかった。

〈一般入試 A〉

読解問題：例年 2 題の出題である。長文のテーマは時事的・文化的なもの，ここ数年間に話題になったものが多い。科学的・生物学的な素養を必要とする問題も出題されている。設問は，英文和訳，空所補充，内容説明，同意表現，語形変化，語句整序などである。

文法・語彙問題：2022 年度は新たに語句整序が出題された。

発音問題：2022 年度は新たに単語の第 1 アクセントを問う問題が 10 問出題された。

英作文問題：2020・2021 年度は 4 問出題されていたが，2022 年度は出題されなかった。日本語の文章の意味をしっかり把握し，英語にしやすい表現に言い換えて英訳する練習が必要である。

〈一般入試B〉

読解問題：長文のテーマは，社会（一般）に関するもの，生物学的な内容のものなどである。設問は，空所補充，英文和訳，内容説明などが中心である。2022 年度は内容真偽も出題された。

文法・語彙問題：空所補充形式で語彙力や文法的な知識を問うものである。文法上の誤りを指摘する問題も出題されていたが，2021・2022 年度は出題されていない。

発音問題：2021・2022 年度には，単語の第 1 アクセントを問う問題が 10 問出題されている。

英作文問題：2020・2021 年度は 4 問出題されていたが，2022 年度は出題されなかった。取り上げられる文章は基本的な語句，イディオム，文法の知識が要求されるものである。英訳するには工夫が必要なこともある。

3 難易度は？

推薦入試：読解問題に関しては，使用されている語彙や文法・語法について難度の高いものが見受けられる。文法・語彙問題は，例年，基本的なものが中心であり，問題のレベルとしてはやや易～標準程度といえよう。英作文問題は，構文・文法の知識が必要であり，難度は高い。

一般入試A：読解問題については，科学的・生物学的な素養を身につけておかないと，とまどうかもしれない。ただ，使用されている語彙や文法は，基本的にはそれほど難しくない。英作文問題に関しては，基本的な表現を間違いなく用いることができるようにしておく必要がある。難度は標準である。

一般入試B：読解問題については，全体的にやや易～標準程度。文法・語彙問題に関しては，例年，語句や熟語の基本的な内容になっており，難解なものはみられない。2020 年度までの誤りを指摘する問題も，非常に基本的なものが出題されていた。英作文問題については，前述の一般入試Aと同様であり，難度は標準である。

対　策

❶　読解問題

英文の内容としては，専門的な論説文が多いが，社会問題や一般教養に関する文章など，幅広く取り上げられているので，自然科学や生物，医学に関する書物や文章はもちろん，さまざまなジャンルの英文に親しんでおくべきだろう。限られた時間内で内容を理解するためには，大まかな意味の把握がポイントとなるので，語の意味をある程度文意から推測しながら読み進める力も必要である。

設問の中心は，空所補充，英文和訳，内容説明であるので，問題集や過去問で，こうした問題の演習を重ねておこう。特に頻出の英文和訳に関しては重点的に練習をしておこう。語の意味や用いられている構文を，正確かつていねいに解読し，背景知識も活用しつつ，前後の文との関係を考え，論理的な筋道が成り立つような訳を心がける必要がある。また，英文和訳には頻出のイディオムや重要構文などが含まれていることが多いので，熟語・構文集を活用して練習しておきたい。

❷　英作文問題

英作文については，文法・語法・構文に関する正確で豊富な知識が要求される。また，やや専門的な語彙が必要となる場合があるので，頻出の基本語句にとどまらず，特に医薬系の特徴的な表現は知っておく必要があるだろう。そのためにも，過去の問題を十分に復習してほしい。あわせて『医歯薬系の英単語』（教学社）などで語彙力を増強するとよいだろう。さらに英作文では，与えられた和文を，文意を損なうことなく，どれだけ平易にとらえ直せるかが重要なカギとなる。したがって，日本語の力も必要不可欠である。短めの論説文などを読み，その主旨や主張を要約する練習が効果的である。2022 年度は出題されなかったが，準備はしておこう。

❸　文法・語彙問題

読解問題も含めて，語彙・イディオムに関する設問が多い。それぞれの難度はそれほど高くはないので，ここでの取りこぼしは合否に大きく影響するだろう。空所補充，共通語による空所補充，派生語，語句整序，誤り指摘など，さまざまな形式に対応するために，標準的な問題集はもちろんであるが，やや難度の高い問題集も使って数をこなし，きっちりと押さえておく必要がある。

4 発音（アクセント）問題

教科書などの教材を用いて，その英文を繰り返し声を出して読み，単語のアクセントを身体で覚える必要がある。一朝一夕にはできないので，日頃の努力が肝要である。

数　学

年度		番号	項目	内容
2022	推薦	〔1〕	小問3問	(1)分母の有理化，２次方程式の決定 (2)余事象の確率 (3)極大値と極小値の和が与えられた３次関数の決定
		〔2〕	小問3問	(1)絶対値を含む方程式 (2)三角関数と不等式 (3)放物線と面積
		〔3〕	図形と方程式，対数関数，数列	円と接線，対数関数で表された数列
	一般A	〔1〕	小問4問	(1)３次関数の最大値 (2)三角関数の値 (3)自然数の組数 (4)２直線の交点の位置ベクトル
		〔2〕	小問4問	(1)絶対値を含む不等式 (2)対数の大小 (3)球面の方程式 (4)袋から玉を取り出す試行における条件付き確率
		〔3〕	微・積分法，数列，対数関数	放物線と接線の方程式，放物線と直線で囲まれた図形の面積，等差数列，対数の計算
	一般B	〔1〕	小問3問	(1)２次方程式の解と係数の関係 (2)５つの文字の並べ方 (3)三角関数の値
		〔2〕	小問4問	(1)指数不等式 (2)円の接線の方程式 (3)対数方程式 (4)三角形の面積
		〔3〕	微・積分法，数列	３次曲線と接線で囲まれる図形の面積，数列の和
2021	推薦	〔1〕	小問4問	(1)２次方程式の解 (2)与えられた条件を満たす順列の個数 (3)連立不等式を満たす整数解の個数 (4)２直線の交点の位置ベクトル
		〔2〕	小問3問	(1)絶対値を含む不等式 (2)３次関数の決定 (3)対数方程式
		〔3〕	三角関数，積分法	三角形の面積と三角関数，放物線と x 軸で囲まれる図形の面積
	一般A	〔1〕	小問4問	(1)２次方程式の２解と式の値 (2)定積分を含む関数の決定 (3)垂直な２つのベクトル (4)重複順列
		〔2〕	小問4問	(1)放物線が x 軸の負の部分の異なる２点で交わるための条件 (2)対数の大小 (3)３次関数のグラフと接線で囲まれる図形の面積 (4)三角関数と三角形
		〔3〕	図形と方程式，数列	直線と円の方程式，等比数列，不等式を満たす自然数
	一般B	〔1〕	小問4問	(1)整数解の個数 (2)順列の総数 (3)与えられた極値をもつ３次関数 (4)定積分の値を最小にする定数の決定
		〔2〕	小問4問	(1)連立不等式 (2)三角形の重心が描く軌跡 (3)三角方程式，与えられた個数の実数解をもつ方程式の決定 (4)垂線の位置ベクトル
		〔3〕	対数関数，積分法	対数計算，２つの放物線で囲まれる部分の面積

年度	区分	番号	項目	内容
2020	推薦	〔1〕	小問4問	(1)定積分と関数の決定　(2)与えられた直線と異なる2点で交わるような放物線の決定　(3)ベクトルと線分の長さ　(4)指数関数と対数関数
		〔2〕	小問3問	(1)指数不等式　(2)三角不等式　(3)自然数の列から4の倍数を除いて得られる数列
		〔3〕	微分法，図形と計量	3次関数のグラフと接線の方程式，三角形の面積比と外接円の半径
	一般A	〔1〕	小問4問	(1)小数部分と式の値　(2)三角関数と式の値　(3)対数不等式　(4)空間におけるベクトルの内積と三角形の面積
		〔2〕	小問4問	(1)絶対値を用いた方程式　(2)2次方程式の解の存在範囲　(3)遺伝子診断と確率　(4)指数関数と最小値
		〔3〕	数列，微・積分法	2つの等差数列の積で表された数列とその和，3次曲線と接線の方程式，面積
	一般B	〔1〕	小問4問	(1)定積分の計算　(2)解が与えられている2次不等式の決定　(3)同じものを含む順列　(4)ベクトル
		〔2〕	小問4問	(1)三角比　(2)2直線の交点の軌跡　(3)式の値　(4)対数不等式と指数不等式
		〔3〕	微分法，数列	3次関数と接線の方程式，2つの等比数列の共通部分と和集合

傾向　基本～標準レベルの問題がほぼ全範囲から出題

1　出題形式は？

推薦入試，一般入試とも大問3題で，試験時間は，推薦入試が60分，一般入試が75分。大問は異なる分野の小問で構成されることが多いが，相互に関連した内容の小問で構成される大問も出題されている。解答の形式は，2021・2022年度は答えのみを記し，計算過程を示す必要はなかったが，2020年度では計算過程を示す問題が1問出題されている（推薦入試〔2〕(1)）。また，2020年度一般入試Bでは短い文を完成させる形式のものも出題されている。

2　出題内容はどうか？

出題範囲は，「数学Ⅰ・Ⅱ・A・B（数列，ベクトル）」である。

推薦・一般入試ともに偏りなく，ほぼ全範囲から出題されている。小問集合以外の問題では，微・積分法，図形と方程式，数列からの出題が目立つ。

3　難易度は？

基本～標準レベルの問題が出題されている。また，いずれの試験でも少なくとも1題は，計算力・思考力を必要とする問題が出題されている。

教科書を中心として，標準的な受験用の問題集などで，繰り返し演習すれば十分に対応できるだろう。

対　策

1　基本事項の完全な理解

教科書やその傍用問題集を中心とした学習により，基本事項を完全に自分のものにしておきたい。定義・定理・公式を問う問題も出題されることがあるので，その導き方・意味だけでなく，背景や相互の関連などを含めて幅広く理解し，確実に使いこなせるようにしておくこと。

2　偏りのない実力の養成

ほぼ全範囲からの出題であるので，どの分野にも力を入れて，偏りのない実力を養成しておくことが必要である。特に確率，微・積分法，図形と方程式，数列，ベクトルなどの分野については，得意分野になるまで実力を高めておきたい。

3　答え（結果）のみを記す問題への対応

空所補充形式や答え（結果）のみを記す出題がほとんどである。細かい条件の見落としや，計算ミスなどをしないようにするとともに，転記ミスをしない細心の注意力も必要であり，日頃の問題演習の中で十分に養成しておきたい。

4　計算力・思考力の養成

計算力・思考力を必要とする問題が出題されているので，基本事項のマスター，空所補充問題の演習とあわせて，やや難レベルの問題演習も取り入れ，計算力・思考力を養っておこう。

化　学

年　度		番号	項　　目	内　　容
2022	推薦	〔1〕	理論・有機	原子の構造，コロイド溶液，水の状態図，熱化学方程式，炭化水素の構造式 ⇨計算
		〔2〕	理　論	気体の反応，気体の法則 ⇨計算
		〔3〕	理　論	NaClO 水溶液の性質と漂白剤の濃度測定 ⇨計算
		〔4〕	理　論	CH_3COOH と CH_3COONa 混合水溶液の性質 ⇨計算
		〔5〕	無機・理論	金属の性質・合金 ⇨計算
		〔6〕	有　機	芳香族化合物の検出方法と反応
	一般A	〔1〕	理論・有機	元素の周期表，酸化還元反応，分子間力，熱化学方程式，水溶液の pH，気体反応，炭化水素の性質 ⇨計算
		〔2〕	無　機	金属イオンの推定
		〔3〕	理　論	希薄溶液の蒸気圧 ⇨計算
		〔4〕	理　論	気体反応と化学平衡 ⇨計算
		〔5〕	理　論	NaOH 水溶液と $CuSO_4$ 水溶液の電気分解 ⇨計算
		〔6〕	有　機	C_5H_{10} のアルケンの構造推定
	一般B	〔1〕	理論・有機	元素の性質，アンモニウムイオン，金属の性質，金属結晶，H_2SO_4 の製造，熱化学方程式，$C_4H_{10}O$ の異性体 ⇨計算
		〔2〕	理　論	凝固点降下の測定と冷却曲線 ⇨論述・計算
		〔3〕	理　論	中和滴定による食酢中の酢酸濃度の測定 ⇨計算
		〔4〕	理　論	H_2O_2 の分解反応の速さ ⇨計算
		〔5〕	無　機	Cl_2 の実験室での生成方法 ⇨論述
		〔6〕	有　機	芳香族化合物の混合物の分離
	推薦	〔1〕	総　合	原子やイオンの大きさ，金属の性質，イオン結合の表し方，熱化学方程式，水溶液の pH，有機化合物の性質，キップの装置の仕組み ⇨計算・論述
		〔2〕	無　機	遷移元素の特徴
		〔3〕	理　論	酸化還元反応の反応式 ⇨計算
		〔4〕	理　論	気体の水への溶解 ⇨計算
		〔5〕	理　論	NaOH と Na_2CO_3 の混合物の中和滴定 ⇨計算
		〔6〕	有　機	$C_5H_{12}O$ の構造決定

年度	区分	番号	分野	内容
2021	一般A	〔1〕	総　合	混合物の分離，オキソニウムイオンの成り立ち，ハロゲンの単体・化合物の性質，反応速度，有機化合物の反応　⇨論述・計算
		〔2〕	無　機	酸化物の種類と性質
		〔3〕	理　論	蒸気圧曲線と気体の法則　⇨計算
		〔4〕	理　論	ダニエル電池の特徴　⇨論述・計算
		〔5〕	理　論	弱酸・強塩基の中和反応中の pH　⇨計算
		〔6〕	理　論	NH_3 の工業的製法と化学平衡　⇨計算
		〔7〕	有　機	$C_{17}H_{22}O_6$ の構造決定
	一般B	〔1〕	総　合	コロイド溶液，結晶の性質，塩基の水溶液の pH，HNO_3 の工業的製造法，$C_4H_{10}O$ の異性体，酸化還元反応　⇨計算
		〔2〕	無　機	元素記号にCが含まれる元素の単体の反応
		〔3〕	理　論	反応熱・結合エネルギーの熱化学方程式　⇨計算
		〔4〕	理　論	水の飽和蒸気圧と気体の法則　⇨計算
		〔5〕	理　論	難溶性塩の水溶液中での溶解平衡　⇨計算
		〔6〕	有　機	$C_9H_{11}NO_2$ の芳香族化合物の構造決定
2020	推薦	〔1〕	総　合	同位体，二酸化硫黄の性質，分子の形，脂肪族炭化水素，浸透圧，混合気体と蒸気圧　⇨計算
		〔2〕	理　論	中和滴定実験　⇨計算
		〔3〕	理　論	反応速度と活性化エネルギー　⇨計算
		〔4〕	無　機	遷移元素の性質　⇨論述
		〔5〕	理　論	水溶液の電気分解　⇨計算
		〔6〕	有　機	芳香族化合物の構造決定
	一般A	〔1〕	総　合	結晶の分類，周期律，カルシウム化合物，水溶液のpH，固体の溶解度，比熱計算，結晶格子，単分子膜法，タンパク質の検出反応　⇨計算
		〔2〕	理　論	酸化還元滴定実験　⇨計算・論述
		〔3〕	理　論	化学平衡　⇨計算・論述
		〔4〕	無　機	両性元素の性質
		〔5〕	有　機	脂肪族エステル化合物の構造決定
	一般B	〔1〕	総　合	状態変化，化学反応とエネルギー，結合エネルギー，鉛蓄電池，アンモニアソーダ法，糖類の性質　⇨計算
		〔2〕	理　論	凝固点降下　⇨計算
		〔3〕	無　機	ハロゲンの性質　⇨論述
		〔4〕	理　論	アンモニア水の電離平衡　⇨計算
		〔5〕	有　機	アゾ染料の合成

傾　向

幅広い範囲からの出題
総合的な知識と計算力が試される

1　出題形式は？

推薦入試は大問６題の出題で試験時間75分，一般入試Ａは大問５～７題の出題で試験時間90分，一般入試Ｂは大問５，６題の出題で試験時間75分である。

解答形式は，推薦・一般入試とも，記述式が中心で，論述問題や計算問題も頻出である。年度によっては，グラフの読み取り問題なども出題されている。過去には描図問題も出題された。

2　出題内容はどうか？

出題範囲は「化学基礎，化学」である。

大問数が比較的多く，小問集合形式の大問もあることから，幅広い項目からの出題となっている。理論分野からの出題が多く，無機・有機分野の内容であっても総合的な知識が試される。結晶の密度，気体の法則，熱化学，物質量，濃度計算は必須である。さらに，中和滴定・酸化還元滴定は，実験器具を含めて得点源にしたい分野である。電気分解，陽イオン分析，電離平衡，化学平衡，反応速度からの出題が多いので注意したい。

3　難易度は？

難問・奇問はみられず，標準問題中心の出題である。一般的な問題集より工夫された問題もみられるので，内容をしっかり理解する学習が重要であろう。計算問題と有機化合物の構造決定・反応経路に関しては，特に習熟度を高める必要がある。また，ほぼ全範囲からの出題であり，幅広い学習が要求される。論述問題の出題もあり，解答を簡潔にまとめる学習も重要であろう。

対　策

1　理　論

理論分野では計算問題の出題が多いので，しっかりと対策をとっておきたい。例年，水の蒸気圧を考慮する混合気体，溶液の pH，２段階滴定や逆滴定，酸化還元滴定，反応速度，化学平衡などの難度の高い問題が出題されているので，標準からやや難しめの問題集を使って数をこなしておこう。計算の際には電卓を用いず，必ず筆算で解くこと。また，式を立てる際は単位に気をつけることで，ミスを減らすことができるだろう。電池では，ダニエル電池，鉛蓄電池，燃料電池は押さえておきたい。

2 無 機

陽イオン分析は実験手順・操作を含めて理解しておきたい。生じたイオンや沈殿の色，錯イオンの形なども整理しておくこと。気体の発生は化学反応式だけではなく，発生装置，気体の乾燥剤，検出反応についても押さえておく必要がある。また，無機工業分野のアンモニアソーダ法，ハーバー・ボッシュ法やオストワルト法，接触法なども出題されやすいテーマであるので，しっかりと学習しておくこと。

3 有 機

脂肪族・芳香族化合物の構造決定は例年よく出題されている。構造決定の手がかりとなるのは，各種検出反応と反応経路である。高分子化合物の出題頻度は高くないが，天然有機化合物である油脂，アミノ酸・タンパク質，糖類を中心に暗記した上で，構造と特性をつかんでおこう。合成高分子化合物は，ナイロン，ポリエチレンテレフタラート（PET），合成ゴムおよびイオン交換樹脂の結合と特性を整理しておくこと。

生　物

年度		番号	項　目	内　容	
2022	推薦	〔1〕	代　謝	呼吸，発酵	⇨論述・計算
		〔2〕	生殖・発生	生殖方法，染色体，遺伝	
		〔3〕	体内環境	体温調節，内分泌系	⇨論述
		〔4〕	体内環境	免疫	
		〔5〕	植物の反応	気孔の開閉，植物ホルモン，光合成	⇨論述
	一般A	〔1〕	体内環境	肝臓，血糖濃度の調節	⇨論述
		〔2〕	動物の反応	眼	⇨論述
		〔3〕	体内環境	抗体，血液	⇨計算
		〔4〕	遺伝情報	遺伝情報の発現，変異	⇨論述
		〔5〕	生殖・発生	核の全能性	⇨論述
		〔6〕	進化・系統	地質時代，生物の進化	⇨論述
	一般B	〔1〕	総　合	小問集合	
		〔2〕	生殖・発生	ショウジョウバエの発生，ウニの発生	⇨論述
		〔3〕	遺伝情報	遺伝情報の発現，突然変異	
		〔4〕	動物の反応，代　謝	筋肉，呼吸	⇨論述
		〔5〕	生　態	生産構造図	⇨描図・論述
2021	推薦	〔1〕	細　胞	体細胞分裂，細胞骨格，減数分裂	⇨論述
		〔2〕	遺伝情報	遺伝情報の発現	⇨論述
		〔3〕	動物の反応	脳，神経系	
		〔4〕	代　謝	呼吸	⇨論述
		〔5〕	生　態	植生の遷移	⇨論述・描図
	一般A	〔1〕	代　謝	異化	⇨計算・論述
		〔2〕	遺伝情報	遺伝情報の発現	⇨論述
		〔3〕	体内環境，細　胞	体液の濃度調節，生体膜を介した物質輸送	⇨論述
		〔4〕	体内環境	免疫	⇨論述・計算
		〔5〕	植物の反応	花芽形成，光発芽種子	⇨論述
		〔6〕	生態，細胞	個体群，ゾウリムシの構造	⇨論述
		〔7〕	進化・系統	分類，生物の共通性	⇨論述

年度	区分	番号	分野	内容	形式
	一般B	〔1〕	生殖・発生	カエルの初期発生	⇨論述
		〔2〕	遺伝情報	遺伝情報の発現，DNA の構造	
		〔3〕	体内環境	循環系	⇨論述
		〔4〕	細胞	情報伝達，生体膜	⇨論述
		〔5〕	代謝	酵素	⇨論述・描図
		〔6〕	進化・系統	進化の要因	⇨論述・計算
2020	推薦	〔1〕	遺伝情報	DNA の構造，遺伝子発現の調節	⇨論述
		〔2〕	生殖・発生	ショウジョウバエの発生	⇨論述
		〔3〕	代謝	アルコール発酵	⇨計算・論述
		〔4〕	体内環境	血液循環，心臓	⇨論述
		〔5〕	体内環境	免疫	⇨論述
		〔6〕	植物の反応	植物ホルモン	⇨論述
	一般A	〔1〕	総合	小問集合	
		〔2〕	遺伝情報	バイオテクノロジー	⇨論述・計算
		〔3〕	生殖・発生	生殖，減数分裂	⇨描図
		〔4〕	代謝	呼吸	
		〔5〕	代謝	酵素	⇨論述
		〔6〕	体内環境	腎臓	
		〔7〕	代謝	光合成研究の歴史	⇨論述
	一般B	〔1〕	細胞	真核細胞の構造と働き，細胞分画法	
		〔2〕	遺伝情報	細胞周期，遺伝情報の発現	
		〔3〕	体内環境	血糖濃度の調節	⇨論述
		〔4〕	体内環境	免疫，移植実験	⇨論述・計算
		〔5〕	生態	物質循環	⇨論述
		〔6〕	進化・系統	分子進化	⇨論述

傾向　幅広い分野から出題　基礎事項の徹底を！

1　出題形式は？

推薦入試は試験時間 75 分で 5，6 題の出題，一般入試 A は 90 分で 6，7 題の出題，一般入試 B は 75 分で 5，6 題の出題である。論述問題や計算問題も含まれ，時間的に厳しい内容である。描図問題も出題されることがある。

2 出題内容はどうか？

出題範囲は「生物基礎，生物」である。

植物に関する出題がやや少なく，遺伝情報，動物の反応や体内環境がやや多いという特徴があるが，大問数が多いこともあって幅広い分野から出題されている。多くの大問は知識やその理解を問う問題であるが，推薦・一般入試とも１，２題程度は読解問題や実験・考察問題が出題されている。まれに教科書に掲載されていないような高度な内容が知識問題として問われることもある。

3 難易度は？

詳細な知識や難解な読解，考察，計算を要求されることは少なく，標準的な問題が多い。ただし，大問数が多く，幅広い分野から出題されるので，苦手分野があると全体としての高得点は望めなくなるだろう。１，２行程度の論述問題が多いので，重要なポイントを端的に表現する力が必要となる。

対　策

1 基礎事項・重要事項を確実にしておこう

全範囲の重要事項を理解し，基本的な計算や論述ができるレベルにまで到達しておきたい。一部に教科書範囲外の出題もあるが，それ以外の問題で確実に得点することが大切である。一歩ずつ基礎を固めていけば十分に高得点を獲得できる。ただし，医薬分野の現代の話題については新聞や新書などで学んでおく方がよいだろう。

2 過去問に取り組もう

試験時間に対して問題の分量が多いので，過去問を用いたトレーニングは欠かせない。試験時間・問題数は異なるが，推薦・一般入試とも出題傾向は同じであるので，受験する日程にかかわらず全日程の過去問に取り組んでもらいたい。時間配分も意識しよう。頻出の論述問題は，日頃から何がポイントなのかを意識しながら学習に取り組むことが大切である。１，２行で用語の説明をする練習が有効だろう。実際に書く練習を繰り返すことが実力アップの第一歩である。

3　計算問題を得点源にしよう

計算問題は目新しい問題は少なく，定番の計算が多い。問題を見て即座に解法が思い浮かぶよう，計算問題の練習に励んでほしい。試験本番で計算問題に素早く対処できれば，時間に余裕ができるはずである。

2022年度

問題と解答

■学校推薦型選抜 公募制推薦入試

問題編

▶試験科目・配点

教科等	科目等	配点
外国語	コミュニケーション英語Ⅰ・Ⅱ・Ⅲ，英語表現Ⅰ・Ⅱ	75 点
数　学	数学Ⅰ・Ⅱ・A・B（数列，ベクトル）	75 点
理　科	「化学基礎，化学」，「生物基礎，生物」から 1 科目選択	100 点
調査書	全体の学習成績の状況を 25 点満点に換算	25 点

▶備　考

調査書，学力試験（「外国語」「数学」「理科」）の成績，提出書類をもとに，志願者の能力，適性等を総合して合格者を決定する。なお，合格者の決定に当たっては総合点を判定基準とする。

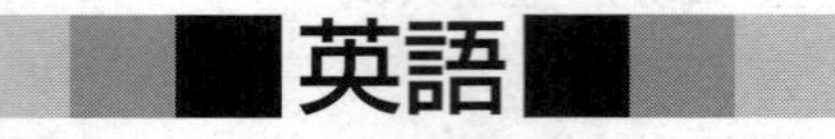

英語

(60分)

I 次の英文を読んで，下の問いに答えなさい。【配点 30】

"Jyuroku-sai no Nikki" (Diary of My Sixteenth Year), an autobiographical short story by Yasunari Kawabata (1899-1972), documents how he spent his high school days nursing his bedridden grandfather.

As soon as he returned home from school, he would help his grandfather turn (あ) in bed and use a urine bottle, and give him tea.

Kawabata lost his parents at a young age. His grandparents took him in, and after his grandmother died, he started caring (い) his grandfather, who was in ill health and often needed to be attended to in the middle of the night.

Life was (う) no means easy for Kawabata, who was still shy of his 16th birthday. Going to school gave him the respite he craved.

"I went to school today. The school is my paradise," he wrote.

He was what he would be called today a "yangu keara" (young caregiver), a term denoting a young person doing an adult's work in looking after someone who needs care.

In Japan, this applies to one in roughly 20 junior and senior high school pupils today, according to the first nationwide survey of its kind that also found that these teens spend an average of about four hours a day performing the task.

(1) These results must surprise many people.

The graying of the population is one background factor and another appears to be the growing number of dual-income households.

Many young caregivers are also looking after their siblings. (2) They face problems such as falling behind in their schoolwork, which, in turn, can narrow their choices in life.

And to make matters worse, these teens have nobody to turn (え) for advice. "Asking for advice won't change anything" is their most frequently given reason for not seeking it.

But they do need help from people outside of their immediate families.

I do not welcome the overuse of "katakana terms" or expressions borrowed from foreign languages. However, giving a name to an elusive problem or phenomenon can help bring it (お) sharper focus.

"Hate speech" is one such example that awakened society into condemning and fighting it, and pointed to the need to support job seekers faced with an "ice age" in the labor market.

Urgent action is needed now to assist young caregivers.

(3) <u>It is too great a loss for children who aren't allowed to be children and are forced to give up pursuing their dreams. The loss is just as great for society, too</u>.

(*The Asahi Shimbun*, April 19 2021)

autobiographical　自叙伝の
urine bottle　尿瓶
crave　切望する
graying　高齢化
elusive　把握しにくい
bedridden　寝たきりの
respite　休息
denote　意味する
sibling　兄弟姉妹
ice age　氷河期

問1　英文中の（ あ ）～（ お ）に入るべき単語をそれぞれ選び，記号で答えなさい。

(あ)	① for	② into	③ over	④ to	⑤ with
(い)	① about	② for	③ into	④ through	⑤ with
(う)	① among	② by	③ from	④ of	⑤ with
(え)	① by	② in	③ into	④ to	⑤ with
(お)	① at	② by	③ in	④ into	⑤ through

問2　下線部（1）の内容を日本語で具体的に2つ説明しなさい。

問3　下線部（2）を日本語に訳しなさい。

問４　下線部（３）を日本語に訳しなさい。

Ⅱ　**次の英文の意味が通るように，空所にそれぞれ適語を選び，記号で答えなさい。【配点 20】**

1. **We would like to wait (　　　　　) we know what other people will do.**

①　by　　　　②　that
③　then　　　④　until

2. **Christopher doesn't sing much now, but I heard that he (　　　　　) be a vocalist in a band.**

①　get used to　　　②　is used to
③　used to　　　　　④　was used to

3. **Don't drive so (　　　　　), Mike! We may get in an accident.**

①　fast　　　②　fastly
③　hurry　　④　quick

4. **(　　　　　) the heavy rain since Wednesday, the roof of the building was damaged and needs repairing.**

①　Although　　②　And
③　Due to　　　④　In spite of

5. **My brother is scheduled (　　　　　) a new book on Italian home cooking in March.**

①　published　　②　publish
③　publishes　　④　to publish

6. We will take an action (　　　　) we have some evidence.

① as late as　　② as many as
③ as near as　　④ as soon as

7. This ring needs to be cleaned (　　　　) with liquid soap and water to maintain its appearance.

① occasion　　② occasional
③ occasionally　　④ occasions

8. You can't be (　　　　) when you cross the busy road.

① how careless　　② so careful
③ too careful　　④ too careless

9. She is (　　　　) than smart, and we respect her as a leader.

① wise　　② wiser
③ more wise　　④ more wiser

10. Since I'm having an implant, I needed to get (　　　　) x-ray at the dentist last week.

① a　　② an
③ any　　④ many

III

以下の各単語において第１アクセントが②にあるものを５つ選び，記号で答えなさい。【配点５】

(ア)　ag·ri·cul·tur·al
①②③④⑤

(イ)　con·tra·dict
①②③

(ウ)　cu·ri·os·i·ty
①②③④⑤

(エ)　de·par·ture
①②③

(オ)　e·lim·i·nate
①②③④

(カ)　e·nor·mous
①②③

(キ)　in·ter·val
①②③

(ク)　mu·se·um
①②③

(ケ)　pe·des·tri·an
①②③④

(コ)　sub·sti·tute
①②③

IV

次の英文の意味が通るように，空所にそれぞれ適語を選び書きなさい。ただし，それぞれの動詞は１度しか使えません。【配点 10】

1. When meeting people from overseas, you should (　　　　　　　) account of their cultural backgrounds.
2. People who are 65 years old or more (　　　　　　　) up about 30 % of the population in Japan.
3. We need to (　　　　　　　) up with the bad weather for a while once the rainy season begins.
4. He is so stubborn that I need to (　　　　　　　) in and let him have his way.
5. I should (　　　　　　　) over all the lessons and new words I learned for the final exam next week.

give,　go,　make,　put,　take

V

次の各和文に一致するように英語の語句を並べ替えたとき，（　あ　）～（　こ　）の中に入るべきものを選んで書きなさい。ただし，選択肢には不要なものが含まれているので，全てを使う必要はありません。【配点 10】

1．私が大阪に引っ越してから 10 年になる。

It (　　) (　あ　) (　　) (　い　) (　　) (　　) (　　) (　　).

選択肢: been, for, has, I, moved, since, Osaka, 10 years, to

2．マイクも太郎もパーティーに来なかった。

Neither (　　) (　う　) (　　) (　え　) (　　) (　　) (　　).

選択肢: and, came, Mike, nor, party, Taro, the, to

3．彼女のアクセントから明らかなように，彼女はスペイン人だ。

As (　　) (　お　) (　か　) (　　) (　　), (　　) (　　) (　　).

選択肢: accent, evident, from, her, is, is, she, Spanish, true

4．申し込み用紙を期日までに送ることを覚えておいてください。

Please (　　) (　　) (　　) (　　) (　き　) (　　) (　　) (　　) (　　) (　く　).

選択肢: application, by, closing, date, entry, form, remember, send, the, the, to

5．暑すぎて，エアコンをつけていないと眠れない。

It (　　) (　　) (　　) (　　) (　　) (　け　) (　　) (　　) (　こ　).

選択肢: air conditioner, cannot, hot, is, on, sleep, very, the, to, too, without

数学

（60分）

Ⅰ ～ Ⅲ の解答は，すべて解答用紙の所定の欄に記入しなさい。

解答にあたっては，次の点に注意しなさい。

(1) 解答用紙には，特に指示がなければ，答えのみを記入しなさい。計算過程を示す必要はありません。

(2) 答えは，すべて解答しなさい。

【問題例】 x についての方程式 $(x-1)(x-3)=0$ を解きなさい。

【解答例】 $x=1,3$

(3) 場合分けが必要だと考えられる場合は，各自で判断して解答しなさい。

【問題例】

a を実数の定数とする。x についての方程式 $ax=1$ を解きなさい。

【解答例】

$a \neq 0$ のとき，$x=\dfrac{1}{a}$

$a=0$ のとき，解なし

(4) 答えは，

- 分数はそれ以上約分できない形にする
- 分数の分母は有理化する
- 根号は，根号の中に現れる自然数が最小になる形にする
- 同類項はまとめる

など，簡潔な形で解答しなさい。

I　次の空欄 ア ～ エ にあてはまる数を答えなさい。　［配点 20］

(1) $\dfrac{1}{\sqrt{10}-3}$ の小数部分を α とするとき，$\alpha =$ ア である。また，α は x についての 2 次方程式 $x^2 - \sqrt{10}x +$ イ $= 0$ の解である。

(2) 1 から 6 までの数字が 1 つずつ書かれた合計 6 個のボールが箱に入っている。A，B の 2 人がこの順で，ボールを戻すことなく，箱からボールを 1 個ずつ取り出すとき，A，B の少なくとも一方が奇数の書かれたボールを取り出す確率は ウ である。ただし，箱からボールを取り出す試行において，どの根元事象も同様に確からしいとする。

(3) a を 0 でない実数の定数とする。関数 $f(x) = x^3 + ax^2 - a^2x - 16$ の極大値と極小値の和が -10 であるとき，$a =$ エ である。

II　次の問いに答えなさい。　［配点 25］

(1) 方程式 $|2x-3| = \left|\dfrac{x}{2}\right| - \dfrac{3}{4}$ を満たす実数 x の値を答えなさい。

(2) 不等式 $\sin 2\theta > \cos\theta$ $(0 \leqq \theta \leqq \pi)$ を満たす θ の値の範囲を答えなさい。

(3) a を正の実数の定数，b と c を実数の定数として，xy 座標平面上に 2 つの放物線

$$C_1 : y = ax^2 + bx + c$$
$$C_2 : y = -ax^2$$

がある。C_1 の頂点は $(2, -6)$ であり，C_1 と C_2 の共有点の個数は 1 個である。

(i)　a の値を答えなさい。

(ii)　C_1，C_2 および y 軸で囲まれた図形の面積を答えなさい。

Ⅲ　次の問いに答えなさい。　　［配点 30］

(1) 原点を O とする xy 座標平面上に点 P，円 C および直線 l がある。P の座標は (3,0) であり，C を表す方程式は $x^2+y^2=2$ である。また，l は P を通る傾きが負の C の接線であり，その接点を Q とする。

(i)　三角形 OPQ の面積を答えなさい。

(ii)　l の方程式を答えなさい。

(iii)　θ を $0<\theta<\pi$ を満たす実数とし，P を中心にして l を反時計回りに角 θ だけ回転させた直線を m とする。m は C の接線であり，その傾きが正であるとき，$\tan\theta$ の値を答えなさい。

(2) 各項が正の実数である 3 つの数列 $\{a_n\}$，$\{b_n\}$ および $\{c_n\}$ がある。$\{a_n\}$ は等比数列であり，$a_1=2$，$a_3=8$ である。また，$\{b_n\}$ と $\{c_n\}$ は自然数 $n=1,2,3,\ldots$ に対して，

$$b_n = n\log_2 5 + \log_2 a_n, \quad \log_4 c_n = b_n$$

を満たしている。

(i)　$\{a_n\}$ の一般項を答えなさい。

(ii)　不等式 $b_n \geqq 100$ を満たす最小の自然数 n を答えなさい。必要ならば $\log_{10} 2 = 0.3010$ を用いなさい。

(iii)　不等式 $\displaystyle\sum_{k=1}^{n}\sqrt{c_k} \leqq 111111111$ を満たす最大の自然数 n を答えなさい。

化学

（75分）

I　問1～ 問5に答えなさい。【配点27】

問1　下の表は原子(a)～(g)の原子番号と質量数を示している。（1）～（3）に答えなさい。

原子	(a)	(b)	(c)	(d)	(e)	(f)	(g)
原子番号	6	6	9	11	14	17	17
質量数	12	13	19	23	28	35	37

（1）(a)と(b)や(f)と(g)の関係にあるものを互いに何というか答えなさい。

（2）(a)～(g) が電気的に中性の状態であるとき，(a)～(g)のうち中性子の数が電子の数と同じ原子をすべて選び，(a)～(g)の記号で答えなさい。

（3）(c)の１価の陰イオンと同じ電子配置をもつ原子を①～④から選び，番号で答えなさい。

①　Ar　　②　Ne　　③　O　　④　S

問2　次の文章中の［　1　］～［　3　］に適切な語句を入れなさい。

コロイド粒子が水に分散している溶液に強い光を照射すると，光の進路が明るく輝いて見える。これを［　1　］現象という。コロイド粒子を限外顕微鏡で観察すると，コロイド粒子が不規則に動いているのが見える。これは，周囲の水分子が熱運動によりコロイド粒子に不規則に衝突するために起こる動きであり，［　2　］運動という。

セッケンなどの疎水基と親水基を持つ界面活性剤を水に溶解させると，ある濃度以上で疎水基の部分を内側に，親水基の部分を外側に向けて集まり集合体をつくる。このようなコロイド粒子を [3] という。

問3 下図は水の状態図である。図中の３本の曲線で分けられた領域（斜線部を除く）A～Cでは，水は固体，気体，液体のいずれかの状態で存在する。（1）～（3）に答えなさい。

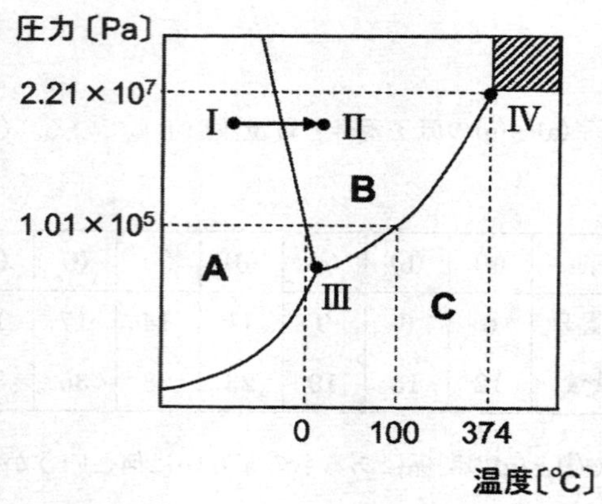

（1）状態AとCの境界となる曲線上（点Ⅲを除く）では，水はどのような状態か。①～⑥から１つ選び番号で答えなさい。

① 液体　② 固体　③ 気体
④ 液体と固体が共存　⑤ 固体と気体が共存　⑥ 気体と液体が共存

（2）図中の点Ⅰから点Ⅱへの状態変化を何というか。①～④から１つ選び番号で答えなさい。

① 昇華　② 融解　③ 蒸発　④ 凝固

（3）水の温度と圧力がともに点Ⅳよりも高い斜線部の領域においては，状態BとCの区別がつかない。一般に，このような状態にある物質を何というか答えなさい。

問 4　市販の瞬間冷却パックの外袋の中には，水の入った内袋，硝酸アンモニウム，尿素が入っており，外袋を叩き水の入った内袋を破ると，硝酸アンモニウムと尿素が水に溶解する。この溶解反応の熱化学方程式は以下で表すことができる。（1），（2）に答えなさい。

$$NH_4NO_3\,(固) + aq = NH_4NO_3\,aq - 26\ kJ$$
$$CO(NH_2)_2\,(固) + aq = CO(NH_2)_2\,aq - 15\ kJ$$

（1）硝酸アンモニウムの水への溶解反応は，発熱反応，吸熱反応のどちらであるかを答えなさい。

（2）硝酸アンモニウムが 1.5 mol，尿素が 1.0 mol である場合に，冷却パック全体で発生あるいは吸収する熱量〔kJ〕を求め，整数で答えなさい。ただし，硝酸アンモニウムと尿素はすべて水に溶解するものとする。

問 5　（1），（2）に答えなさい。ただし，構造式は例にしたがって書きなさい。

（1）分子式 C_4H_{10} で表される化合物の構造異性体の数を答えなさい。

（2）分子式 C_4H_8 で表される化合物には，1 組のシス－トランス異性体が存在する。シス体，トランス体それぞれの構造式を両者の違いが分かるように書きなさい。

（例）

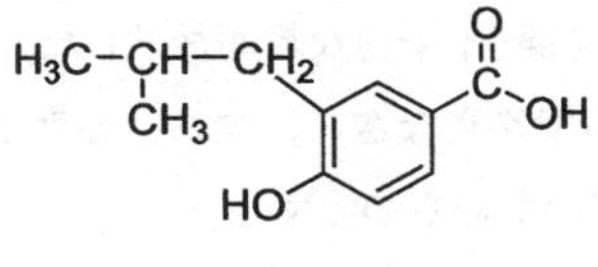

$H_3C-CH-CH_2$　　O
　　　CH_3　　　C–OH
HO

Ⅱ

次の文章を読み，問に答えなさい。ただし，気体はすべて理想気体として扱うものとする。【配点 9】

下図のように容積 3.0 L の耐圧密閉容器 A と容積 5.0 L の耐圧密閉容器 B がコック付の連結管でつながれた装置がある。このうち，容器 A には点火装置が付いている。はじめ容器内部は真空状態であり，コックは閉じられていた。なお，コック部分，連結管部分および点火装置が占める体積は無視できるものとする。

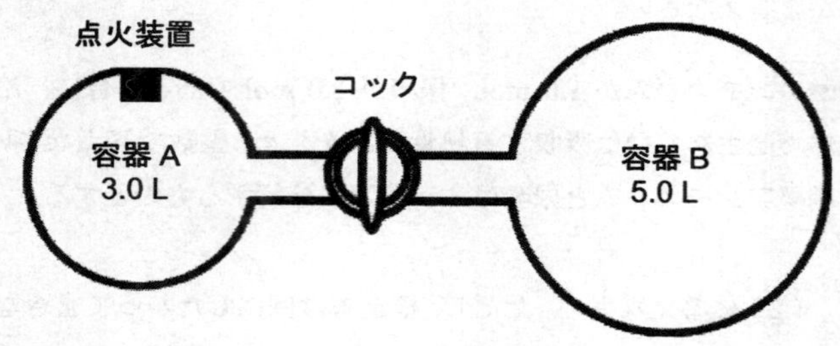

問1　コックを閉じた状態で容器 A 中に酸素を封入し，温度 350 K，圧力 1.0×10^5 Pa に保った。その後，容器 A 中の温度を 300 K にした時の酸素の圧力〔Pa〕を求め，有効数字 2 桁で答えなさい。

問2　コックを閉じた状態でいったん容器内を真空状態に戻し，容器 A 中に酸素，容器 B 中にメタンをそれぞれ圧力 8.0×10^5 Pa，1.6×10^5 Pa になるまで封入した。その後コックを開き，十分な時間放置した。この時の酸素の分圧〔Pa〕を求め，有効数字 2 桁で答えなさい。なお，温度は 300 K で一定とし，メタンと酸素は反応していないものとする。

問3　問2の状態から点火してメタンを完全燃焼させた。燃焼後に温度を 300 K まで下げた時の容器内の全圧〔Pa〕を求め，有効数字 2 桁で答えなさい。なお，生じた水の体積および水蒸気圧は無視できるものとする。

次の文章を読み，問に答えなさい。【配点 16】

塩素原子を含む化合物は，洗剤，漂白剤，消毒剤などに用いられている。このような化合物の１つとして次亜塩素酸ナトリウムがある。次亜塩素酸ナトリウムは，水溶液中で次亜塩素酸イオンとして存在し，その酸化作用によって殺菌や漂白を行うことができる。

ある塩素系液体漂白剤に含まれる次亜塩素酸ナトリウムの濃度を調べるために次の操作を行った。

操作１　漂白剤 a<u>10.0 mL を正確にとり</u>，純水を加えて b<u>全量を正確に 100 mL とした</u>。

操作２　**操作１**で調製した水溶液 10.0 mL を密栓できる三角フラスコに正確にとり，適量の純水を加えた。ここに十分量のヨウ化カリウムと適量の酢酸を加え密栓してよく振り混ぜ，暗所に放置してヨウ素を遊離させた。

操作３　0.10 mol/L チオ硫酸ナトリウム水溶液を用いて，**操作２**後の水溶液の滴定を開始した。溶液の褐色が薄くなったときに指示薬を加え，さらに滴下を続けたところ，滴定開始から 12.0 mL 滴下したところで溶液の色が無色になったため，終点と判断した。

問１　下線部 a，b で用いるガラス器具としてもっとも適切なものを①～⑥からそれぞれ１つ選び，番号で答えなさい。

① メスシリンダー　　② ビーカー　　③ ビュレット
④ メスフラスコ　　⑤ 駒込ピペット　　⑥ ホールピペット

問２　次亜塩素酸は塩素のオキソ酸の１つである。塩素のオキソ酸①～④のうち，酸としてもっとも強いものを選び，番号で答えなさい。

① $HClO$　　② $HClO_2$　　③ $HClO_3$　　④ $HClO_4$

問3　次亜塩素酸ナトリウムを含む塩素系液体漂白剤と塩酸を含む酸性洗剤を混ぜると有毒な気体が発生するため注意が必要である。このときの次亜塩素酸ナトリウムと塩酸で起こる反応を化学反応式で示しなさい。

問4　操作2では，次の酸化還元反応が進行している。この反応前後での塩素原子の酸化数の変化を答えなさい。

$$ClO^- + 2KI + 2CH_3COOH \longrightarrow Cl^- + I_2 + 2CH_3COOK + H_2O$$

問5　操作3で指示薬を加えると溶液が青紫色になった。用いた指示薬は何か答えなさい。

問6　操作1で調製した水溶液中の次亜塩素酸ナトリウムのモル濃度〔mol/L〕を求め，有効数字2桁で答えなさい。なお，ヨウ素とチオ硫酸ナトリウムは次のように反応する。

$$I_2 + 2Na_2S_2O_3 \longrightarrow 2NaI + Na_2S_4O_6$$

問7　はじめの塩素系液体漂白剤に含まれていた次亜塩素酸ナトリウムの質量パーセント濃度（%）を求め，有効数字2桁で答えなさい。ただし，次亜塩素酸ナトリウムの式量を74.5，塩素系液体漂白剤の密度を1.0 g/cm³ とする。

次の文章を読み，問に答えなさい。ただし，酢酸の電離定数 K_a を 2.7×10^{-5} mol/L とし，必要なら $\log_{10}3=0.48$ を用いなさい。【配点18】

酢酸は水溶液中，その一部が電離して，式①の電離平衡の状態にある。

$$CH_3COOH \rightleftarrows CH_3COO^- + H^+ \quad \cdots\cdots ①$$

式①の電離定数 K_a は式②で表される。

$$K_a = \frac{[CH_3COO^-][H^+]}{[CH_3COOH]} \quad \cdots\cdots ②$$

ここで，酢酸の初濃度を C_a mol/L，電離度をαとすると，酢酸は弱酸なのでαの値が1に比べて非常に小さく，$1-\alpha \fallingdotseq 1$と近似できる。したがって，$K_a$ は C_a とαを用いて［ア］と表され，式①の平衡状態における$[H^+]$は C_a と K_a を用いて［イ］と表される。

a 初濃度 C_a mol/L の酢酸水溶液に，濃度が C_s mol/L になるように酢酸ナトリウムを溶かした混合水溶液でも式②は成立する。ただし，酢酸ナトリウムを溶かしたことによる体積の変化は無視できるものとする。

この混合水溶液では，加えた酢酸ナトリウムはほぼ完全に電離し，生じたCH_3COO^-により式①の平衡はさらに左へ移動するため，酢酸の電離はほぼ無視できる。したがって，$[CH_3COOH]$，$[CH_3COO^-]$は，それぞれ次のように表される。

$[CH_3COOH] \fallingdotseq$［ウ］mol/L，$[CH_3COO^-] \fallingdotseq$［エ］mol/L

よって，式②よりこの混合水溶液の$[H^+]$は式③より求めることができる。

$$[H^+] = \frac{［ウ］}{［エ］} \times K_a \quad \cdots\cdots ③$$

この混合水溶液には，b 少量の酸が加えられても pH をほぼ一定に保つはたらきがある。加えられた H^+は，水溶液中に多量に存在する［オ］と反応して［カ］を生成する。そのため，水溶液中の$[H^+]$がほとんど増加せず，pH もほとんど変化しない。

問1　文章中の ア ～ エ に適切な式を入れなさい。

問2　文章中の オ ， カ に適切な化学式を入れなさい。

問3　0.27 mol/L 酢酸水溶液の pH を求め，小数第1位まで答えなさい。

問4　下線部 a の混合水溶液の pH を 5.0 に調節する場合，酢酸と酢酸ナトリウムの濃度比 C_a : C_s をいくらにすればよいか。整数比で答えなさい。

問5　下線部 b のはたらきを何というか，答えなさい。

次の文章を読み，問に答えなさい。【配点 16】

金属元素 A，B，C，D がある。これらは，マグネシウム，カルシウム，鉄，銅，およびアルミニウムのいずれかである。

A の単体を空気中で強熱すると，明るい光を放って燃焼する。A の単体は冷水とは反応しないが，高温の水蒸気と反応し水素を発生する。また，①A は炎色反応を示さない。

B の単体と少量の C の単体などとの合金は，軽量で機械的にも強い 1 である。また，D の単体はいろいろな金属と合金を作る。D の単体にクロムとニッケルなどを混ぜて作られる合金は 2 である。

いま，A，B，C，D のイオンのうち１種類だけ含む水溶液をそれぞれ試験管にとり，NaOH 水溶液を加えると，すべての試験管に沈殿が生じた。さらに②過剰の NaOH 水溶液を添加すると，B のイオンから生じた沈殿のみが溶解した。

③C の単体を濃硝酸と反応させると褐色の気体を発生して溶解し，水溶液の色は青色となった。D の単体を希硫酸と反応させると，水素を発生しながら溶け 3 を生成した。また，この水溶液は淡緑色を示した。

問 1　文章中の [1] ， [2] に適切な語句を， [3] に適切な化学式を入れなさい。

問 2　下線部①について，マグネシウム，カルシウム，鉄，銅，およびアルミニウムのうち，A の同族元素はどれか，元素記号で答えなさい。また，その元素の炎色反応の色を答えなさい。

問 3　下線部②の反応を化学反応式で示しなさい。

問 4　下線部③の反応を化学反応式で示しなさい。

問 5　A の単体を酸素気流中で，ある条件の下で完全に酸化した。下のグラフは，用いた A の単体の質量と，この反応で生成した金属酸化物の質量との関係を示したものである。A の原子量を求め，整数で答えなさい。ただし，酸素の原子量を 16 とする。

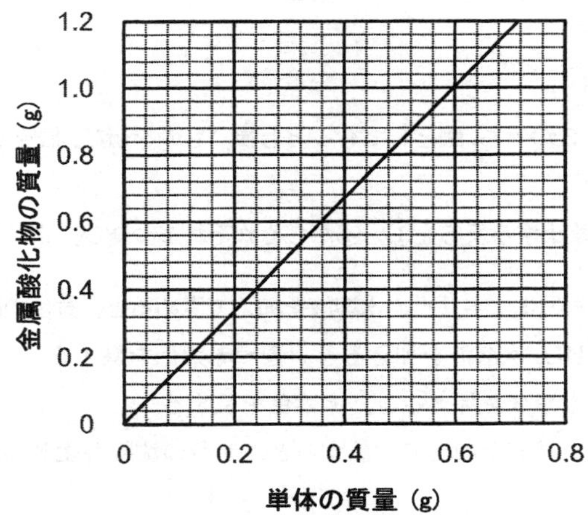

図1，図2に関する以下の問に答えなさい。なお，構造式は例にしたがって書きなさい。【配点 14】

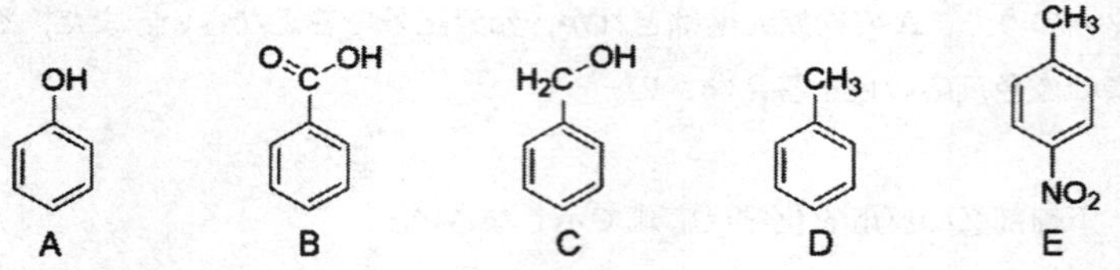

OH　O=C–OH　H_2C–OH　CH_3　CH_3 / NO_2

A　B　C　D　E

図1

NO_2　ア　NH_3Cl　NaOH　NH_2　無水酢酸　イ

F　G　H

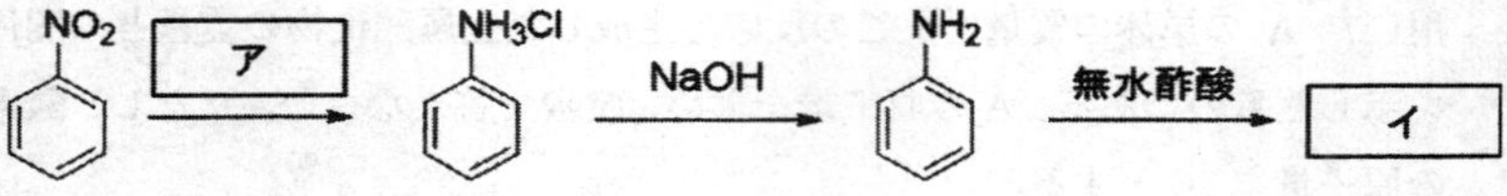

図2

問1　図1のA～Eのうち,酸としてもっとも強いものを選び,記号で答えなさい。

問2　AとHを検出する反応を①～④からそれぞれ1つ選び，番号で答えなさい。

① ヨウ素と水酸化ナトリウム水溶液を加えて温めると，黄色の結晶が生じる。
② 塩化鉄（III）水溶液を加えると，青～赤紫色を呈する。
③ さらし粉水溶液を加えると，赤紫色を呈する。
④ フェーリング液を加えて加熱すると，赤色の沈殿が生じる。

問3　Bの化合物名を書きなさい。

問4　常温でDに混酸を反応させると，Eが生成する。この反応条件において，Eの他にもっとも多く生じるEの構造異性体の構造式を書きなさい。

問5 図2の [ア] にあてはまる，FからGを合成する際に用いる試薬を①～⑤から1つ選び，番号で答えなさい。

① スズ，濃塩酸　② 亜硝酸ナトリウム，塩酸　③ 塩素
④ 濃硫酸　⑤ 過マンガン酸カリウム

問6 図2の [イ] にあてはまる芳香族有機化合物の構造式を書きなさい。

（例）

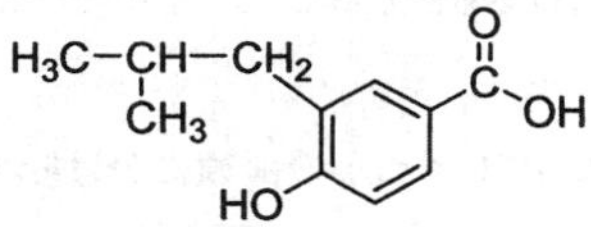

■生物■

（75 分）

I　次の文章を読み，問１～問７に答えなさい。　【配点 20】

呼吸は，酸素を利用して有機物を分解し，エネルギーを得るはたらきである。微生物の中には，酸素を利用せず有機物を分解してエネルギーを得るものが存在し，このはたらきを［ a ］という。

［ a ］は，最終産物によっていくつかの種類に分けられる。ワインや清酒などの醸造に利用されている酵母は，最終産物として［ b ］と二酸化炭素をつくるが，チーズやヨーグルトなどの製造に利用される［ c ］菌は，最終産物として［ c ］をつくる。

酵母は，(A)酸素が少ないときには［ a ］を行って多量のグルコースを消費するが，酸素が多いときには呼吸を行ってグルコースの消費量が減少する。この現象は［ d ］効果と呼ばれる。これは，(B)呼吸によって生産された過剰な ATP がグルコース分解の初期段階ではたらく酵素の活性を抑制するからである。

問１　文中の［ a ］～［ d ］に入る最も適切な語句は何か答えなさい。

問２　下線部(A)について，酸素濃度が低い条件で培養した酵母に比べて，酸素濃度が高い条件で培養した酵母では，ある細胞小器官の数が多くなる。この細胞小器官は何か答えなさい。

問３　下線部(B)について，生成物がその生成過程の初期段階ではたらく酵素の活性を調節することを何というか答えなさい。

問４　グルコースが［ a ］により酵母や［ c ］菌で分解されるとき，それぞれの最終産物は異なるが，ある化合物までの分解の過程は共通である。この化合物の名称を答えなさい。

問5 ヒトでも，激しい運動時には筋肉内の酸素が不足し，グルコースは[c]菌と同じ経路で代謝される。

(1) 筋肉での，この代謝過程の名称を答えなさい。

(2) グルコースが**問4**の化合物に分解される際に NAD^+ が必要である。筋肉細胞に含まれる NAD^+ の量はごくわずかであるが，電子伝達系が十分はたらいていない環境下においても NAD^+ は枯渇しない，NAD^+ が枯渇しない理由を簡潔に述べなさい。

問6 酒類の醸造には[a]が利用される。ワインは，ブドウ果汁にワイン酵母を加えてつくる。一方，ビールはオオムギの種子を発芽させたのち，そのしぼり汁にビール酵母を加えてつくる。ビールの醸造において，種子を発芽させる理由について簡潔に述べなさい。

問7 ある種の酵母は，酸素があっても，呼吸と同時に[a]も行う。ある酸素濃度の条件下でグルコースを含む培地でこの酵母を培養したところ，0.96gの酸素が消費され，3.08gの二酸化炭素が発生した。

(1) このとき，呼吸によって発生する二酸化炭素の量は何gか答えなさい。

(2) 呼吸によって消費されるグルコースの量は何gか答えなさい。

(3) [a]によって消費されるグルコースの量は何gか答えなさい。

なお，必要であれば四捨五入して，小数第2位まで求めなさい。ただし，基質はグルコースのみとする。また，分子量は次の値を用いなさい。

酸素：32，二酸化炭素：44，水：18，グルコース：180

Ⅱ 次の文章を読み，問1～問3に答えなさい。 【配点21】

雌雄の性に関係なく，からだがほぼ同じ大きさに分裂したり，からだの一部が新たに独立したりする生殖様式を［ a ］という。一方で，2 種類の細胞が合体することにより，新しい個体が生まれる生殖様式を［ b ］という。［ b ］では，生殖のための特別な細胞である生殖細胞がつくられる。生殖細胞のうち，合体して新しい個体をつくる卵や精子などの細胞を［ c ］という。

ヒトをはじめ，多くの真核生物の1つの体細胞には，形や大きさが同じ染色体が2本ずつある。この1対の染色体を［ d ］という。［ d ］を n 対もつとすると，体細胞の染色体の数は $2n$ となる。ヒトの体細胞の染色体は46本あり，そのうち44本は男女に共通してみられ，［ e ］という。残りの 2 本は［ f ］といい，性の決定にかかわる。［ f ］がX染色体とY染色体の場合，性別は［ g ］となる。

染色体のどの位置にどのような遺伝子があるかは染色体ごとに決まっており，染色体上に占める遺伝子の位置を［ h ］という。ある［ h ］に存在する遺伝子として互いに異なるものが複数あるとき，それぞれの遺伝子を［ i ］という。［ i ］のうち，ヘテロの遺伝子型をもつ個体で，形質として現れる性質またはその遺伝子を［ j ］といい，形質として現れない性質またはその遺伝子を［ k ］という。

ヒトのABO式血液型は，A型，B型，AB型および O 型の4つの表現型に分けられる。血液型の遺伝子には，A 型を現す遺伝子 *A*, B 型を現す遺伝子 *B*, O 型を現す遺伝子 *O* の3種類がある。それぞれの表現型と遺伝子型を表に示す。

血液型（表現型）	遺伝子型
A型	*AA, AO*
B型	*BB, BO*
AB型	*AB*
O型	*OO*

問1 文中の［ a ］～［ k ］に入る最も適切な語句は何か答えなさい。

問2 ヒトの卵の染色体の数は何本か答えなさい。

問3 図はある家系におけるABO式血液型の遺伝の様子を示している。

(1) ①～④の遺伝子型はそれぞれ何か答えなさい。

(2) **ア**と**イ**の表現型はそれぞれ何型か答えなさい。なお複数の可能性がある場合はすべて答えなさい。

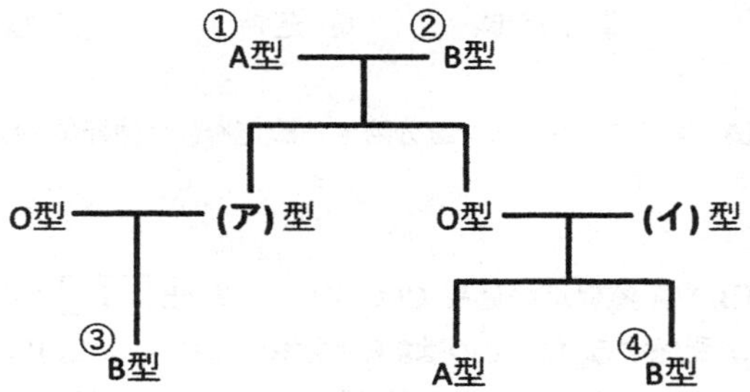

III

次の文章を読み，問 1 ～問 4 に答えなさい。　【配点 21】

ヒトのからだを構成する細胞の多くは体液に囲まれており，体液がつくる環境を[a]という。自律神経系や内分泌系によって[a]が一定に保たれる性質を[b]という。体温を一定に保つ性質も[b]の 1 つである。

ヒトでは，体温調節の中枢は間脳の[c]に存在する。皮膚や血液の温度が下がると，[ア]神経のはたらきを通して，体表の[d]筋や皮膚の[e]の平滑筋が収縮して放熱を抑制するとともに，[イ]神経を刺激して骨格筋の震えによる発熱をうながす。また，[ウ]神経の作用によって[f]からアドレナリンの分泌が促進される。さらに，(A)[c]の神経細胞から分泌されるホルモンの刺激を受けて[g]から分泌されるホルモンが作用することにより，[h]からは[i]コルチコイド，甲状腺からは[j]の分泌がそれぞれ促進される。(B)これらのホルモンが肝臓や筋肉での代謝を促進させることで，発熱量を増やして体温を上昇させる。

一方，体温の上昇を[c]が感知すると，[エ]神経を通して心臓の拍動数が減少し，肝臓での代謝を抑制することによって，発熱量が減少する。また，体表の[d]筋の弛緩や[e]の拡張が起こり，さらに[オ]神経が汗腺に作用して発汗をうながすことにより，体表面からの放熱が促進される。

問 1　文中の[a]～[j]に入る最も適切な語句は何か答えなさい。

問 2　文中の[ア]～[オ]に入る適切なものを，次の①～④のうちからそれぞれ 1 つ選び，記号で答えなさい。ただし，同じ選択肢を何度用いてもよい。

① 交感　　② 副交感　　③ 運動　　④ 感覚

問３　下線部(A)のように，ホルモンを分泌する機能をもつ神経細胞を何というか答えなさい。

問４　下線部(B)の発熱促進の過程では，アドレナリンと［ i ］コルチコイドに共通するはたらきが関係する。(1) そのはたらきを挙げなさい。また，(2) そのはたらきに直接かかわる，アドレナリンが促進する肝臓の代謝反応を簡潔に述べなさい。

Ⅳ

次の文章を読み，問１～問５に答えなさい。　【配点 20】

免疫は，体内に侵入した異物を排除する機構であり，［ a ］免疫と［ b ］免疫とに分けられる。異物が侵入した場合はまず［ a ］免疫がはたらき，マクロファージや好中球などの食細胞が異物を取りこんで消化・分解して排除する。また樹状細胞は，食作用で取りこんだ異物の一部を細胞表面に提示することにより，［ b ］免疫を開始させる。［ b ］免疫は，抗原に対してより特異的にはたらく免疫機構であり，さらに［ c ］免疫と［ d ］免疫に分けられる。［ c ］免疫では，提示された抗原を認識する［ e ］細胞が，抗原に対応したＢ細胞を活性化させる。(A)活性化したＢ細胞は形質細胞へと分化し抗体を産生するようになる。［ d ］免疫では，抗原提示を受けて［ e ］細胞とともに［ f ］細胞が活性化される。［ e ］細胞はマクロファージ等を活性化し，［ f ］細胞はウイルスに感染した細胞などを直接攻撃する。

ヒトの場合，これらの免疫機構に異常が起こると，からだにさまざまな症状が現れる。例えば，花粉症は免疫が抗原に対して過剰に反応することが原因で起こる。花粉に含まれるアレルゲンが［ g ］細胞を刺激してヒスタミンを分泌させ，くしゃみや鼻水などの症状が現れる(B)アレルギー反応を引き起こす。また，［ h ］ウイルスに感染すると，免疫細胞が破壊されて免疫の機能が低下するため，(C)健康な状態では発症しないような感染症を発症したり，がんを発症しやすくなったりすることがある。一方，(D)自分自身の膵臓の細胞に対して免疫反応が起こり，膵臓がインスリンを分泌する機能を失うことなどによって発症する疾患として［ i ］が知られている。

問１　文中の［ a ］～［ i ］に入る最も適切な語句は何か答えなさい。

問２　下線部(A)について，一般に，二次応答では一次応答に比べて短い時間で大量の抗体が産生される。

(1) このようなしくみを何というか答えなさい。

(2) このしくみを利用して，抗原を投与することで人為的に免疫を獲得させ，感染症などにかからないようにする方法を何というか答えなさい。

問３　下線部(B)について，血圧低下や呼吸困難などの生命にかかわる全身性の症状のことを何というか答えなさい。

問４　下線部(C)のように，弱い病原体でも発症してしまうような感染のことを特に何というか答えなさい。

問５　下線部(D)について，(1) このように自分自身の正常な細胞や組織に反応し，攻撃してしまう疾患を総称して何というか答えなさい。また，(2) 一般に免疫は自分自身の正常な細胞や組織を攻撃しない。このような状態を何というか答えなさい。

次の文章を読み，問１～問６に答えなさい。　　　　【配点 18】

植物は，乾燥や植食性動物による食害などのさまざまなストレスに応答するしくみを備えている。

植物が乾燥状態におかれると，気孔を閉じて水分の減少を防ぐ。気孔とは，葉の表皮に存在する小さな開口部のことであり，2 つの孔辺細胞が唇型に向かい合った構造になっており，孔辺細胞の形が変化することによって，開口部の大きさが調節される。気孔が開く場合には，孔辺細胞の細胞膜に存在するカリウムイオン［ a ］が開いて，孔辺細胞の中にカリウムイオンが流入し，細胞内の［ b ］圧が上昇する。その結果，孔辺細胞の中に［ c ］が流入して［ d ］圧が生じて孔辺細胞がふくらむ。孔辺細胞の気孔側の細胞壁は反対側よりも厚くなっているため，孔辺細胞がふくらむと，孔辺細胞が外側に押し曲げられる形になり，気孔が開く。気孔が閉じる場合には細胞からカリウムイオンが排出され，細胞内の［ b ］圧が減少して［ c ］が流出する。これにより［ d ］圧が小さくなって，気孔が閉じるまた，昆虫に葉を食べられた場合，植物ホルモンの一種である［ e ］が合成される。［ e ］は食害を抑制するとともに，食害部位から他の部位へと移動し，食害を受けたという情報を他の葉に伝える。

問1　文中の［ a ］～［ e ］に入る最も適切な語句は何か答えなさい。

問2　植物は光を浴びると気孔が開く。(1) 気孔が開くには何色の光が重要か答えなさい。また，(2) この光を受け取る受容体の名称は何か答えなさい。

問3　気孔が閉じるときにはたらく植物ホルモンは何か答えなさい。

問4　(1) 問2の受容体が気孔の開閉以外に関与する現象を下の①～⑤のうちから1つ選び，記号で答えなさい。

(2) 問3の植物ホルモンが気孔の開閉以外に関与する現象を下の①～⑤のうちから2つ選び，記号で答えなさい。

①　種子の休眠　　②　頂芽優勢　　③　光屈性
④　花芽形成　　⑤　器官離脱・落葉

問5　乾燥した地域に生育するベンケイソウやサボテンなどの多肉植物は，昼間に気孔を開くと水分が失われる。そのため，夜間に気孔を開くことで，光合成に必要な二酸化炭素を取りこみ，乾燥条件に適応した二酸化炭素の固定を行う。

(1) このような植物のことを何というか答えなさい。

(2) これらの植物は，夜間に取りこんだ二酸化炭素を蓄えて昼間光合成に利用する。どのようにして夜間蓄えて昼間利用するのか簡潔に述べなさい。

問6　下線部について，［ e ］が食害を抑制するしくみについて簡潔に述べなさい。

解答編

英語

I **解答**　問1．(あ)—③　(い)—②　(う)—②　(え)—④　(お)—④

問2．1)ヤングケアラーは，今日の中高生の約20人に1人に当てはまること。

2)ヤングケアラーが，家族の介護や世話に，1日平均約4時間を費やしていること。

問3．全訳下線部(2)参照。

問4．全訳下線部(3)参照。

◆全　訳◆

≪夢をあきらめざるを得ない日本のヤングケアラー≫

川端康成（1899-1972）の自叙伝の短編小説『十六歳の日記』（私の十六歳の日記）は，彼がどのように，寝たきりの祖父の看病をしながら高校時代を過ごしたかの記録である。

彼は学校から帰るとすぐ，祖父が寝返りを打ったり，尿瓶を使ったりするのを手伝い，お茶を飲ませたりしたものであった。

川端は若くして両親を亡くしている。彼の祖父母が彼を引き取り，祖母が死んだ後，彼は祖父の面倒を見始めたが，祖父は健康状態が悪く，真夜中に看護が必要なことも多かった。

川端にとって，人生は決して楽なものではなく，彼はまだ，16歳の誕生日が来ていなかった。学校に行くことは，切望している休息を彼に与えた。

「私は今日学校に行きました。学校は私の楽園です」と，彼は書いている。

彼は，今日では「ヤングケアラー」（若い介護者）と呼ばれるであろうもので，介護を必要とする誰かの世話をするという，大人の仕事をしている若い人を意味する言葉である。

この種の初めての全国的な調査によれば，日本では，これは今日の中高生の約20人に1人に当てはまり，10代の若者がその仕事に1日平均約4時間を費やしていることも明らかになった。

これらの結果は多くの人々を驚かせるに違いない。

人口の高齢化は1つの背景要因であり，他の1つは共稼ぎ世帯数の増加であるように思われる。

多くの若い介護者はきょうだいの世話もしている。(2)彼らは，勉強で後れをとるなどの問題に直面しており，そのことが今度は，彼らの人生の選択を狭める可能性がある。

さらに悪いことに，これらの10代の若者には，アドバイスを求めるべき人が誰もいない。「アドバイスを求めても何も変わらない」は，それを求めない理由として彼らが最も頻繁に言うことである。

しかし，彼らは肉親以外の人々からの助けをまさに必要としている。

私は「カタカナ用語」や外国語から借りた表現の乱用を歓迎しない。しかし，把握しにくい問題や現象に名前を与えることは，それをさらにはっきりと明確にすることに役立てることができる。

「ヘイトスピーチ」は，社会をそれに非難し闘うように目覚めさせた1つの例であり，また，労働市場における「氷河期」によって，それに直面している求職者を支援する必要性を指摘した。

緊急の行動が今，若い介護者を支援するために必要である。

(3)子どもでいることを許されず，夢を追いかけることをあきらめざるを得ない子どもたちにとって，それはあまりにも大きな損失である。その損失は，社会にとっても同様に大きいのである。

◀解　説▶

問1．(あ)　空所前後にturnとin bedの語句がある。寝たきりの祖父であるので，turn over「寝返りを打つ」となる③が適切である。

(い)　空所前に「祖母が亡くなった後」とある。空所前のcaringから，祖父のcare for～「～の面倒を見る，世話をする」となる②が適切である。

(う)　空所後のno meansに注意。川端にとって「人生は楽ではない」と表現したいので，強い否定を意味するby no means「決して～ない」とすればよい。②が適切である。

(え)　空所前の不定詞は形容詞的用法「～すべき」である。nobody to *do*

「～すべき人は誰もいない」から，turn to ～「～（人）に（援助・情報などを求めて）頼る」を意味する④が適切である。また，この場合，求める対象は for ～ で表す。

(お) 空所前後の bring と focus から，bring a camera into focus「カメラのピントを合わせる」が思い出せるかもしれないが，bring *one's* idea into focus「考えを明確にする」などの使い方もある。ここは後者の応用であり，④が適切である。

問2．下線部(1)「これらの結果」は，その前段（In Japan, …）の調査内容である。「日本では，これは今日の中高生の約 20 人に 1 人に当てはまり，10 代の若者がその仕事に 1 日平均約 4 時間を費やしている」とある。「これ」や「その仕事」は，さらにその前段（He was …）の「ヤングケアラー」および「ヤングケアラーのしている家族の介護や世話」のことである。このことを念頭においてまとめればよい。

問3．face「～と直面する」 fall behind in ～「～で遅れをとる」 schoolwork「勉強，学業」 in turn「今度は」 なお，"～, which …" は継続用法であり，先行詞はその前の節の内容である。

問4．too が形容詞を修飾する場合には「too＋形容詞＋不定冠詞（a, an）＋名詞」の語順になることに注意。allow *A* to *do*「*A*（人）が～するのを許す」 ここでは受け身になっている。force *A* to *do*「*A*（人）に～することを強いる」の意であるが，受身形 be forced to *do* で「～せざるを得ない」の意になる。give up *doing*「～することをあきらめる」 give up は動名詞だけを目的語にすることに注意。pursue「～を追いかける，追求する」 as great for society の後には，(as for the teens themselves) などを補って考えればよい。なお，下線部の文頭の It は，状況の it であり，young caregivers「若い介護者，ヤングケアラー」が置かれた状況のことである。

1 —④ 2 —③ 3 —① 4 —③ 5 —④ 6 —④
7 —③ 8 —③ 9 —③ 10—②

◀解 説▶

1．「私たちは，他の人々が何をするかがわかるまで，待ちたいと思う」選択肢から意味を成すのは，④「(S が V する) まで」のみである。

2.「クリストファーは今ではあまり歌いませんが，昔はバンドでボーカルをしていたと聞きました」
現在と比較して過去の事実，状態を述べているので，③「(今はそうでないが) 昔は〜だった」が適切である。なお，①は「〜に慣れる」であるので混同しないように。
3.「そんなにスピードを出さないで，マイク！ 事故に巻き込まれるかもしれないよ」
drive「車を運転する」は自動詞である。副詞は①と②しかないが②は「しっかりと，固く」の意味，「速く」は fast を用いるので，①が適切である。get in an accident「事故に巻き込まれる」
4.「水曜日からの大雨のせいで，その建物の屋根は損傷し，修理が必要である」
大雨が，屋根の損害の原因と類推できるので，③「〜が原因で」が適切である。heavy rain「大雨」 need *doing*「〜する必要がある」
5.「私の兄は3月に，イタリアの家庭料理に関する新しい本を出版する予定である」
空所前に be scheduled とあるので to *do* をつけて「〜する予定である」との表現にする。④が適切である。publish「〜を出版する」
6.「証拠が得られ次第，我々は行動を起こすだろう」
take an action「行動を起こす」のは，evidence「証拠」を得てからだと考えられるので，④「(S が V する) とすぐに」が適切である。①「ついに〜になって」 ②「〜するだけ全部」 ③「〜と同じくらい近く」
7.「この指輪は，その外観を維持するために，液体石鹸と水で時々洗う必要がある」
空所には洗いの「頻度」を表す語が入る。ゆえに副詞の，③「時々，ときたま」が適切である。
8.「交通量が多い道を横切るときは，注意してもし過ぎることはない」
空所前の can't に注意。busy road「交通量が多い道」を渡るときであるので，cannot 〜 too …「いくら…してもし過ぎることはない」のイディオムを使えばよい。ゆえに，③が適切である。
9.「彼女は，利口というよりも賢明であり，我々は彼女をリーダーとして尊敬している」

同一人物の異なった素養を比較する場合は，-er をつけて比較級をつくる語でも，more *A*（原級）than *B*（原級）「*B* というよりもむしろ *A*」と表現する。ゆえに，③が適切である。

10.「私はインプラントをするので，先週歯医者でレントゲンを撮る必要があった」

x-ray の発音は母音［e］で始まっているので，不定冠詞は②が適切である。③は「どんな～でも」，④は x-rays と複数形になっていないので不適切である。

Ⅲ **解答** (エ)，(オ)，(カ)，(ク)，(ケ)

Ⅳ **解答** 1．take　2．make　3．put　4．give　5．go

◀解　説▶

1．「海外からの人々と会うときには，彼らの文化的な背景を考慮すべきである」

take account of ～「～を考慮する」である。take ～ into account としても同じ内容を表現できる。

2．「65 歳かそれより上の人々が，日本の人口の約 30％を占めている」

make up ～「（部分が）～を占める，構成する」のイディオムである。

3．「我々は，いったん梅雨が始まれば，しばらくの間悪天候を我慢する必要がある」

put up with ～「～を我慢する」である。once S V「いったん S が V すれば」

4．「彼は非常に頑固なので，私は折れて，彼に好きなようにさせる必要がある」

give in「（圧力・要求などに）屈する，折れる」の自動詞である。have *one's* way「～の好きなようにする」

5．「来週の学年末試験に際して，私は学んだすべてのレッスンと新しい単語を復習すべきである」

go over ～「～を（綿密に）調べる」以外に，「～を繰り返す，復習する」

の意もあることを記憶しておこう。

 **解答** 1．あ．been い．since 2．う．nor え．came
3．お．evident か．from
4．き．application く．date 5．け．without こ．on

◀解 説▶

1．「SがVしてから～年〔月・日〕になる」の表現はいくつかあるので文法書で確認しておきたい。ここでは，It has been ～ since S V の表現を使っている。ゆえに，(It) has been 10 years since I moved to Osaka(.) となる。

2．「*A* も *B* も～ない」と，どちらも否定する場合は，neither *A* nor *B* とする。ゆえに，(Neither) Mike nor Taro came to the party(.) となる。この表現が主語の場合には，動詞は *B* に合わせることに注意。

3．「～から明らかなように」as is evident from ～　evident の代わりに clear や obvious が挿入されることもある。ゆえに，(As) is evident from her accent, she is Spanish(.) となる。

4．「～することを覚えておく」remember to *do* である。「～したことを覚えている」remember *doing* と混同しないように。「申し込み用紙」application form 「期日→締め切り日」closing date 「～までに」by ゆえに，(Please) remember to send the application form by the closing date(.) となる。

5．「～すぎて…できない」too ～ to *do* の構文はすぐにわかる。後は without の用い方である。「テレビをつけたまま寝た」I fell asleep with the TV on. などの付帯状況は見慣れているであろう。「～をつけないで」without ～ on とすればよい。ゆえに，(It) is too hot to sleep without the air conditioner on(.) となる。

数学

I

解答 (1)ア．$\sqrt{10}-3$ イ．$3\sqrt{10}-9$ (2)ウ．$\dfrac{4}{5}$ (3)エ．3

◀解 説▶

≪小問 3 問≫

(1) 分母を有理化して $\dfrac{1}{\sqrt{10}-3}=\dfrac{\sqrt{10}+3}{10-9}=\sqrt{10}+3$

$3<\sqrt{10}<4$ より $6<\sqrt{10}+3<7$

したがって，$\dfrac{1}{\sqrt{10}-3}$ の小数部分 α は

$$(\sqrt{10}+3)-6=\sqrt{10}-3 \quad \to ア$$

α は，2 次方程式 $x^2-\sqrt{10}\,x+\boxed{イ}=0$ の解だから

$$\alpha^2-\sqrt{10}\,\alpha+\boxed{イ}=0$$

よって

$$\begin{aligned}\boxed{イ}&=-\alpha^2+\sqrt{10}\,\alpha=-(\sqrt{10}-3)^2+\sqrt{10}(\sqrt{10}-3)\\&=-(19-6\sqrt{10})+(10-3\sqrt{10})\\&=3\sqrt{10}-9 \quad \to イ\end{aligned}$$

(2) A，B の少なくとも一方が奇数のボールを取り出す事象は，A，B がともに偶数のボールを取り出す事象の余事象である。

A，B の両方が偶数のボールを取り出す確率は

$$\frac{3}{6}\times\frac{2}{5}=\frac{1}{5}$$

したがって，余事象の確率から，求める確率は

$$1-\frac{1}{5}=\frac{4}{5} \quad \to ウ$$

(3) $f(x)=x^3+ax^2-a^2x-16$ より

$$f'(x)=3x^2+2ax-a^2=(x+a)(3x-a)$$

$f'(x)=0$ とすると $x=-a,\ \dfrac{a}{3}$ $\left(a\neq 0 \text{ より，} -a\neq\dfrac{a}{3}\right)$

したがって，$f(-a)$ と $f\left(\dfrac{a}{3}\right)$ のうち，一方が極大値であり，他方が極小値である。

よって，極大値と極小値の和は $f(-a)+f\left(\dfrac{a}{3}\right)$ であり

$$f(-a)+f\left(\frac{a}{3}\right)=\{(-a)^3+a\times(-a)^2-a^2\times(-a)-16\}$$
$$+\left\{\left(\frac{a}{3}\right)^3+a\times\left(\frac{a}{3}\right)^2-a^2\times\left(\frac{a}{3}\right)-16\right\}$$
$$=(a^3-16)+\left(-\frac{5}{27}a^3-16\right)=-10$$

分母を払って，式を整理すると　　$a^3=27$

a は実数だから　　$a=3$　→エ

II **解答**　(1) $\dfrac{3}{2}$　(2) $\dfrac{\pi}{6}<\theta<\dfrac{\pi}{2}$，$\dfrac{5}{6}\pi<\theta\leqq\pi$　(3)(i) 3　(ii) 2

◀解　説▶

≪小問 3 問≫

(1)　場合分けして絶対値をはずすことを考える。

(i)　$x<0$ のとき，$|2x-3|=-(2x-3)$，$\left|\dfrac{x}{2}\right|=-\dfrac{x}{2}$ だから，与えられた方程式は

$$-(2x-3)=-\frac{x}{2}-\frac{3}{4}$$

となり，この方程式を解いて

$$x=\frac{5}{2}\quad（これは\ x<0\ に不適）$$

(ii)　$0\leqq x<\dfrac{3}{2}$ のとき，$|2x-3|=-(2x-3)$，$\left|\dfrac{x}{2}\right|=\dfrac{x}{2}$ だから，与えられた方程式は

$$-(2x-3)=\frac{x}{2}-\frac{3}{4}$$

となり，この方程式を解いて

$$x=\frac{3}{2}\quad\left(これは\ 0\leqq x<\frac{3}{2}\ に不適\right)$$

(iii)　$x \geqq \frac{3}{2}$ のとき，$|2x-3|=2x-3$，$\left|\frac{x}{2}\right|=\frac{x}{2}$ だから，与えられた方程式は

$$2x-3=\frac{x}{2}-\frac{3}{4}$$

となり，この方程式を解いて

$$x=\frac{3}{2} \quad \left(これは\ x \geqq \frac{3}{2}\ に適する\right)$$

(i)〜(iii)より，与えられた方程式を満たす実数 x の値は

$$x=\frac{3}{2}$$

(2)　$\sin 2\theta=2\sin\theta\cos\theta$（2 倍角の公式）だから，与えられた不等式は

$$2\sin\theta\cos\theta>\cos\theta$$

つまり　$\cos\theta(2\sin\theta-1)>0$

よって　(ア) $\begin{cases}\cos\theta>0\\2\sin\theta-1>0\end{cases}$　または　(イ) $\begin{cases}\cos\theta<0\\2\sin\theta-1<0\end{cases}$

区間 $0 \leqq \theta \leqq \pi$ で

(ア)を満たす θ の範囲は　$\frac{\pi}{6}<\theta<\frac{\pi}{2}$

(イ)を満たす θ の範囲は　$\frac{5}{6}\pi<\theta \leqq \pi$

よって，与えられた不等式を満たす θ の値の範囲は

$$\frac{\pi}{6}<\theta<\frac{\pi}{2},\ \frac{5}{6}\pi<\theta \leqq \pi$$

(3)(i)　C_1 の頂点が $(2,\ -6)$ だから，C_1 の方程式は

$$y=a(x-2)^2-6$$

と表される。C_1 と C_2 の共有点の個数が 1 個だから，C_1 と C_2 の方程式から y を消去して，方程式

$$a(x-2)^2-6=-ax^2$$

は重解をもつ。式を整理して

$$2ax^2-4ax+4a-6=0 \quad (a \neq 0)$$

左辺の係数を 2 で割って

$$ax^2-2ax+2a-3=0 \quad (a \neq 0) \quad \cdots\cdots (ア)$$

この 2 次方程式の判別式を D とすると，重解をもつから

$$\frac{D}{4}=a^2-a(2a-3)=-a(a-3)=0$$

ここで，$a\neq0$ より，求める a の値は

$$a=3$$

(ii)　C_1 と C_2 の共有点の x 座標は，(ア)の重解から

$$x=1$$

C_1，C_2，y 軸で囲まれた図形は，右図の網かけ部分だから，求める面積 S は

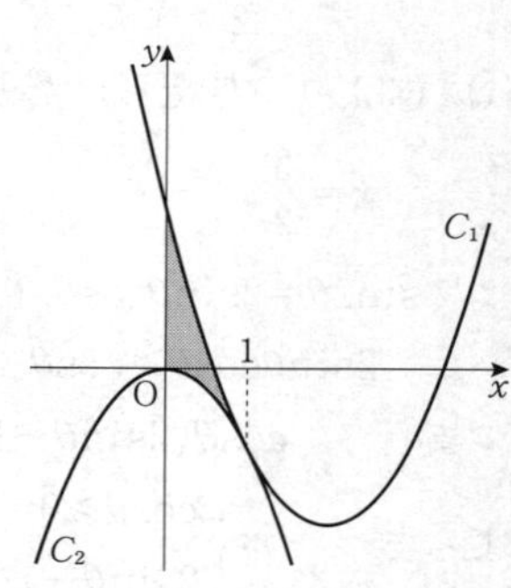

$$S=\int_0^1\{(3x^2-12x+6)-(-3x^2)\}dx$$

$$=\int_0^1(6x^2-12x+6)dx$$

$$=6\int_0^1(x^2-2x+1)dx$$

$$=6\times\left[\frac{1}{3}x^3-x^2+x\right]_0^1$$

$$=6\times\frac{1}{3}=2$$

Ⅲ　**解答**　(1)(i) $\dfrac{\sqrt{14}}{2}$　(ii) $2x+\sqrt{14}\,y=6$　(iii) $\dfrac{2\sqrt{14}}{5}$

(2)(i) $a_n=2^n$　(ii) 31　(iii) 8

◀解　説▶

≪円と接線，対数関数で表された数列≫

(1)(i)　接点 Q の座標を $(x_1,\ y_1)$ とする。

Q は，円 $x^2+y^2=2$ 上の点であるから

$$x_1{}^2+y_1{}^2=2\quad\cdots\cdots(ア)$$

また，Q における接線 l の方程式は

$$x_1x+y_1y=2$$

と表され，l は，点 P(3，0) を通るから

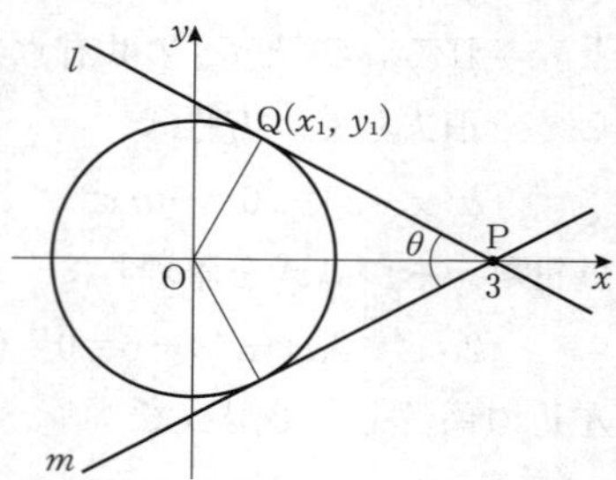

$$3x_1+0\cdot y_1=2\quad ゆえに\quad x_1=\frac{2}{3}$$

これを(ア)に代入して

$$\left(\frac{2}{3}\right)^2+{y_1}^2=2 \quad ゆえに \quad {y_1}^2=\frac{14}{9}$$

l の傾きが負であるから　$y_1>0$

ゆえに　$y_1=\dfrac{\sqrt{14}}{3}$

したがって，△OPQ の面積は

$$\frac{1}{2}\cdot \mathrm{OP}\cdot(\mathrm{Q}\ の\ y\ 座標)=\frac{1}{2}\times3\times\frac{\sqrt{14}}{3}=\frac{\sqrt{14}}{2}$$

(ii)　(i)より $\mathrm{Q}\left(\dfrac{2}{3},\ \dfrac{\sqrt{14}}{3}\right)$ だから，l の方程式は

$$\frac{2}{3}x+\frac{\sqrt{14}}{3}y=2 \quad つまり \quad 2x+\sqrt{14}\,y=6$$

(iii)　C と m の接点は $\left(\dfrac{2}{3},\ -\dfrac{\sqrt{14}}{3}\right)$ である。

直線 m と x 軸の正の向きとの角を θ' $\left(0<\theta'<\dfrac{\pi}{2}\right)$ とすると

$$\tan\theta'=\frac{0+\dfrac{\sqrt{14}}{3}}{3-\dfrac{2}{3}}=\frac{\sqrt{14}}{7}$$

$\theta=2\theta'$ だから

$$\tan\theta=\tan2\theta'=\frac{2\tan\theta'}{1-\tan^2\theta'}=\frac{2\times\dfrac{\sqrt{14}}{7}}{1-\left(\dfrac{\sqrt{14}}{7}\right)^2}=\frac{2\sqrt{14}}{5}$$

別解　(i)　△OPQ は ∠OQP が直角である直角三角形であるから，三平方の定理により

$$\mathrm{PQ}=\sqrt{3^2-2}=\sqrt{7}$$

$\mathrm{OQ}=\sqrt{2}$ であるから，△OPQ の面積は

$$\frac{1}{2}\cdot\sqrt{7}\cdot\sqrt{2}=\frac{\sqrt{14}}{2}$$

(ii)　$\tan\angle\mathrm{OPQ}=\dfrac{\mathrm{OQ}}{\mathrm{PQ}}=\dfrac{\sqrt{2}}{\sqrt{7}}$ より l の傾きは $-\dfrac{\sqrt{2}}{\sqrt{7}}$ であるから，l の方

程式は

$$y-0=-\frac{\sqrt{2}}{\sqrt{7}}(x-3) \Longleftrightarrow y=-\frac{\sqrt{14}}{7}x+\frac{3\sqrt{14}}{7}$$

(iii)　$\tan\frac{\theta}{2}=\frac{\sqrt{2}}{\sqrt{7}}$ であるから　　$\tan\theta=\frac{2\cdot\frac{\sqrt{2}}{\sqrt{7}}}{1-\left(\frac{\sqrt{2}}{\sqrt{7}}\right)^2}=\frac{2\sqrt{14}}{5}$

(2)(i)　数列 $\{a_n\}$ は等比数列だから，公比を r (>0) とすると，$a_1=2$ より

$$a_3=2r^2=8 \qquad r^2=4$$

$r>0$ より　　$r=2$

よって，$\{a_n\}$ の一般項 a_n は　　$a_n=2\times2^{n-1}=2^n$

(ii)　(i)の結果より，$a_n=2^n$ だから

$$b_n=n\log_2 5+\log_2 2^n=n\log_2 5+n\log_2 2=n(\log_2 5+1)$$

$b_n\geqq100$ のとき　　$n(\log_2 5+1)\geqq100$

$\log_2 5+1>0$ より　　$n\geqq\frac{100}{\log_2 5+1}$

ここで

$$\log_2 5=\frac{\log_{10}5}{\log_{10}2}=\frac{1-\log_{10}2}{\log_{10}2}$$

だから

$$n\geqq\frac{100}{\frac{1-\log_{10}2}{\log_{10}2}+1}=100\log_{10}2=100\times0.3010=30.10$$

よって，求める最小の自然数 n は，31 である。

(iii)　$\log_4 c_n=b_n$ より　　$c_n=4^{b_n}=(2^{b_n})^2$

ゆえに　　$\sqrt{c_n}=2^{b_n}$　$(2^{b_n}>0$ より$)$

また，(ii)より　　$b_n=n(\log_2 5+1)=n(\log_2 5+\log_2 2)=n\log_2 10=\log_2 10^n$

だから　　$\sqrt{c_n}=2^{\log_2 10^n}=10^n$

よって　　$\sum_{k=1}^{n}\sqrt{c_k}=\sum_{k=1}^{n}10^k=\frac{10(10^n-1)}{10-1}=\frac{10}{9}(10^n-1)$

一方　　$111111111=1+10+10^2+\cdots+10^8=\frac{10^9-1}{10-1}=\frac{1}{9}(10^9-1)$

だから　$\dfrac{1}{9}(10^{n+1}-10) \leqq \dfrac{1}{9}(10^9-1) \Longleftrightarrow 10^{n+1} \leqq 10^9+9$

を満たす最大の自然数 n は，8 である。

■化学■

I　解答

問1．(1)同位体　(2)―(a)・(e)　(3)―②

問2．1．チンダル　2．ブラウン　3．ミセル

問3．(1)―⑤　(2)―②　(3)超臨界流体

問4．(1)吸熱反応　(2)54 kJ

問5．(1)2

(2)シス体：$\mathrm{H_3C}$(左上)・H(左下)$\mathrm{C{=}C}$ $\mathrm{CH_3}$(右上)・H(右下)　トランス体：$\mathrm{H_3C}$(左上)・H(左下)$\mathrm{C{=}C}$ H(右上)・$\mathrm{CH_3}$(右下)

◀解　説▶

≪小問5問≫

問4．(2)　熱化学方程式より，吸収する熱量は

$26\times1.5+15\times1.0=54$〔kJ〕

問5．(1)　$\mathrm{CH_3{-}CH_2{-}CH_2{-}CH_3}$，$\mathrm{CH_3{-}CH(CH_3){-}CH_3}$ の2種類である。

II　解答

問1．8.6×10^4 Pa

問2．3.0×10^5 Pa

問3．2.0×10^5 Pa

◀解　説▶

≪気体の反応，気体の法則≫

問1．体積一定での変化なので，ボイル・シャルルの法則により，300 K での酸素の圧力を p〔Pa〕とすると

$$\frac{1.0\times10^5\times3.0}{350}=\frac{p\times3.0}{300}$$

$p=8.57\times10^4\fallingdotseq8.6\times10^4$〔Pa〕

問2．温度一定での変化なので，ボイルの法則により，コックを開いた後の酸素の分圧を p'〔Pa〕とすると

$8.0\times10^5\times3.0=p'\times(3.0+5.0)$

$p'=3.00\times10^5 \fallingdotseq 3.0\times10^5$〔Pa〕

問 3．反応前後の温度と容器の体積が変化しないので，各気体の物質量は，その分圧に比例する。CH_4 の分圧は，ボイルの法則により $\dfrac{1.6\times10^5\times5.0}{8.0}$ $=1.0\times10^5$〔Pa〕なので

	CH_4 ＋	$2O_2$ ⟶	CO_2 ＋	$2H_2O$	
反応前の分圧	1.0×10^5	3.0×10^5	0	0	〔Pa〕
反応後の分圧	0	3.0×10^5 $-1.0\times10^5\times2$	1.0×10^5	$1.0\times10^5\times2$	〔Pa〕

となるが，生成する H_2O はすべて液体なので，反応後の O_2 と CO_2 の分圧の和が全圧になる。

全圧$=3.0\times10^5-1.0\times10^5\times2+1.0\times10^5=2.00\times10^5\fallingdotseq2.0\times10^5$〔Pa〕

Ⅲ 解答

問 1．a－⑥　b－④

問 2．④

問 3．$NaClO+2HCl \longrightarrow NaCl+H_2O+Cl_2$

問 4．前：＋1　後：－1

問 5．デンプン水溶液

問 6．6.0×10^{-2} mol/L

問 7．4.5%

◀解　説▶

≪NaClO 水溶液の性質と漂白剤の濃度測定≫

問 2．オキソ酸の酸としての強さは，塩素の酸化数が大きくなるほど強くなる。

問 6．問 4 の反応式から，反応する ClO^- と生成する I_2 は物質量比で 1：1，問 6 の反応式から，反応する I_2 と $Na_2S_2O_3$ は物質量比で 1：2 であることがわかる。よって，反応した $Na_2S_2O_3$ の物質量の $\dfrac{1}{2}$ 倍が NaClO の物質量となる。

反応した $Na_2S_2O_3$ は　$0.10\times\dfrac{12.0}{1000}$〔mol〕

NaClO は　$0.10\times\dfrac{12.0}{1000}\times\dfrac{1}{2}$〔mol〕

よって，操作 1 で調製した水溶液中の NaClO のモル濃度は

$$0.10\times\frac{12.0}{1000}\times\frac{1}{2}\times\frac{1000}{10.0}=6.0\times10^{-2}\,[\mathrm{mol/L}]$$

問 7．漂白剤の NaClO のモル濃度は

$$6.0\times10^{-2}\times\frac{100}{10}=6.0\times10^{-1}\,[\mathrm{mol/L}]$$

よって，NaClO の質量パーセント濃度は

$$\frac{6.00\times10^{-1}\times74.5}{1000}\times100=4.47\fallingdotseq4.5\,[\%]$$

 **解答**　問 1．ア．$C_a\alpha^2$　イ．$\sqrt{C_aK_a}$　ウ．C_a　エ．C_s

問 2．オ．CH_3COO^-　カ．CH_3COOH

問 3．2.6

問 4．$C_a : C_s=10 : 27$

問 5．緩衝作用

◀解　説▶

≪CH_3COOH と CH_3COONa 混合水溶液の性質≫

問 1．ア．電離定数 $K_a=\dfrac{[CH_3COO^-][H^+]}{[CH_3COOH]}=\dfrac{C_a\alpha\times C_a\alpha}{C_a(1-\alpha)}\fallingdotseq C_a\alpha^2$

イ．アより　$\alpha=\sqrt{\dfrac{K_a}{C_a}}$　　$[H^+]=C_a\alpha=\sqrt{C_aK_a}$

ウ・エ．$K_a=\dfrac{[CH_3COO^-][H^+]}{[CH_3COOH]}$ より　　$[H^+]=\dfrac{[CH_3COOH]}{[CH_3COO^-]}\times K_a$

問 3．問 1．イより

$$[H^+]=C_a\alpha=\sqrt{C_aK_a}=\sqrt{0.27\times2.7\times10^{-5}}=2.7\times10^{-3}\,[\mathrm{mol/L}]$$

$$\mathrm{pH}=-\log_{10}(3^3\times10^{-4})=4-3\times0.48=2.56\fallingdotseq2.6$$

問 4．pH を 5.0 にするには，$[H^+]=1.0\times10^{-5}\,[\mathrm{mol/L}]$ にすればよい。

$$[H^+]=\frac{[CH_3COOH]}{[CH_3COO^-]}\times K_a=\frac{C_a}{C_s}\times2.7\times10^{-5}=1.0\times10^{-5}\,[\mathrm{mol/L}]$$

$$\frac{C_a}{C_s}=\frac{1.0}{2.7}\qquad\therefore\ C_a : C_s=10 : 27$$

V 解答

問1．1．ジュラルミン　2．ステンレス鋼
3．$FeSO_4$

問2．元素記号：Ca　色：橙赤色

問3．$Al(OH)_3 + NaOH \longrightarrow Na[Al(OH)_4]$

問4．$Cu + 4HNO_3 \longrightarrow Cu(NO_3)_2 + 2H_2O + 2NO_2$

問5．24

◀解　説▶

≪金属の性質・合金≫

Mg，Ca，Fe，Cu，Al の中で，強熱によって空気中で明るい光を出して燃焼する **A** は Mg である。

各水溶液に NaOH 水溶液を加えてできる沈殿に，NaOH 水溶液を過剰に加えたときに溶解するので，**B** は Al と決まる。

濃 HNO_3 と反応して褐色の気体を発生し，水溶液が青色になる **C** は Cu である。

希硫酸と反応して H_2 を発生し，淡緑色の水溶液を生成する **D** は Fe と推定される。

問5．**A** は Mg なので，酸化物の組成式は MgO である。グラフで，単体の質量 0.6 g のときの金属酸化物の質量は 1.0 g である。Mg の原子量を Z とすると

$$\frac{\mathrm{MgO}}{\mathrm{Mg}} = \frac{1.0}{0.6} = \frac{Z+16}{Z} \qquad Z = 24$$

解答

問1．B

問2．A－②　H－③

問3．安息香酸

問4．（ベンゼン環に CH_3 と NO_2 が隣接して結合した構造：o-ニトロトルエン）

問5．①

問6．（ベンゼン環に $-NH-CO-CH_3$ が結合した構造：アセトアニリド）

◀解　説▶

≪芳香族化合物の検出方法と反応≫

問1．A～Eのうち，酸はA（フェノール）とB（安息香酸）である。酸としての強さは，A＜CO_2＜B＜HCl である。

問4．D（トルエン）においてはベンゼン環の置換反応の際，o 位と p 位が置換された化合物の方が，m 位が置換されたものより多く得られる。これをベンゼン環のメチル基（$-CH_3$）にはオルト・パラ配向性があるという。$-CH_3$ の他にも $-OH$，$-NH_2$，$-Cl$ などがオルト・パラ配向性を示す。一方，$-NO_2$，$-COOH$，$-SO_3H$ などはメタ配向性を示す。

生物

I **解答** 問1．a．発酵　b．エタノール　c．乳酸
d．パスツール

問2．ミトコンドリア

問3．フィードバック調節

問4．ピルビン酸

問5．(1)解糖

(2)還元型の NADH がピルビン酸を還元することで酸化型の NAD^+ が供給されるため。

問6．オオムギの種子が発芽する際に合成されるアミラーゼによって，デンプンを酵母が利用できる糖に分解するため。

問7．(1)1.32 g　(2)0.9 g　(3)3.6 g

◀解　説▶

≪呼吸，発酵≫

問2．酸素濃度が高い条件では呼吸を行うため，ミトコンドリアが多くなる。

問4．酵母によるアルコール発酵，乳酸菌による乳酸発酵では，解糖系の反応が共通して起こるため，ピルビン酸が生じる。

問5．(2)　解糖系により生じた還元型補酵素である NADH は，ピルビン酸を還元して乳酸を生じさせる。このときに酸化型の NAD^+ に戻るため，NAD^+ は枯渇しない。

問6．酵母がアルコール発酵の基質として用いるのはグルコースであり，デンプンの状態では利用できない。そこでオオムギの種子が発芽の際にアミラーゼを合成し，デンプンをグルコースに分解する性質を利用している。

問7．(1)　アルコール発酵では酸素を消費しないため，消費された酸素 $\frac{0.96}{32}=0.03$〔mol〕は呼吸によるものである。そして，同じ 0.03 mol の二酸化炭素が放出される。よって，呼吸により発生する二酸化炭素は

$$44\times0.03=1.32\text{〔g〕}$$

⑵　呼吸により消費されるグルコースの物質量は，消費された酸素の物質量の $\frac{1}{6}$ となり　$0.03\times\frac{1}{6}=0.005$〔mol〕

よって，呼吸により消費されるグルコース量は

$180\times0.005=0.9$〔g〕

⑶　呼吸とアルコール発酵を合わせた二酸化炭素放出量は

$\frac{3.08}{44}=0.07$〔mol〕

このうち呼吸により生じた二酸化炭素は⑴より 0.03 mol であるから，アルコール発酵により生じた二酸化炭素は　$0.07-0.03=0.04$〔mol〕

アルコール発酵で消費されるグルコースの物質量は，発生する二酸化炭素の物質量の $\frac{1}{2}$ であるから　$0.04\times\frac{1}{2}\times180=3.6$〔g〕

Ⅱ　解答

問1．a．無性生殖　b．有性生殖　c．配偶子　d．相同染色体　e．常染色体　f．性染色体　g．男（男性）　h．遺伝子座　i．対立遺伝子　j．優性（顕性）　k．劣性（潜性）

問2．23本

問3．⑴① *AO*　② *BO*　③ *BO*　④ *BO*

⑵㋐B型，AB型　㋑AB型

◀解　説▶

≪生殖方法，染色体，遺伝≫

問2．卵を形成する際には減数分裂が起こり，体細胞の半数の染色体が卵に入る。

問3．⑴　①・②O型の子が生まれていることから，①・②ともに *O* の遺伝子をもつため，遺伝子型は① *AO*，② *BO* である。

③・④O型の親をもつため，③・④は *O* の遺伝子を引き継いでいる。よって，遺伝子型は③・④ともに *BO* である。

⑵　㋐　B型（遺伝子型 *BO*）の子が生まれているため，*B* の遺伝子をもつ。① *AO* と② *BO* から生まれる子のうち，*B* の遺伝子をもつのは，遺伝子型 *AB* のAB型，もしくは遺伝子型 *BO* のB型の2通りある。

(イ)　配偶者がO型（遺伝子型 OO）で，子にA型とB型が生まれているため，A，B の2つの遺伝子をもつ，遺伝子型 AB のAB型のみ。

Ⅲ　解答

問1．a．体内環境　b．恒常性（ホメオスタシス）　c．視床下部　d．立毛　e．血管　f．副腎髄質　g．脳下垂体前葉　h．副腎皮質　i．糖質　j．チロキシン

問2．ア—①　イ—③　ウ—①　エ—②　オ—①

問3．神経分泌細胞

問4．(1)血糖濃度の上昇

(2)グリコーゲンを分解してグルコースをつくる。

◀解　説▶

≪体温調節，内分泌系≫

問4．アドレナリンと糖質コルチコイドは，ともに血液中のグルコース量（血糖濃度）を上昇させる作用がある。アドレナリンは肝臓や骨格筋にはたらきかけ，グリコーゲンの分解を促進する。一方の糖質コルチコイドはタンパク質の分解を促進することで糖を合成する。

Ⅳ　解答

問1．a．自然　b．適応（獲得）　c．体液性　d．細胞性　e．ヘルパーT　f．キラーT　g．マスト（肥満）　h．ヒト免疫不全（エイズ）　i．Ⅰ型糖尿病

問2．(1)免疫記憶　(2)予防接種

問3．アナフィラキシーショック

問4．日和見感染

問5．(1)自己免疫疾患　(2)免疫寛容

◀解　説▶

≪免　疫≫

問1．g．アレルゲン（花粉）の侵入により合成された抗体がマスト細胞（肥満細胞）の表面に結合し，そこへアレルゲンが結合するとヒスタミンなどが放出される。

i．インスリンを分泌する膵臓のランゲルハンス島B細胞に対して免疫が作用することで破壊され，インスリンの分泌が不足することで血糖濃度の調節ができなくなる疾患がⅠ型糖尿病である。

V　**解答**　問1．a．チャネル　b．浸透　c．水　d．膨
e．ジャスモン酸

問2．(1)青色　(2)フォトトロピン

問3．アブシシン酸

問4．(1)―③　(2)―①・⑤

問5．(1)CAM植物

(2)夜間に取り込んだ二酸化炭素をC4化合物であるリンゴ酸として液胞に蓄え，昼間にC4化合物を分解して二酸化炭素を得て炭酸同化に利用する。

問6．タンパク質分解酵素を阻害する物質の合成を促進し，昆虫の消化を阻害する。

◀解　説▶

≪気孔の開閉，植物ホルモン，光合成≫

問4．(2)　アブシシン酸は気孔を閉じさせる作用の他に，頂芽の発芽を抑制し種子の休眠を維持する作用，エチレン合成を促進し離層形成を促進する作用がある。

問5．(2)　CAM植物は夜間に二酸化炭素をオキサロ酢酸として固定した後，リンゴ酸に変えて液胞中に蓄える。そして，昼間に脱炭酸反応により遊離させた二酸化炭素を，カルビン・ベンソン回路に取り込ませて炭酸同化を行う。

■一般選抜 一般入試A

問題編

▶試験科目・配点

教　科	科　　目	配　点
外国語	コミュニケーション英語Ⅰ・Ⅱ・Ⅲ，英語表現Ⅰ・Ⅱ	100点
数　学	数学Ⅰ・Ⅱ・A・B（数列，ベクトル）	100点
理　科	「化学基礎，化学」，「生物基礎，生物」から1科目選択	150点

▶備　考

学力試験の成績，調査書などの提出書類を総合して合格者を決定する。なお，合格者の決定に当たっては総合点を判定基準とする。

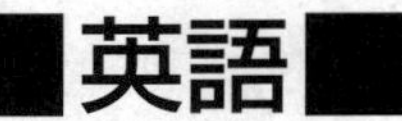

(75 分)

I　**次の英文を読んで，下の問いに答えなさい。【配点 40】**

Who's the breadwinner in your family, the husband or the wife? You've probably heard of families where the woman earns the money while the man takes care of the children.

While such arrangements are not unheard of in Singapore, they still raise some eyebrows. However, I recently met Kevin, a stay-at-home dad (we call them SAHDs) who felt this was nothing (1) <u>extraordinary</u>.

When his wife, a hawker who works from 3 a.m. to 4 p.m., gave birth to their first child, they decided it made more sense for him to be the primary caregiver instead of sending their child to infant care.

"My wife and I felt that for the early months, especially before they can walk and (　あ　), a child will be (2) <u>better off</u> with a parent. An infant needs a lot of care and (　い　). They can also be notoriously difficult to handle, which may require a lot of unconditional love. As I was working from home as a freelancer in social media marketing at that time, (ア) <u>the decision</u> was an easy one," he told me.

When friends and relatives got to know of this, they had nothing but praise and (　う　) for him. "Many of them have first-hand experience of bringing up children and they know how (3) <u>tough</u> caregiving can be," his wife said.

However, during the first few years of this arrangement, Kevin realized that it was difficult and stressful to continue taking on freelance assignments while caring for his daughter. (イ) <u>With little time for himself and overwhelmed by the needs of his little one, he became increasingly moody and was eventually diagnosed with depression</u>.

Fortunately, he (4) <u>sought</u> help from a psychiatrist and his condition improved after a month of anti-depressants. He also decided to become a full-time stay-at-home dad instead of trying to (　　え　　) work with caring for their daughter.

As Kevin joked, "The acronym SAHD sounds like 'sad,' doesn't it?" Still, his journey as the primary caregiver has its ups as well as its downs.

Kevin's wife also has her share of highs and lows as a full-time working mum. She is happy to take on the responsibility of being the sole breadwinner, but couldn't help but feel upset when her daughter refused to let her put her to bed. "She's much closer to her dad since they spend so much time together," she told me.

After their second daughter was born, they took care to nurture the mother-child (　　お　　). They also make the effort to spend quality couple time together after the kids go to bed on weekends.

Kevin's wife summed up her philosophy like this: "Parents should (5) <u>let go of</u> gender norms and fulfill whatever role is needed of them from their children. Often, trying hard is good enough and being able to let go brings peace."

(*Japan Times Alpha*, April 9, 2021)

breadwinner　一家の稼ぎ手
notoriously　よく知られている
first-hand　実際の
moody　ふさぎこんだ
psychiatrist　精神科医
acronym　頭字語
norm　規範
hawker　屋台の店主
unconditional　無条件の
freelance　フリーの、自由契約の
diagnose　診断する
anti-depressant　抗うつ剤
nurture　育む

問１　下線部（1）～（5）の文中での意味にもっとも近いものをそれぞれ選び，記号で答えなさい。

(1)	A. amusing	B. common	C. obvious	D. surprising
(2)	A. bigger	B. happier	C. simpler	D. more dependent
(3)	A. difficult	B. easy	C. fun	D. strong
(4)	A. looked for	B. received	C. rejected	D. understood
(5)	A. give up	B. modify	C. support	D. switch

問２（ あ ）～（ お ）に入るべき単語を下から選び，記号で答えなさい。

① attention　　② balance　　③ communicate

④ relationship　　⑤ respect

問3　下線部（ア）の内容を具体的に日本語で説明しなさい。

問4　下線部（イ）を日本語に訳しなさい。

II　次の英文を読んで，下の問いに答えなさい。【配点 40】

American scientists recently announced the first cloning of an endangered animal native (　ア　) the United States. A black-footed ferret was created from the cells of an animal that died (　イ　) 30 years ago.

Officials from the U.S. Fish and Wildlife Service said the ferret, named Elizabeth Ann, was born December 10. She is a genetic reproduction of a black-footed ferret named Willa who died in 1988. Willa's remains were frozen in the early days of genetic technology.

Such use of cloning aims to one day bring back animal species that have died out. (A) The black-footed ferret project is part of a wider effort to build up the population of the endangered animal.

Noreen Walsh is the director of the National Black-footed Ferret Conservation Center in Northern Colorado. The center is part of the Fish and Wildlife Service. In announcing the successful cloning, she said in a statement "it provides a (1) promising tool for continued efforts to conserve the black-footed ferret."

Black-footed ferrets are easily recognized by the dark markings on their feet and around the eyes. They hunt and feed on prairie dogs.

Even before the cloning, the animals were a conservation success story. They were thought to have died out because of the loss of prairie dog populations they depend on. The prairie dogs were shot and poisoned by animal farmers seeking to create a better land environment for raising cows.

But in 1981, a black-footed ferret was discovered (　ウ　) the state of Wyoming. Scientists then gathered the remaining population for a (2) captive mating program. Thousands of ferrets have been released in the western U.S., Canada and Mexico since the 1990s.

But a lack of genetic diversity presents an ongoing risk to the population. All ferrets brought back so far came from just seven closely related animals. This genetic similarity puts the ferrets (エ) risk for developing serious health problems.

When Willa died, the Wyoming Game and Fish Department sent her tissues to a (3) "frozen zoo" operated by San Diego Zoo Global. The zoo keeps cells from more than 1,100 species and subspecies worldwide.

In the future, scientists hope to make changes to those genes to help cloned animals survive.

(*VOA*, https://learningenglish.voanews.com/a/us-scientists-announce-first-successful-clone-of-endangered-animal-/5788062.html)

endangered　絶滅の危険にさらされた
black-footed ferret　クロアシイタチ
reproduction　繁殖
conserve　保護する
captive mating program　保護下繁殖プログラム
diversity　多様性

問1　英文中の（ ア ）～（ エ ）に入るべき単語をそれぞれ選び，記号で答えなさい。

(ア)	① for	② into	③ over	④ to	⑤ with
(イ)	① before	② for	③ in	④ over	⑤ through
(ウ)	① among	② by	③ from	④ in	⑤ with
(エ)	① at	② in	③ on	④ to	⑤ with

問2　下線部（1）の意味にもっとも近いものを選び，記号で答えなさい。

① 期待できる　② 進化した　③ 便利な　④ 約束をした

問3　下線部（2）captive mating program を始めたきっかけは次のうちどれか選び，記号で答えなさい。

① 1990年代にクロアシイタチの一群が発見されたこと
② 1981年にクロアシイタチの個体数が急激に減少したこと

③　1990年代に畜産農業でクロアシイタチが必要になったこと
④　1981年に一匹のクロアシイタチが発見されたこと

問4　下線部（3）frozen zoo の説明としてもっとも適するものを選び，記号で答えなさい。

①　色々な動物の卵子を冷凍しているところ
②　多種の生物の細胞を保管しているところ
③　ワイオミングの氷河がある地域の動物園
④　動物のはく製を展示しているところ

問5　クロアシイタチの外的特徴について正しいものは次のうちどれか選び，記号で答えなさい。

①　足が黒いしま模様になっている。
②　足と目の周りが黒くなっている。
③　足が黒くて短い。
④　目が大きく丸い。

問6　現存のクロアシイタチを脅かすのは次のうちどれか選び，記号で答えなさい。

①　プレーリードッグが急激に増えていること
②　クロアシイタチの遺伝子に多様性がないこと
③　生命に危険をもたらすウイルスが増加していること
④　気候の変化で植物が減り，環境が変化していること

問7　下線部（A）を日本語に訳しなさい。

問8　クロアシイタチが絶滅したと考えられていた理由を日本語で説明しなさい。

III

以下の各単語において，第1アクセントがどこにあるか，記号で答えなさい。【配点10】

1. a-nal-y-sis
①② ③ ④

2. cel-e-brate
① ② ③

3. dis-miss
① ②

4. en-ter-tain
① ② ③

5. in-stru-ment
① ② ③

6. man-age
① ②

7. per-son-al-i-ty
① ② ③ ④⑤

8. rec-og-nize
① ② ③

9. sat-is-fy
① ② ③

10. Vi-et-nam-ese
① ② ③ ④

IV

次の各和文に一致するように英語の語句を並べ替えたとき，（　あ　）～（　こ　）の中に入るべきものを選んで書きなさい。ただし，選択肢には不要なものが含まれているので，全てを使う必要はありません。また，文頭の文字は，大文字で書きなさい。【配点10】

1．新しいカフェテリアについてどう思いますか？

（　あ　)(　　)(　　)(　　)(　　)(　い　)(　　) cafeteria?

選択肢: do, how, new, of, the, think, you, what

2．百聞は一見にしかず（一枚の絵は千語分の価値がある)。

A(　　)(　　)(　う　)(　え　)(　　)(　　).

選択肢: a, is, picture, thousand, value, words, worth

3．興味のあるディスカッションのトピックを選んで良いです。

You (　　)(　　)(　　)(　お　)(　　)(　　)(　か　)(　　).

選択肢: any, choose, discussion, interesting, interests, may, that, topic, you

4．加工食品の全てが私たちにとって悪いわけではない。

(　き　)(　　)(　く　)(　　) are (　　)(　　)(　　).

選択肢: are, all, bad, foods, for, no, not, processed, us

5．あなたは私たちがどれだけ待っているか分かっているの？

Are (　　)(　け　)(　　)(　　)(　こ　)(　　)(　　)(　　)(　　)?

選択肢: aware, been, have, how, long, of, understand, you, waiting, we

数学

（75分）

Ⅰ ～ Ⅲ の解答は，解答用紙の所定の欄に記入しなさい。

解答にあたっては，次の点に注意しなさい。

(1) 解答は，特に指示がなければ，答えのみを所定の解答欄に記入しなさい。計算過程を示す必要はありません。

(2) 答えが複数ある場合は，すべての答えを所定の解答欄に記入しなさい。

【問題例】x についての方程式 $(x-1)(x-3)=0$ を解きなさい。

【解答例】$x=1,3$

(3) 場合分けが必要だと考えられる場合は，各自で判断して解答しなさい。

【問題例】

a を実数の定数とする。x についての方程式 $ax=1$ を解きなさい。

【解答例】

$a \fallingdotseq 0$ のとき，$x=\dfrac{1}{a}$

$a=0$ のとき，解なし

(4) 答えは，

- 分数はそれ以上約分できない形にする
- 分数の分母は有理化する
- 根号は，根号の中に現れる自然数が最小になる形にする
- 同類項はまとめる

など，簡潔な形で所定の解答欄に記入しなさい。

I　次の空欄 ア ～ カ にあてはまる数を答えなさい。　[配点 36]

(1) 区間 $x \leqq 0$ での関数 $f(x) = x^3 - 3x^2 - 9x + 3$ の最大値は ア である。

(2) $0 < \theta < \pi$ とする。$\sin\theta + \cos\theta = \dfrac{1}{2}$ のとき，$\sin 2\theta =$ イ であり，$\cos\theta - \sin\theta =$ ウ である。

(3) m, n を自然数とし，i を虚数単位とする。$1 + mi$ が x の 2 次方程式 $x^2 - 2x + n^2 - 23 = 0$ の解であるとき，

$$n^2 - m^2 = \boxed{\text{エ}} \quad \cdots\cdots \quad (*)$$

であり，$(*)$ を満たす自然数の組 (m, n) は オ 組ある。

(4) 三角形 ABC があり，辺 AB を 2 : 1 に内分する点を P，辺 BC を 1 : 2 に内分する点を Q とする。直線 CP と直線 AQ の交点を R とすると，$\overrightarrow{\mathrm{AR}} =$ カ $\overrightarrow{\mathrm{AQ}}$ である。

II　次の問いに答えなさい。　　［配点 34］

(1) 不等式 $3-2|x|>|x-1|$ を満たす実数 x の値の範囲を答えなさい。

(2) a，b は実数の定数であり，$\dfrac{1}{3}<a<\dfrac{2}{3}<b<1$ とする。5 つの数

$$\log_b \frac{1}{3},\ \log_b \frac{2}{3},\ \log_{\frac{2}{3}} b,\ \log_a b,\ 1$$

の大小関係を表した下記の不等式の空欄 ア ～ エ にあてはまる数を答えなさい。

$$\boxed{ア}<\boxed{イ}<1<\boxed{ウ}<\boxed{エ}$$

(3) c を実数の定数とする。xyz 座標空間に点 $(2,c,1)$ を中心とする半径 3 の球面がある。

(i) この球面の方程式を c を用いて表しなさい。

(ii) この球面が zx 平面と交わってできる円の半径が 2 であるとき，c の値を答えなさい。

(4) 袋の中に赤色の玉が 2 個，青色の玉が 3 個，合計 5 個の玉が入っている。この袋から玉を戻さずに 1 個ずつ順に 2 個の玉を取り出して，最初に取り出した玉を A，次に取り出した玉を B とする。ただし，袋から玉を取り出す試行において，どの根元事象も同様に確からしいとする。

(i) A と B が同じ色である確率を答えなさい。

(ii) A と B の色が異なる場合の A が赤色である条件付き確率を答えなさい。

III　次の問いに答えなさい。　　　　［配点30］

O を原点とする xy 座標平面上に点 P と放物線 C がある。点 P の座標は (4, 10) であり，C は O と P を通り，C の軸は直線 $x=1$ である。また，P における C の接線を l とし，C，l および y 軸で囲まれた図形の面積を S とする。

(1) C の方程式を答えなさい。

(2) l の方程式を答えなさい。

(3) S の値を答えなさい。

ここで，初項が 1，第 3 項が 7 の等差数列 $\{a_n\}$ を考える。

(4) $\{a_n\}$ の一般項を答えなさい。

(5) 不等式 $(3S)^{10} \leqq 10^{a_n}$ を満たす最小の自然数 n を答えなさい。ただし，必要があれば，$\log_{10} 2 = 0.3010$ を用いて計算しなさい。

化学

(90分)

I　問1～問7に答えなさい。【配点55】

問1　周期表の水素を除く1族元素，および18族元素はそれぞれ総称して何と呼ばれているか答えなさい。

問2　次の［ア］に適切な医薬品名，［イ］に酸化数，［ウ］，［エ］に適切な化学式を入れなさい。

過酸化水素の 3%水溶液は［ア］と呼ばれ，消毒殺菌剤として用いられる。過酸化水素中の酸素の酸化数は［イ］である。過酸化水素は通常，酸化剤として働き，酸性下では自身は［ウ］になる。一方，強い酸化剤に対しては還元剤として働き，相手の物質に電子を与えて気体［エ］が発生する。

問3　次の［ア］，［イ］に適切な語句を入れなさい。

水は常温でも表面から蒸発しているが，圧力 1.013×10^5 Pa のもとでは温度が100℃に達すると，水の内部からも水蒸気が発生するようになる。このように，液体内部からも気体が発生する現象を［ア］という。

また，水が［ア］する温度は同程度の分子量をもつ他の物質と比べて非常に高い。これは水分子間に働く力のうち，一番強い分子間力である［イ］を断ち切るために大きなエネルギーを必要とするからである。

問４　（１），（２）に答えなさい。

（１）断熱容器中で硫酸 2.45 g を 25℃の多量の水に溶かしたところ，2.40 kJ の発熱があった。このときの反応熱〔kJ/mol〕を求め，有効数字２桁で答えなさい。ただし，硫酸の分子量を 98.0 とする。

（２）エタンとプロパンのみを合計で 1.00 mol 含む混合気体を完全燃焼させたところ，1956 kJ の発熱があった。この燃焼で消費された酸素の物質量〔mol〕を求め，有効数字２桁で答えなさい。ただし，エタンとプロパンの燃焼熱をそれぞれ 1560 kJ/mol，2220 kJ/mol とする。

問５　（１），（２）の水溶液の pH を求め，小数第１位まで答えなさい。ただし，ギ酸の電離定数を 2.0×10^{-4} mol/L，水酸化ナトリウムの電離度を 1.0，水のイオン積を 1.0×10^{-14} $(\text{mol/L})^2$ とし，必要なら $\log_{10}2=0.30$，$\log_{10}3=0.48$ を用いなさい。

（１）2.0×10^{-2} mol/L ギ酸水溶液

（２）2.0×10^{-2} mol/L ギ酸水溶液 50.0 mL と 2.0×10^{-1} mol/L 水酸化ナトリウム水溶液 12.5 mL を混合し，さらに水を加えて全量を 75.0 mL とした水溶液

問６　次の文章を読み，（１），（２）に答えなさい。ただし，気体は全て理想気体とし，空気は体積比４：１の窒素と酸素のみからなる混合気体とする。また，気体定数を 8.3×10^3 Pa·L/(K·mol)とする。

27℃，1.0×10^5 Pa で，容積可変の密閉容器に 20.0 L の空気を採った。ここに，強い紫外線を照射したところ，照射後の気体の体積は照射前と比べて 0.60 L 減少した。

（１）紫外線の照射により気体の体積が減少した要因となった反応を化学反応式で示しなさい。

（２）紫外線の照射後の混合気体における酸素のモル分率を求め，有効数字２桁で答えなさい。

問7　（1）～（3）の分子式または化合物名を答えなさい。

（1）炭素数５の鎖状アルカンの分子式

（2）炭素数５以下の直鎖状アルカンのうち，沸点が最も高いものの化合物名

（3）炭素数４の枝分かれ状の鎖状アルカンの化合物名

Ⅱ

次の文章を読み，問に答えなさい。【配点 19】

A，B，C，D は，亜鉛，カルシウム，鉛，バリウムの２価の陽イオンのいずれかである。

A～D をそれぞれ含む４種類の水溶液があった。

A～D の水溶液のうち， A と①B の水溶液が炎色反応を示した。

②A～D の水溶液に弱塩基性下で硫化水素を通じたところ， ２つの水溶液で沈殿が生じた。一方は黒色で，他方は［ ア ］色であった。

A～D の水溶液に硫酸を加えたところ， ３つの水溶液で沈殿が生じた。

A～D の水溶液に少量の水酸化ナトリウム水溶液を加えたところ，B，C，D の水溶液で白色の沈殿が生じ， ③さらに水酸化ナトリウム水溶液を加えると C と D の水溶液では沈殿が溶解したが， B の水溶液の沈殿は溶解しなかった。また，C と D の水溶液に少量のアンモニア水を加えたところ，白色の沈殿が生じ，さらにアンモニア水を加えると一方だけで沈殿が溶解した。

④A～D の水溶液に塩酸を加えたところ，D の水溶液のみで白色の沈殿が生じ，この沈殿が生じた液を加熱すると沈殿が溶解した。

問1　下線部①の B の水溶液で示された炎色反応の色を答えなさい。

問2　下線部②で沈殿を生じた２つのイオンのうち，酸性下では硫化水素を通じても沈殿が生じないイオンは何か，イオン式で答えなさい。

問3　［ア］に適切な色を入れなさい。

問4　下線部③で生じた沈殿が溶解する反応のうち，Cの水溶液についてその反応を化学反応式で示しなさい。

問5　下線部④で生じた沈殿は何か，化学式で示しなさい。

問6　イオンAは何か，イオン式で答えなさい。

Ⅲ

次の文章を読み，問に答えなさい。ただし，計算に際しては水蒸気として存在している水の質量は無視できるものとし，水の分子量は18.0，グルコースの分子量は180，塩化ナトリウムの式量は58.5とする。

【配点 14】

不揮発性物質が溶けた希薄溶液では，その蒸気圧は溶液中の溶媒のモル分率に比例し，希薄溶液の蒸気圧は純溶媒に比べて低くなる。つまり，希薄溶液の蒸気圧 p は次式のように表される。

$$p = p^* x$$

ここで，p^*は純溶媒の蒸気圧，xは溶液中の溶媒のモル分率である。

純水 2.00×10^2 g にグルコース 1.80 g を溶解させた溶液Aと，純水 2.00×10^2 g にグルコース 1.90 g を溶解させた溶液Bがある。これらをそれぞれビーカーに入れ，下図に示すように密閉容器内に放置したところ，片方のビーカー内の液量は次第に減少し，その分だけ他方のビーカー内の液量が増加した。そして，十分な時間が経過すると液量は変化しなくなった。

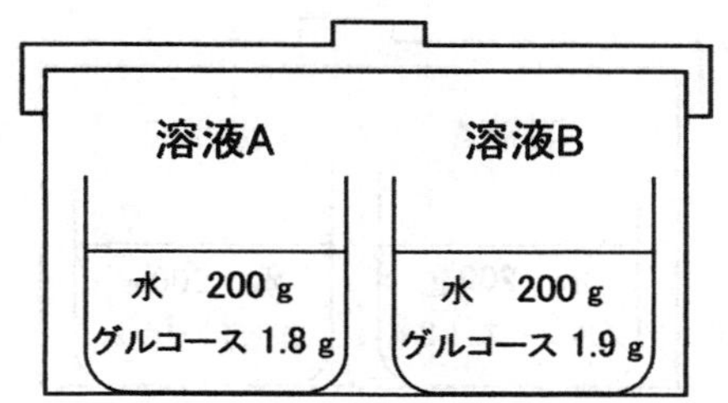

密閉容器に入れる前の溶液 A と溶液 B では，溶液 ア の蒸気圧の方が高い。そのため，密閉容器内では溶液 イ から溶液 ウ へ水が移動し，やがて平衡に達する。

問１　文章中の下線部の現象は何と呼ばれているか答えなさい。

問２　文章中の ア ～ ウ に入る A，B の適切な組み合わせを①～④から選び，番号で答えなさい。

	ア	イ	ウ
①	A	A	B
②	A	B	A
③	B	A	B
④	B	B	A

問３　平衡に達した時点までに移動した水の質量〔g〕を求め，有効数字２桁で答えなさい。

問４　ある量の塩化ナトリウムを純水 2.00×10^2 g に溶解させた溶液 C と，グルコース 1.80 g を純水 2.00×10^2 g に溶解させた溶液 A をそれぞれビーカーに入れ，下図に示すように密閉容器内に置いた。その後，十分な時間放置しても２つのビーカー内の液量は変化しなかった。

溶液 C に溶解させた塩化ナトリウムの質量〔g〕を求め，有効数字２桁で答えなさい。ただし，塩化ナトリウムは完全に電離しているものとする。

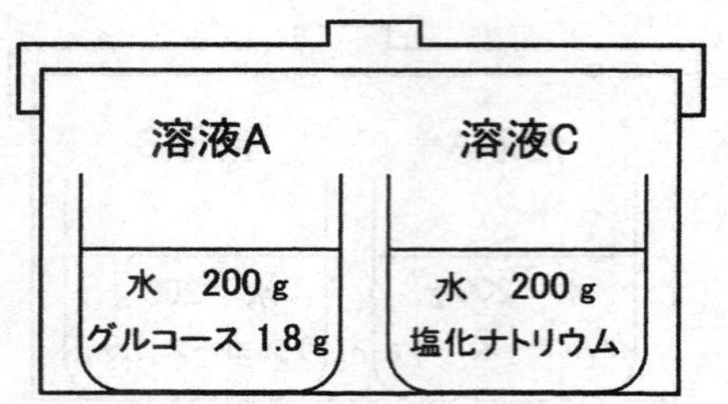

IV

次の文章を読み，問に答えなさい。ただし，気体は全て理想気体とする。【配点 18】

容積可変のピストン付き密閉容器に n mol の四酸化二窒素 N_2O_4 を入れ，一定圧力 P〔Pa〕，一定温度 T〔K〕のもと十分な時間放置すると，N_2O_4 の一部が解離し①式に示す平衡状態となる。このときの密閉容器の内容積を V〔L〕とする。

$$N_2O_4(\text{気}) \rightleftarrows 2NO_2(\text{気}) \quad \cdots ①$$

N_2O_4 の解離度を α とすると，平衡に達したときの N_2O_4 と NO_2 の物質量はそれぞれ $n(1-\alpha)$ mol，［ ア ］mol と表される。また，平衡時の N_2O_4 と NO_2 の分圧を $P_{N_2O_4}$〔Pa〕および P_{NO_2}〔Pa〕とすると，それぞれ②式，③式で表される。

$$P_{N_2O_4} = P \times [\ \text{イ}\ ] \quad \cdots ②$$

$$P_{NO_2} = P \times [\ \text{ウ}\ ] \quad \cdots ③$$

①式のように，気体物質が平衡状態にある場合，各成分気体のモル濃度で表す平衡定数（濃度平衡定数 K_c）の代わりに，モル濃度に比例する分圧を用いて平衡定数を表すことができる。この平衡定数を圧平衡定数 K_p という。①式における K_p〔Pa〕は④式で表される。

$$K_p = \frac{(P_{NO_2})^2}{P_{N_2O_4}} \quad \cdots ④$$

したがって，④式に②式③式を代入することにより，⑤式が得られる。

$$K_p = P \times \boxed{\text{エ}} \quad \cdots⑤$$

問１　ア 〜 エ に，n，α のうち適切なものを用いて表した式を入れなさい。

問２　1.0 mol の N_2O_4 を容積可変の密閉容器に入れ，27℃，3.6×10^5 Pa に保つと①式に示す平衡に達し，N_2O_4 と NO_2 の体積は合わせて 8.3 L になった。このときの N_2O_4 の解離度αと圧平衡定数K_pを求め，それぞれ有効数字２桁で答えなさい。ただし，気体定数を 8.3×10^3 Pa･L/(K･mol)とする。

V

次の文章を読み，問に答えなさい。ただし，Cu の原子量を 63.5，ファラデー定数を 9.65×10^4 C/mol とし，標準状態（0 ℃，1.013×10^5 Pa）での気体のモル体積を 22.4 L/mol とする。また，流れた電流はすべて電気分解に使われ，電気分解前後での電解槽内の溶液の体積変化は無視できるものとする。【配点 20】

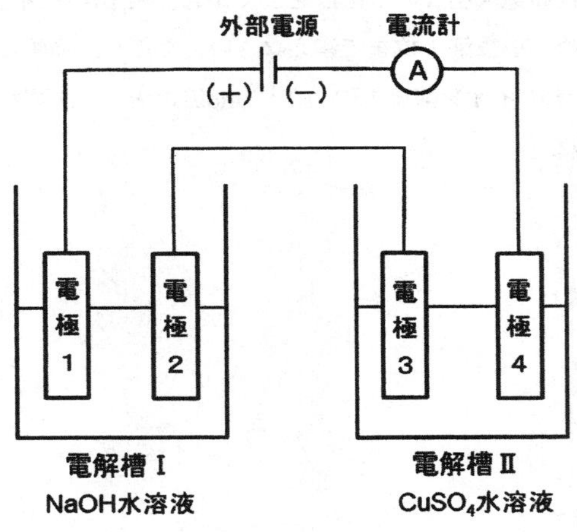

電解槽Ⅰに 0.020 mol/L の水酸化ナトリウム水溶液 500 mL，**電解槽Ⅱ**に 0.020 mol/L の硫酸銅(II)水溶液 500 mL を入れ，白金電極（**電極１**～**電極４**）を用いて図のような装置を組み立て，一定の電流で 16 分 5 秒間電気分解を行った。この電気分解により**電解槽Ⅰ**から発生した気体をすべて捕集したところ，標準状態で 134.4 mL であった。また，**電極４**では銅が析出した。

問１　**電極２**で起こる反応を電子 e^-を含むイオン反応式で示しなさい。

問２　この電気分解によって**電極２**から発生した気体の物質量は，**電極１**から発生した気体の物質量の何倍か，整数で答えなさい。

問３　この回路に流れた電子は何 mol か，有効数字２桁で答えなさい。

問４　この電気分解で通じた電流は平均で何 A か，有効数字２桁で答えなさい。

問５　**電極４**で析出した銅は何 mg か，整数で答えなさい。

問６　電気分解後の**電解槽Ⅱ**の水溶液をよくかき混ぜ pH を測定した。このときの pH を求め，小数第１位まで答えなさい。ただし，強酸および強塩基の電離度を 1.0，水のイオン積を $1.0 \times 10^{-14}\,(\text{mol/L})^2$ とし，必要なら $\log_{10} 2 = 0.30$ を用いなさい。

次の文章を読み，問に答えなさい。ただし，構造式は例にならって書きなさい。【配点 24】

アルケンを硫酸酸性の $KMnO_4$ 水溶液で酸化すると，C＝C 結合が完全に切れて C＝O 結合をもつ分子が２つ生成する。下図に代表的な反応例を示したように，R^1～R^4 がアルキル基か水素かによって生成する化合物が異なってくる。

例えば，R^1～R^4 がアルキル基の場合はケトンを生成する（**図１**）。R^1～R^3 がアルキル基で R^4 が H の場合はケトンとアルデヒドが生成する。アルデヒドはさらに酸化されてカルボン酸となる（**図２**）。R^1 と R^2 がアルキル基で R^3 と R^4 が H の場合はケトンとホルムアルデヒドが生成する。ホルムアルデヒドはさらに酸化されてギ酸を経て二酸化炭素と水が生成する（**図３**）。

図１．R^1～R^4 がアルキル基の場合

$$(R^1)(R^2)C{=}C(R^3)(R^4) \longrightarrow (R^1)(R^2)C{=}O + O{=}C(R^3)(R^4)$$

図２．R^4 が水素原子の場合

$$O{=}C(R^3)(H) \longrightarrow O{=}C(R^3)(OH)$$

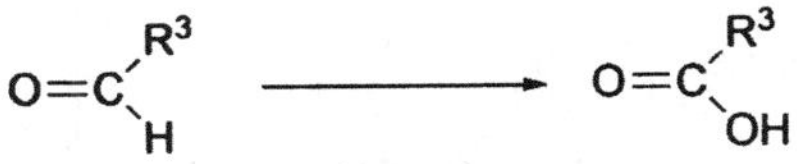

図３．R^3 と R^4 が水素原子の場合

$$O{=}C(H)(H) \longrightarrow O{=}C(OH)(H) \longrightarrow \left[\, O{=}C(OH)(OH) \,\right] \longrightarrow CO_2 + H_2O$$

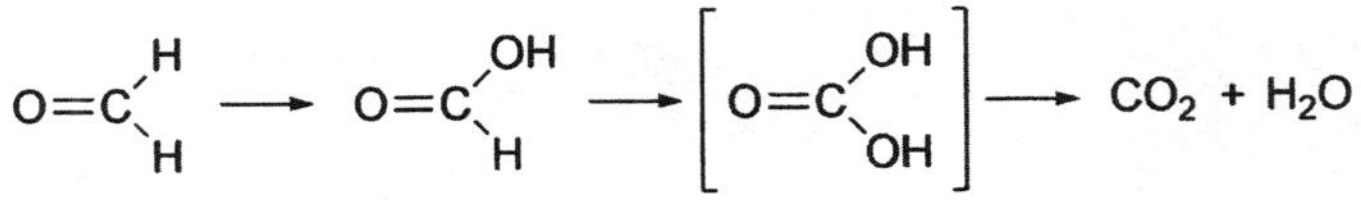

A，**B**，**C**，**D** は，すべて同一の分子式 C_5H_{10} で表されるアルケンである。**A** のみシス－トランス異性体をもつ化合物である。**A**～**D** の構造決定のために，以下の**実験１**，**２**を行った。

実験１　A～D 各 1 mol を含む混合液に白金触媒存在下，水素を作用させると，直鎖状のアルカンと枝分かれのあるアルカンが 2 mol ずつ生成した。

実験２　硫酸酸性下，A～D のそれぞれを $KMnO_4$ 水溶液で酸化すると，A からは２種類のカルボン酸，B からはカルボン酸，二酸化炭素と水，C からはケトン，二酸化炭素と水，D からはケトンとカルボン酸が生成した。

問１　**実験１**で生成した直鎖状および枝分かれ状のアルカンの構造式をそれぞれ書きなさい。

問２　**実験２**の反応で A から生成するカルボン酸の構造式を２種類とも書きなさい。

問３　赤褐色の臭素水に化合物 B を加えると，その溶液は脱色した。この反応の生成物の構造式を書きなさい。ただし，鏡像異性体は考慮しなくて良い。

問４　化合物 C，D の構造式を書きなさい。

（例）

```
          O
          ‖
   HO－C－H2C           CH2－O－CH3
              \        /
               C＝C          O
              /        \     ‖
          H3C           CH2－C－O－CH3
```

生物

（90分）

I

次の文章を読み，**問1～問4**に答えなさい。　**【配点 24】**

肝臓は，血液によって運ばれてくるさまざまな物質を，からだに応じたものにつくり変える化学反応を行っている。肝臓には，［ a ］と［ b ］という異なる血管から血液が流れ込んでいる。［ a ］は小腸やひ臓などからくる血管で，小腸で吸収されたグルコースやアミノ酸などが運ばれてくる。［ b ］は心臓から直接くる血管で，酸素が運ばれてくる。肝臓が機能する単位は［ c ］である。［ c ］は直径 1 mm ほどの角柱状の形をしており，ヒトの肝臓には約 50 万個存在する。肝臓でつくられたビリルビンなどを含む［ d ］は，［ e ］を通って胆のうへ送られる。

肝臓には，小腸で吸収され運ばれてきたグルコースの一部を［ f ］として蓄えたり，［ f ］を分解してグルコースとして血中に戻したりするはたらきがある。また，血液中の物質の運搬や水分の保持に関係する血しょうタンパク質である［ g ］がアミノ酸から合成される。アミノ酸の分解などで生じるアンモニアは，毒性の低い［ h ］に変えられ血流により腎臓に運ばれる。また，アルコールや薬物などを酵素により分解し，無害な物質に変える［ i ］作用も有している。

問1　文中の［ a ］～［ i ］に入る最も適切な語句を答えなさい。

問2　下線部について，その目的を簡潔に述べなさい。

問3　下線部について，すい臓ではグルコースから［ f ］への合成を促進するホルモンと［ f ］からグルコースへの分解を促進するホルモンが分泌される。

(1) これらのホルモンが産生されるすい臓の部位の名称を答えなさい。

(2) (1)の部位から分泌され，グルコースから［ f ］への合成を促進するホルモンの名称と，それを産生する細胞の名称を答えなさい。

(3) (1)の部位から分泌され，［ f ］からグルコースへの分解を促進するホルモンの名称と，それを産生する細胞の名称を答えなさい。

問４　発生過程の原腸胚期に生じる 3 つの胚葉のうち，肝臓はどの胚葉に由来するか答えなさい。

Ⅱ

次の文章を読み，問１～問６に答えなさい。　【配点 28】

ヒトでは，眼から入った光は［ a ］と［ b ］で屈折し，ガラス体を通過して，［ c ］上に像を結ぶ。［ b ］の前方にある［ d ］は，瞳孔の大きさを調節して［ c ］に達する光の量を変える。例えば，(A)明るい場所から暗い場所に移ると，［ d ］は瞳孔を拡大し，取り入れる光の量を増やす。さらに，(B)［ c ］において光を受容する視細胞の感度が上昇することで，弱い光でも感知できるようになり，暗さに眼が慣れてくる。また，ヒトの眼は［ b ］の厚みを変えて焦点距離を調節することで，さまざまな距離の物体の焦点を合わせている。例えば，近くのものを見るときは，［ e ］にある筋肉が［ ア ］してチン小帯と呼ばれる結合組織がゆるみ，［ b ］は［ イ ］なる。それにより焦点距離は［ ウ ］なり，近くのものに焦点が合うようになる。

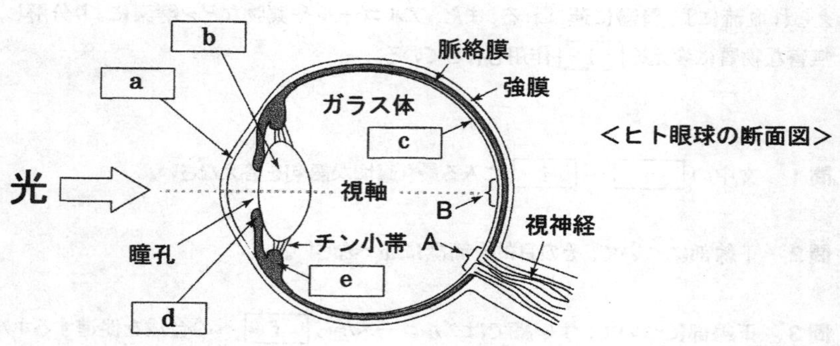

＜ヒト眼球の断面図＞

問１　文中および図中の［ a ］～［ e ］に入る最も適切な語句を答えなさい。

問２　文中の［ア］～［ウ］にあてはまる適切な組み合わせを次の①～⑧のうちから選び，記号で答えなさい。

	①	②	③	④	⑤	⑥	⑦	⑧
ア	収縮	収縮	収縮	収縮	弛緩	弛緩	弛緩	弛緩
イ	厚く	厚く	薄く	薄く	厚く	厚く	薄く	薄く
ウ	長く	短く	長く	短く	長く	短く	長く	短く

問３　下線部(A)について，瞳孔の拡大や縮小は自律神経によって調節されている。下記の文章中の［(1)］～［(3)］に入る最も適切な語句を次の①～⑦のうちから１つずつ選び，記号で答えなさい。

『光が照射されると［(1)］のはたらきによって，図の［d］にある瞳孔括約筋が収縮して，瞳孔が縮小する。これを瞳孔反射（対光反射）といい，反射中枢は［(2)］にある。また，有毒ガスや一部の農薬に含まれる有機リンによる中毒では，アセチルコリン分解酵素のはたらきが阻害されるため，瞳孔は［(3)］する。』

① 交感神経　② 副交感神経　③ 脊髄　④ 延髄
⑤ 中脳　⑥ 拡大　⑦ 縮小

問４　下線部(B)について，

(1) 暗さに眼が慣れてくる現象を何というか答えなさい。

(2) 主にうす暗い場所ではたらき，明暗の識別に関与する視細胞の名称を答えなさい。

(3) (2)の細胞に含まれる感光物質（視物質）の名称を答えなさい。

(4) (3)の感光物質（視物質）は，光の吸収にはたらく物質と，オプシンというタンパク質から構成されている。光の吸収にはたらく物質の名称を答えなさい。

問５　図中の［c］上にある部位 A および B について，

(1) それぞれの部位の名称を答えなさい。

(2) 部位 A は視神経が束になって［c］を貫いている場所である。部位 A について，光受容における［c］の他の部位との違いと，その違いが生じる理由を簡潔に述べなさい。

問６　図中の部位 B には，主に明るい場所ではたらき，色の識別に関与する視細胞が集中している。この視細胞は，吸収する光の色によって感度の異なる 3 種に分けられ，それぞれの細胞の興奮の度合いにより色の識別に関与する。

(1) この視細胞の名称を答えなさい。

(2) 視細胞が反応する「光の三原色」は何色(なにいろ)かすべて答えなさい。

III

次の文章を読み，問１～問５に答えなさい。　　　　【配点 26】

血液は，血球などの有形成分と血しょうと呼ばれる液体成分からなる。ヒトでは，血液は体重の約 13 分の 1 をしめ，水分の保持，体温調節，細胞の呼吸に必要な酸素や栄養分の運搬，細胞が放出した二酸化炭素や老廃物の運搬などを行っている。(A)<u>ヒトの赤血球の寿命は約 120 日であり，古くなった赤血球は破壊されて新しくつくられた赤血球と入れ替わる。</u>(B)<u>他人の血液を混ぜ合わせると赤血球が凝集することがある。</u>これは，血しょう中に含まれる抗体（凝集素）と赤血球の表面にある凝集原と呼ばれる物質が反応することによって凝集が起こるからである。ヒトの ABO 式血液型の場合，凝集素には α と β の 2 種類が，凝集原には A と B の 2 種類があり，α と A または β と B が共存すると赤血球が凝集する。それぞれの血液型の凝集素と凝集原を下表にまとめた。

血液型	A 型	B 型	AB 型	O 型
凝集素	β	α	なし	α，β
凝集原	A	B	A, B	なし

問１　次の文中の［ a ］～［ d ］に入る最も適切な語句または数字を答えなさい。

抗体は免疫グロブリンと呼ばれるタンパク質で，H 鎖［ a ］本と L 鎖［ b ］本のポリペプチドが共有結合の一種である［ c ］結合でつながっている。免疫グロブリンには抗原と結合する［ d ］部が 2 か所ある。

問２　下線部(A)について，成人において，

(1) 赤血球が破壊される臓器を 2 つ答えなさい。

(2) 赤血球がつくられる器官を答えなさい。

問3　下にヒトの血液の有形成分表を示す。

(1) ア～カに入る最も適切な語句を答えなさい。

(2) キに入る最も適切な数値はどれか。次の①～⑤のうちから 1 つ選び，記号で答えなさい。

① 4 千～5 千　② 4 万～5 万　③ 40 万～50 万

④ 400 万～500 万　⑤ 4000 万～5000 万

有形成分	核の有無	主なはたらき	個(/mm^3)
赤血球	**ウ**	**オ**	**キ**
ア	**エ**	免疫	4 千～9 千
イ	無	**カ**	20 万～40 万

問4　下線部(B)について，1000 人の集団からそれぞれ血しょうを採取し凝集反応を調べたところ，500 人の血しょうが A 型の赤血球を凝集させ，700 人の血しょうが B 型の赤血球を凝集させた。両方の赤血球を凝集させた血しょうと，どちらの赤血球も凝集させなかった血しょうの合計は 400 人であった。この集団の血液型はそれぞれ何人か答えなさい。

問5　抗原 X と結合できる免疫グロブリンが 30 μg あるとき，結合できる抗原 X の最大量(μg)を答えなさい。ただし抗原 X の分子量を 50,000 とし，免疫グロブリンの分子量を 150,000 とする。また，免疫グロブリンが結合する部位は抗原 X 上に 1 か所しかなく，抗原 X どうしは結合しないものとする。

次の文章を読み，問1～問9に答えなさい。　　　　【配点25】

現代では，生物のゲノムDNAの塩基配列に人為的な変異（突然変異）を起こさせるゲノム編集技術が開発されており，中でも2020年のノーベル化学賞の対象となったクリスパー・キャス9法が急速に普及しつつある。この方法では，**図1**に示すように，ある条件を満たす20塩基対のDNA配列（これを標的DNA配列と呼ぶ）を選び，その配列に相補的な塩基配列をもつガイドRNAを設計する。そして，キャス9という特殊なDNA切断酵素を，ガイドRNAとともに細胞内で発現させると，標的DNA配列内の特定の位置（黒三角の位置）で両方のDNA鎖が切断される。通常は，切断された(A)DNAの末端どうしが連結されることで二本鎖DNAに修復されるが，その際に切断部位から何個かのヌクレオチドが欠失したり，逆に，切断部位に何個かのヌクレオチドが挿入されたりする変異が引き起こされることが知られている。

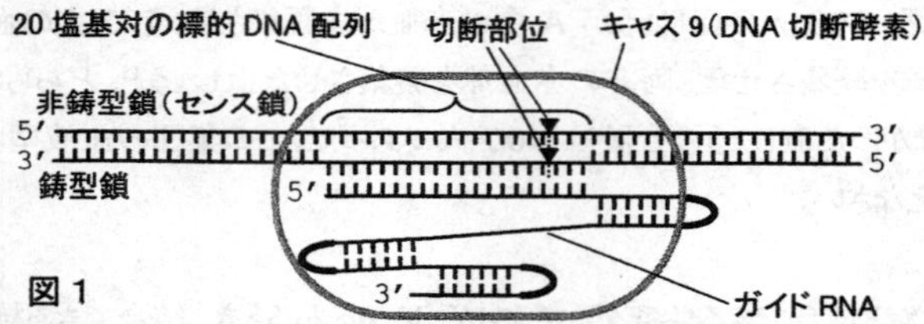

図1

図2は，ある真核生物の遺伝子Xに変異を起こさせる実験を行う目的で，その最初のエキソンの塩基配列の一部と，その中に選定したクリスパー・キャス9法の標的DNA配列を示した模式図である。塩基配列は転写の鋳型となるDNA鎖（鋳型鎖）のみを左から3′→5′の方向に示し，キャス9による切断点を矢印で示した。(B)この標的DNA配列は，転写されるmRNA上で翻訳が開始する部位を含んでおり，翻訳されるタンパク質の1番目から5番目までのアミノ酸配列を表の3文字略号で示すとMet-Ala-Leu-His-Tyrである。この標的配列に対するガイドRNAをキャス9とともに多数の細胞で発現させ，その後に細胞からゲノムDNAを取り出した。(C)得られたDNAの塩基配列を調べたところ，DNAによっていろいろな変異が生じたことがわかった。

キャス9の切断部位
↓
3′--- GTGCACGGTACCGTGACGTAATGGCCGTGGACCATTAGGCA---5′
標的DNA配列

図2

問1　下線部(A)のように，DNAの末端どうしを連結させる酵素の一般的な名称を答えなさい。

問2　一般に，DNAの塩基配列の変異には，欠失と挿入の他に何があるか。その用語を答えて，どのような変異か簡潔に述べなさい。

表

コドンの1番目の塩基	コドンの2番目の塩基 U	C	A	G	コドンの3番目の塩基
U	UUU UUC Phe UUA UUG Leu	UCU UCC UCA Ser UCG	UAU UAC ③ (a) (b) 終止	UGU UGC Cys (c) 終止 UGG Trp	U C A G
C	CUU CUC CUA Leu CUG	CCU CCC CCA Pro CCG	CAU CAC His CAA CAG Gln	CGU CGC CGA Arg CGG	U C A G
A	AUU AUC AUA Ile AUG ①	ACU ACC ACA Thr ACG	AAU AAC Asn AAA AAG Lys	AGU AGC Ser AGA AGG Arg	U C A G
G	GUU GUC GUA Val GUG	GCU GCC GCA ② GCG	GAU GAC Asp GAA GAG Glu	GGU GGC GGA Gly GGG	U C A G

アミノ酸の3文字略号
Ala アラニン
Arg アルギニン
Asn アスパラギン
Asp アスパラギン酸
Cys システイン
Gln グルタミン
Glu グルタミン酸
Gly グリシン
His ヒスチジン
Ile イソロイシン
Leu ロイシン
Lys リシン
Met メチオニン
Phe フェニルアラニン
Pro プロリン
Ser セリン
Thr トレオニン
Trp トリプトファン
Tyr チロシン
Val バリン

問3　図2の標的DNA配列の非鋳型鎖（センス鎖）を5´→3´の方向に答えなさい。

問4　表の(a)～(c)に適切な終止コドンを答えなさい。

問5　下線部(B)について，このmRNAの翻訳が開始される最初のアミノ酸から3番目のアミノ酸までのコドンを含むRNA配列を，5´→3´の方向に答えなさい。

問6　表の①～③に適切なアミノ酸の3文字略号を答えなさい。

問7　下線部(B)について，このタンパク質の6番目と7番目のアミノ酸を3文字略号で答えなさい。

問8　下線部(C)について，ある変異をもつDNAでは，キャス9による切断部位（図2の矢印の位置）に1つのCが挿入されていた。この変異遺伝子から合成されるタンパク質の5番目と6番目のアミノ酸を3文字略号で答えなさい。

問9　下線部(C)について，問8とは別の変異をもつDNAでは，切断部位から9塩基以内の欠失が起きており，その結果，わずか7個のアミノ酸からなるタンパク質を指定する配列となっていた。この変異遺伝子から合成されるタンパク質の7番目（最後）のアミノ酸を3文字略号で答え，何塩基の欠失が起きたのか答えなさい。

次の文章を読み，**問 1 ～問 4** に答えなさい。　**【配点 20】**

1962 年にガードンは，あらかじめ紫外線（UV）で核を不活性にしたアフリカツメガエルの未受精卵に，オタマジャクシの小腸の細胞から取り出した核を移植する実験を行った（**図 1**）。移植を受けた卵のうち，卵割を開始してオタマジャクシ，そして正常な成体まで発生するものがあった。この結果は，分化した動物細胞の核でも，ある条件下では全能性をもつ核に戻すこと（初期化）が可能であることを示している。**図 2** は，いろいろな発生段階にある胚やオタマジャクシから移植する核を取り出す時期と成体まで発生を続けた割合の関係を示している。

一方，**1996** 年のウィルモットとキャンベルらの実験によって，哺乳類の体細胞の核を用いた未受精卵への核移植が初めて成功し，クローン羊ドリーが誕生した。

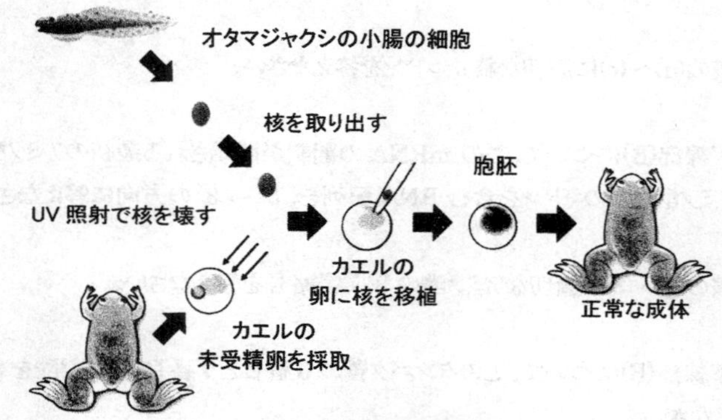

図1　ガードンの核移植実験

SKIP（Stemcell Knowledge & Information Portal）

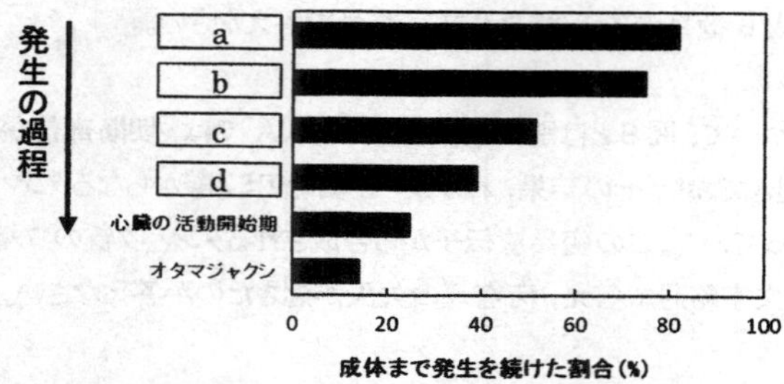

図2　移植する核を取り出す時期と成体まで発生を続けた割合

問1　**図2**の結果について，

(1) [a]～[d]に入る最も適切な胚の時期を，次の①～④のうちから1つずつ選び，記号で答えなさい。

① 尾芽胚期　② 原腸胚期　③ 胞胚期　④ 神経胚期

(2) **図2**の結果から，核の全能性について考えられることを，簡潔に述べなさい。

問2　ガードンが核移植で作製したカエルはクローンと呼ばれる個体である。

(1) クローンとはどのような生物か，簡潔に述べなさい。

(2) もとの個体のクローンでないものを次の①～⑤のうちから1つ選び，記号で答えなさい。

① 挿し木で成長したバラ　② 塊茎から成長したジャガイモの新個体

③ 出芽した酵母菌の新個体　④ 分裂したゾウリムシの新個体

⑤ 接合して生じたアオミドロの新個体

問3　下線部について，核を取り出す細胞としてさまざまな体細胞が利用可能である。

(1) ある個体のクローンを得るために，核を取り出す体細胞として適切でないものを，次の①～④のうちから1つ選び記号で答えなさい。

① 線維芽細胞　② 形質細胞　③ 心筋細胞　④ 小腸上皮細胞

(2) (1)で答えた細胞が適切でない理由を簡潔に述べなさい。

問4　現在では，ヒトやマウスの体細胞を初期化して，さまざまな種類の細胞に分化する能力をもつ幹細胞を人工的に作製することが可能になった。

(1) このようにして得られる幹細胞の名称を答えなさい。

(2) (1)で答えた細胞の作製法を簡潔に述べなさい。

VI　次の文章を読み，問1～問8に答えなさい。　【配点27】

地球上で最古の岩石ができてから今日までを［ a ］時代という。［ a ］時代は，地層に残された生物化石の出現状況によって区分されている。生物化石が多く現れる約5億4千万年前以降の時代は，古い順に，［ b ］，［ c ］，［ d ］の(A)3つの代に分けられている。それより前の，化石があまり出現しない時代は，［ e ］時代と呼ばれている。特定の時代区分に出現し，その時代を特徴づける化石は［ f ］化石と呼ばれる。これに対して，サンゴなどその生育環境を特徴づける化石は［ g ］化石と呼ばれる。

化石と現生の生物の形態や，現生の生物どうしの形態を比較することで，進化の過程を推測できる。種類が異なる動物の間で，外形は異なるが基本的な構造のよく似た器官が見つかる例が多い。このように，(B)外形やはたらきが大きく異なっていても起源が等しいと考えられる器官を［ h ］器官という。一方，(C)形は似ていて機能も同じだが起源の異なる器官を［ i ］器官という。

問1　文中の［ a ］～［ i ］に入る最も適切な語句を答えなさい。

問2　約6億5千万年前，比較的大型で，軟らかくて扁平なからだをもつ多細胞生物が生息したとされている。これらの生物群は，化石が発見されたオーストラリアの丘陵名をとって何と呼ばれているか答えなさい。

問3　約5億4千万年前以降の地層からは，多細胞生物の化石の産出が飛躍的に増加し，現在みられるほとんどの門（グループ）の動物の化石がみられるが，現生のものとは大きく異なる動物の化石もみられる。これらの動物群は，化石が発見されたカナダのロッキー山脈の地層の名前をとって何と呼ばれているか答えなさい。

問4　下線部(A)について，各代はさらにいくつかの紀に細かく分けられる。以下の①～⑦には一部の紀を年代順に古いものから並べている。それぞれにあてはまるものを記号で答えなさい。

(1)［ c ］に含まれる紀はどれか。すべて答えなさい。

(2) 両生類が出現した紀はどれか。

(3) 哺乳類が出現した紀はどれか。

① シルル紀	② デボン紀	③ 石炭紀	④ ペルム紀	⑤ 三畳紀	⑥ ジュラ紀	⑦ 白亜紀

問5　以下の①～⑥のうち，［ b ］の［ f ］化石とされるものはどれか。1つ選び，記号で答えなさい。

① 三葉虫　② アンモナイト　③ 始祖鳥
④ マンモス　⑤ ビカリア　⑥ ティラノサウルス

問6　大気中の酸素濃度が増加し大気圏上層にオゾン層が形成されたことによって生物の陸上進出が可能になったと考えられている。オゾン層によって陸上が生物の生存できる環境になった理由を簡潔に述べなさい。

問7　下線部(B)について，両生類，は虫類，鳥類，哺乳類の前肢は，原始的な四足動物の前肢がそれぞれの環境に適応した。また，オーストラリア大陸では，有袋類が多様な環境に応じて，小型のフクロネズミから肉食のフクロオオカミまで，多様な種がみられるようになった。このように，生物が共通の祖先から異なる環境へ適応して多様化することを何というか答えなさい。

問8　下線部(C)について，有袋類であるフクロオオカミと真獣類であるオオカミのように，生活様式が似ることで，異なる系統の生物が，同じような環境への適応として，よく似た特徴をもつことがある。このように，異種の生物が同じような環境に適応する過程で形態や機能が類似することを何というか答えなさい。

解答編

英語

I 解答 問1．(1)―D (2)―B (3)―A (4)―A (5)―A
問2．(あ)―③ (い)―① (う)―⑤ (え)―② (お)―④

問3．在宅勤務の父親が，早朝から一日中働く妻の代わりに，家で最初の子どもの世話をすること。

問4．全訳下線部(イ)参照

◆全　訳◆

≪家で育児をする父親≫

誰が，あなたの家族の中で一家の稼ぎ手だろうか？　夫だろうか，妻だろうか？　あなたは，女性がお金を稼ぎ，男性が子どもたちの世話をしている家庭のことを，たぶん聞いたことがあるだろう。

そのような取り決めは，シンガポールではちらほら耳にするが，それでもまだ眉をひそめる人もいる。しかしながら，最近私はケビンに会った。彼は，このことは何も驚くべきことではないと感じている，家に居る父親（我々は彼らをSAHDsと呼ぶが）なのである。

午前3時から午後4時まで働く屋台の店主である彼の妻が最初の子どもを出産したとき，彼らは子どもを保育施設に送る代わりに，彼が主たる子どもの世話をする人になることが，より理にかなっていると判断した。

「妻と私は，生後数カ月の間，特に子どもが歩いたりコミュニケーションをとったりすることができる前は，親といる方がより幸せだと感じました。幼児は多くの世話と配慮を必要とします。また，扱いが難しいことでもよく知られています，このことは多くの無条件の愛を必要とするかもしれません。私は当時，ソーシャルメディア・マーケティングでフリーランサーとして在宅勤務をしていたので，その判断は簡単なものでした」と，彼は私に語った。

友人や親類がこのことを知ることになったときには，彼らは彼のことを称賛し，尊敬するしかなかった。「彼らの多くは，子育ての実際の体験があり，子育てがどれだけ大変かを知っています」と彼の妻は言った。

しかし，この取り決めの最初の数年間に，ケビンは，娘の面倒を見ながらフリーの仕事を引き受け続けることは難しく，ストレスが多いということに気づいた。(イ)自分の時間がほとんどなく，彼の小さな子のニーズに圧倒されて，彼はだんだんふさぎこみ，ついにうつ病と診断された。

運よく，彼は精神科医の助言を求め，抗うつ剤を１カ月飲んだ後，症状は改善した。彼はまた，仕事と娘の世話を両立させようとする代わりに，フルタイムで家に居る父親になる決心をした。

ケビンが冗談を言ったように，「頭字語のSAHDは‘sad（悲しい）’のように聞こえますね」。それでも，主たる子どもの世話をする人としての彼の旅は，山もあれば谷もある。

ケビンの妻も，フルタイム勤務の母親としてそれなりの浮き沈みがある。彼女は唯一の一家の稼ぎ手であるという責任を喜んで引き受けているが，娘が，彼女がベッドに寝かすのを拒否するときには，うろたえざるを得ない。「多くの時間を父親と一緒に過ごしているから，娘は父親との方がずっと親密です」と，彼女は私に言った。

２人目の娘が生まれた後，彼らは母と子の関係を育むように気をつけた。彼らはまた，週末に子どもたちが寝てから，一緒に質のよい夫婦の時間を過ごすように努力している。

ケビンの妻は自分の哲学をこのようにまとめた。「親は，ジェンダー規範を捨て去り，子どもたちから必要とされるどんな役割でも実現すべきです。多くの場合，頑張ってすることで十分であり，手放すことができることで，平和がもたらされるのです」

◀解　説▶

問１．(1)　extraordinary「驚くべき，並外れた」の意である。ゆえに，D「意外な，驚くべき」が最も近い。A「面白い」　B「普通の」　C「明らかな」

(2)　better off「（以前より，他人より）裕福である，恵まれている」の意であり，well offの比較級である。ゆえに，B「より幸せな」が適切である。A「より大きい」　C「より簡単な」　D「より依存している」

(3)　tough「（仕事が）骨の折れる，つらい」の意であるので，A「難しい」が適切である。B「簡単な」 C「面白い」 D「強い」

(4) sought は seek「(忠告・助言など) を (人に) 求める」の過去形であるので，A「〜を探した」が最も近い。B「〜を受け取った」 C「〜を拒絶した」 D「〜を理解した」

(5) let go of〜「〜を放す，手放す」であるので，A「〜をあきらめる」が適切である。B「〜を修正する」 C「〜を支持する」 D「〜を変更する」

問2．(あ) 空所前に「子どもが歩いたりできる前」とある。動詞を and で並べているので，子どもが walk の頃に始めるのは，③「コミュニケーションをとる」が適切である。

(い) 空所前に「幼児は世話が必要」とある。名詞を and で並べているので，世話と同様に幼児が必要とするのは，①「配慮，注意」が適切である。

(う) 空所前に「称賛するしかない」とある。名詞を and で並べているので，同様な内容を選ぶ。⑤「尊敬」が適切である。

(え) 空所を含む文では「〜する代わりに，フルタイムで家に居る父親になる」とあるので，空所は逆の内容であると類推できる。trying to から空所は動詞であると判断でき，空所後の with から balance *A* with *B*「*A* と *B* の釣り合いをとる，両立させる」となる②が適切である。

(お) 空所の前文（"She's much …）に「多くの時間を父親と過ごしているから，娘は父親との方がずっと親密」とあるので，2人目が誕生した際に，彼らが気をつけたのは，母と子の④「関係」である。

問3．下線部の「その判断」とは，第3段（When his …）の「午前3時から午後4時まで働く屋台の店主である彼の妻が，最初の子どもを出産したとき，彼が主たる子どもの世話をする人になる」と決めたことである。また，その背景には，第4段第4文（As I …）に「私は当時，ソーシャルメディア・マーケティングでフリーランサーとして在宅勤務をしていたので，その判断は簡単」とあるので，以上をまとめる。

問4．下線部は「理由・原因」を意味する分詞構文である。With little time for himself「自分自身のための時間がほとんどなく」は，Having little time for himself と同じ意味合いである。(being) overwhelmed by〜「〜に圧倒される」 one は daughter のことである。increasingly「だんだんと」 eventually「結局，ついに」 depression「うつ病」

 **解答** 問１．(ア)―④　(イ)―④　(ウ)―④　(エ)―①

問２．①　問３．④　問４．②　問５．②　問６．②

問７．全訳下線部(A)参照。

問８．農家によって，餌となるプレーリードッグが殺され，その数が減少したため。

◆全　訳◆

≪絶滅危惧種での最初のクローン≫

アメリカの科学者たちは最近，絶滅危惧種のアメリカ合衆国原産の動物のクローンを初めて作り出したと発表した。クロアシイタチは，30 年以上前に死んだ動物の細胞から作られた。

合衆国魚類野生生物局の関係者によると，エリザベス＝アンという名前のクロアシイタチは 12 月 10 日に生まれた。彼女は 1988 年に死んだウィラという名前のクロアシイタチの遺伝子の複製である。ウィラの遺体は遺伝子技術の初期に凍結されていた。

このようなクローニングの使用は，絶滅した動物種をいつの日か取り戻すことを目的としている。(A)クロアシイタチ・プロジェクトは，絶滅の危険にさらされている動物の個体数を増やすための，幅広い取り組みの一環である。

ノレーン＝ウォルシュは，コロラド州北部にある国立クロアシイタチ保護センターの所長である。そのセンターは魚類野生生物局の一部である。クローンの成功を発表するにあたり，声明の中で彼女は「それは，クロアシイタチを保護する継続的な取り組みのための有望なツールを提供する」と述べた。

クロアシイタチは，足や目の周りの黒いマークで簡単に識別できる。それらはプレーリードッグを狩り，そして餌とする。

クローンを作り出す前でさえ，その動物は保護の成功談であった。それらは，依存しているプレーリードッグの個体数の減少により絶滅したと考えられていた。プレーリードッグは，牛を飼育するためのより良い土地環境を作ろうとしている動物農家によって，撃たれ毒殺された。

しかし 1981 年，１匹のクロアシイタチが，ワイオミング州で発見された。そして科学者たちは，保護下繁殖プログラムのために，残りの個体群を集めた。1990 年代以降，何千ものクロアシイタチが，米国西部，カナダ，メキシコで解き放たれている。

しかし，遺伝的多様性の欠如は，個体群に進行中のリスクを示している。これまで戻されたすべてのクロアシイタチは，わずか7匹の近縁関係にある動物から生まれたものだ。この遺伝的類似性はクロアシイタチを，深刻な健康問題を発症するリスクにさらしている。

ウィラが死んだとき，ワイオミングの狩猟・漁業部門は，その組織をサンディエゴ動物園グローバルが運営する「冷凍動物園」に送った。その動物園では，世界中の1,100を超える種や亜種の細胞を保存している。

科学者は将来，クローン動物が生き残るのを助けるために，それらの遺伝子に変更を加えることを望んでいる。

◀解　説▶

問1．(ア)　native は「(ある場所に) 固有の，原産の」の意であり，その場所は to ～ で表す。ゆえに，④が適切である。

(イ)　空所後に ago「～前」があることに注意。④「～を超えて」以外は，意味をなさない。

(ウ)　空所前には「クロアシイタチが発見された」とあり，空所後には「ワイオミング州」と発見場所が述べられている。ゆえに，比較的広い場所や内部を示す④「～で」が適切である。

(エ)　空所前後の put と risk に注意。put *A* at risk「*A* を危険にさらす」のイディオムであるので，①が適切である。

問2．下線部は「有望な，将来性のある」の意である。ゆえに，①が最も近い。

問3．第6段第2文 (They were …) に「それら (クロアシイタチ) は，絶滅したと考えられていた」とあるが，第7段第1文 (But in …) で「1匹のクロアシイタチが，発見された」とある。ゆえに，④が適切である。

問4．第9段第2文 (The zoo …) に「その動物園では，種や亜種の細胞を保存」とある。その動物園とは，下線部(3)の「冷凍動物園」のことを指す。ゆえに，②が適切である。

問5．第5段第1文 (Black-footed …) に「クロアシイタチは，足や目の周りの黒いマークで識別が簡単」とある。ゆえに，②が正しい。

問6．第8段第1文 (But a …) の「遺伝的多様性の欠如は，個体群に進行中のリスクを示している」と，同段第３文（This genetic …）の「遺伝的類似性で，ここはクロアシイタチは深刻な健康問題の発症リスクにさらされている」から，②が適切である。

問７．part of ～「～の一部，一環」 a wider effort「より広い取り組み」 build up「～を増大させる，増強させる」 population は「人口」以外に「(動物の) 個体数，個体群」の意がある。

問８．第６段第２文（They were …）に「依存しているプレーリードッグの個体数が減少したため，絶滅したと考えられていた」とある。詳しくは，第５段第２文（They hunt …）に「それら（クロアシイタチ）は，プレーリードッグを餌とする」とあるが，そのプレーリードッグは，第６段第３文（The prairie …）に「牛の飼育のために，動物農家によって撃たれ毒殺された」とある。餌の減少によりクロアシイタチは絶滅したと考えられたので，その背景をまとめる。

Ⅲ　解答

1－②　2－①　3－②　4－③　5－①　6－①
7－③　8－①　9－①　10－④

Ⅳ　解答

1．あ．What　い．the　2．う．worth　え．a
3．お．discussion　か．interests
4．き．Not　く．processed　5．け．aware　こ．long

◀解　説▶

1．「～についてどう思いますか？」の表現は what を使うものと how を使うものと２つある。What do you think of〔about〕～? または，How do you feel about ～?，How do you like ～? である。ここでは選択肢から前者を使い，What do you think of the new（cafeteria?）とする。

2．「～の価値がある，値打ちがある」be worth ～ 「千の～」a thousand ～ ゆえに，(A) picture is worth a thousand words(.) となる。

3．肯定文での any は「どんな～でも」の意である。続く名詞は単数形となるので any discussion topic とする。それを先行詞として関係代名詞 that でつなぎ，interest「～に興味を与える」を続ける。ゆえに，(You) may choose any discussion topic that interests you(.) となる。

4．「全てが～のわけではない」の表現は，部分否定 not ～ all を用いる。

「加工食品」は processed foods である。ゆえに，Not all processed foods (are) bad for us(.) となる。

5.「～に気づいている，知っている」は選択肢から be aware of ～ を使う。「どれだけ待っているか」は現在完了進行形を使えばよい。ゆえに，(Are) you aware of how long we have been waiting(?) となる。

数学

I 解答

(1)ア．8　(2)イ．$-\dfrac{3}{4}$　ウ．$-\dfrac{\sqrt{7}}{2}$　(3)エ．24　オ．2

(4)カ．$\dfrac{3}{4}$

◀解　説▶

≪小問4問≫

(1)　$f(x)=x^3-3x^2-9x+3$ を微分して

$$f'(x)=3x^2-6x-9=3(x+1)(x-3)$$

$f'(x)=0$ を解くと　　$x=-1,\ 3$

区間 $x \leqq 0$ で $f(x)$ の増減表は右のようになる。

x	$\cdots$	-1	$\cdots$	0
$f'(x)$	$+$	0	$-$	
$f(x)$	↗	8	↘	

したがって，$f(x)$ の最大値は

$$f(-1)=(-1)^3-3\times(-1)^2-9\times(-1)+3=8 \quad \to ア$$

(2)

$$(\sin\theta+\cos\theta)^2=\sin^2\theta+2\sin\theta\cos\theta+\cos^2\theta$$
$$=(\sin^2\theta+\cos^2\theta)+2\sin\theta\cos\theta$$
$$=1+\sin 2\theta$$

$(\sin^2\theta+\cos^2\theta=1,\ 2\sin\theta\cos\theta=\sin 2\theta$ より$)$

ゆえに　　$1+\sin 2\theta=\dfrac{1}{4}$　　$\left(\sin\theta+\cos\theta=\dfrac{1}{2}\text{ より}\right)$

よって　　$\sin 2\theta=-\dfrac{3}{4}$　→イ

$0<\theta<\pi$ より　　$\sin\theta>0$

また，$\sin 2\theta=2\sin\theta\cos\theta<0$ より　　$\cos\theta<0$

したがって　　$\cos\theta-\sin\theta<0$　……①

ここで

$$(\cos\theta-\sin\theta)^2=\cos^2\theta+\sin^2\theta-2\cos\theta\sin\theta$$
$$=1-\sin 2\theta=1-\left(-\frac{3}{4}\right)=\frac{7}{4}$$

よって，①より　　$\cos\theta-\sin\theta=-\dfrac{\sqrt{7}}{2}$　→ウ

(3)　$1+mi$（m は自然数，i は虚数単位）が，x の2次方程式 $x^2-2x+n^2-23=0$ の解の1つであり n が自然数なので，共役な複素数 $1-mi$ も解である。

したがって，解と係数の関係より　$(1+mi)(1-mi)=n^2-23$

ゆえに　$1+m^2=n^2-23$

よって　$n^2-m^2=24$　……(＊)　→エ

また　$n^2-m^2=(n+m)(n-m)$

$n+m$，$n-m$ は整数で　$n+m>0$

よって　$n-m>0$

(＊)を満たす $(n+m,\ n-m)$ は，$n+m>n-m$ だから次の4組である。

$$(n+m,\ n-m)=(24,\ 1),\ (12,\ 2),\ (8,\ 3),\ (6,\ 4)$$

これらのうち，m，n が自然数となるのは

$$(n+m,\ n-m)=(12,\ 2),\ (6,\ 4)$$

つまり

$$(m,\ n)=(5,\ 7),\ (1,\ 5)$$

の2組である。→オ

(4)　点Rは直線CP上の点だから，s を実数として

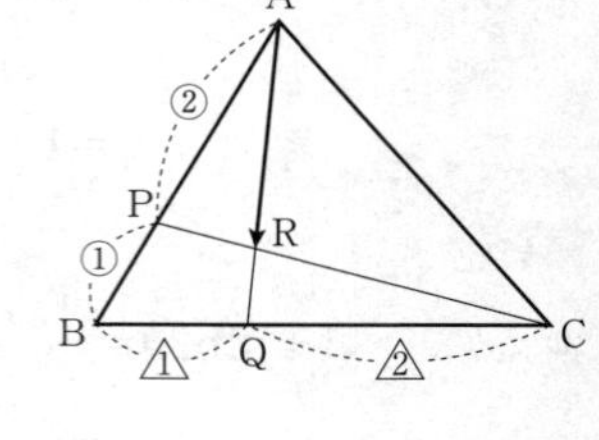

$$\overrightarrow{AR}=(1-s)\overrightarrow{AP}+s\overrightarrow{AC}$$

と表され，$\overrightarrow{AP}=\frac{2}{3}\overrightarrow{AB}$ であるから

$$\overrightarrow{AR}=\frac{2}{3}(1-s)\overrightarrow{AB}+s\overrightarrow{AC}\quad\cdots\cdots①$$

一方，点Rは直線AQ上の点だから，t を実数として

$$\overrightarrow{AR}=t\overrightarrow{AQ}$$

$$=t\left(\frac{2}{3}\overrightarrow{AB}+\frac{1}{3}\overrightarrow{AC}\right)$$ （点Qは辺BCを1：2に内分する点だから）

$$=\frac{2}{3}t\overrightarrow{AB}+\frac{1}{3}t\overrightarrow{AC}\quad\cdots\cdots②$$

①，②より　$\frac{2}{3}(1-s)\overrightarrow{AB}+s\overrightarrow{AC}=\frac{2}{3}t\overrightarrow{AB}+\frac{1}{3}t\overrightarrow{AC}$

$\overrightarrow{AB}\neq\vec{0}$，$\overrightarrow{AC}\neq\vec{0}$，$\overrightarrow{AB}\not\parallel\overrightarrow{AC}$ より

$$\begin{cases}\dfrac{2}{3}(1-s)=\dfrac{2}{3}t \\ s=\dfrac{1}{3}t\end{cases} \quad ゆえに \quad \begin{cases}s=\dfrac{1}{4} \\ t=\dfrac{3}{4}\end{cases}$$

よって　$\overrightarrow{\mathrm{AR}}=\dfrac{3}{4}\overrightarrow{\mathrm{AQ}}$　→カ

別解　△ABQ と直線 PC について，メネラウスの定理を用いると

$$\frac{2}{1}\cdot\frac{1+2}{2}\cdot\frac{\mathrm{QR}}{\mathrm{RA}}=1 \Longleftrightarrow \frac{\mathrm{QR}}{\mathrm{RA}}=\frac{1}{3}$$

であるから　$\overrightarrow{\mathrm{AR}}=\dfrac{\mathrm{AR}}{\mathrm{AQ}}\overrightarrow{\mathrm{AQ}}=\dfrac{3}{3+1}\overrightarrow{\mathrm{AQ}}=\dfrac{3}{4}\overrightarrow{\mathrm{AQ}}$

II　**解答**　(1) $-\dfrac{2}{3}<x<\dfrac{4}{3}$

(2)ア．$\log_a b$　イ．$\log_{\frac{2}{3}} b$　ウ．$\log_b \dfrac{2}{3}$　エ．$\log_b \dfrac{1}{3}$

(3)(i) $(x-2)^2+(y-c)^2+(z-1)^2=9$　(ii) $\pm\sqrt{5}$

(4)(i) $\dfrac{2}{5}$　(ii) $\dfrac{1}{2}$

◀解　説▶

≪小問 4 問≫

(1)　場合分けして，絶対値をはずす。

(i) $x<0$ のとき，$|x|=-x$，$|x-1|=-(x-1)$ だから，与えられた不等式は

$$3+2x>-(x-1)$$

となり，この不等式を解くと　$x>-\dfrac{2}{3}$

$x<0$ のときだから　$-\dfrac{2}{3}<x<0$

(ii)　$0\leqq x<1$ のとき，$|x|=x$，$|x-1|=-(x-1)$ だから，与えられた不等式は

$$3-2x>-(x-1)$$

となり，この不等式を解くと　$x<2$

よって　$0\leqq x<1$

(iii)　$x \geqq 1$ のとき，$|x|=x$，$|x-1|=x-1$ だから，与えられた不等式は

$$3-2x>x-1$$

となり，この不等式を解くと　　$x<\dfrac{4}{3}$

$x \geqq 1$ のときだから　　$1 \leqq x<\dfrac{4}{3}$

(i)，(ii)，(iii)より，与えられた不等式の解は

$$-\frac{2}{3}<x<\frac{4}{3}$$

(2)　底 $b<1$ であり，$\dfrac{1}{3}<\dfrac{2}{3}<b$ だから

$$\log_b b=1<\log_b\frac{2}{3}<\log_b\frac{1}{3}\quad\cdots\cdots①$$

また，$a<\dfrac{2}{3}$ より　　$(0<)\ \log_b\dfrac{2}{3}<\log_b a$

ここで，$\log_{\frac{2}{3}}b=\dfrac{1}{\log_b\dfrac{2}{3}}$，$\log_a b=\dfrac{1}{\log_b a}$ だから

$$\log_a b<\log_{\frac{2}{3}}b<1\quad\left(\frac{2}{3}<b \text{ より，} \log_{\frac{2}{3}}b<\log_{\frac{2}{3}}\frac{2}{3}=1\right)\quad\cdots\cdots②$$

①，②より

$$\log_a b<\log_{\frac{2}{3}}b<1<\log_b\frac{2}{3}<\log_b\frac{1}{3}\quad\to \text{ア〜エ}$$

(3)(i)　中心が点 $(2,\ c,\ 1)$，の半径が3の球面の方程式は

$$(x-2)^2+(y-c)^2+(z-1)^2=9$$

(ii)　zx 平面上の点は $y=0$ であるから，(i)の方程式より

$$(x-2)^2+(z-1)^2=9-c^2$$

これが，半径2の円を表しているから

$$9-c^2=4\quad\text{ゆえに}\quad c=\pm\sqrt{5}$$

(4)(i)　ＡとＢがともに赤色である確率は　　$\dfrac{2}{5}\times\dfrac{1}{4}=\dfrac{1}{10}$

ＡとＢがともに青色である確率は　　$\dfrac{3}{5}\times\dfrac{2}{4}=\dfrac{3}{10}$

したがって，ＡとＢがともに同じ色である確率は　　$\dfrac{1}{10}+\dfrac{3}{10}=\dfrac{2}{5}$

(ii)　ＡとＢの色が異なる場合は，Ａが赤色であればＢは青色であるから，ＡとＢの色が異なる場合のＡが赤色である条件付き確率は

$$\frac{\frac{2}{5}\times\frac{3}{4}}{1-\frac{2}{5}}=\frac{1}{2}$$

Ⅲ　**解答**　(1) $y=\frac{5}{4}x^2-\frac{5}{2}x$　(2) $y=\frac{15}{2}x-20$　(3) $\frac{80}{3}$

(4) $a_n=3n-2$　(5) 8

◀解　説▶

≪放物線と接線の方程式，放物線と直線で囲まれた図形の面積，等差数列，対数の計算≫

(1)　放物線 C の軸が直線 $x=1$ だから，その方程式を $y=a(x-1)^2+b$ $(a\neq0)$ とおく。

C は原点と点 P(4, 10) を通るから

$$\begin{cases}0=a\times(0-1)^2+b\\10=a\times(4-1)^2+b\end{cases}\quad つまり\quad\begin{cases}a+b=0\\9a+b=10\end{cases}$$

連立方程式を解いて　　$a=\frac{5}{4}$，$b=-\frac{5}{4}$

よって，C の方程式は

$$y=\frac{5}{4}(x-1)^2-\frac{5}{4}\quad つまり\quad y=\frac{5}{4}x^2-\frac{5}{2}x$$

(2)　$y=\frac{5}{4}x^2-\frac{5}{2}x$ を微分して　　$y'=\frac{5}{2}x-\frac{5}{2}$

点 (4, 10) における C の接線 l の方程式は，$x=4$ のとき $y'=10-\frac{5}{2}=\frac{15}{2}$ だから

$$y-10=\frac{15}{2}(x-4)\quad つまり\quad y=\frac{15}{2}x-20$$

(3)　C，l および y 軸で囲まれた部分は次図の網かけ部分だから

$$S=\int_0^4\left\{\left(\frac{5}{4}x^2-\frac{5}{2}x\right)-\left(\frac{15}{2}x-20\right)\right\}dx$$

$$=\int_0^4\left(\frac{5}{4}x^2-10x+20\right)dx$$

$$=5\times\left[\frac{1}{12}x^3-x^2+4x\right]_0^4$$

$$=\frac{80}{3}$$

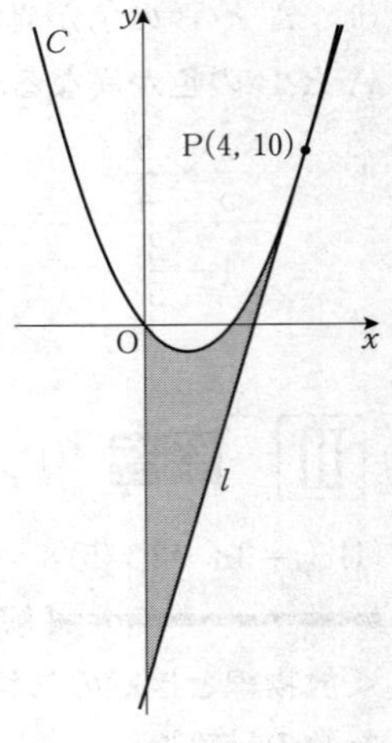

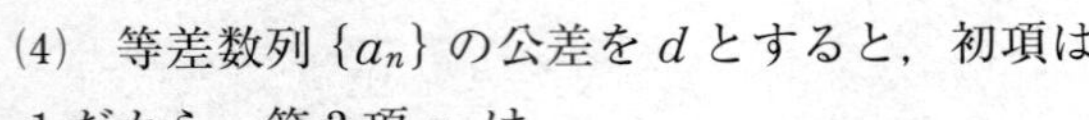

(4)　等差数列 $\{a_n\}$ の公差を d とすると，初項は 1 だから，第 3 項 a_3 は

$$a_3=1+2d=7 \qquad \therefore \quad d=3$$

よって，数列 $\{a_n\}$ の一般項 a_n は

$$a_n=1+(n-1)\times 3=3n-2$$

(5)　(3)，(4)より，$S=\dfrac{80}{3}$，$a_n=3n-2$ だから

$$(3S)^{10}\leqq 10^{a_n} \iff 80^{10}\leqq 10^{3n-2}$$

両辺において，底を 10 とする対数をとると

$$\log_{10}80^{10}\leqq\log_{10}10^{3n-2} \quad \cdots\cdots ①$$

$$\log_{10}80^{10}=10\log_{10}(2^3\times 10)=10\times(3\log_{10}2+\log_{10}10)$$

$$=10\times(3\log_{10}2+1)$$

$$\log_{10}10^{3n-2}=(3n-2)\log_{10}10=3n-2$$

だから，①は

$$10\times(3\log_{10}2+1)\leqq 3n-2$$

となり

$$n\geqq 10\log_{10}2+4$$

$$=10\times 0.3010+4 \quad (\log_{10}2=0.3010 \text{ より})$$

$$=7.010$$

したがって，求める最小の自然数 n は 8 である。

化学

Ⅰ 解答

問１．１族：アルカリ金属元素　18 族：貴ガス元素
問２．ア．オキシドール　イ．-1　ウ．H_2O　エ．O_2
問３．ア．沸騰　イ．水素結合
問４．(1)9.6×10 kJ/mol　(2)4.4 mol
問５．(1)2.7　(2)12.3
問６．(1)$3O_2 \longrightarrow 2O_3$　(2)1.1×10^{-1}
問７．(1)C_5H_{12}　(2)ペンタン　(3)2-メチルプロパン（イソブタンも可）

◀解　説▶

≪小問７問≫

問２．酸化剤（酸性）：$H_2O_2+2H^++2e^- \longrightarrow 2H_2O$
（中性・塩基性）：$H_2O_2+2e^- \longrightarrow 2OH^-$
還元剤：$H_2O_2 \longrightarrow O_2+2H^++2e^-$

問４．(1)　$2.40\times\dfrac{98.0}{2.45}=96.0\fallingdotseq9.6\times10$〔kJ/mol〕

(2)
$$C_2H_6+\frac{7}{2}O_2=2CO_2+3H_2O+1560\,\text{kJ}$$
$$C_3H_8+5O_2=3CO_2+4H_2O+2220\,\text{kJ}$$
C_2H_6 の物質量を x〔mol〕とすると
$$1560x+2220(1-x)=1956 \qquad x=0.400\text{〔mol〕}$$
よって，消費された酸素の物質量は
$$0.400\times\frac{7}{2}+0.600\times5=4.40\fallingdotseq4.4\text{〔mol〕}$$

問５．(1)　ギ酸の濃度を C_a〔mol/L〕，その電離定数を K_a〔mol/L〕とすると
$$[H^+]=\sqrt{C_aK_a}=\sqrt{2.0\times10^{-2}\times2.0\times10^{-4}}=2.0\times10^{-3}\text{〔mol/L〕}$$
$$pH=-\log_{10}(2.0\times10^{-3})=3-0.30=2.70\fallingdotseq2.7$$
(2)　ギ酸と加えた NaOH 水溶液の物質量は

ギ酸　$2.0\times10^{-2}\times\frac{50.0}{1000}=1.00\times10^{-3}$〔mol〕

NaOH　$2.0\times10^{-1}\times\frac{12.5}{1000}=2.50\times10^{-3}$〔mol〕

ギ酸はすべて反応し，NaOH の 1.50×10^{-3} mol が 75.0 mL に溶解していることになる。

$$[OH^-]=\frac{1.50\times10^{-3}}{\frac{75.0}{1000}}=2.00\times10^{-2}\text{〔mol/L〕}$$

$$pOH=-\log_{10}(2.00\times10^{-2})=2-0.30=1.70$$

$$\therefore\quad pH=14-pOH=12.3$$

問６．同温・同圧のもとでは，気体の体積は，物質量に比例する。

$3O_2 \longrightarrow 2O_3$ の反応より，紫外線照射後に減少した体積の３倍の O_2 が反応したことになる。

よって，反応後の O_2 の体積は

$$20.0\times\frac{1}{5}-0.60\times3=4.00-1.80=2.20\text{〔L〕}$$

したがって，酸素のモル分率は

$$\frac{2.20}{20.0-0.60}=\frac{2.20}{19.4}=0.113\fallingdotseq1.1\times10^{-1}$$

問７．同じ炭素数のアルカンでは，直鎖状のアルカンに比べて枝分かれのあるアルカンの融点や沸点は低い。

Ⅱ　**解答**　問１．橙赤色

問２．Zn^{2+}

問３．白

問４．$Zn(OH)_2+2NaOH \longrightarrow Na_2[Zn(OH)_4]$

問５．$PbCl_2$

問６．Ba^{2+}

◀解　説▶

≪金属イオンの推定≫

炎色反応を示す **A** と **B** は，Ca^{2+}，Ba^{2+} のどちらか。

弱塩基性 H_2S で沈殿を生成するのは，Pb^{2+}（PbS，黒色）と Zn^{2+}（ZnS,

白色）である。

H_2SO_4 水溶液で沈殿を生成するのは，Pb^{2+}（$PbSO_4$，白色），Ca^{2+}（$CaSO_4$，白色），Ba^{2+}（$BaSO_4$，白色）である。

少量の NaOH 水溶液で沈殿が生成する **B**，**C**，**D** は，Zn^{2+}，Ca^{2+}，Pb^{2+} のいずれか。→ **B** が Ca^{2+}，**A** が Ba^{2+} と決まる。

過剰の NaOH 水溶液で沈殿が溶解するのは，$Zn(OH)_2$ と $Pb(OH)_2$ である。**C** と **D** は Zn^{2+} または Pb^{2+} のどちらか。

少量の NH_3 を加えて生成する $Zn(OH)_2$ と $Pb(OH)_2$ のうち，$Zn(OH)_2$ は過剰の NH_3 で $[Zn(NH_3)_4]^{2+}$ として溶解する。

HCl 水溶液を加えると Pb^{2+} が $PbCl_2$ として沈殿する。→ **D** が Pb^{2+}，**C** が Zn^{2+} と決まる。

問１．蒸気圧降下

問２．①

問３．5.4 g

問４．2.9×10^{-1} g

◀解　説▶

≪希薄溶液の蒸気圧≫

問２・問３．溶質粒子の濃度が高いほど蒸気圧は小さくなるので，密閉容器にそれぞれ別の容器に入れた濃度の異なる溶液を入れると，濃度の小さい溶液から大きな溶液に溶媒が移動し，最終的に同じ濃度になる。

平衡に達するまでに移動する水の質量を x〔g〕とすると

$$\frac{\frac{1.8}{180}}{200-x}=\frac{\frac{1.9}{180}}{200+x} \qquad x=5.40\fallingdotseq5.4\,[\mathrm{g}]$$

問４．$NaCl \longrightarrow Na^+ + Cl^-$ のように電離しているので，溶質粒子の濃度は，溶質濃度の２倍になる。求める NaCl の質量を y〔g〕とすると

$$\frac{\frac{1.8}{180}}{200}=\frac{\frac{y}{58.5}\times2}{200} \qquad y=0.292\fallingdotseq2.9\times10^{-1}\,[\mathrm{g}]$$

Ⅳ　**解答**　問１．ア．$2n\alpha$　イ．$\dfrac{1-\alpha}{1+\alpha}$　ウ．$\dfrac{2\alpha}{1+\alpha}$

エ．$\dfrac{4\alpha^2}{(1+\alpha)(1-\alpha)}$

問２．$\alpha=2.0\times10^{-1}$，$K_\text{p}=6.0\times10^{4}$〔Pa〕

◀解　説▶

≪気体反応と化学平衡≫

問１．反応前の N_2O_4 の物質量を n〔mol〕とすると

$$N_2O_4 \rightleftarrows 2NO_2$$

	N_2O_4	$2NO_2$	
反応前	n	0	全物質量＝n〔mol〕
平衡時	$n(1-\alpha)$	$2n\alpha$	全物質量＝$n(1+\alpha)$〔mol〕

のようになる。

$$P_{N_2O_4}=P\times\frac{n(1-\alpha)}{n(1+\alpha)}=P\times\frac{1-\alpha}{1+\alpha}$$

$$P_{NO_2}=P\times\frac{2n\alpha}{n(1+\alpha)}=P\times\frac{2\alpha}{1+\alpha}$$

$$K_\text{p}=\frac{(P_{NO_2})^2}{P_{N_2O_4}}=\frac{\left(P\times\dfrac{2\alpha}{1+\alpha}\right)^2}{P\times\dfrac{1-\alpha}{1+\alpha}}=P\times\frac{4\alpha^2}{(1+\alpha)(1-\alpha)}$$

問２．$n=1.0$〔mol〕なので，平衡時の全物質量は気体の状態方程式により

$$1+\alpha=\frac{3.6\times10^5\times8.3}{8.3\times10^3\times(273+27)}=1.2\qquad\therefore\quad\alpha=0.20=2.0\times10^{-1}$$

$$K_\text{p}=P\times\frac{4\alpha^2}{(1+\alpha)(1-\alpha)}=3.6\times10^5\times\frac{4\times0.20^2}{(1+0.20)(1-0.20)}$$

$$=6.00\times10^4\fallingdotseq6.0\times10^4\text{〔Pa〕}$$

解答　問１．$2H_2O+2e^-\longrightarrow2OH^-+H_2$

問２．２倍

問３．8.0×10^{-3} mol

問４．8.0×10^{-1} A

問５．254 mg

問６．1.8

◀解　説▶

≪NaOH 水溶液と $CuSO_4$ 水溶液の電気分解≫

問1．各電極での反応は

電極1：$4OH^- \longrightarrow 2H_2O+4e^-+O_2$

電極2：$2H_2O+2e^- \longrightarrow 2OH^-+H_2$

電極3：$2H_2O \longrightarrow 4H^++O_2+4e^-$

電極4：$Cu^{2+}+2e^- \longrightarrow Cu$

問2．電極1，2には同じ物質量の電子が流れるので，発生する H_2 と O_2 の物質量比は2：1である。

問3．発生した混合気体134.4mLの $\frac{2}{3}$ が H_2 であり，また問1から，H_2 の2倍の物質量の電子が流れるので，流れた電子は

$$\frac{134.4}{2.24\times10^4}\times\frac{2}{3}\times2=8.00\times10^{-3}\fallingdotseq8.0\times10^{-3}\text{〔mol〕}$$

問4．$\dfrac{8.00\times10^{-3}\times9.65\times10^4}{16\times60+5}=8.00\times10^{-1}\fallingdotseq8.0\times10^{-1}\text{〔A〕}$

問5．電解槽ⅠとⅡは直列なので，同じ物質量の電子が流れる。流れた電子の $\frac{1}{2}$ の物質量のCuが析出するので

$$63.5\times8.00\times10^{-3}\times\frac{1}{2}=0.254\text{〔g〕}=254\text{〔mg〕}$$

問6．電極3で生成する H^+ の物質量は，流れた電子と同じであり，それが500mLに溶解しているので

$$[H^+]=\frac{8.00\times10^{-3}}{\frac{500}{1000}}=1.60\times10^{-2}\text{〔mol/L〕}$$

$$pH=-\log_{10}(16\times10^{-3})=3-4\times0.30=1.80\fallingdotseq1.8$$

Ⅵ　**解答**　問1．直鎖状：$H_3C-CH_2-CH_2-CH_2-CH_3$

枝分かれ状：
$$H_3C-\underset{\displaystyle CH_3}{\underset{|}{CH}}-CH_2-CH_3$$

問２． $CH_3-\underset{\underset{O}{\|}}{C}-OH$ $CH_3-CH_2-\underset{\underset{O}{\|}}{C}-OH$

問３． $H_2\underset{\underset{Br}{|}}{C}-\underset{\underset{Br}{|}}{CH}-CH_2-CH_2-CH_3$

問４． **C**． $\begin{matrix} H_3C \\ H_3C-H_2C \end{matrix}\!\!>C=C<\!\!\begin{matrix} H \\ H \end{matrix}$ **D**． $\begin{matrix} H_3C \\ H_3C \end{matrix}\!\!>C=C<\!\!\begin{matrix} CH_3 \\ H \end{matrix}$

◀解 説▶

≪C_5H_{10} のアルケンの構造推定≫

実験２から，**A** には $\begin{matrix} C \\ H \end{matrix}\!\!>C=C<\!\!\begin{matrix} C \\ H \end{matrix}$ または $\begin{matrix} C \\ H \end{matrix}\!\!>C=C<\!\!\begin{matrix} H \\ C \end{matrix}$，**B** には $\begin{matrix} C \\ H \end{matrix}\!\!>C=C<\!\!\begin{matrix} H \\ H \end{matrix}$，**C** には $\begin{matrix} C \\ C \end{matrix}\!\!>C=C<\!\!\begin{matrix} H \\ H \end{matrix}$，**D** には $\begin{matrix} C \\ C \end{matrix}\!\!>C=C<\!\!\begin{matrix} C \\ H \end{matrix}$ の構造があることがわかる。**A**，**C**，**D** はこれらに１つの炭素原子を加えた炭素骨格なので構造式が決まる。

問３．**B** は次の２つの構造が可能である。

$\begin{matrix} H \\ H \end{matrix}\!\!>C=C<\!\!\begin{matrix} H \\ CH_2-CH_2-CH_3 \end{matrix}$ $\begin{matrix} H \\ H \end{matrix}\!\!>C=C<\!\!\begin{matrix} H \\ \underset{\underset{CH_3}{|}}{CH}-CH_3 \end{matrix}$

実験１から **C** と **D** に枝分かれがあるので，**B** は直鎖状の構造であることがわかる。

生物

I 解答

問1．a．肝門脈　b．肝動脈　c．肝小葉　d．胆汁　e．胆管　f．グリコーゲン　g．アルブミン　h．尿素　i．解毒

問2．血糖濃度を一定に調整する。

問3．(1)ランゲルハンス島

(2)ホルモン：インスリン　細胞：B 細胞

(3)ホルモン：グルカゴン　細胞：A 細胞

問4．内胚葉

◀解　説▶

≪肝臓，血糖濃度の調節≫

問1．g．血しょうタンパク質のうち，物質の運搬や水分を保持する働きをもつのはアルブミンで，血しょう中のタンパク質の中で最も量が多い。

問3．すい臓は内分泌腺として，ランゲルハンス島の A 細胞でグルカゴンを，B 細胞でインスリンをそれぞれ産生する。グルカゴンはグリコーゲンの分解を促進し血糖濃度を上げる。インスリンはグリコーゲンの合成を促進し血糖濃度を下げる。

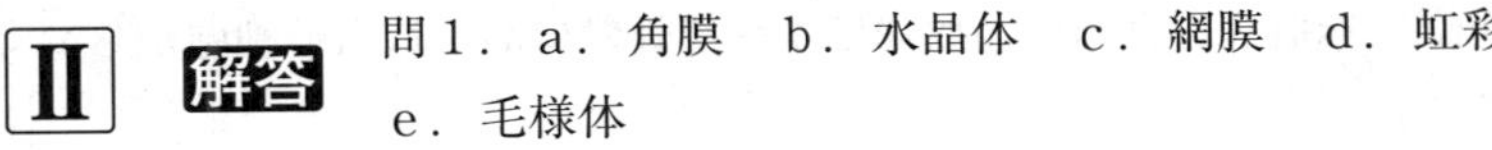

II 解答

問1．a．角膜　b．水晶体　c．網膜　d．虹彩　e．毛様体

問2．②

問3．(1)—②　(2)—⑤　(3)—⑦

問4．(1)暗順応　(2)桿体細胞　(3)ロドプシン　(4)レチナール

問5．(1)A．盲斑　B．黄斑

(2)盲斑には視細胞が分布しないため，光を受容できない。

問6．(1)錐体細胞　(2)赤色，緑色，青色

◀解　説▶

≪眼≫

問2．近くのものを見るためには水晶体を厚くして焦点距離を短くする必

要がある。そのため，毛様体を収縮させ，チン小帯をゆるませることで，水晶体自身の弾性により厚くしている。

問３．明るいときに瞳孔を縮小させる応答は，中脳が中枢としてはたらき，副交感神経によって瞳孔括約筋が収縮することにより起こる。有機リンによりアセチルコリン分解酵素のはたらきが阻害されると，副交感神経の神経伝達物質であるアセチルコリンがシナプス間隙に残存し続けるため，副交感神経がはたらき続けることになり，瞳孔は縮小する。

問５．(2)　視細胞は網膜の外側にあり，視神経は視細胞より眼の内側に位置する。視細胞からの興奮を受け取った視神経が眼の外へ出るには，網膜を貫通する必要があり，その貫通する部分には視細胞が分布することができないため，光を受容することができない。この部位が盲斑である。

Ⅲ　解答

問１．ａ．２　ｂ．２　ｃ．ジスルフィド　ｄ．可変

問２．(1)肝臓，脾臓　(2)骨髄

問３．(1)ア．白血球　イ．血小板　ウ．無　エ．有　オ．酸素の運搬　カ．血液凝固

(2)―④

問４．Ａ型：400 人　Ｂ型：200 人　AB 型：100 人　Ｏ型：300 人

問５．20 μg

◀解　説▶

≪抗体，血液≫

問２．(2)　赤血球を含めて，血球はすべて骨髄にある造血幹細胞からつくられる。

問４．各血液型の血しょうと赤血球との凝集反応の有無をまとめると次の表のようになる。なお，表中の＋は凝集反応が起こったことを，－は凝集反応が起こらなかったことをそれぞれ示している。

	血しょう			
	Ａ型 (凝集素 β)	Ｂ型 (凝集素 α)	AB 型 (凝集素なし)	Ｏ型 (凝集素 α，β)
Ａ型の赤血球 (凝集原Ａ)	－	＋	－	＋
Ｂ型の赤血球 (凝集原Ｂ)	＋	－	－	＋

1000人の集団のうち，血液型がA型，B型，AB型，O型の人数を【A】，【B】，【AB】，【O】と表すと

【A】+【B】+【AB】+【O】=1000 ……①

A型の赤血球を凝集させるのはB型，O型の血しょうなので

【B】+【O】=500 ……②

B型の赤血球を凝集させるのはA型，O型の血しょうなので

【A】+【O】=700 ……③

両方の赤血球を凝集させるのはO型の血しょう，どちらの赤血球も凝集させないのはAB型の血しょうなので

【O】+【AB】=400 ……④

以上①～④より

【A】=400人，【B】=200人，【AB】=100人，【O】=300人

問5．免疫グロブリンは，抗原Xと結合できる可変部を2カ所もつため，免疫グロブリンと結合する抗原Xの物質量は，最大で免疫グロブリンの物質量の2倍になる。

$$\frac{30}{150000}\times 2\times 50000=20\,[\mu g]$$

 **解答** 問1．DNAリガーゼ

問2．用語：置換　説明：1つの塩基が別の塩基に置き換わる変異。

問3．5′-GTGCCATGGCACTGCATTAC-3′

問4．(a)UAA　(b)UAG　(c)UGA

問5．5′-AUGGCACUG-3′

問6．①Met　②Ala　③Tyr

問7．6番目：Arg　7番目：His

問8．5番目：Val　6番目：Pro

問9．アミノ酸：Trp　塩基：4塩基

◀解　説▶

≪遺伝情報の発現，変異≫

問3・問5．標的DNA配列部分の非鋳型鎖（センス鎖），および転写で生じるmRNAの塩基配列は次の通り。

非鋳型鎖　5′-GTGCCATGGCACTGCATTAC-3′
鋳型鎖　　3′-CACGGTACCGTGACGTAATG-5′
mRNA　　5′-GUGCCAUGGCACUGCAUUAC-3′

mRNA の塩基配列のうち，翻訳が開始される開始コドンは下線で示した AUG。

問 6・問 7．mRNA の開始コドン以降の塩基配列（標的 DNA 配列より下流の配列も含む）と翻訳されるアミノ酸の対応をまとめると次の通り。なお，1 番目から 5 番目までのアミノ酸は下線部(B)から，6 番目と 7 番目のアミノ酸は「表」のコドン表から，それぞれ特定した。

mRNA　　5′-…AUG/GCA/CUG/CAU/UAC/CGG/CAC/…-3′
アミノ酸　　　Met- Ala- Leu- His- Tyr- Arg- His

よって，表中の①AUG に対応するアミノ酸は Met，②GCA などに対応するアミノ酸は Ala，③UAC などに対応するアミノ酸は Tyr となる。

問 8．C が挿入された変異遺伝子から生じる mRNA の開始コドン以降の配列は次の通り。なお，挿入された塩基を【　】で示している。

鋳型鎖　3′-…TAC CGT GAC GTA【C】AT GGC…-5′
mRNA　5′-…AUG/GCA/CUG/CAU/【G】UA/CCG/…-3′

よって，5 番目のアミノ酸は GUA に対応する Val，6 番目のアミノ酸は CCG に対応する Pro となる。

問 9．複数塩基の欠失により 7 個のアミノ酸のみからなるタンパク質が合成された。つまり，コドンの読み枠がずれた（フレームシフトが起こった）ことで 8 番目のコドンに終止コドンが出現した。与えられた塩基配列から可能性があるのは，4 塩基の欠失（【　】で示した部分が欠失）が起こった場合である。なお，塩基配列は 4 番目のコドンから下流を示しており，終止コドンは下線で示す。

鋳型鎖　3′-…GTA【ATGG】CCG TGG ACC ATT…-5′
mRNA　5′-…CAU/【　　　】GGC/ACC/UGG/UAA…-3′

このとき，7 番目のアミノ酸は UGG に対応する Trp となる。

V　解答　問 1．(1)a－③　b－②　c－④　d－①
(2)発生が進むにつれて核の全能性は低下する。

問 2．(1)遺伝情報が同じである生物（遺伝的に同一である生物）。

(2)―⑤

問3．(1)―②

(2)遺伝子の再構成が起こっていて，遺伝情報が一部失われているため。

問4．(1)iPS細胞

(2)初期化に必要な4つの遺伝子をウイルスベクターにより体細胞へ導入する。

◀解　説▶

≪核の全能性≫

問1．(2)　図2より，発生の過程が進むほど，成体まで発生を続けた割合が低下している。つまり，発生が進めば，核の全能性が低下すると考えられる。

問2．(2)　⑤接合は有性生殖であり，遺伝情報の組合せが変化するため，クローンではない。

問3．形質細胞は抗体産生細胞ともいい，リンパ球のB細胞から分化する。B細胞は抗体の多様性を得るため，成熟する際に遺伝子の再構成（再編成）が起こっており，可変部の遺伝子領域の一部が失われている。

解答　問1．a．地質　b．古生代　c．中生代　d．新生代　e．先カンブリア　f．示準　g．示相　h．相同　i．相似

問2．エディアカラ生物群

問3．バージェス動物群

問4．(1)―⑤・⑥・⑦　(2)―②　(3)―⑤

問5．①

問6．オゾン層が太陽からの有害な紫外線をさえぎったため。

問7．適応放散

問8．収束進化（収れん）

◀解　説▶

≪地質時代，生物の進化≫

問4．(1)　古生代はカンブリア紀に始まり④ペルム紀までを含む。中生代は⑤三畳紀に始まり⑦白亜紀までを含む。

問5．古生代の示準化石は①三葉虫である。②アンモナイト，⑥ティラノサウルス（恐竜）は中生代の示準化石。④マンモス，⑤ビカリアは新生代の示準化石である。③始祖鳥はハ虫類と鳥類の中間形生物で，中生代ジュラ紀に出現した。

問６．太陽からの紫外線は DNA を損傷させるため，オゾン層が形成される以前は，生物が陸上で生活することは困難であった。古生代のカンブリア紀末〜オルドビス紀にかけてオゾン層が形成されたことで，太陽からの有害な紫外線がさえぎられ，生物の陸上進出が可能になった。

■一般選抜 一般入試B

問題編

▶試験科目・配点

教　科	科　　　目	配　点
外 国 語	コミュニケーション英語Ⅰ・Ⅱ・Ⅲ，英語表現Ⅰ・Ⅱ	100点
数学・理科	「数学Ⅰ・Ⅱ・A・B（数列，ベクトル）」，「生物基礎，生物」から１科目選択	100点
理　　科	「化学基礎，化学」	100点

▶備　考

学力試験の成績，調査書などの提出書類を総合して合格者を決定する。なお，合格者の決定に当たっては総合点を判定基準とする。

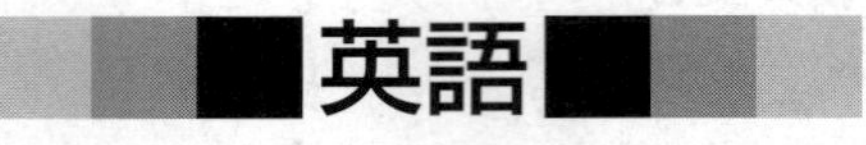

(75分)

I 次の英文を読んで，下の問いに答えなさい。【配点 40】

UNICEF Executive Director Henrietta Fore says a new UNICEF report gives for the first time “a complete picture of where and how children are vulnerable to climate change.” She adds in her statement that the “ (1) picture is almost unimaginably dire.”

(2) *The Climate Crisis Is a Child Rights Crisis: Introducing the Children's Climate Risk Index*, published Friday, is “the first (あ) analysis of climate risk from a child’s perspective,” according to the U.N.’s children's agency. In the report, countries are ranked on children’s exposure to climate and environmental hazards.

The report says about half of the world’s nearly 2.2 billion children live in one of the countries identified as “extremely high-risk" where they also are facing “a high vulnerability due to inadequate essential services, such as water and sanitation, healthcare and education.”

The risk index includes children’s exposure to coastal flooding, riverine flooding, cyclones, vector-borne diseases, lead pollution, heatwaves, water scarcity and “exceedingly high levels of air pollution.” Children living in the Central African Republic, Chad, Nigeria, Guinea, and Guinea-Bissau are the young people most at risk, according to the report.

(3) To reverse the risks children are facing, UNICEF is calling on the world’s governments to increase investment in climate adaptation and resilience in key services for children, (い) water, sanitation and hygiene systems, health and education services and to reduce greenhouse gas emissions.

The U.N. agency also is urging governments to provide children with climate education and the skills needed to develop and maintain a resource-efficient society, which UNICEF says are “(う)” for the children’s adaptation to and preparation for the effects of climate change.

(4) <u>The agency would also like to see young people included in all national, regional and international climate negotiations and decisions</u>.

The agency also addressed children's needs after the COVID pandemic, calling for a recovery that is "green, low-carbon and inclusive, so that the capacity of future generations to address and respond to the climate crisis is not　(　え　)."

(*VOA News*, https://www.voanews.com/a/science-health_un-report-climate-crisis-child-rights-crisis/6209775.html 一部改変)

UNICEF ユニセフ（国際連合児童基金）
vulnerable to ～の害を受けやすい
dire 恐ろしい
hazard 危険なもの
inadequate 不十分な
riverine 川辺の
vector-borne 媒介生物由来
lead pollution 鉛公害
water scarcity 水不足
exceedingly 非常に
adaptation 適応
resilience 回復
sanitation and hygiene systems 衛生設備
greenhouse gas emission 温室効果ガスの排出
inclusive 包括的な

問１　下線部（１）の意味にもっとも近いものを下から選び，記号で答えなさい。

①　絵　　②　写真　　③　状況　　④　図

問２　下線部（２）の２つの危機的状況についてそれぞれ日本語で簡単に説明しなさい。

問３　下線部（３）を日本語に訳しなさい。

問４　下線部（４）を日本語に訳しなさい。

問５ （ あ ）に入るべき単語を下から選び，記号で答えなさい。

① **competitive** ② **comprehensive**
③ **continental** ④ **conventional**

問６ （ い ）に入るべき単語を下から選び，記号で答えなさい。

① **include** ② **included**
③ **including** ④ **to include**

問７ （ う ）に入るべき単語を下から選び，記号で答えなさい。

① **biological** ② **critical**
③ **deliberate** ④ **responsible**

問８ （ え ）に入るべき単語を下から選び，記号で答えなさい。

① **compromised** ② **needed**
③ **promoted** ④ **stimulated**

問９ 本文の内容に合うものを下から１つ選び，記号で答えなさい。

(A) 子供にリスクが高い国では，大人もリスクにさらされている。
(B) 子供に対する危険性を指標化して各国を順位付けしている。
(C) 洪水，地震，熱波，水不足，大気汚染などがリスクに含まれている。
(D) 国連は，環境についての教育より環境保全を優先すべきだと訴えている。

Ⅱ **次の英文の意味が通るように，空所にそれぞれ適語を選び，記号で答えなさい。【配点 20】**

1. Contrary to my (　　　　　), she was selected as the leader of the product development project.

　① generation　　② expectations
　③ leagues　　④ surprise

2. The main (　　　　　) is closed on Sundays, so call me when you arrive and I'll let you in.

　① entertainment　　② endeavor
　③ entrance　　④ envelope

3. Silicon Valley appears to have the heaviest (　　　　　) of IT companies in the United States.

　① concentrations　　② engineering
　③ heads　　④ packets

4. The male smoking (　　　　　) has been decreasing since 2001 and is below 30% this year.

　① embarrassment　　② grain
　③ order　　④ rate

5. The nurse took my (　　　　　) every morning until my fever went down.

　① family　　② jacket
　③ temperature　　④ warmth

6. You look pale. What's the (　　　　　　　), Peter?

① color　　　② kidding
③ matter　　　④ rural

7. The prime (　　　　　　　) decided to have a private meeting with the governor next week.

① ladder　　　② minister
③ reception　　　④ vice

8. I would like to open a saving (　　　　　　　) at the bank near my office.

① account　　　② cash
③ expense　　　④ ingredient

9. I need to know the (　　　　　　　) of the problems in order to fix the situation properly.

① details　　　② harvests
③ joints　　　④ replies

10. The (　　　　　　　) suggest that the population in the region will decrease by half in 20 years .

① calculation　　　② minimum
③ prayer　　　④ statistics

III

以下の各単語において，第１アクセントがどこにあるか，記号で答えなさい。【配点 10】

1. ac-cu-rate
   ①　②　③
2. con-se-quence
   ①　②　③
3. e-lec-tric-i-ty
   ①②③④⑤
4. en-thu-si-as-tic
   ①②③④⑤
5. in-di-cate
   ①②③
6. mean-ing-less
   ①　②　③
7. of-fi-cial
   ①②　③
8. sac-ri-fice
   ①　②　③
9. si-mul-ta-ne-ous-ly
   ①②　③④⑤⑥
10. white-board
    ①　②

IV

次の各組の英文の空所に同一の前置詞を入れ，意味が通るようにしなさい。ただし，同じものは二度以上使えません。【配点 20】

1. a) Apart (　　　) the location, that building has everything you need for the project.
   b) The criminal tried to escape (　　　) the police in vain.
2. a) This is an express train bound (　　　) Shin-Osaka.
   b) The cook substituted Greek yogurt (　　　) mayonnaise, because the guest is allergic to eggs.
3. a) She has been (　　　) love with the man.
   b) We were all dressed (　　　) green for the performance.
4. a) He waved (　　　) Mary and she waved back.
   b) Could you please contact me (　　　) your earliest convenience?
5. a) I get in touch (　　　) him on the Internet.
   b) My father was listening to the music (　　　) his eyes closed.

6.　a) The new hotel is in the process (　　　) construction.

b) The painting reminds me (　　　) the happy memories with my grandmother.

7.　a) My sister is heavily (　　　) Korean pop music.

b) I talked him (　　　) working part-time at the bakery.

8.　a) The manager will be (　　　) vacation a week from now.

b) Unfortunately, I don't have any cash (　　　) me right now.

9.　a) He left Japan last month (　　　) saying goodbye.

b) This is (　　　) a doubt the best chocolate cake I've ever had.

10.　a) Stop (　　　) my house when you have the time.

b) Children are, (　　　) nature, curious and they often ask unique questions.

V

次の各和文に一致するように英語の語句を並べ替えたとき，（　あ　）～（　こ　）の中に入るべきものを選んで書きなさい。ただし，選択肢には不要なものが含まれているので，全てを使う必要はありません。また，文頭の文字は，大文字で書きなさい。【配点 10】

1．　あなたはもう寝ていていい時間ですよ。

It (　　)(　あ　)(　　)(　　)(　い　)(　　).

選択肢: bed, is, the, time, to, you, went

2．　彼女はかなりの数の短編小説を書いている。

She (　　)(　　)(　う　)(　　)(　え　)(　　)(　　).

選択肢: a, few, has, many, quite, short, stories, written

3．　私の新しい自転車に何か問題があるようだ。

(　お　)(　　)(　　)(　　)(　　)(　　)(　か　)(　　) bicycle.

選択肢: be, my, new, seems, something, there, to, with, wrong

4． 彼女にはよくあることだが，彼女はログインするためのパスワードを忘れた。

As (　　)(　き　)(　　)(　　)(　　)(　　), (　　)(　　)(　　)(　　)(　　)(　く　).

選択肢: case, forgot, happen, her, is, log-in, often, password, she, the, the, to, with

5． 彼が何と言おうと，私は考えを変える気はない。

(　け　)(　　)(　　), I (　　)(　　)(　こ　)(　　)(　　)(　　)(　　).

選択肢: changing, have, he, I, intention, mind, my, no, of, says, what, whatever

数学

（75 分）

Ⅰ ～ Ⅲ の解答は，解答用紙の所定の欄に記入しなさい。

解答にあたっては，次の点に注意しなさい。

(1) 解答は，特に指示がなければ，答えのみを所定の解答欄に記入しなさい。計算過程を示す必要はありません。

(2) 答えが複数ある場合は，すべての答えを所定の解答欄に記入しなさい。

【問題例】 x **についての方程式** $(x-1)(x-3)=0$ **を解きなさい。**

【解答例】 $x=1,3$

(3) 場合分けが必要だと考えられる場合は，各自で判断して解答しなさい。

【問題例】

a **を実数の定数とする。**x **についての方程式** $ax=1$ **を解きなさい。**

【解答例】

$a \neq 0$ **のとき，**$x=\dfrac{1}{a}$

$a=0$ **のとき，解なし**

(4) 答えは，

- **分数はそれ以上約分できない形にする**
- **分数の分母は有理化する**
- **根号は，根号の中に現れる自然数が最小になる形にする**
- **同類項はまとめる**

など，簡潔な形で所定の解答欄に記入しなさい。

I 次の空欄 ア ～ オ にあてはまる数を答えなさい。　[配点 30]

(1) 2次方程式 $2x^2+4x+3=0$ の2つの解を α, β とするとき，$\alpha\beta=$ ア であり，$\alpha^3+\beta^3=$ イ である。

(2) A，B，C，D，E の5文字を1列に並べることを考える。このとき，A と B が隣り合う並べ方は ウ 通りあり，A と B が隣り合わない並べ方は エ 通りある。

(3) x，y は実数とする。$\sin x+\sin y=1$，$\cos x+\cos y=\dfrac{2}{3}$ のとき，$\cos(x-y)=$ オ である。

II 次の問いに答えなさい。　[配点 35]

(1) 不等式 $4^x-5\cdot 2^x+4\leqq 0$ を満たす実数 x の値の範囲を答えなさい。

(2) xy 座標平面上において，点 $(0,-2)$ を通り，円 $(x-3)^2+(y-2)^2=5$ に接する直線の方程式を答えなさい。

(3) 関数 $f(x)=4(\log_4 x)^2-3\log_8 x-2$ を考える。

(i) $t=\log_2 x$ として，$f(x)$ を x を用いずに t を用いた式で表しなさい。

(ii) 方程式 $f(x)=0$ の解を答えなさい。

(4) 1辺の長さが2の正四面体 ABCD において，辺 CD を $1:2$ に内分する点を M とする。

(i) AM の長さを答えなさい。

(ii) 三角形 ABM の面積を答えなさい。

III 次の問いに答えなさい。　[配点 35]

(1) $f(x) = x^3 - 3x + 1$ とする。xy 座標平面上において、曲線 $y = f(x)$ を C とし，関数 $y = f(x)$ の極小を示す C 上の点を P とする。また，P における C の接線を l とする。

(i) P の座標を答えなさい。

(ii) C と l の共有点のうち，点 P 以外の共有点の座標を答えなさい。

(iii) C と l で囲まれる図形の面積を答えなさい。

(2) $n = 1, 2, 3, \cdots$ について，数列 $\{a_n\}$，$\{b_n\}$，$\{c_n\}$ を次のように定める。

$$a_1 = 3,\ a_{n+1} = a_n + 2$$
$$b_1 = 1,\ b_{n+1} = 3b_n$$
$$c_n = a_n b_n$$

また，数列 $\{c_n\}$ の初項から第 n 項までの和を S_n とする。

(i) 数列 $\{a_n\}$，$\{b_n\}$ の一般項を答えなさい。

(ii) p，q を実数の定数とし，数列 $\{d_n\}$ を

$$d_n = (pn + q) \cdot 3^{n-1}\ (n = 1, 2, 3, \cdots)$$

とする。すべての自然数 n について

$$c_n = d_{n+1} - d_n$$

が成り立つときの p，q の値を答えなさい。

(iii) S_n を n を用いて表しなさい。

化学

（75 分）

Ⅰ 問１～ 問７に答えなさい。【配点 38】

問１ 周期表第３周期の元素のうち，次の（１），（２）にあてはまる元素を元素記号で答えなさい。

（１）１価の陽イオンに最もなりやすい元素。

（２）単体の結晶は半導体の性質を示し，コンピュータの IC（集積回路）などに用いられている元素。

問2 （１）～（３）に答えなさい。

（１）窒素原子のＬ殻に収容されている電子の数を答えなさい。

（２）アンモニア分子はアンモニウムイオンとなる際，窒素原子のもつ非共有電子対を水素イオンに提供して結合をつくる。このように電子対が一方の原子だけから提供されたとみなせる共有結合を特に何というか。

（３）アンモニウムイオンに最も近い分子の形を持つ化合物を①～④から選び，番号で答えなさい。

① 二酸化炭素　　② アンモニア
③ メタン　　④ オキソニウムイオン

問3　次の文章を読み，（1），（2）に答えなさい。

単体の金属が水溶液中で陽イオンになろうとする性質を金属の［1］といい，水，空気，酸などに対する金属の反応性の違いに深く関連している。また，2種類の金属を電極として電池を組み立てたとき，［1］の小さい金属が［2］極となる。

（1）［1］，［2］に適切な語句を入れなさい。

（2）常温で水と激しく反応する金属を①～⑥からすべて選び，番号で答えなさい。

① **Fe**　② **Ca**　③ **K**　④ **Al**　⑤ **Mg**　⑥ **Ag**

問4　次の文章中の［1］～［3］に適切な語句あるいは数値（整数）を入れなさい。

単体の銅やアルミニウムの結晶構造は，図のような［1］立方格子をとり，その配位数は［2］となる。一方，原子の配列に空間的な規則性がない固体物質を［3］という。［3］の代表的な物質にガラスがある。

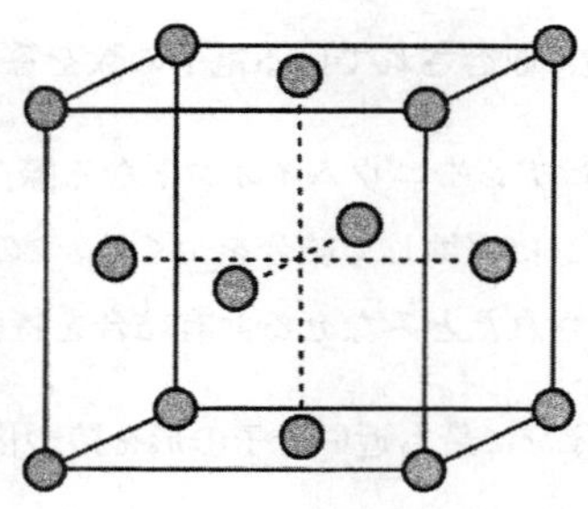

問5　次の文章を読み，（1）～（3）に答えなさい。

硫酸は工業的には，硫黄の燃焼で得られる二酸化硫黄を，［1］を用いて空気中の酸素と反応させ［2］とし，次にこれを濃硫酸に吸収させて発煙硫酸とした後，希硫酸と混合して製造される。このような工業的製造法を［3］法という。

（1）［ 1 ］にあてはまる触媒として適切なものを①〜④から１つ選び，番号で答えなさい。

①　Ni　　②　Pt　　③　V_2O_5　　④　Fe_3O_4

（2）［ 2 ］に化学式，［ 3 ］に適切な語句を入れなさい。

（3）濃硫酸の性質や取り扱いについて正しいものを①〜⑤から２つ選び，番号で答えなさい。

①　無色で密度が大きく，粘性の大きい液体である。
②　沸点が低く，揮発性の酸である。
③　熱濃硫酸は酸化作用をもち，銅や水銀と反応して水素を発生する。
④　水への溶解熱が大きいため，希釈時は濃硫酸に水を加える。
⑤　皮膚に付着した場合，直ちに大量の水で洗い除去する。

問６　プロパンと水素の混合気体を完全燃焼させたところ，水 6.12 g と標準状態（0℃，1.013×10^5 Pa）で 4.032 L の二酸化炭素を生じた。①，②の熱化学方程式を用い，（１）〜（３）に答えなさい。ただし，原子量を H＝1.0，O＝16 とし，標準状態での気体のモル体積を 22.4 L/mol とする。

①　$C_3H_8(気) + 5O_2(気) = 3CO_2(気) + 4H_2O(液) + 2219\ kJ$

②　$H_2(気) + \frac{1}{2}O_2(気) = H_2O(液) + 286\ kJ$

（1）混合気体中のプロパンの物質量〔mol〕を求め，有効数字２桁で答えなさい。

（2）混合気体中の水素の物質量〔mol〕を求め，有効数字２桁で答えなさい。

（3）この燃焼で生じた熱量〔kJ〕を求め，整数で答えなさい。

問７　（１）〜（３）に答えなさい。なお，鏡像異性体は考慮しなくて良い。また，構造式は例にしたがって書きなさい。

（1）分子式 $C_4H_{10}O$ で表される化合物の構造異性体の数を答えなさい。

（2）分子式 $C_4H_{10}O$ で表される化合物のうち，単体のナトリウムと反応して水素を発生する化合物の構造異性体の数を答えなさい。

（3）分子式 $C_4H_{10}O$ で表される化合物のうち，酸化反応によりアルデヒドが得られる化合物の構造式をすべて書きなさい。

（例）

$H_3C-CH-CH_2$
　　　|
　　CH_3
HO
C(=O)OH

II

下図で示す曲線①，②は，大気圧下で純水あるいはショ糖（スクロース）水溶液を冷却したときの冷却時間と温度の関係を示した冷却曲線である。問に答えなさい。【配点 12】

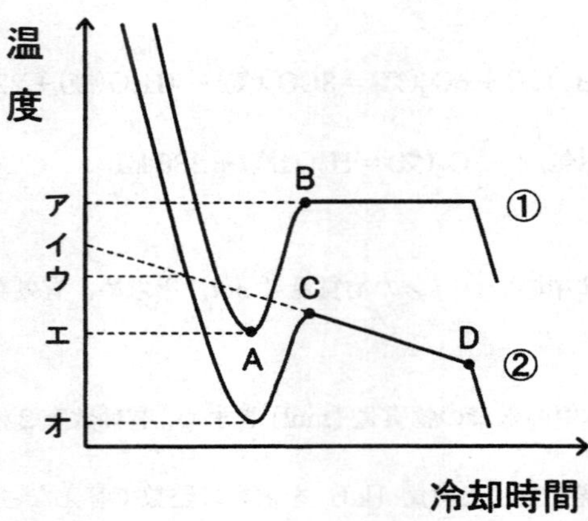

問１　冷却曲線①，②のうち，ショ糖水溶液はどちらか。番号で答えなさい。

問2　ショ糖水溶液の凝固点は，図中の**ア**～**オ**のどの温度か。記号で答えなさい。

問3　凝固点以下になっても凝固しない状態を何というか。答えなさい。

問4　冷却曲線①において，**AB** 間で温度が上昇する理由を簡潔に答えなさい。

問5　冷却曲線②において，**CD** 間で温度が下がり続ける理由を簡潔に答えなさい。

問6　ショ糖（分子量 342）6.84 g を純水 250 g に溶解した。この水溶液の凝固点〔℃〕を求め，有効数字２桁で答えなさい。ただし，水のモル凝固点降下を 1.85 K･kg/mol とする。

食酢中の酢酸の濃度を測定するために，次の**滴定1**，**2**を行った。問に答えなさい。ただし，強酸，強塩基は水溶液中で完全に電離するものとし，食酢には酸として酢酸のみが含まれているものとする。【配点 10】

滴定1

シュウ酸二水和物の結晶 6.30 g を純水に溶解し，①メスフラスコを用いて全量 500 mL とした。このシュウ酸水溶液 10.0 mL を②ホールピペットで③コニカルビーカーに量りとり，指示薬を加えた。ここへ④ビュレットを用いて濃度未知の水酸化ナトリウム水溶液を滴下したところ，滴定終点までに要した水酸化ナトリウム水溶液は 12.50 mL であった。

滴定2

食酢 10.0 mL を純水で希釈し，メスフラスコを用いて全量 100 mL とした。希釈した食酢 10.0 mL をホールピペットでコニカルビーカーに量りとり，指示薬を加えた。ここへ**滴定1**で用いた水酸化ナトリウム水溶液を滴下したところ，滴定終点までに要した水酸化ナトリウム水溶液は 4.00 mL であった。

問1　下線部①～④のガラス器具のうち，純水で濡れたまま用いてもかまわないものをすべて選び，番号で答えなさい。

問2　滴定1，2で用いた指示薬は同じものである。用いた指示薬として適切なものを(ア)～(エ)から１つ選び，記号で答えなさい。ただしカッコ内は変色域の pH 範囲を示す。

(ア)　メチルオレンジ（3.1～4.4）　(イ)　ブロモチモールブルー（6.0～7.6）
(ウ)　メチルレッド（4.2～6.2）　(エ)　フェノールフタレイン（8.0～9.8）

問3　滴定1の結果から水酸化ナトリウム水溶液のモル濃度〔mol/L〕を求め，有効数字２桁で答えなさい。ただし，シュウ酸二水和物$(COOH)_2 \cdot 2H_2O$ の式量を 126.0 とする。

問4　滴定2の結果から希釈後の食酢に含まれていた酢酸のモル濃度〔mol/L〕を求め，有効数字２桁で答えなさい。

問5　希釈前の食酢の pH を求め，小数第１位まで答えなさい。ただし，酢酸の電離定数は 2.5×10^{-5} mol/L とし，必要なら $\log_{10}2 = 0.30$ を用いなさい。

Ⅳ

次の文章を読み，問に答えなさい。ただし，塩化鉄(Ⅲ)水溶液の添加や過酸化水素の分解にともなう水溶液の体積変化，および酸素の水への溶解は無視できるものとする。【配点12】

9.5×10^{-1} mol/L 過酸化水素水 10.0 mL に少量の塩化鉄(Ⅲ)水溶液を加え，反応温度を一定に保ち，以下の分解反応により発生した酸素をすべて捕集した。

$$2H_2O_2 \longrightarrow 2H_2O + O_2$$

反応開始からある時間までに発生した酸素の物質量の総量は下図のようになった。

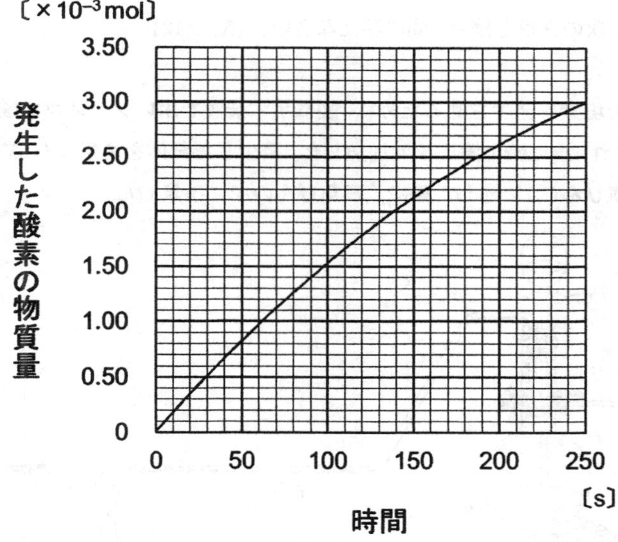

反応開始から130秒までの間に分解した H_2O_2 の物質量は［ア］mol なので，開始130秒後における H_2O_2 のモル濃度 $[H_2O_2]$ は 5.7×10^{-1} mol/L となる。同様に，開始210秒後における $[H_2O_2]$ は［イ］mol/L となる。よって，開始130秒後から210秒後までの間における $[H_2O_2]$ の変化量の絶対値は［ウ］mol/L となり，$[H_2O_2]$ の平均濃度は［エ］mol/L となる。これらの数値を用いることで，H_2O_2 の平均分解速度や速度定数を求めることができる。

問1　ア　～　エ　に適切な数値を有効数字２桁で入れなさい。

問2　130～210 秒における H_2O_2 の平均分解速度 v〔mol/(L・s)〕を求め，有効数字２桁で答えなさい。

問3　H_2O_2 の平均分解速度 v は，$v = kC$ にしたがう。ただし，k は速度定数，C は H_2O_2 の平均濃度である。130～210 秒における H_2O_2 の平均分解速度と平均濃度より速度定数 k〔/s〕を求め，有効数字２桁で答えなさい。

V

次の文章を読み，問に答えなさい。【配点 12】

実験室で塩素を発生させるために，図に示す装置を用いフラスコに酸化マンガン(Ⅳ)を入れ，濃塩酸を滴下して加熱した。発生した気体を**洗気びん(A)**に通し，次いで**洗気びん(B)**に通した後に，**集気びん**の中に捕集した。

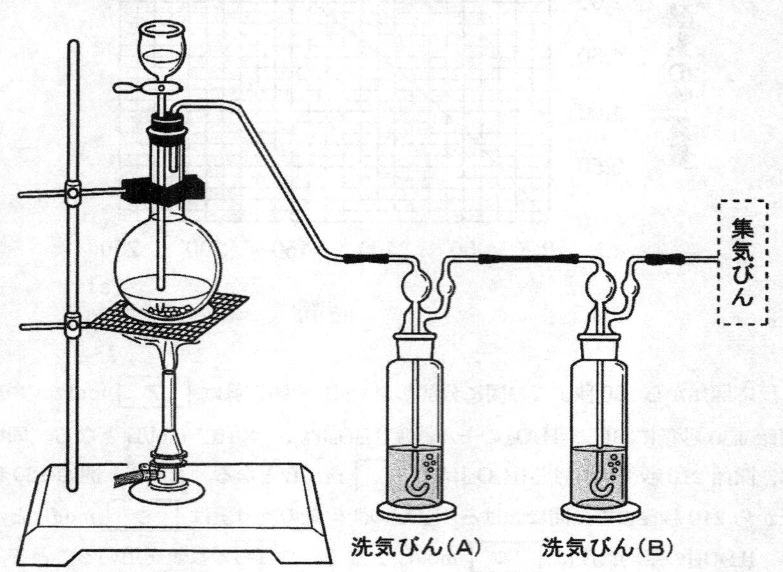

問1　塩素発生時に反応容器中で進行する反応を化学反応式で示しなさい。

問2　**洗気びん(A)**には蒸留水が入れてある。この蒸留水の役割を具体的に述べなさい。

問3　**洗気びん(B)**に入れるべき試薬はどれか。①～⑤から最も適切なものを選び，番号で答えなさい。

① 濃硝酸　　② 濃塩酸　　③ 水酸化ナトリウム水溶液
④ 濃硫酸　　⑤ 蒸留水

問4　塩素の捕集方法として最も適切なものはどれか。①～③から選び，番号で答えなさい。

① 上方置換　　② 下方置換　　③ 水上置換

問5　塩素は水に少し溶け，溶けた塩素の一部が水と反応する。このときの反応を化学反応式で示しなさい。

問6　**集気びん**内の塩素に水で濡らした試験紙を差し入れたときに生じる変化として適切なものを①～⑤からすべて選び，番号で答えなさい。

① 赤色リトマス試験紙は，はじめ青色になりやがて白色に変化する。
② 青色リトマス試験紙は，はじめ赤色になりやがて白色に変化する。
③ 赤色リトマス試験紙，青色リトマス試験紙ともに，はじめは変色しないがやがて白色に変化する。
④ ヨウ化カリウムーデンプン試験紙は青紫色に変化する。
⑤ ヨウ化カリウムーデンプン試験紙の色は変化しない。

アニリン，サリチル酸，ニトロベンゼンをジエチルエーテルに溶解させた混合溶液がある。各成分を分離するために，**図1**に概要を示す**操作A，B，C**を行った。問に答えなさい。ただし分離は完全に行われるものとし，構造式は例にしたがって書きなさい。【配点16】

操作A　分液漏斗に混合溶液と塩酸を加えてよく振って混合したあと，**水層1**と**エーテル層1**に分離した。

操作B　空にした分液漏斗に**エーテル層1**と炭酸水素ナトリウム水溶液を加えてよく振って混合したあと，**水層2**と**エーテル層2**に分離した。

操作C　空にした分液漏斗に**エーテル層2**と水酸化ナトリウム水溶液を加えてよく振って混合したあと，**水層3**と**エーテル層3**に分離した。

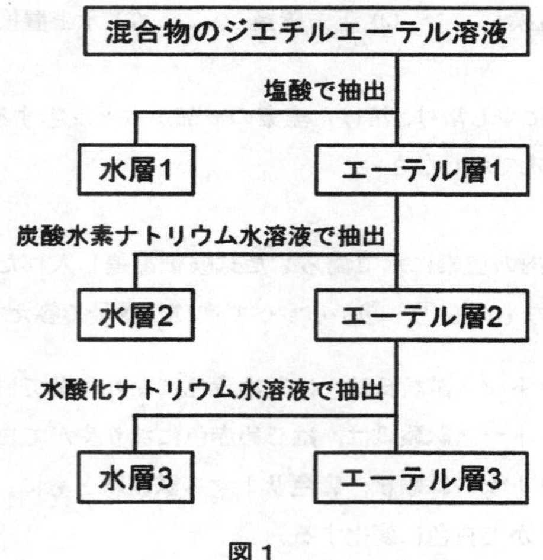

図1

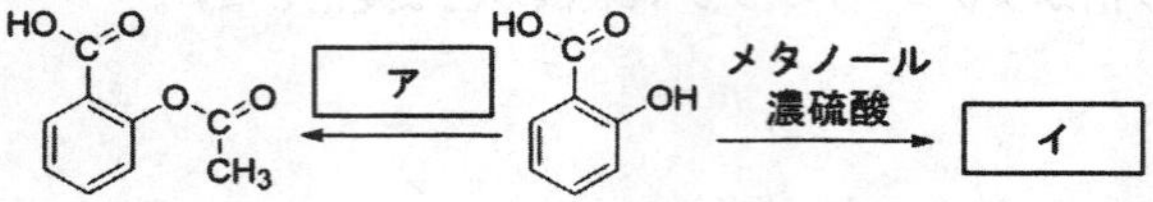

HO　C=O　O　C=O　CH_3　［ア］←　HO　C=O　OH　メタノール　濃硫酸→［イ］

アスピリン　　サリチル酸　　サリチル酸メチル

図2

問１　**水層 1，水層 2，水層 3，エーテル層 3** には，アニリン，サリチル酸，ニトロベンゼンのうちどの化合物がどのような形で含まれるか。それぞれの構造式を書きなさい。なお，塩酸塩などの塩として含まれる場合には，その構造式を書きなさい。また，どの化合物も含まれない層には「無し」と書きなさい。

問２　サリチル酸は**図２**に示す反応によりアセチルサリチル酸（アスピリン）またはサリチル酸メチルへと変換される。 **ア** にあてはまる試薬を①～④から１つ選び，番号で答えなさい。

① 無水酢酸　② 過マンガン酸カリウム
③ 亜硝酸ナトリウム，希塩酸　④ 高温高圧下での二酸化炭素

問３　**図２**の **イ** にあてはまるサリチル酸メチルの構造式を書きなさい。

問４　サリチル酸メチルが**図１**のエーテル混合溶液に含まれ，**操作 A，B，C** を行った場合，サリチル酸メチルまたはその塩は①～④のどこに含まれるか。１つ選び，番号で答えなさい。

① **水層 1**　② **水層 2**　③ **水層 3**　④ **エーテル層 3**

問５　塩化鉄(Ⅲ)水溶液を加えたとき，青～赤紫色を呈するものはどれか。①～⑤からすべて選び，番号で答えなさい。

① アスピリン　② アニリン　③ サリチル酸
④ サリチル酸メチル　⑤ ニトロベンゼン

（例）

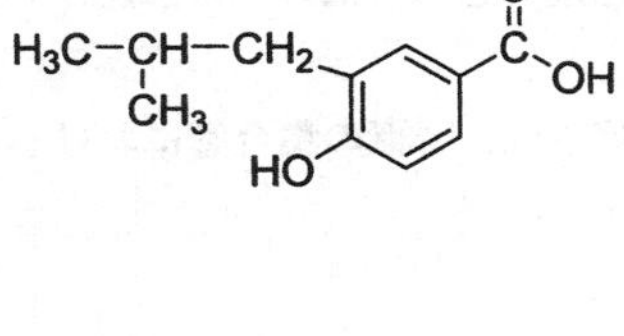

■生物■

（75 分）

次の説明文に該当する最も適切な用語を答えなさい。

【配点 20】

(1) 合成されたタンパク質を小胞体から受け取り，糖を付加するなど修飾して必要な場所へ輸送する細胞小器官

(2) 染色体が凝集し，細胞全体が萎縮して断片化するような細胞死

(3) 高い温度や，強い酸性またはアルカリ性などの条件によって，タンパク質の本来の立体構造が失われること

(4) ミトコンドリアにおいて，NADH や $FADH_2$ を酸化することによって，ADP から ATP を産生すること

(5) 葉緑体において，光エネルギーを利用してつくられた ATP と NADPH を用いて，二酸化炭素から有機物を作り出す酵素反応回路

(6) 植物のように，摂取した無機物だけを利用して必要な有機物を合成し，生きることができる生物の総称

(7) 血しょうや白血球が通過できる一層の内皮細胞からできている血管

(8) 脳下垂体後葉から分泌され，腎臓の集合管における水の再吸収を促進するホルモン

(9) 生物群集において，個体群密度の変化にともなって，その個体群を構成する個体の発育・生理などが変化すること

(10) 旧口動物の分子系統解析により認識された動物群で，軟体動物，扁形動物，輪形動物，環形動物を含む動物

Ⅱ

次の文章(1)と(2)を読み，問１～問６に答えなさい。　【配点 22】

(1) 卵が形成される過程で蓄積され，発生過程の初期において重要な役割を果たす mRNA の一群があり，それらの遺伝子を［ a ］効果遺伝子という。例えば，ショウジョウバエ胚の前後軸の決定に関与するものとして，未受精卵の前端部には［ ア ］遺伝子の mRNA，後端部には［ イ ］遺伝子の mRNA が局在している。(A)受精後，それぞれの mRNA から翻訳されたタンパク質（［ a ］因子）が胚中で濃度勾配を形成し，これが相対的な位置情報となって胚の前後軸が形成される。次に，この前後軸に沿って体節をかたちづくる分節遺伝子がはたらく。まずは，［ a ］因子の影響を受けた特定の［ ウ ］遺伝子が前後軸に沿って領域特異的に発現し，胚が大まかな領域に分かれる。続いて，［ エ ］遺伝子が発現し 7 つの帯状のパターンがつくられる。さらに，［ オ ］遺伝子が 14 の領域に帯状に発現し，体節の位置をほぼ決定する。(B)体節が形成されたのち，［ カ ］遺伝子がはたらくことで，それぞれの体節から触角，肢，翅などの特有の器官が形成される。このようにさまざまな調節遺伝子から発現する調節タンパク質が段階的に別の調節遺伝子の発現を制御するようにはたらくことで，ショウジョウバエのからだの構造が決定される。

(2) ウニの受精卵は卵割を繰り返して，1 つ 1 つの割球は小さくなる。分裂が進むと胚はクワの実のように見えるため［ b ］と呼ばれ，胚の内部には卵割腔と呼ばれる空所ができる。さらに卵割が進むと胞胚となり，卵割腔はさらに大きくなって胞胚腔と呼ばれるようになる。胚の表面には多数の［ c ］が生じて，受精膜を破ってふ化し，海中を遊泳し始める。胞胚期の後期になると［ d ］と呼ばれる細胞群が胞胚腔内に遊離する。(C)さらに細胞層が内側に向かって陥入することで［ e ］が形成される。［ e ］の先端部分からは［ f ］と呼ばれる細胞群が遊離する。このとき胚は，外側を覆う［ g ］，［ e ］の壁を構成する［ h ］，その中間に位置する［ d ］細胞や［ f ］細胞などの中胚葉から構成される。

問1　文中の［ a ］～［ h ］に入る最も適切な語句を答えなさい。

問2　文中の［ ア ］～［ カ ］に入る最も適切な語句を，次の①～⑩のうちから1つずつ選び，記号で答えなさい。

① ディシェベルド　② ナノス　③ ペアルール　④ ビコイド
⑤ セグメントポラリティ　⑥ コーディン　⑦ ホメオティック　⑧ ノーダル
⑨ ギャップ　⑩ ノギン

問3　下線部(A)について，分節遺伝子の発現に影響する［ a ］因子の濃度勾配は，［ a ］因子が胚中を拡散することによって形成される。発生初期のショウジョウバエ胚中で［ a ］因子が拡散できて，異なる領域の遺伝子発現にはたらく理由を簡潔に述べなさい。

問4　下線部(B)について，ショウジョウバエの［ カ ］遺伝子と同じようなはたらきをもつ遺伝子がマウスやヒトでも存在する。このような形態形成に関わる他の動物にも共通した遺伝子群のことを何というか答えなさい。

問5　下線部(C)の現象が，卵の表面の極と呼ばれる部位から起こる。陥入が起こる側の極の名称を答えなさい。

問6　ショウジョウバエやウニなどでみられるように，幼生が形態や性質を大きく変えて成体になる過程を何というか答えなさい。

III

次の文章を読み，問1～問6に答えなさい。　【配点 19】

DNAは化学的に安定な物質で，通常，塩基配列は細胞内で安定に保たれる。しかし，放射線やある種の化学物質による損傷や，複製時の偶然的な誤りによって，DNAの塩基配列は変化することがある。これを一般に［ a ］といい，変化する部位によっては，アミノ酸の配列が変化してタンパク質の構造が変わることで，形質にさまざまな影響を及ぼす場合がある。

鎌状赤血球貧血症は，酸素が不足すると赤血球の形が鎌の形（三日月形）に変形し，赤血球が壊れやすくなるので，貧血症となる遺伝病である。この疾患の原因は，異常な［ b ］にあることが分かっており，［ b ］タンパク質を構成するα鎖とβ鎖のポリペプチド鎖のうち，β鎖中のアミノ酸の1個が［ ア ］から［ イ ］に変化している。つまり，図に示した遺伝子から転写され，イントロンが除かれる［ c ］という過程を経てできたmRNAにおいて，［ ア ］を指定するコドンである3塩基のうちの(A)<u>1つの塩基が変化して</u>，(B)<u>そのコドンから翻訳されるアミノ酸が変わった</u>のである。

鎌状赤血球貧血症は，相同染色体上にある一対の［ b ］β鎖遺伝子の両方が［ a ］を起こしたものである場合，重い貧血症になるために生存に不利である。しかし，片方の遺伝子のみが［ a ］を起こしたものである場合，貧血症が軽度になるとともに，［ d ］にかかりにくいという性質がある。このため(C)<u>［ d ］流行地域では他の地域に比べ鎌状赤血球貧血症の人が多い</u>。

		↓
正常な赤血球	①鎖	5′・・・ATGGTGCATCTGACTCCTGAGGAG・・・3′
	②鎖	3′・・・TACCACGTAGACTGAGGACTCCTC・・・5′
		↓
鎌状赤血球	①鎖	5′・・・ATGGTGCATCTGACTCCTGTGGAG・・・3′
	②鎖	3′・・・TACCACGTAGACTGAGGACACCTC・・・5′

図　［ b ］β鎖遺伝子の塩基配列

矢印(↓)の塩基から始まるトリプレットは開始コドンに相当する

コドン表

	2番目の塩基								
1番目の塩基	U		C		A		G		3番目の塩基
U	UUU	フェニルアラニン	UCU	セリン	UAU	チロシン	UGU	システイン	U
	UUC		UCC		UAC		UGC		C
	UUA	ロイシン	UCA		UAA	終止コドン	UGA	終止コドン	A
	UUG		UCG		UAG		UGG	トリプトファン	G
C	CUU	ロイシン	CCU	プロリン	CAU	ヒスチジン	CGU	アルギニン	U
	CUC		CCC		CAC		CGC		C
	CUA		CCA		CAA	グルタミン	CGA		A
	CUG		CCG		CAG		CGG		G
A	AUU	イソロイシン	ACU	トレオニン	AAU	アスパラギン	AGU	セリン	U
	AUC		ACC		AAC		AGC		C
	AUA		ACA		AAA	リシン	AGA	アルギニン	A
	AUG	メチオニン	ACG		AAG		AGG		G
G	GUU	バリン	GCU	アラニン	GAU	アスパラギン酸	GGU	グリシン	U
	GUC		GCC		GAC		GGC		C
	GUA		GCA		GAA	グルタミン酸	GGA		A
	GUG		GCG		GAG		GGG		G

問1　文中の［ a ］～［ d ］に入る最も適切な語句を答えなさい。

問2　図の①鎖と②鎖は鋳型鎖（アンチセンス鎖）あるいは非鋳型鎖（センス鎖）のどちらかである。どちらが鋳型鎖か答えなさい。

問3　図とコドン表を参考にして［ ア ］と［ イ ］に入るアミノ酸をそれぞれ答えなさい。

問4　下線部(A)のように，集団内において個体間でみられる1塩基単位での塩基配列の違いを特に何というか答えなさい。

問5　下線部(B)のように，あるコドンの1つの塩基が別の塩基に置き換わった結果，指定されるアミノ酸が別のアミノ酸に変わる［ a ］を何というか答えなさい。

問6　下線部(C)のような地理的分布は，生息する環境に応じて，生存に有利な形質をもつ個体が，次世代により多くの子を残した結果であると考えられる。このように自然選択が要因となる進化を一般に何というか答えなさい。

次の文章を読み，問１～問３に答えなさい。　【配点 24】

骨格筋は，筋繊維と呼ばれる細長い細胞が束状に集まったもので，筋繊維の中には多数の細長い筋原繊維が存在する。筋原繊維を電子顕微鏡で観察すると，下図に示すように，明るく見える明帯と暗く見える暗帯が交互に連なっており，明帯の中央は［a］で仕切られている。［a］と［a］の間を［b］という。筋原繊維は 2 種類のフィラメントが規則正しく重なり合った構造をしており，太い方を［c］フィラメント，細い方を［d］フィラメントという。骨格筋の収縮は，運動ニューロンによって制御されており，運動神経末端から分泌された［e］という神経伝達物質が筋細胞膜上の受容体に結合すると，筋細胞が興奮し，興奮が細胞膜から内部に陥入している T 管から［f］に伝わると，［f］から［g］イオンが放出される。［g］イオンが［h］と結合すると［d］フィラメント上の［i］の構造が変化し，［d］と［c］が相互作用できるようになる。［c］は ATP を分解し，そのエネルギーによって<u>［c］フィラメントと［d］フィラメントの滑り運動が引き起こされて，筋肉が収縮する</u>。消費された ATP は呼吸により補給されるが，頻繁に収縮すると不足しがちになる。ATP が不足すると，筋肉に多量に含まれている［j］が［k］に変化し，そのときに放出されるエネルギーとリン酸によって，ADP から ATP が合成される。

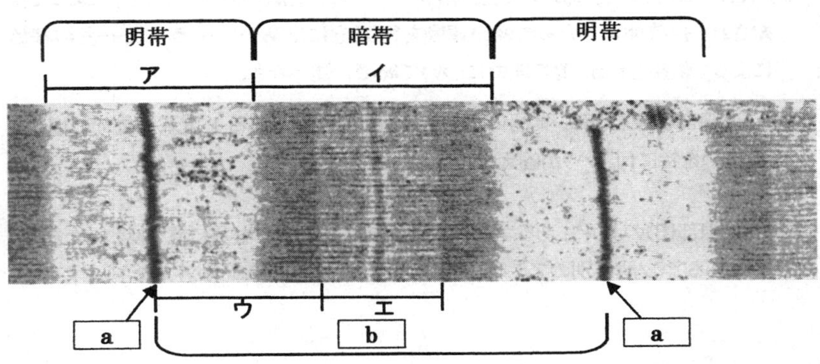

写真：山科正平

問１　文中および図中の［a］～［k］に入る最も適切な語句を答えなさい。

問２　下線部について，収縮時と弛緩時において，筋原繊維のさまざまな領域の長さを計測した。図の**ア～エ**で示した領域の弛緩時と収縮時の長さの変化について，最も適切なものを次の①～③のうちからそれぞれ 1 つずつ選び，記号で答えなさい。

① 弛緩時より収縮時の方が長い。　② 弛緩時より収縮時の方が短い。

③ 弛緩時と収縮時で変化がない。

問３　下図は筋繊維においてATPを供給する過程を示している。

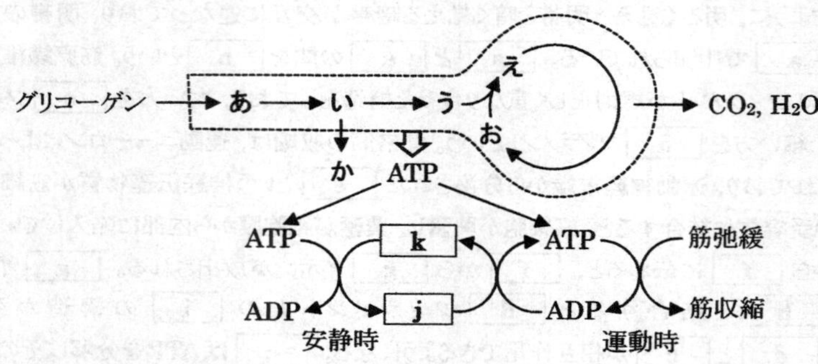

(1) あ～かに入る最も適切な化合物を次の①～⑦のうちからそれぞれ 1 つずつ選び，記号で答えなさい。

① ピルビン酸　② グルコース　③ オキサロ酢酸　④ 乳酸

⑤ アセチル CoA　⑥ クエン酸　⑦ リン酸

(2) ATP は，短時間に激しい運動を行ったときには，あ→い→かの経路によって供給され，長時間にわたって軽い運動を行うときにはあ→い→う→え→おの経路によって供給される。その理由について簡潔に述べなさい。

次の文章を読み，**問１～問５**に答えなさい。　**【配点 15】**

ある種の植物個体群内の照度と葉の垂直分布を比較し，その植物における光の利用のしかたの特徴を知るために以下の実験を行った。

ある植物 A が優占する植物群集に一辺 50 cm の調査区域を設定し，四隅に支柱を立てて，地表から 10 cm ごとに葉層内の照度を測定した。次に，植物群集の最上部（地表から 100 cm）より，10 cm ごとに植物体を刈り取りポリエチレン袋に詰めた。刈り取った植物体は同化器官（葉）と非同化器官（葉以外の茎や花、種子など）に分けて乾燥後，重量を計測した。このようにして得られた結果をまとめた表を下に示す。

地表からの高さ(cm)	相対照度(%)	地表からの高さ(cm)	重量(g/0.25 m²)	
			同化器官	非同化器官
100	100	90-100	0	10
90	85	80-90	2	20
80	70	70-80	5	10
70	55	60-70	10	20
60	40	50-60	30	30
50	25	40-50	60	40
40	10	30-40	90	60
30	6	20-30	100	90
20	4	10-20	50	160
10	2	0-10	5	200
0	0			

問１　このような実験方法の名称を答えなさい。

問２　植物において，同化器官とはどのようなはたらきをする器官か答えなさい。

問３　植物Ｂが優占する植物個体群について同様に実験を行い，相対照度は折れ線で，重量は棒グラフでまとめた図を右に示す。このような図の名称を答えなさい。また，植物Ａについて行った実験の結果（前ページの表）を，右図の例にならって解答用紙の図を完成させなさい。

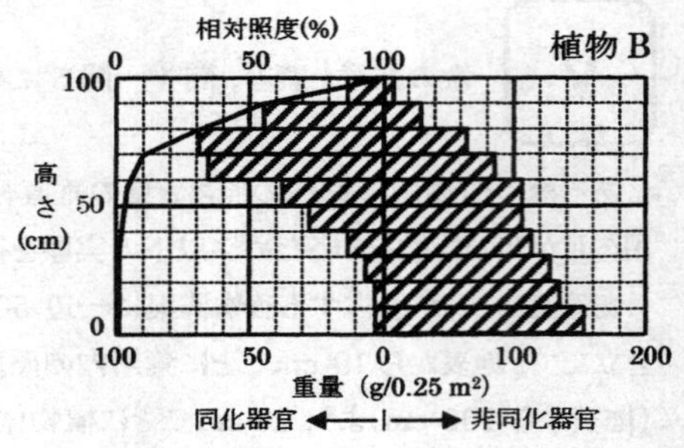

〔解答欄〕

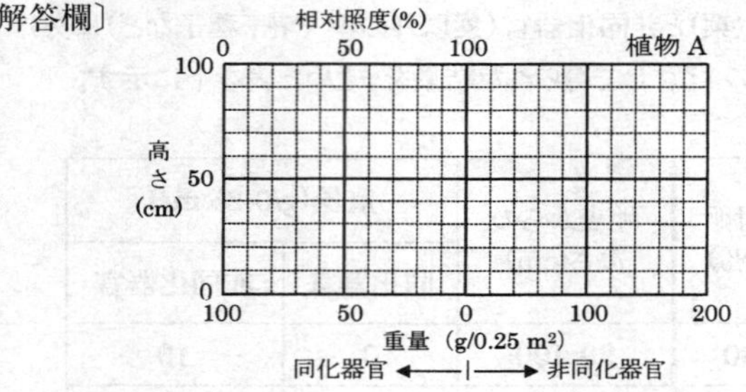

問４　草本の植物群集を調べた**問３**のような図は，植物Ａと植物Ｂの２つの型に大別される。それぞれの型の名称を答えなさい。

問５　このような実験結果から，植物ＡとＢについて，同化器官である葉の特徴，分布，およびそれぞれの植物群集における光の当たり方を簡潔に述べなさい。

解答編

英語

I **解答** 問１．③

問２．⑴子どもたちへの，水，衛生などの不可欠なサービスが不十分であること。

⑵子どもたちが，気候変動に起因するリスクにさらされていること。

問３．子どもたちが直面しているリスクを一変させるために，ユニセフは世界各国の政府に対して，気候（変動）への適応と，子どもたちのための主要な行政サービスの回復への投資を増やすことを求めている。

問４．全訳下線部⑷参照。

問５．②　問６．③　問７．②　問８．①　問９．(B)

◆全　訳◆

≪気候の危機は子どもの権利の危機≫

ユニセフの事務局長ヘンリエッタ＝フォアは，新しいユニセフの報告書が，初めて「子どもたちがどこで，どのように気候変動の害を受けやすいのかについての，完全な描写」を伝えていると言い，発言の中で「その描写は，ほとんど理解できないほど恐ろしい」と付け加えた。

金曜日に発行された『気候の危機は子どもの権利の危機である：子どもたちの気候リスクの指数の紹介』は，国連の子どもの機関によると，「子どもの視点からの，気候リスクの最初の包括的な分析」である。報告書では，各国は，気候と環境の危険なものに子どもたちがさらされることに基づいてランク付けされている。

報告書によると，世界のほぼ22億人の子どもの約半分が，「水，公衆衛生，健康管理，そして教育のような不可欠な行政サービスが不十分なために，高い脆弱性」に直面している「非常に高いリスク」を持つと特定された国の一つに住んでいる。

リスク指標は，沿岸の洪水，川辺の洪水，サイクロン，媒介生物由来の病気，鉛公害，熱波，水不足，「非常に高レベルの大気汚染」に，子どもたちがさらされていることを含む。報告書によると，中央アフリカ共和国，チャド，ナイジェリア，ギニア，ギニアビサウに住んでいる子どもたちは，最も危険にさらされている若者たちである。

子どもたちが直面しているリスクを一変させるために，ユニセフは世界各国の政府に対して，気候（変動）への適応と，水，衛生設備，保健と教育サービスを含めて，子どもたちのための主要な行政サービスの回復への投資を増やすこと，そして温室効果ガスの排出を削減することを求めている。

また，国連機関は，各国政府に対し，気候の教育と，資源効率社会を発展させ維持するために必要とされるスキルを，子どもたちに提供するよう強く求めている。それらは，気候変動の影響に対する子どもたちの適応と準備のために，「重大」であると，ユニセフは言う。

(4) 国連機関はまた，すべての国家的，地域的，そして国際的な気候に関する交渉と決定に，若者が参加するのを見たいと思っている。

国連機関はまた，新型コロナウイルス感染症の，感染爆発後の子どもたちのニーズに取り組み，「未来の世代の気候危機に対処し，応じる能力が台無しにされないように，環境に優しく低炭素で包括的な」回復を求めた。

◀解　説▶

問1．下線部は「（対象状況を説明する）描写」の意であるので，③が最も近い。picture は「絵，写真」以外にも，いろいろ意味があるので確認しておきたい。

問2．第2段第2文（In the …）に「気候と環境の危険なものにさらされる子どもたち」とある。その危機的状況の具体例として，第3段（The report …）に「水，公衆衛生，健康管理，そして教育のような不可欠な行政サービスが不十分で起きるリスク」，第4段第1文（The risk …）に「洪水，サイクロン，媒介生物由来の病気，熱波」など気候変動に起因するリスクが述べられている。

問3．To reverse「～を一変させるために」 the risks の後には，関係代名詞 that が省略されている。call on *A* to *do*「*A* に～してほしいと（正式に）依頼する，求める」 ここで *do* にあたるのは increase「～を増やす」と reduce「～を削減する」の2つである。investment in ～「～への投資」 climate adaptation「気候（変動）への適応」 key「主要な」

問4．The agency「その機関」は，前文のThe U.N. agencyを受けているので「国連機関」とした。see *A* *done*「*A*が～されるのを見る」のseeは「経験する，目撃する」という意味なので，「見る」という語を使わずに「参加してほしいと思っている」という訳も可。*A*と*done*の間に受動的な関係が成り立つことに注意。また，include *A* in *B*は「*A*（人）を*B*に参加させる」の意であり，*A*を主語にすると，*A* is included in *B*「*A*（人）は*B*に参加させられている」となる。ここでは，第6段第1文（The U.N.…）の「国連機関の各国に対する，子どもたちへの気候教育と資源効率社会へのスキルの提供要請」の結果の行動であろうと推定し「～に参加する」と訳してある。

問5．第1段第1文（UNICEF Executive…）に，報告書は「気候変動の害に関する完全な描写」とあるので，その分析は，②「包括的な」が適切である。①「競争的な」 ③「大陸の」 ④「型にはまった」

問6．空所前にkey services「主要なサービス」との語句があるが，空所後に「水，衛生設備，保健と教育サービス」と，具体的な名詞を列挙しているので，前置詞である③「～を含めて」が適切である。他の選択肢では，意味が成り立たない。

問7．空所前のwhichはclimate education and the skills「気候の教育とスキル」を指し，which以下の主語でもある。それらは，将来の子どもたちの「気候変動への適応と準備」には，②「重大な」が適切である。①「生物学的な」 ③「故意の」 ④「責任がある」

問8．空所前のso that以下は，目的を表している。主部の「未来の世代が気候危機に対処し応じる能力」が，どのような状態を目的とするかを考える。notにも注意すると，①「台無しにされる」が適切である。②「必要とされる」 ③「促進される」 ④「刺激される」

問9．第2段第2文（In the…）に「各国は，気候と環境の危険なものに子どもたちがさらされることに基づいてランク付けされている」とあるので，(B)が合致する。なお，(C)も正しいように思われるが，本文では「地震」が触れられていない。(A)・(D)は記載がない。

Ⅱ　**解答**　1－②　2－③　3－①　4－④　5－③　6－③
7－②　8－①　9－①　10－④

◀解　説▶

1．「私の予想に反して，彼女は商品開発プロジェクトのリーダーに選ばれた」
contrary to ～「～に反して」である。「彼女がリーダーに選ばれた」との内容に反することなので，②「予想」が適切である。①「世代」 ③「競技連盟」 ④「驚き」

2．「正面玄関は日曜日には閉まっているので，到着したら私に電話をください。あなたを中に入れてあげますよ」
電話をするのは，閉まっているものを開けてもらうためである。ゆえに，③「玄関」が適切である。main entrance「正面玄関」 let *A* in「*A*（人）を中に入れる」 ①「娯楽」 ②「努力」 ④「封筒」

3．「シリコンバレーはアメリカでIT企業が最も集中しているようだ」
空所の後のofに注意。concentration of ～「～の集中」である。その激しさは，highやheavyで表す。ゆえに，①「集中」が適切である。②「工学技術」 ③「頭脳」 ④「パケット，小包」

4．「男性の喫煙率は，2001年以来減少し続けており，今年は30%を下回っている」
「男性の喫煙が下がり続け，今年は30%以下」とあるので，④「割合，率」が適切である。smoking rate「喫煙率」 ①「恥ずかしさ」 ②「穀物」 ③「順番」

5．「看護師は，私の熱が下がるまで，毎朝私の体温を計った」
看護師が「熱が下がるまで」診るのは，患者の，③「体温」である。take *one's* temperature「体温を計る」 ①「家族」 ②「上着」 ④「暖かさ」

6．「顔色が悪いよ。どうしたの，ピーター？」
相手の健康・身の上を案じての表現で，What's the matter (with you)?「どうしたんですか」は定番である。ゆえに，③「問題」が適切である。look pale「顔色が悪い」 ①「色」 ②「冗談」 ④「田舎の」

7．「総理大臣は，来週その知事と私的な会談をすることに決めた」
governor「知事」とprivate meeting「私的な会談」をする立場の人であるので，②「大臣」を入れてthe prime minister「総理大臣」とするのが適切である。①「はしご」 ③「受付」 ④「悪徳」

8．「私は会社の近くの銀行で，普通預金口座を開きたい」

銀行で開きたいのは，①「口座」が適切である。open an account「口座を開く」 saving account「普通預金口座」 ②「現金」 ③「費用」 ④「材料」

9．「私は，その状況を適切に処理するために，問題の詳細を知る必要がある」

適切に処理するために知りたいのは，その問題の①「詳細」である。detail は「細部，細目」の意であるが，the details で「詳細」を意味する。②「収穫」 ③「接合」 ④「返事」

10．「統計によると，その地域の人口は20年で半分に減少するでしょう」

人口減少の予想の基になるのは，④「統計」が適切である。by half「半分までに」 ①「計算」 ②「最低限」 ③「祈り」

1－①　2－①　3－③　4－④　5－①　6－①
7－②　8－①　9－③　10－①

1．from　2．for　3．in　4．at　5．with
6．of　7．into　8．on　9．without　10．by

◀解　説▶

1． a)「場所は別にして，あのビルには，あなたがプロジェクトに必要なすべてがある」

b)「犯人は警察から逃れようとしたが，無駄だった」

a)の apart from ～ は「(空間・時間的に) ～から離れて」以外に，「(考慮するときに) ～を別にして」の意がある。b)は escape from ～「～から逃げる」である。共通するのは from である。in vain「無駄に」

2． a)「これは新大阪行きの急行列車である」

b)「料理人は，ギリシャヨーグルトをマヨネーズの代わりに使った。なぜなら，客が卵アレルギーだからである」

a)は bound for ～「(乗り物が) ～行きの」である。b)は substitute *A* for *B*「*A* を *B* の代わりに使う」である。substitute *B* with *A* とも表現できるが，前者の方が普通である。共通するのは for である。be allergic to～「～にアレルギーのある」

3．a)「彼女は，その男に恋している」

b)「我々は全員，演技のために緑の服を着ていた」

a)はbe in love with～「～に恋をしている」で状態を表す。fall in love with～「～に恋に落ちる」も確認しよう。b)はbe dressed in～「～を着ている」である。inの後にredなどの色が続き「赤色の服」などの意になる。共通するのはinである。

4．a)「彼はメアリーに手を振り，彼女は振り返した」

b)「都合がつき次第，どうか私に連絡してください」

a)の「～(人)に手を振る」は，wave at～で表現する。b)はat *one's* convenience「都合のよいときに」を基本に覚えよう。共通するのはatである。

5．a)「私はインターネットで，彼と連絡を取っている」

b)「父は目を閉じて，音楽を聞いていた」

a)はget in touch with～「～と連絡を取る」である。同時にkeep in touch with～「～と連絡を続ける」も確認しておこう。b)はwith *A* *done*「*A*を～して(～された状態で)」の付帯状況である。*A*と*done*の間にはＳＶの関係が成り立つ。共通するのはwithである。

6．a)「新しいホテルは建設の最中である」

b)「その絵を見ると，私は祖母との楽しい記憶を思い出す」

a)はbe in the process of *doing*「～している最中である」を基本として覚えよう。問題では動名詞の代わりに名詞が置かれている。b)はremind *A* of *B*「(物・事が) *A*(人)に*B*を思い出させる」である。主語が無生物であることが多いので，訳には注意が必要である。共通するのはofである。

7．a)「姉は，韓国のポップミュージックにすごく夢中である」

b)「私は彼を説得して，パン屋でパートの仕事をさせた」

a)はbe into～「～に夢中である」のイディオムである。「～に夢中になる」はget into～と表現する。b)はtalk *A* into *doing*「*A*(人)を説得して～させる」のイディオムである。共通するのはintoである。

8．a)「支配人は，今から一週間休暇になるだろう」

b)「あいにく，私は，今まったく現金の持ち合わせがない」

a）は on vacation「休暇中で，休暇で」の意である。take a vacation「休暇を取る」も覚えよう。b）で「私はいくらかお金を持ち合わせている」は，I have some cash on〔with〕me. と表現する。共通するのは on である。

9．a）「彼は先月，さよならも言わずに日本を去った」
b）「これは，私が食べた中で疑いなく，最高のチョコレートケーキである」
a）は without *doing*「～しないで」の表現である。without saying goodbye「さよならも言わずに」は使われることが多いので，覚えておくこと。b）は without a doubt「疑いなく」であり，同様の表現に beyond a doubt もある。共通するのは without である。

10．a）「時間があれば，私の家に立ち寄ってください」
b）「子どもたちは，元来好奇心が強く，しばしばユニークな質問をする」
a）は stop by ～「～（場所）に立ち寄る」である。b）は by nature「本質上，元来，生まれつき」である。共通するのは by である。

解答　1．あ．time　い．to　2．う．quite　え．few
3．お．Something　か．my
4．き．often　く．log-in　5．け．Whatever　こ．intention

◀解　説▶

1．「もう～していい時間ですよ」の表現は，It is time＋仮定法過去の構文を用いればよい。ゆえに，(It) is time you went to bed(.) となる。time の前に about や high をつける場合もある。

2．「かなりの数の～」は選択肢の quite から，quite a few ～ が推測され，short stories がそれに続く。ゆえに，(She) has written quite a few short stories(.) となる。

3．「～に問題がある」の表現は２通りある。There is something wrong with ～ と Something is wrong with ～ である。ここでは with の目的語は my new bicycle である。後は seem to *do*「～のようだ」を組み込めばよいが，空欄の数から考えると，Something seems to be wrong with my new (bicycle.) となる。

4．「～にはよくあることだが」は as is often the case with ～ のイディ

オムを使って表現する。また,「ログインするためのパスワード」は password to log-in と不定詞の形容詞的用法を用いる。ゆえに,（As）is often the case with her, she forgot the password to log-in(.) となる。

５.「彼が何と言おうと」は譲歩を表す副詞節を導く whatever を用いて, whatever he says とする。「〜する気はない」は, 選択肢の intention を用いて have no intention of *doing* とする。ゆえに, Whatever he says,（I）have no intention of changing my mind(.) となる。

数学

 **解答**　(1)ア．$\frac{3}{2}$　イ．1　(2)ウ．48　エ．72　(3)オ．$-\frac{5}{18}$

◀解　説▶

≪小問3問≫

(1)　一般に，2次方程式 $ax^2+bx+c=0$ の2つの解を α，β とすると

$$\alpha+\beta=-\frac{b}{a},\ \alpha\beta=\frac{c}{a}\quad（解と係数の関係）$$

が成り立つ。［ア］は，この公式から答えが得られる。

本問では　$\alpha+\beta=-\frac{4}{2}=-2,\ \alpha\beta=\frac{3}{2}$　→ア

また，$\alpha^3+\beta^3=(\alpha+\beta)^3-3\alpha\beta(\alpha+\beta)$ だから

$$\alpha^3+\beta^3=(-2)^3-3\times\frac{3}{2}\times(-2)=1\quad →イ$$

(2)　AとBが隣り合う並べ方の総数を次のようにして求める。

隣り合っているAとBをひとまとまりに考え，A，Bのひとまとまりと C，D，Eを並べる並べ方は4!通りあり，A，Bのひとまとまりの中で，ABと並ぶ場合とBAと並ぶ場合の2通りある。

したがって，AとBが隣り合う並び方は　$4!\times2=48$ 通り　→ウ

AとBが隣り合わない並べ方の総数を次のように求める。

（A，B，C，D，Eの5文字を1列に並べる順列の総数）

－（AとBが隣り合う並べ方の総数）

$=5!-4!\times2=72$ 通り　→エ

(3)　$$(\sin x+\sin y)^2=\sin^2x+2\sin x\sin y+\sin^2y=1\quad\cdots\cdots①$$

$$(\cos x+\cos y)^2=\cos^2x+2\cos x\cos y+\cos^2y=\left(\frac{2}{3}\right)^2=\frac{4}{9}\quad\cdots\cdots②$$

①＋② より

$$\sin^2x+\cos^2x+2(\sin x\sin y+\cos x\cos y)+\sin^2y+\cos^2y=\frac{13}{9}$$

$\sin x\sin y+\cos x\cos y=\cos(x-y)$，$\sin^2x+\cos^2x=\sin^2y+\cos^2y=1$ より

$$2\cos(x-y)+2=\frac{13}{9} \qquad \therefore \quad \cos(x-y)=-\frac{5}{18} \quad \to オ$$

Ⅱ

解答　(1) $0 \leqq x \leqq 2$　(2) $y=\frac{1}{2}x-2,\ y=\frac{11}{2}x-2$

(3)(i) $f(x)=t^2-t-2$　(ii) $x=4,\ \frac{1}{2}$　(4)(i) $\frac{2\sqrt{7}}{3}$　(ii) $\frac{\sqrt{19}}{3}$

◀解　説▶

≪小問4問≫

(1)　$4^x=2^{2x}=(2^x)^2$ より，与えられた不等式は $(2^x)^2-5\cdot 2^x+4 \leqq 0$ となる。

ここで，$2^x=t\ (>0)$ とおくと　$t^2-5t+4 \leqq 0$

因数分解して　$(t-1)(t-4) \leqq 0$　ゆえに　$1 \leqq t \leqq 4$

つまり　$2^0 \leqq 2^x \leqq 2^2$

底2は1より大きいから　$0 \leqq x \leqq 2$

(2)　直線 $x=0$ は，円 $(x-3)^2+(y-2)^2=5$ には接しない。

そこで，点 $(0,\ -2)$ を通る直線を，m を実数として

$$y=mx-2 \quad つまり \quad mx-y-2=0 \quad \cdots\cdots①$$

とおく。このとき，円の中心 $(3,\ 2)$ と直線①の距離は円の半径に等しいから

$$\frac{|m\times 3-2-2|}{\sqrt{m^2+(-1)^2}}=\sqrt{5}$$

つまり，$|3m-4|=\sqrt{5}\sqrt{m^2+1}$ が成り立つ。

両辺はともに0以上だから，両辺を2乗して

$$9m^2-24m+16=5(m^2+1)$$

整理して　$4m^2-24m+11=0$

左辺を因数分解して

$$(2m-1)(2m-11)=0 \quad ゆえに \quad m=\frac{1}{2},\ \frac{11}{2}$$

よって，求める直線は

$$y=\frac{1}{2}x-2,\ y=\frac{11}{2}x-2$$

(3)(i)　$\log_4 x=\frac{\log_2 x}{\log_2 4}=\frac{\log_2 x}{\log_2 2^2}=\frac{\log_2 x}{2\log_2 2}=\frac{1}{2}\log_2 x$

$$\log_8 x=\frac{\log_2 x}{\log_2 8}=\frac{\log_2 x}{\log_2 2^3}=\frac{\log_2 x}{3\log_2 2}=\frac{1}{3}\log_2 x$$

だから

$$f(x)=4\times\left(\frac{1}{2}\log_2 x\right)^2-3\times\left(\frac{1}{3}\log_2 x\right)-2=(\log_2 x)^2-\log_2 x-2$$

$t=\log_2 x$ とすると　　$f(x)=t^2-t-2$

(ii)　t の2次方程式 $t^2-t-2=0$ を解くと

$(t-2)(t+1)=0$　ゆえに　$t=2,\ -1$

つまり　　$\log_2 x=2,\ -1$

ゆえに　　$x=2^2,\ 2^{-1}$　つまり　$x=4,\ \frac{1}{2}$

よって，$f(x)=0$ の解は　　$x=4,\ \frac{1}{2}$

(4)(i)　$\mathrm{AC}=2$，$\mathrm{CM}=\frac{2}{3}$，$\angle\mathrm{ACM}=60°$ だから，$\triangle\mathrm{ACM}$ に余弦定理を用いて

$$\begin{aligned}\mathrm{AM}^2&=\mathrm{AC}^2+\mathrm{CM}^2-2\cdot\mathrm{AC}\cdot\mathrm{CM}\cos\angle\mathrm{ACM}\\&=2^2+\left(\frac{2}{3}\right)^2-2\times2\times\frac{2}{3}\cos60°\\&=4+\frac{4}{9}-\frac{4}{3}\\&=\frac{28}{9}\end{aligned}$$

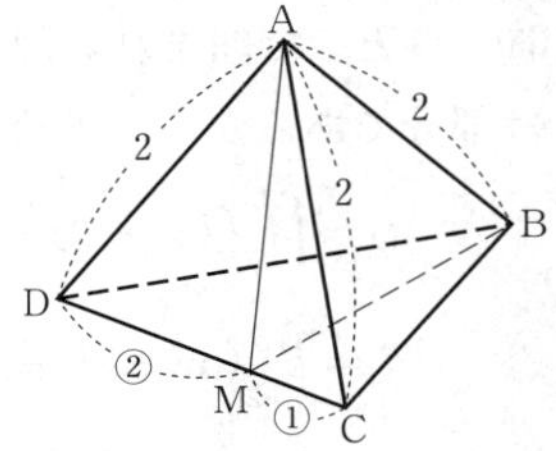

よって　　$\mathrm{AM}=\frac{2\sqrt{7}}{3}$

(ii)　$\triangle\mathrm{ABM}$ は，$\mathrm{MA}=\mathrm{MB}$ の二等辺三角形である。

辺ABの中点をNとすると　　$\mathrm{MN}\perp\mathrm{AB}$

$$\mathrm{MN}=\sqrt{\mathrm{AM}^2-\mathrm{AN}^2}=\sqrt{\frac{28}{9}-1}=\frac{\sqrt{19}}{3}$$

ゆえに

$$\triangle\mathrm{ABM}=\frac{1}{2}\cdot\mathrm{MN}\cdot\mathrm{AB}=\frac{1}{2}\cdot\frac{\sqrt{19}}{3}\cdot2=\frac{\sqrt{19}}{3}$$

III **解答**　(1)(i)(1,　−1)　(ii)(−2,　−1)　(iii) $\dfrac{27}{4}$

(2)(i) $a_n=2n+1$,　$b_n=3^{n-1}$　(ii) $p=1$,　$q=-1$　(iii) $S_n=n\cdot 3^n$

◀解　説▶

≪3次曲線と接線で囲まれる図形の面積，数列の和≫

(1)(i)　$f(x)=x^3-3x+1$,　$f'(x)=3x^2-3=3(x+1)(x-1)$

$f'(x)=0$ を解くと　　$x=-1,\ 1$

$f(x)$ の増減表は右のようになるから，極小を示す点Pの座標は　　(1,　−1)

x	$\cdots$	-1	$\cdots$	1	$\cdots$
$f'(x)$	$+$	0	$-$	0	$+$
$f(x)$	↗		↘	-1	↗

(ii)　l の方程式は $y=-1$ である。

C と l の共有点の x 座標は，方程式 $x^3-3x+1=-1$

つまり，$x^3-3x+2=0$　……① の解である。

①の左辺を因数分解して

$$(x-1)^2(x+2)=0$$

∴　$x=1$（重解），-2　（$x=1$ は点Pの x 座標）

よって，求める共有点の座標は　　(−2,　−1)

(iii)　C と l で囲まれる図形は，右図の網かけ部分であるから，求める面積 S は

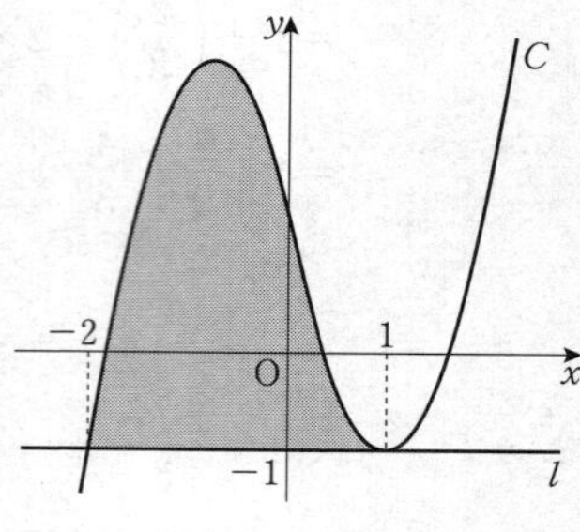

$$S=\int_{-2}^{1}\{(x^3-3x+1)-(-1)\}dx$$

$$=\int_{-2}^{1}(x^3-3x+2)dx$$

$$=\left[\frac{1}{4}x^4-\frac{3}{2}x^2+2x\right]_{-2}^{1}$$

$$=\left(\frac{1}{4}-\frac{3}{2}+2\right)-\left\{\frac{1}{4}\times(-2)^4-\frac{3}{2}\times(-2)^2+2\times(-2)\right\}$$

$$=\frac{27}{4}$$

(2)(i)　$a_{n+1}=a_n+2$ より，数列 $\{a_n\}$ は公差2の等差数列である。

$a_1=3$ だから，一般項は　　$a_n=3+(n-1)\times 2=2n+1$

$b_{n+1}=3b_n$ より，数列 $\{b_n\}$ は公比3の等比数列である。

$b_1=1$ だから，一般項は　　$b_n=1\times 3^{n-1}=3^{n-1}$

(ii)　$c_n=a_nb_n=(2n+1)\cdot 3^{n-1}$　（(i)の結果より）

また

$$d_{n+1}-d_n=\{p(n+1)+q\}\cdot 3^n-(pn+q)\cdot 3^{n-1}=(2pn+3p+2q)\cdot 3^{n-1}$$

だから，すべての自然数 n について，$c_n=d_{n+1}-d_n$ が成り立つとき

$$2p=2,\ 3p+2q=1 \quad ゆえに \quad p=1,\ q=-1$$

(iii)　$S_n=\sum_{k=1}^{n}c_k=\sum_{k=1}^{n}(d_{k+1}-d_k)=d_{n+1}-d_1$

$$=\{1\cdot(n+1)-1\}\cdot 3^{(n+1)-1}-(1\cdot 1-1)\cdot 3^{1-1}=n\cdot 3^n$$

化学

I　解答

問1．(1)Na　(2)Si

問2．(1)5　(2)配位結合　(3)―③

問3．(1)1．イオン化傾向　2．正　(2)―②・③

問4．(1)1．面心　2．12　3．アモルファス（非晶質も可）

問5．(1)1―③　(2)2．SO_3　3．接触　(3)―①・⑤

問6．(1)6.0×10^{-2} mol　(2)1.0×10^{-1} mol　(3)162 kJ

問7．(1)7　(2)4

(3)$H_3C-CH_2-CH_2-CH_2-OH$　　$H_3C-CH(CH_3)-CH_2-OH$

◀解　説▶

≪小問7問≫

問2．(3)　アンモニア分子は三角錐形であるが，アンモニウムイオンは正四面体形でメタンと同じ形である。

問6．C_3H_8 の燃焼の反応式から，C_3H_8 は生成した CO_2 の物質量の $\frac{1}{3}$ である。

(1)　$$\frac{4.032}{22.4}\times\frac{1}{3}=6.00\times10^{-2}\fallingdotseq6.0\times10^{-2}\,[\text{mol}]$$

(2)　C_3H_8 の燃焼によって生成する H_2O は，C_3H_8 の物質量の 4 倍の 2.4×10^{-1} mol である。H_2 から生成する H_2O は H_2 の物質量と同じなので，H_2 の物質量は

$$\frac{6.12}{18.0}-2.4\times10^{-1}=1.00\times10^{-1}\fallingdotseq1.0\times10^{-1}\,[\text{mol}]$$

(3)　$$2219\times6.00\times10^{-2}+286\times1.00\times10^{-1}=161.7\fallingdotseq162\,[\text{kJ}]$$

問7．(1)　アルコール類（4種類）とエーテル類（3種類）がある。

(2)　Na と反応して H_2 を発生するのは $-OH$ をもつもの。

(3)　酸化によってアルデヒドになるのは第一級アルコールである。

II　解答

問1．②

問2．ウ

問3．過冷却

問4．凝固が始まり凝固熱が発生するため。

問5．溶媒が凝固し，残りの溶液の濃度が高くなり凝固点が下がっていくため。

問6．-1.5×10^{-1}°C

◀解　説▶

≪凝固点降下の測定と冷却曲線≫

問5．溶液の凝固点は純溶媒に比べて低くなる。純溶媒では凝固中の温度は一定であるが，溶液では凝固は溶媒の部分で起きることから，凝固が進むと残りの溶液の濃度が高くなり，凝固点が下がっていくため，温度は一定でない。

問6．凝固点降下度 Δt〔K〕は，溶液の質量モル濃度に比例するので

$$\Delta t=1.85\times\frac{\frac{6.84}{342}}{\frac{250}{1000}}=0.148\fallingdotseq1.5\times10^{-1}\text{〔K〕}$$

よって，凝固点は　　-1.5×10^{-1}〔°C〕

III　解答

問1．①・③

問2．(エ)

問3．1.6×10^{-1} mol/L

問4．6.4×10^{-2} mol/L

問5．2.4

◀解　説▶

≪中和滴定による食酢中の酢酸濃度の測定≫

問1．ホールピペットとビュレットは，使用する溶液を少量入れて廃棄する操作を2，3回行った後（「共洗い」という），溶液を入れて使用する。

問2．シュウ酸も酢酸も弱酸であり，NaOH は強塩基であるので，中和点で溶液の pH は約 8 → 10 に変化する。したがって，その範囲に変色域をもつ指示薬を選択する。

問３．シュウ酸（価数２の酸）の濃度は

$$\frac{\frac{6.30}{126.0}}{\frac{500}{1000}}=0.100\text{〔mol/L〕}$$

NaOH（価数１の塩基）のモル濃度を c〔mol/L〕とすると，以下の式が成り立つ。

$$2\times0.100\times\frac{10.0}{1000}=1\times c\times\frac{12.50}{1000}$$

$$c=0.160\fallingdotseq1.6\times10^{-1}\text{〔mol/L〕}$$

問４．求める酢酸（価数１の酸）のモル濃度を c'〔mol/L〕とすると

$$1\times c'\times\frac{10.0}{1000}=1\times0.160\times\frac{4.00}{1000}$$

$$c'=0.0640\fallingdotseq6.4\times10^{-2}\text{〔mol/L〕}$$

問５．希釈した食酢は元の食酢の $\frac{1}{10}$ の濃度なので，問４から，元の食酢中の酢酸の濃度は 6.4×10^{-1} mol/L である。電離定数 2.5×10^{-5} mol/L より

$$[H^+]=\sqrt{2.5\times10^{-5}\times6.4\times10^{-1}}=4.0\times10^{-3}\text{〔mol/L〕}$$

$$pH=-\log_{10}(4.0\times10^{-3})=3-2\times0.30=2.40\fallingdotseq2.4$$

Ⅳ　解答　問１．ア．3.8×10^{-3}　イ．4.1×10^{-1}
ウ．1.6×10^{-1}　エ．4.9×10^{-1}

問２．2.0×10^{-3} mol/(L・s)

問３．4.1×10^{-3}/s

◀解　説▶

≪H_2O_2 の分解反応の速さ≫

$2H_2O_2 \longrightarrow O_2+2H_2O$ より，発生する O_2 の物質量の２倍の H_2O_2 が反応する。各時間のそれぞれの値は次表のとおり。

時間〔s〕	0	130	210
発生 O_2〔mol〕	0	1.90×10^{-3}	2.70×10^{-3}
反応 H_2O_2〔mol〕	0	3.80×10^{-3}	5.40×10^{-3}
残り H_2O_2〔mol〕	9.5×10^{-3}	5.70×10^{-3}	4.10×10^{-3}
H_2O_2 濃度〔mol/L〕	9.5×10^{-1}	5.70×10^{-1}	4.10×10^{-1}

問１．エ．130〜210 秒の $[H_2O_2]$ の平均濃度は

$$5.70\times10^{-1}-\frac{1.60\times10^{-1}}{2}=4.90\times10^{-1}\fallingdotseq4.9\times10^{-1}\,[\mathrm{mol/L}]$$

問２．$$v=-\frac{4.10\times10^{-1}-5.70\times10^{-1}}{210-130}$$

$$=2.00\times10^{-3}\fallingdotseq2.0\times10^{-3}\,[\mathrm{mol/(L\cdot s)}]$$

問３．$$k=\frac{v}{C}=\frac{2.00\times10^{-3}}{4.90\times10^{-1}}=4.08\times10^{-3}\fallingdotseq4.1\times10^{-3}\,[/\mathrm{s}]$$

解答　問１．$MnO_2+4HCl \longrightarrow MnCl_2+2H_2O+Cl_2$

問２．発生した気体中に含まれる塩化水素を除去する。

問３．④

問４．②

問５．$Cl_2+H_2O \rightleftarrows HCl+HClO$

問６．②・④

◀解　説▶

≪Cl_2 の実験室での生成方法≫

問２〜問４．発生する Cl_2 には，HCl と水蒸気が含まれている。水の入った洗気びん(A)によって HCl を除き，濃硫酸の入った洗気びん(B)で水蒸気を除く。Cl_2 は水に溶けやすく空気よりも密度が大きいので，下方置換によって捕集する。

問６．塩素に水で濡らした青色リトマス試験紙をさらすと，問５の反応で生成する HCl によって赤く変わり，HClO と Cl_2 によって漂白される。ヨウ化カリウムーデンプン試験紙は，$2KI+Cl_2 \longrightarrow 2KCl+I_2$ で生成した I_2 によってデンプンが青紫色に変化する。

解答　問１．水層１：NH_3Cl（ベンゼン環）　水層２：OH，C−ONa，‖O（ベンゼン環）

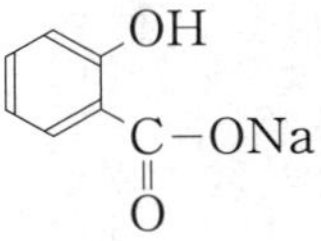

水層３：無し　エーテル層３：NO_2（ベンゼン環）

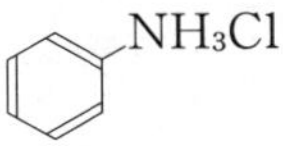

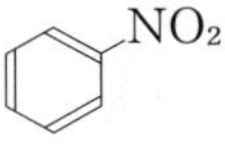

問２．アー①

問 3．（サリチル酸メチル：ベンゼン環に −OH と −C(=O)−O−CH_3）

問 4．③

問 5．③・④

◀解　説▶

≪芳香族化合物の混合物の分離≫

問 1．$C_6H_5{-}NH_2 + HCl \longrightarrow C_6H_5{-}NH_3Cl$

アニリン塩酸塩として水層 1 へ。

$C_6H_4(OH){-}C(=O){-}OH + NaHCO_3 \longrightarrow C_6H_4(OH){-}C(=O){-}ONa + CO_2 + H_2O$

サリチル酸は CO_2 より強い酸なのでナトリウム塩となり，水層 2 へ。

問 4．サリチル酸メチルの −OH は CO_2 よりも弱い酸なので $NaHCO_3$ とは反応せず，NaOH と反応して，水層 3 へ。

$C_6H_4(OH){-}C(=O){-}O{-}CH_3 + NaOH \longrightarrow C_6H_4(ONa){-}C(=O){-}O{-}CH_3 + H_2O$

問 5．$FeCl_3$ 水溶液との反応は，ベンゼン環に結合した −OH 基がある場合に陽性になる。

生物

解答　(1)ゴルジ体　(2)アポトーシス　(3)変性
(4)酸化的リン酸化　(5)カルビン・ベンソン回路
(6)独立栄養生物　(7)毛細血管　(8)バソプレシン　(9)密度効果　(10)冠輪動物

◀解　説▶

≪小問集合≫

(2)　細胞死のうち，DNA が断片化し細胞が縮小・断片化するものをアポトーシスという。

(6)　無機物だけを用いて有機物を合成し，体外から有機物を取り込まずに生活できる生物を独立栄養生物という。「生産者」とは，そのような独立栄養生物の生態系内での役割を指すので，本問の解答としては不適。

II

解答　問１．ａ．母性　ｂ．桑実胚　ｃ．繊毛
ｄ．一次間充織　ｅ．原腸　ｆ．二次間充織
ｇ．外胚葉　ｈ．内胚葉

問２．アー④　イー②　ウー⑨　エー③　オー⑤　カー⑦

問３．発生初期の胚は多核体で細胞質が仕切られていないため。

問４．Hox 遺伝子群（ホックス遺伝子群）

問５．植物極

問６．変態

◀解　説▶

≪ショウジョウバエの発生，ウニの発生≫

問３．ショウジョウバエの受精卵では，受精後に核が同調して分裂するが，一定の間，細胞質分裂は見られず，細胞質が仕切られていない多核体の状態となる。このとき母性因子のタンパク質が拡散することで，それぞれの核の遺伝子発現を制御することが可能になる。

問４．ホメオティック遺伝子の配列内にも見られるホメオボックスをもつ遺伝子を総称して Hox 遺伝子群（ホックス遺伝子群）という。

 解答 問1．a．突然変異　b．ヘモグロビン
c．スプライシング　d．マラリア

問2．②鎖

問3．ア．グルタミン酸　イ．バリン

問4．一塩基多型（SNP，スニップ）

問5．非同義置換（ミスセンス突然変異）

問6．適応進化

◀解　説▶

≪遺伝情報の発現，突然変異≫

問1．d．鎌状赤血球貧血症の遺伝子をヘテロ接合でもつ場合，軽度の貧血症状が見られるが，赤血球内でのマラリア原虫の増殖を抑えられるため，マラリアを発症しにくくなる。

問2．図に示された配列のうち，矢印で示された塩基から始まるトリプレットが開始コドン（AUG）に相当するので，5′-ATG-3′の配列をもつ①鎖が非鋳型鎖（センス鎖）である。よって，鋳型鎖（アンチセンス鎖）は②鎖。

問3．開始コドンを1番目のコドンとすると，7番目のコドンにおいて，正常な赤血球ではGAGでグルタミン酸を指定するところ，鎌状赤血球ではGUG（センス鎖の塩基配列ではGTG）でバリンを指定するよう変化している。

問5．突然変異のうち，DNAの1つの塩基が別の塩基に置き換わるものを置換という。置換が起こった際に，同じアミノ酸を指定する場合を同義置換，異なるアミノ酸を指定する場合を非同義置換という。

 解答 問1．a．Z膜　b．筋節（サルコメア）
c．ミオシン　d．アクチン　e．アセチルコリン
f．筋小胞体　g．カルシウム　h．トロポニン　i．トロポミオシン
j．クレアチンリン酸　k．クレアチン

問2．ア―②　イ―③　ウ―③　エ―②

問3．(1)あ―②　い―①　う―⑤　え―⑥　お―③　か―④

(2)短時間に激しい運動を行う際には，血液による酸素の運搬が間に合わず，組織は酸素不足になるため。

◀解　説▶

≪筋肉，呼吸≫

問２．アクチンフィラメントの長さ（ウ），ミオシンフィラメントの長さ（イ）は収縮の前後で変化しない。収縮時にはミオシンフィラメントの間にアクチンフィラメントが滑り込むため，明帯（ア）やＨ帯（エ）の長さは短くなる。

問３．⑴　あ→いの反応は解糖系で，いのピルビン酸からかの乳酸が生じる。この一連のあ→い→かの経路が「解糖」である。一方，い（ピルビン酸）→う→え→おの経路は呼吸のうちクエン酸回路を示している。

⑵　本来はエネルギー効率の高い呼吸を行いたいが，短時間の激しい運動時には，酸素の供給が間に合わず，電子伝達系が止まる。すると，還元型補酵素（NADH）が蓄積し，解糖系も動かなくなる。そこで，還元型補酵素がピルビン酸を還元し乳酸に変えることで，酸化型補酵素（NAD^+）を確保し，解糖系を進めることが可能になる。これが解糖である。

Ⅴ　解答

問１．層別刈取法

問２．炭酸同化（光合成）を行う器官。

問３．名称：生産構造図

図：

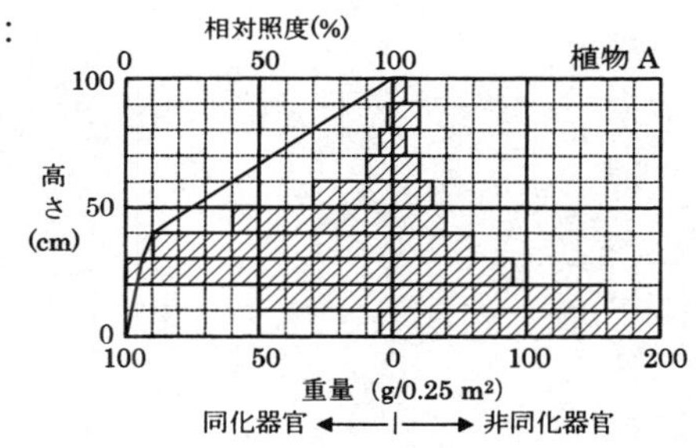

問４．植物Ａ：イネ科型　植物Ｂ：広葉型

問５．植物Ａ：細い葉が斜めに下部から出ていて，光は植物群集の下部まで届きやすい。

植物Ｂ：広い葉が水平に上部についていて，光は植物群集の下部に届きづらい。

◀解　説▶

≪生産構造図≫

問３．与えられた表の値をもとに，相対照度の折れ線グラフ，重量の棒グラフを描けばよい。問題文で指定されている通り，相対照度は折れ線で示すこと。また，重量を示す横軸について，同化器官と非同化器官で１目盛の値が異なることに注意。同化器官は１目盛あたり $10\,\mathrm{g}/0.25\,\mathrm{m}^2$，非同化器官は１目盛あたり $20\,\mathrm{g}/0.25\,\mathrm{m}^2$。

2021年度

問題と解答

■学校推薦型選抜 公募制推薦入試

問題編

▶試験科目・配点

教科等	科　　目　　等	配 点
外国語	コミュニケーション英語Ⅰ・Ⅱ・Ⅲ，英語表現Ⅰ・Ⅱ	75 点
数　学	数学Ⅰ・Ⅱ・A・B（数列，ベクトル）	75 点
理　科	「化学基礎，化学」，「生物基礎，生物」から１科目選択	100 点
調査書	全体の学習成績の状況を 25 点満点に換算	25 点

▶備　考

調査書，学力試験（「外国語」「数学」「理科」）の成績，提出書類をもとに，志願者の能力，適性等を総合して合格者を決定する。なお，合格者の決定に当たっては総合点を判定基準とする。

英語

（60分）

I　次の英文を読んで，下の問いに答えなさい．【配点35】

When Ethan, my older son, was a baby, I invited a Danish colleague visiting Paris from Copenhagen over for dinner. It was a very cold January night, and Søren and I were talking in the kitchen (　あ　) my husband dressed Ethan in the other room. After listening to my new-mother woes, Søren, who has three children, looked out onto our balcony and asked, “Do you give Ethan his naps outside or inside?”

(1) <u>I didn’t understand the question</u>. “Outside or inside of what?” I asked. It was so cold outside that I had put insulation around the door to keep the biting wind from whistling through the cracks. Was Søren suggesting I put our child out in the icy winter air for a two-hour nap? I wondered (　い　) there was some fundamental rule of mothering that everyone had forgotten to tell me.

(2) <u>I was surprised when Søren explained that, in Denmark, it is quite common for parents to put their babies out in the winter afternoon for a nap</u>. “We wrap them up and bring them in (　う　) it gets to be below minus ten degrees. It’s good for them. They sleep better and they’re less likely to get sick.” Søren’s minus ten was Celsius, the equivalent of fourteen degrees Fahrenheit. Even folks from my hometown in Minnesota would say “Brrr!”

A few years later, I got a call from a Danish woman who would be attending my weeklong course at INSEAD. “(　　　イ　　　) to share with the group on Monday evening,” she said. “But I’ve thought a lot about it, and (　　　ロ　　　).”

“Why don’t you talk about putting your babies outside to nap on cold winter afternoons?” I suggested.

“Would someone think that is strange?” she asked me, sounding utterly shocked. “Don’t people do that in every country?”

The way we are conditioned to see the world in our own culture seems so completely obvious and commonplace (　え　) it is difficult to imagine that another culture might do things differently. (3) It is only when you start to identify what is typical in your culture, but different from others, that you can begin to open a dialogue of sharing, learning, and ultimately understanding.

(*The Culture Map: Breaking Through the Invisible Boundaries of Global Business*, Erin Meyer, PublicAffairs, 2014)

Danish デンマーク人の	Søren　セーアン（男性名）
woes　悩み	insulation　断熱材
biting wind　肌を刺す風	Celsius = centigrade　摂氏度の
Fahrenheit　華氏度の	Minnesota　ミネソタ州
INSEAD　欧州経営大学院	dialogue　対話

問１ 下線部（１）の the question とは何か．また，その質問の意味をなぜ理解できなかったのか，日本語で説明しなさい．

問２ 下線部（２）を日本語に訳しなさい．

問３ 下線部（３）を日本語に訳しなさい．

問４ 文中の（　あ　）～（　え　）に入れるべき，適切な接続詞を下から選び記号で答えなさい．ただし，同じものは二度以上使えません．

① if　　② that
③ whether　　④ while

問５ 次の文章は，（　イ　），（　ロ　）に入る内容を日本語で示したものです．それぞれを英語に訳しなさい．

（イ）自分たちの文化について変わっていること，驚くべきことを３つ用意するように言いましたね．

（ロ）自分の出身地について風変わりなことやおかしなことを思いつかないのです．

Ⅱ　次の英文の意味が通るように，空所にそれぞれ適語を選び，記号で答えなさい．【配点 20】

1. Bond twisted his knee so badly that it required (　　　　　).

① health　　② paperwork
③ surgery　　④ technology

2. We expressed our (　　　　　) to them for their assistance.

① change　　② gratitude
③ loneliness　　④ tension

3. We should have a very clever (　　　　　) for dealing with COVID-19.

① comeback　　② investment
③ reaction　　④ strategy

4. The new bill will place tough (　　　　　) on automobile imports from Asia.

① approaches　　② materials
③ restrictions　　④ workers

5. The (　　　　　) caused by the Fukushima disaster will not soon be forgotten.

① anxiety　　② infection
③ method　　④ security

6. You should give your tires regular (　　　　　) for wear.

① companions　　② inspections
③ numbers　　④ payments

7. Our peach tree yielded a great ( ) of fruits this summer.

① abundance ② capacity
③ diversity ④ improvement

8. When Jiro saw a deer on the road, he knew he had left ( ).

① civilization ② wilderness
③ office ④ school

9. The ( ) of children to many hours of games affects blood flow in parts of their brain.

① attraction ② exposure
③ impact ④ treatment

10. The same things can have different meanings when seen from different ( ).

① exercises ② motives
③ outlets ④ perspectives

III

以下の各単語において，第 1 アクセントがどこにあるか，記号で答えなさい．【配点 10】

1. ad-mis-sion
①　②　③

2. cri-te-ri-a
①　②　③④

3. doc-u-ment
①　②　③

4. ed-u-ca-tion
①　②③　④

5. en-vi-ron-men-tal
①　②　③　④　⑤

6. gov-ern-ment
①　②　③

7. in-ter-na-tion-al
①　②　③　④　⑤

8. pas-sen-ger
①　②　③

9. to-bac-co
①　②　③

10. vol-un-teer
①　②　③

IV

次の英文の意味が通るように，空所にそれぞれ適語を選び，記号で答えなさい．ただし，同じものは二度以上使えません．【配点 10】

1. He is suffering (　　　　　) stomach cancer.

2. The kind woman provided that homeless man (　　　　　) food.

3. She applied (　　　　　) the new position at the company.

4. We should wear a seat belt (　　　　　) all times while driving.

5. Listening (　　　　　) each other is essential for good communication.

6. (　　　　　) the whole, the current situation in the country is stable.

7. Since he started doing more exercise, he made significant progress (　　　　　) his health.

8. DVDs took the place (　　　　　) video tapes in the early 2000s.

9. It goes (　　　　　) saying that honesty is one of the most important attributes in people.

10. They put (　　　　　) the game due to the heavy snow yesterday.

(ア) at	(イ) for	(ウ) from	(エ) in	(オ) of
(カ) off	(キ) on	(ク) to	(ケ) with	(コ) without

数学

（60分）

I ～ III の解答は，すべて解答用紙の所定の欄に記入しなさい．

解答にあたっては次の点に注意しなさい．

(1) 解答用紙には，特に指示がなければ，答えのみを記入しなさい．計算過程を示す必要はありません．

(2) 答えが複数あるときは，すべて解答しなさい．

【問題例】等式 $(a-1)(a-3)=0$ を満たす a の値を答えなさい．

【解答例】$a=1,3$

(3) 場合分けが必要だと考えられる場合は，各自で判断して解答しなさい．

【問題例】a を与えられた実数とする．方程式 $ax=1$ を解きなさい．

【解答例】$a \neq 0$ のとき，$x=\dfrac{1}{a}$．$a=0$ のとき，解なし．

(4) 答えは，

- 根号を含む場合は，根号の中に現れる自然数が最小になる形にする
- 分数はそれ以上約分できない形にする
- 分数の分母は有理化する
- 同類項はまとめる

など，簡潔な形で解答しなさい．

Ⅰ 次の空欄 ア ～ エ にあてはまる数を答えなさい.　　［配点 20］

(1) a を実数の定数とする．2 次方程式 $x^2 - ax + 1 = 0$ の解の 1 つが $1 + \sqrt{2}$ のとき，もう 1 つの解は ア である.

(2) OSAKA の 5 文字すべてを使ってできる文字列の中で，最後の文字が母音となる並べ方は全部で イ 通りある.

(3) 連立不等式 $x^2 + y^2 \leqq 4$，$2x + 4y - 1 \geqq 0$ を満たす整数の組 (x, y) は全部で ウ 組ある.

(4) 三角形 OAB において，辺 OA の中点を C，辺 OB を 3 : 1 に内分する点を D とし，線分 AD と線分 BC の交点を P とする．$\overrightarrow{OP}$ を $\overrightarrow{OA}$，$\overrightarrow{OB}$ を用いて表すと，$\overrightarrow{OP} = \dfrac{1}{5}\overrightarrow{OA} + $ エ $\overrightarrow{OB}$ である.

Ⅱ 次の問いに答えなさい.　　［配点 25］

(1) 不等式 $|x + 5| + |4x - 3| < 7$ を満たす x の値の範囲を答えなさい.

(2) a を実数の定数とする．xy 座標平面において，x の関数 $y = 3x^3 - x - a$ のグラフと x 軸の共有点が 2 個であるとき，実数 a の値を答えなさい.

(3) x は 1 でない正の実数とし，x の関数 $y = \log_2 x - \log_x 16 - 3$ を考える.

(i)　$t = \log_2 x$ とおき，y を t で表しなさい.

(ii)　$y = 0$ を満たす x の値を答えなさい.

III 次の問いに答えなさい.　　　[配点 30]

(1) O を原点とする xy 座標平面上に 2 点

$$\mathrm{P}(\cos\theta, \sin\theta),\ \ \mathrm{Q}(0, \sqrt{3}\sin\theta + \cos\theta)$$

があり，P から x 軸に引いた垂線と x 軸との交点を R とする．θ の値は $0 < \theta < \dfrac{\pi}{2}$ の範囲で変化し，三角形 OPR の面積を S_1，三角形 OPQ の面積を S_2 とする.

(i) S_1 の最大値を答えなさい.

(ii) 次の式の空欄 ア と イ にあてはまる数を答えなさい.

$$S_2 = \frac{1}{2}\sin\left(2\theta + \boxed{\text{ア}}\right) + \boxed{\text{イ}}$$

ただし，$0 < \boxed{\text{ア}} < \dfrac{\pi}{2}$ とする.

(2) a，b は正の実数の定数とする．2 つの 2 次関数 $f(x)$，$g(x)$ を

$$f(x) = ax(x-1),\ \ g(x) = x(x+b)$$

とする．xy 座標平面上の $y = f(x)$ のグラフを C_1，$y = g(x)$ のグラフを C_2 とし，C_1 と x 軸で囲まれる図形の面積を T_1，C_2 と x 軸で囲まれる図形の面積を T_2 とする.

(i) C_1 の頂点の座標を a を用いて表しなさい.

(ii) T_1 を a を用いて表しなさい.

(iii) a は 1 でないとする．$T_1 = T_2$ が成り立つとき，$\log_a b$ の値を答えなさい.

化学

（75分）

I　問1～問7に答えなさい．【配点32】

問1　［ア］，［イ］に入る語句の適切な組合せを①～④から選び，番号で答えなさい．

原子や単原子イオンの大きさは，主に原子核の正電荷の大きさと電子配置により決まる．一般に，同一周期では貴ガスを除き，原子番号が大きいほど原子は［ア］なり，また，同じ電子配置のイオンでは，原子番号が大きいほど［イ］なる．

	ア	イ
①	大きく	大きく
②	大きく	小さく
③	小さく	大きく
④	小さく	小さく

問2　［ア］，［イ］に適切な語句を入れなさい．

金属原子のイオン化エネルギーは一般に小さく，価電子は原子から離れやすい．この価電子は特定の原子内にとどまらず，結晶内のすべての原子に共有される．このような電子のことを［ア］といい，［ア］が存在するため金属は電気をよく導く．

ある種の合金では，極低温で電気抵抗がほぼゼロとなる．この現象を［イ］といい，［イ］現象を示す合金はリニアモーターカーや医療診断機器（MRI）などに利用されている．

問3　次の文章を読み，（1），（2）に答えなさい．

物質の相対質量を表すときに，分子が存在しない物質では分子量の代わりに［ア］が用いられる．分子量ではなく［ア］が用いられる物質として［イ］などがある．

（1）［ア］に適切な語句を入れなさい．

（2）［イ］に入る適切な物質を次の①～⑥から1つ選び，番号で答えなさい．

①　窒素　　②　塩化水素　　③　二酸化炭素
④　アンモニア　　⑤　水酸化カルシウム　　⑥　グルコース

問4　次の（1），（2）の記述を熱化学方程式で示しなさい．

（1）25℃での水の蒸発熱は 44 kJ/mol である．

（2）一酸化窒素の生成熱は－90.3 kJ/mol である．

問5　次の（1）～（3）の水溶液の pH を求め，小数第1位まで答えなさい．ただし，酢酸の電離度を 0.018，強酸，強塩基の電離度を 1.0，水のイオン積を 1.0×10^{-14} $(mol/L)^2$ とし，必要なら $\log_{10}2 = 0.30$，$\log_{10}3 = 0.48$ を用いなさい．

（1）0.10 mol/L 酢酸水溶液

（2）1.0×10^{-2} mol/L 硫酸 1.0 mL に水を加え，全量を 100 mL とした水溶液

（3）0.10 mol/L 塩酸 10.0 mL に 0.10 mol/L 水酸化ナトリウム水溶液 15.0 mL を加えた水溶液

問6　次の（1）～（4）の反応で得られる化合物の名称を答えなさい．

（1）エチレンに臭素を付加させる．

（2）ベンゼンに濃硫酸を加えて加熱する．

（3）アセトンを触媒を用いて水素で還元する．

（4）マレイン酸を 160℃で加熱する．

問 7　次の文章を読み，（1），（2）に答えなさい．

下の図は実験室での二酸化炭素の発生に用いられる装置を模式的に表したものである．**B** に炭酸カルシウムを入れ，**A** から薄めた塩酸を注入する．活栓を開けると二酸化炭素が発生し，活栓を閉じると発生が止まる．

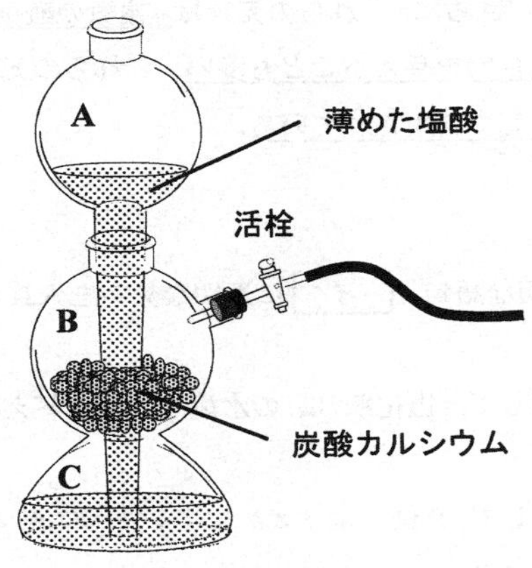

（1）この装置の名称を答えなさい．

（2）下線部の活栓を閉じると二酸化炭素の発生が止まる理由を，図中の **A**～**C** のうち必要なものを用いて簡潔に述べなさい．

Ⅱ　次の文章を読み，問に答えなさい．【配点 18】

周期表の 3～11 族（12 族を含める場合もある）に属する元素を［ ア ］と呼ぶ．これらの元素は，最外殻電子数はあまり変化せず，内側の殻の電子数が原子番号の増加とともに増えていく．第 4 周期についてみてみると，最外殻電子の数は Cr と Cu のみが 1 個で，他の元素はすべて［ イ ］個である．

これらの元素は，同一周期の隣り合う元素同士で似た性質を示し，単体は硬くて密度の高いものが多い．また，①イオンや化合物には有色のものが多く，②錯イオンを作りやすい．さらに，これらの元素は③複数の酸化数をとることが多く，強い酸化力を持つ化合物を与えることも多い．これらの元素の多くは，④その単体や化合物が触媒として利用されている．

問１　［ ア ］に適切な語句，［ イ ］に適切な数字を入れなさい．

問２　下線部①に関して，塩化鉄(Ⅲ)の水溶液の色を答えなさい．

問３　下線部②に関して，2 価の銅イオンにアンモニアが 4 分子配位した錯イオンの名称を答えなさい．

問４　下線部③に関して，酸化数が＋7 の第 4 周期 7 族元素を含む黒紫色の結晶を水に溶解したときに生じるイオンで，硫酸酸性下で強い酸化作用を示すイオンは何か．イオン式で答えなさい．

問５　下線部④に関して，アンモニアの工業的製造法では，ある元素の酸化物が触媒として用いられる．実際には反応時に酸化物から生じる単体が触媒作用を示す．その触媒作用を示す元素は何か，元素記号で答えなさい．

III

次の文章を読み，問に答えなさい.【配点 12】

酸化還元反応において，相手の物質から電子を奪う物質を［ 1 ］剤といい，相手の物質に電子を与える物質を［ 2 ］剤という.

二酸化硫黄は還元剤としてはたらくことが多いが，強い還元剤に対しては酸化剤となることがある．例えば，①二酸化硫黄は，硫酸酸性下で二クロム酸カリウムに対しては還元剤としてはたらく．一方，②硫酸酸性下で硫化水素と反応するときは酸化剤として作用する.

問１　［ 1 ］，［ 2 ］に適切な語句を入れなさい.

問２　下線部①の反応の前後で，硫黄原子の酸化数はどのように変化するか，例にならって書きなさい.　［例］　−3　→　−1

問３　下線部①における二クロム酸カリウムの酸化剤としての反応を電子 e^- を含むイオン反応式で示しなさい.

問４　下線部①の反応で，0.50 mol の二クロム酸カリウムと過不足なく反応する二酸化硫黄の物質量〔mol〕を求め，有効数字２桁で答えなさい.

問５　下線部②の二酸化硫黄と硫化水素との反応を化学反応式で示しなさい.

IV 次の文章を読み，問に答えなさい．【配点 10】

一般に，水と反応しない気体の水に対する溶解度は，高温になるほど［ア］する．これは，温度が上昇すると，溶解している気体分子の熱運動が［イ］なり，気体分子と水分子との分子間力に打ち勝つ分子数が増えるためである．

また，水への溶解度が小さい気体の場合，温度が一定であれば，一定量の水に溶解する量と圧力との間には［ウ］の法則とよばれる関係が成り立つ．

問1　文章中の［ア］，［イ］に入る語句の適切な組合せを①～④から選び，番号を答えなさい．

	ア	イ
①	増大	激しく
②	増大	穏やかに
③	減少	激しく
④	減少	穏やかに

問2　文章中の［ウ］に適切な人名を入れなさい．

問3　次の（1），（2）に答えなさい．ただし，酸素は理想気体として扱うことができるものとする．

（1）27℃，2.0×10^5 Pa で水 0.75 L に溶ける酸素の物質量〔mol〕を求め，有効数字２桁で答えなさい．ただし，酸素は 27℃，1.0×10^5 Pa において水 1.0 L に 1.0×10^{-3} mol 溶けるものとする．

（2）（1）の状態で水 0.75 L に溶けていた酸素を気体として取り出した時の体積は 1.0×10^5 Pa で何 mL か．有効数字２桁で答えなさい．ただし，気体定数は 8.3×10^3 Pa・L/(mol・K) とする．

次の文章を読み，問に答えなさい.【配点 14】

水酸化ナトリウムと炭酸ナトリウムのみを含む混合物がある. この混合物に含まれる水酸化ナトリウムの割合を求めるために，以下の実験を行った.

実験１　混合物を純水に溶かし 500 mL の水溶液を調製した. この水溶液 10 mL を，ホールピペットを用いてコニカルビーカーにとり，適切な指示薬を加えて 0.100 mol/L の塩酸で滴定したところ，終点までに 12.30 mL を要した.

実験２　次に，**実験１**の滴定後の溶液に新たに別の指示薬を加えて，同じ塩酸で滴定を続けたところ，終点までにさらに 5.30 mL を要した.

問１　**実験２**で起こる中和反応を化学反応式で示しなさい. ただし，指示薬の反応は無視するものとする.

問２　**実験１**および**実験２**で用いる最も適した指示薬を下表の①〜③から選び，それぞれ番号で答えなさい.

酸・塩基指示薬とその変色域

	指示薬	変色域(pH)
①	メチルオレンジ	3.1〜4.4
②	ブロモチモールブルー	6.0〜7.6
③	フェノールフタレイン	8.0〜9.8

問３　調製した水溶液における水酸化ナトリウムおよび炭酸ナトリウムのモル濃度〔mol/L〕をそれぞれ求め，有効数字２桁で答えなさい.

問４　混合物 100 g 中に含まれる水酸化ナトリウムの質量〔g〕を求め，有効数字２桁で答えなさい．ただし，原子量は H＝1.0，C＝12，O＝16，Na＝23，Cl＝35.5 とする．

次の文章を読み，問に答えなさい．【配点 14】

化合物 **A**，**B**，**C**，**D** は，すべて同一の分子式 $C_5H_{12}O$ で表される化合物である．**A**〜**D** の構造を決定するために，以下の**実験１〜４**を行った．

実験１　**A**〜**D** をそれぞれ含む溶液に単体のナトリウムを加えたところ，すべての溶液で気体が発生した．

実験２　**A**〜**D** をそれぞれ含む溶液に酸化剤を加えて反応させたところ，**A**，**B**，**C** は酸化されてケトンを生成したが，**D** はほとんど反応しなかった．

実験３　**A**〜**D** をそれぞれ含む溶液にヨウ素と水酸化ナトリウム水溶液を加えて反応させたところ，**A** と **C** で特有な臭気を持つ黄色沈殿が生成した．

実験４　端から１番目と２番目の炭素間に二重結合を持つ炭素数５の直鎖状アルケン（1-ペンテン）に水を付加させると **A** が生成した．このとき水素原子は，アルケンの二重結合を形成する炭素原子のうち水素原子の多い方に結合した．

問１　**実験１**の結果から化合物 **A**〜**D** に含まれることが明らかになった官能基の名称を答えなさい．

問2　**実験3**で生成した黄色沈殿の化学式を書きなさい.

問3　化合物**A〜D**のうち不斉炭素原子を持つものはどれか, すべて選び記号で答えなさい.

問4　化合物**A〜D**の構造式を例にならって書きなさい. ただし, 鏡像異性体は考慮しなくてよい.

(例)

```
         O
         ‖
HO－C－H2C             CH2－O－CH3
              ＼       ／
               C＝C         O
              ／       ＼     ‖
          H3C          CH2－C－O－CH3
```

■生物■

（75 分）

I

次の文章を読み，**問 1 ～問 6** に答えなさい。 【配点 20】

ヒトの体を構成する細胞は体細胞分裂によって増殖する。分裂が終わってから次の分裂が終わるまでの過程を細胞周期といい，(A)G_1 期，S 期，G_2 期，M 期の順に進行する。一方，(B)最終的な分化を終えた細胞の多くは，細胞周期のサイクルから外れて休止期である［ a ］期に入ることが知られている。M 期はさらに，前期，中期，［ b ］，および［ c ］の 4 段階に分けられる。前期では染色体の凝縮が始まり，太く短い染色体へと変化する。また，核の外側で［ d ］が 2 つに分かれて両極へ移動しながら(C)紡錘糸を伸ばし始める。前期の終わり近くになると［ e ］や核小体が消失し，両極から伸びた紡錘糸が染色体上の［ f ］に付着することで，［ g ］が形成される。中期には，［ g ］の中央部の［ h ］面にすべての染色体が並んだ状態になる。［ b ］になると，2 本ずつが対になって結合していた各染色体が同時に分離し，紡錘糸が娘染色体を細胞の両極へと引き離す。［ c ］には，引き離された 2 組の娘染色体の周囲に［ e ］が再び形成されるとともに，細胞質分裂が起こる。動物細胞の場合，細胞の［ h ］面周囲の細胞膜のすぐ内側に，(D)細胞骨格の一種である［ i ］とミオシンからなる輪（収縮環）が形成され，この輪が収縮することで細胞がくびれ，ついには 2 つに分かれる。植物細胞の場合には，［ h ］面に［ j ］が形成されて，細胞を 2 つに仕切る。

問 1 文中の［ a ］～［ j ］に入る最も適切な語句は何か答えなさい。

問 2 下線部(A)のうち，S 期は何が起きている時期か答えなさい。

問 3 下線部(B)について，休止期へ移行するのは，細胞周期の 4 つの時期のどの時期からか答えなさい。

問4　下線部(C)について，紡錘糸を形成する細胞骨格は何か答えなさい。また，この細胞骨格を構成する主要なタンパク質は何か答えなさい。

問5　下線部(D)について，収縮環が収縮するのに必要なエネルギーは，ミオシンが触媒する酵素反応によって獲得される。この酵素反応について，基質と生成物をそれぞれすべて答えなさい。

問6　減数分裂の第一分裂前期では，通常の体細胞分裂では見られない現象が起こり，その結果，父親由来の染色体と母親由来の染色体がもつ遺伝子の組み合わせの変化（組換え）が起こる。この遺伝的組換えが起こる過程について簡潔に述べなさい。

Ⅱ

次の文章を読み，**問1～問5**に答えなさい。　【配点24】

生命活動の基盤となる遺伝情報はDNAの塩基配列として保持され，DNAの遺伝情報はRNAを経てタンパク質のアミノ酸配列に伝達される。このように，遺伝情報が一方向に伝達されるとする考えを［ a ］という。遺伝子発現においては，まず，DNAの塩基配列を写し取るようにして mRNA が合成される。この過程を［ b ］といい，［ c ］という酵素によって合成反応が進行する。次いで，mRNA の塩基配列がアミノ酸配列に読みかえられ，ポリペプチドが合成される。この過程を［ d ］という。(A)一本鎖のポリペプチドが折りたたまれて適切な立体構造をとることで，機能をもつタンパク質ができあがる。ポリペプチドが自発的に折りたたまれる場合もあるが，折りたたみに［ e ］と呼ばれるタンパク質の助けを必要とする場合もある。

(B)DNAやRNAは，それぞれ糖と［ f ］と4種類の［ g ］からなるヌクレオチドと呼ばれる構成単位が，直鎖状に結合した高分子化合物である。(C)主要なRNAとして，mRNAのほかにtRNAとrRNAがある。タンパク質のアミノ酸配列を指定するのはmRNAであるが，(D) tRNAとrRNAもタンパク質合成において重要な役割を担っている。

真核生物の［ b ］は，［ h ］と呼ばれる DNA 領域に［ c ］と［ i ］が結合することによって開始される。また，［ h ］とは別の［ j ］と呼ばれる DNA 領域も遺伝子発現の制御にかかわっている。真核生物の細胞にはさまざまな［ k ］が存在しており，これらが［ j ］に結合して［ b ］を促進したり抑制したりすることで，遺伝子発現が制御される。

問１　［ a ］～［ k ］に入る最も適切な語句は何か答えなさい。

問２　下線部(A)について，タンパク質の二次構造と呼ばれる部分構造の名称を２つ挙げなさい。

問３　下線部(B)について，DNA を構成するヌクレオチドと RNA を構成するヌクレオチドの相違点を２つ述べなさい。

問４　下線部(C)について，(1)コドンをもつ RNA と(2)アンチコドンをもつ RNA は，それぞれどれか答えなさい。また，(3)真核生物においては核小体で合成される RNA はどれか答えなさい。

問５　下線部(D)について，タンパク質合成における tRNA と rRNA の役割をそれぞれ簡潔に述べなさい。

III 次の文章を読み，**問 1 〜問 4** に答えなさい。 【配点 21】

脊椎動物の神経系は，中枢神経系と末梢神経系とからなる。中枢神経系を構成しているのは脳と脊髄で，末梢神経系は中枢神経系と体の各部との間をつないでいる。

ヒトの脳は，**図 1** に示すように，大きく大脳・小脳・脳幹の 3 つに分けることができる。脳幹は，[a]，[b]，[c]，橋，[d] からなり，[a] と [b] を合わせて [e] という。

大脳は，左右の半球に分かれており，脳梁がこれらを連絡する。外側の大脳皮質は細胞体が集まっていてその色調から [f] といい，内部の大脳髄質は軸索が集まっていてその色調から [g] という。

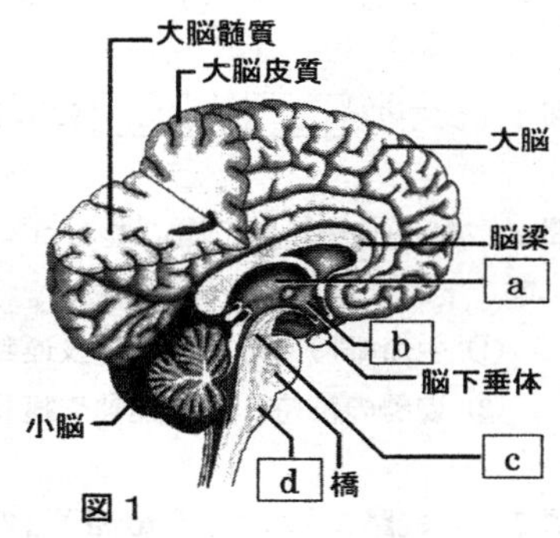

図 1

脊髄は，脊椎骨に包まれた円柱状で，中心部の脊髄髄質には細胞体が集まり，周辺部の脊髄皮質には軸索が集まっている。脊髄には左右から脊髄神経が出入りしている部分がある。

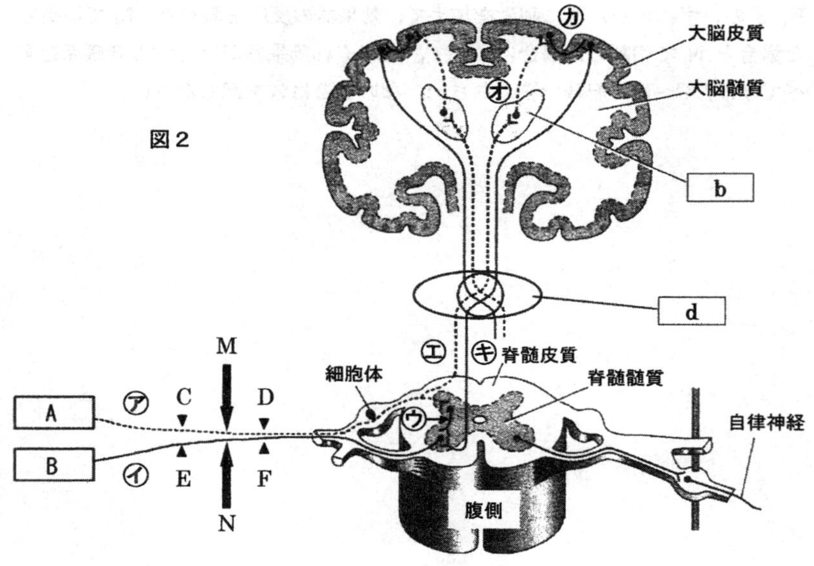

図 2

図 1：青木隆　図 2：『生物』数研出版（2013 年）

図２は，受容器で受けた刺激・情報は神経を介して効果器に伝達される経路を表した模式図である。通常は受容器（A または B）から［ **経路 X** ］で効果器（A または B）に伝達される。しかし，熱いものに手を触れたとき，熱いと感じる前に手を動かしているように，無意識のうちに瞬間的に起こる反応は，［ **経路 Y** ］で効果器（A または B）に伝達される。この反応は［ h ］といい，その刺激・興奮の伝達経路を［ i ］という。

問１　文中の［ c ］〜［ i ］に入る最も適切な語句は何か答えなさい。

問２　次の①〜②の記述に最も当てはまる部位を図の［ a ］〜［ d ］から選び，それぞれ記号で答えなさい。

① 生命維持に不可欠な呼吸運動や血液循環の中枢

② 姿勢の維持，眼球運動や瞳孔反射などの中枢

問３　［ **経路 X** ］および［ **経路 Y** ］の道筋を，それぞれ**図２**の中の記号㋐〜㋖を用いて，㋐→㋑→㋒のように順に示しなさい。

問４　**図２**の矢印 M あるいは矢印 N の位置で神経線維を切断し，すぐに C, D, E，F のいずれか一か所に刺激を加えて，効果器の反応を調べた。M で切断した場合と N で切断した場合について，それぞれ効果器が反応する刺激点をすべて挙げ，C〜F の記号で答えなさい。ない場合は✕を記しなさい。

次の文章を読み，問１～問８に答えなさい。　【配点 18】

呼吸は大きく分けて 3 つの反応過程で進行する。反応過程の［ a ］と［ b ］では，グルコースが分解される過程で NADH や $FADH_2$ がつくられる。$FADH_2$ は，［ b ］の過程でコハク酸が酸化されてフマル酸となるときに FAD から生じる。NADH と $FADH_2$ は，ミトコンドリア内膜にある［ c ］に渡され，(A)［ c ］で生じたエネルギーを利用して ATP がつくられる。

コハク酸の酸化反応を調べるために以下の実験を行った。

【実験】

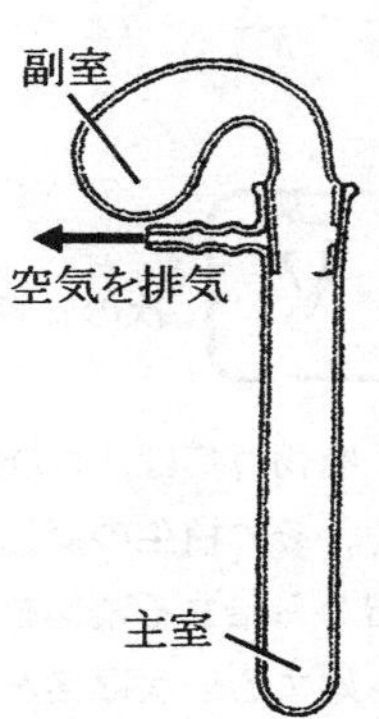

右図に示した装置の主室に新鮮なニワトリの胸筋をすりつぶして得た抽出液を入れ，副室にはコハク酸ナトリウム水溶液と数滴のメチレンブルー水溶液を入れた。(B)アスピレーターで装置内の空気を十分排気してから，装置を傾けて副室内の液をすべて主室に注ぎこみ攪拌（かくはん）した。その後，主室部分を約 40℃に加温して溶液の色の変化を調べたところ，青色から無色に変化した。

問１　文中の［ a ］～［ c ］に当てはまる呼吸における反応過程の名称は何か答えなさい。

問２　下線部(A)の反応のことを何というか答えなさい。

問３　実験に利用した図の装置の名称は何か答えなさい。

問４　抽出液に含まれ，この実験の反応を触媒する酵素の名称は何か答えなさい。

問５　溶液の色が青色から無色に変化した理由を簡潔に述べなさい。

問６　下線部(B)の操作をする理由を簡潔に述べなさい。

問７　この実験で，コハク酸ナトリウム水溶液の代わりに蒸留水を入れた場合でも，時間は長くかかったが，主室の溶液の色は無色に変化した。コハク酸ナトリウムを入れなくても無色になった理由を簡潔に述べなさい。

問８　次の①～⑥のうち，酸化を示す反応をすべて選び，記号で答えなさい。

① 物質が電子を失う反応
② 物質が電子を受け取る反応
③ 物質から酸素が奪われる反応
④ 物質に酸素が結合する反応
⑤ 物質から水素が奪われる反応
⑥ 物質に水素が結合する反応

次の文章を読み，**問１～問５**に答えなさい。　　【配点 17】

植物群集は，その相観も種組成も時間とともに，ある一定の方向へ変化していく。その植生の変化を遷移という。陸上が出発点となる遷移を [a] 遷移，湖沼から始まる遷移を [b] 遷移という。遷移には，溶岩流上や岩石地の状態から始まる一次遷移と，(A)<u>自然林が伐採された跡，山火事跡，あるいは放棄畑で始まる二次遷移がある</u>。

一次遷移では，植生の変化は一般的に次のように表される。

裸地→(B)<u>地衣類やコケ植物の定着</u>→草原→低木林→(C)<u>陽樹林→混交林→陰樹林</u>

この植生の変化では，最終的に陰樹林となり安定するが，それ以上大きな変化を示さない安定した植生の状態を [c] といい，森林の場合には [c] 林と呼ばれる。この一次遷移の過程では，植生が変化し，土壌が形成され発達する。また，遷移の過程では，逆に土壌の形成と発達によって植生が変化するという相互関係がある。この過程で植生の生産量や生体量が変化し，植物の種数（種類数）も変化する。

森林には階層構造があり，森林の最上層にある葉や枝の集まりを [d] といい，森林の最下層を [e] という。上層は高さによって高木層，[f]，低木層に分けられる。[c] 林は，陰樹が優占する森林であり，陽樹の幼木は生育できない。[c] 林では，台風などさまざまな要因によって高木層の樹木が倒れ，高木層が部分的に破壊されて明るい空き地を生じることがある。そのような空き地は［ g ］と呼ばれ，そこでは陽樹が急速に成長し，陽樹が［ g ］を埋めることがある。このため，［ c ］林の［ d ］には部分的に陽樹が見られ，陰樹と陽樹のモザイク状の［ d ］となる。

問１　文中の［ a ］～［ g ］に入る最も適切な語句は何か答えなさい。

問２　下線部(A)について，二次遷移では比較的短い期間で植生が回復する。その理由を一次遷移と二次遷移の違いをもとに，簡潔に述べなさい。

問３　下線部(B)の植物のように，最初に侵入してくる生物種を何というか答えなさい。

問４　下線部(C)について，陽樹林で安定せず陰樹林へ変化する理由を，陽樹林内の環境条件の違い，および陰樹と陽樹の性質の違いをもとに述べなさい。

問５　右図は陽樹の光合成曲線（光の強さと光合成速度の関係を表す）を示す。陰樹の光合成曲線を，陽樹との違いがわかるように解答用紙のグラフに書き加えなさい。
〔注：解答用紙のグラフは右図と同じ。〕

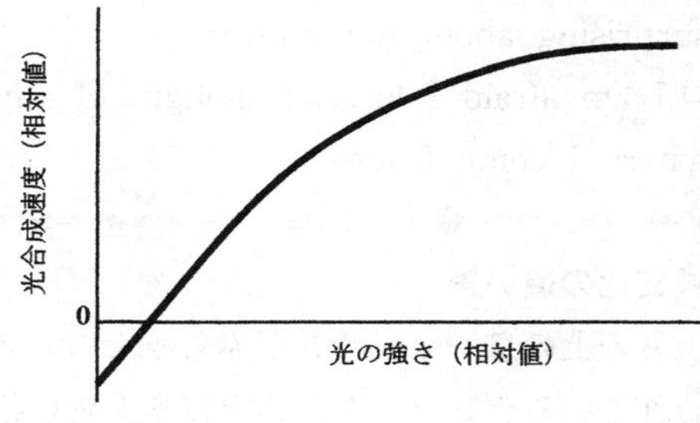

解答編

英語

I　**解答**　問1．質問：イーサンには外でお昼寝をさせるの？　それとも中で？

理解できなかった理由：非常に寒い日に，子どもを屋外で昼寝させる文化は著者にはなく，セーアンの質問の意図が理解できなかった。

問2．全訳下線部(2)参照。

問3．全訳下線部(3)参照。

問4．(あ)―④　(い)―③　(う)―①　(え)―②

問5．(イ)You asked us to prepare three things that are unique or surprising about our culture

(ロ)I am afraid I haven't thought of anything peculiar or funny about where I come from

◆全　訳◆

≪文化の違い≫

私の上の息子イーサンが赤ちゃんのとき，コペンハーゲン出身でパリを訪れているデンマーク人の同僚を夕食に招いた。とても寒い1月の夜で，夫が他の部屋でイーサンに服を着せている間，セーアンと私は台所で話をしていた。新米ママである私の悩みを聞いた後，3人の子どもをもつセーアンは，バルコニーに目をやり，こう質問した。「イーサンには外でお昼寝をさせるの？　それとも中で？」

私はその質問が分からなかった。「何の外とか，中なの？」と私は尋ねた。外はとても寒かったので，肌を刺す風がすき間からぴゅうぴゅうと入ってくるのを防ぐために，私は断熱材をドアの周辺に巡らしていた。セーアンは，うちの子どもを2時間の昼寝のために，屋外の冷たい冬の空気の中に置いてはどうかと言うのだろうか。誰もが私に言うことを忘れている，何か基本的な育児ルールがあるのかな，と私は思った。

(2)デンマークでは，冬の午後に，親が赤ちゃんを昼寝のために家の外に出すのは全く普通なのだとセーアンが説明したとき，私は驚いた。「暖かい衣服に赤ちゃんを包み，マイナス10度を下回ったら家に入れるんだ。赤ちゃんには良いよ。よく眠るし，病気になりにくいんだ」 セーアンの言うマイナス10度は摂氏度なので，華氏度では14度に相当する。私の地元であるミネソタ州の人たちでさえ，「(寒くて) ブルブルッ！」と言うであろう。

数年後，欧州経営大学院で私の1週間の講座に出席予定のデンマークの女性から電話をもらった。「月曜の夕方，グループで共有するために，自分たちの文化について変わっていること，驚くべきことを3つ用意するように言いましたね」と彼女は言った。「でも，それに関してたくさんのことを考えたのですが，自分の出身地について風変わりなことやおかしなことを思いつかないのです」

「寒い冬の午後に，赤ちゃんを昼寝のために屋外に出すことについて話すのはどうですか？」と，私は提案した。

「誰かそれを変わっていると思うでしょうか？」 彼女は，本当にショックを受けたような口ぶりで私に尋ねた。「それは，どの国でもしているわけではないのですか？」

私たちが慣れている，自分の文化による世界の見方は，全く明白でありふれているように思えるので，他の文化が別のやり方をするかもしれないことを想像するのは困難なのだ。(3)自分の文化に特有で，他とは異なるものを特定し始めてようやく，人は共有し，学習し，最終的に理解する対話を始めることができるのである。

解答編

◀解　説▶

問1．質問：the question「その質問」とは，下線部直前にセーアンが著者に問うた内容である。すなわち，「イーサンには外でお昼寝をさせるの？　それとも中で？」である。

理解できなかった理由：下線部(1)の直後に「何の外とか，中なの？」と質問し，第2段第4文（Was Søren …）に，「昼寝のために，子どもを冷たい屋外に置く提案なのか？」と訝しんでいる。その背景は，第7段第1文（The way …）にあるように「他の文化では別のやり方をする」可能性に思いが及ばなかったからである。

問2．it is … for *A* to *do*「*A*（人）が～するのは…である」の構文である。quite common「全く普通の」 put *A* out「*A*を（家の）外に出す」 for a nap「昼寝のために」

問3．下線部は，it is ～ that の強調構文であり，only when S V「SがVしたときのみ」が強調されている。ただし，日本語訳としては「SがVしたとき初めて」とするほうが収まりがいい場合があり，この文はその好例である。identify「～を特定する」 open a dialogue「会話を始める」 ultimately understanding「最終的に理解すること」 なお，what is typical in your culture, but different from others の but は逆接ではなく，直前に述べた内容に情報を付加したり，内容を強調したりする用法である。したがって，「自分の文化に特有で，他とは際立って異なる」というニュアンスになる。

問4．(あ)空欄を含む文は，「セーアンと私は話をしていた」と「夫がイーサンに服を着せていた」との時間が同時に進んでいるので，④while「～の間」が適切である。

(い)I wonder if〔whether〕S V「SはVかしら」の構文である。ただし，if は(う)に使われるので，③whether しか入らない。

(う)空欄の後には「マイナス10度より低くなったら家に入れる」との条件が示されているので，①if「もし～ならば」が適切である。

(え)空欄前に so があり，空欄後には節があるので，so ～ that S V「非常に～なのでSはVである」の構文である。②that が適切である。

問5．(イ)ask *A* to *do*「*A*（人）に～するよう依頼する」 prepare「～を準備する」は，get ready としても可だが，通常は日常の単純な事柄について準備する場合に用いることが多い。unique, surprising の代わりにそれぞれ strange, astonishing なども可。

(ロ)空欄前に I've thought a lot about it と完了形が使われているので，それに合わせて完了形を使ったが，単純に I can't think of ～ としてもよい。また，「自分の出身地について」も about where I come from としたが，about my hometown としてもよい。

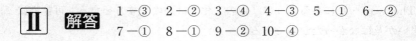

Ⅱ　解答　1－③　2－②　3－④　4－③　5－①　6－②
7－①　8－①　9－②　10－④

◀解 説▶

1．「ボンドは膝をひどくひねったので，手術が必要であった」
膝を痛めているので，必要なのは，③「手術」が適切である。①「健康」②「文書業務」 ④「科学技術」

2．「我々は，彼らの援助に感謝の意を表した」
express *one's* gratitude to *A* for *B*「*A*（人）に*B*に対する感謝を表す」は頻出のイディオムである。②「感謝」が適切である。①「変化」 ③「孤独」 ④「緊張」

3．「我々は，新型コロナウイルス感染症に取り組むために非常に賢明な策略をもつべきである」
新型コロナウイルスへの対処法であるので，④「戦略，方策」が適切である。deal with ～「～に取り組む」 COVID-19「新型コロナウイルス感染症」 ①「復帰」 ②「投資」 ③「反応」

4．「新しい法案は，アジアからの自動車の輸入に厳しい制限を加える予定である」
「アジアからの自動車の輸入」に対する tough「厳しい」な bill「法案」なので，③「制限」が適切である。place ～ restrictions「～に制限を加える」であるが，place の代わりに，impose を使うことも多い。①「手法」②「原料」 ④「労働者」

5．「福島の大惨事によって引き起こされた不安は，すぐには忘れられないだろう」
「福島の大惨事によって引き起こされた」ものであるので，①「心配，不安」が適切である。②「感染」 ③「方法」 ④「警備」

6．「あなたは，タイヤの摩耗に対する定期的な点検をすべきです」
wear「摩耗」に対して，タイヤに定期的に必要なものなので，②「検査」が適切である。①「仲間」 ③「数」 ④「支払い」

7．「うちの桃の木は，この夏，非常に大量の実がなった」
yield は「〈草木・土地などが〉～（作物など）を産出する」の意である。great「著しく多い」とあることから，an abundance of～「大量の～，多数の～」を構成する①「大量，多数」が適切である。②「能力」 ③「多様性」 ④「改善」

8．「ジロウは道で鹿を見たとき，自分が文明を離れたことを知った」

deer「鹿」を見たので，自然を感じたのであろう。ゆえに，後にしてきたものは，①「文明」が適切である。②「荒野」 ③「会社」 ④「学校」

9.「子どもたちがゲームに長時間接することは，脳の血流に影響を与える」

脳に悪影響を与えるのは，ゲームへの没頭である。空欄後の to に注意すると，exposure to ～ で「～（危険など）に身をさらすこと」となる②が適切である。blood flow「血流」 ①「魅力」 ③「影響」 ④「処置」

10.「ものを違った視点から見ると，同じものでも異なった意味をもつことがある」

when と seen の間には，the things are が省略されていると考える。物事を見る要素を考えると④「視点」が適切である。①「運動」 ②「動機」 ③「はけ口」

Ⅲ　解答　1—②　2—②　3—①　4—③　5—④　6—①
7—③　8—①　9—②　10—③

Ⅳ　解答　1—(ウ)　2—(ケ)　3—(イ)　4—(ア)　5—(ク)　6—(キ)
7—(エ)　8—(オ)　9—(コ)　10—(カ)

◀解　説▶

1.「彼は胃癌に苦しんでいる」

suffer from ～「～に苦しむ，～を患う」の意である。stomach cancer「胃癌」

2.「その親切な女性は，そのホームレスの男性に食べ物を提供した」

provide *A* with *B*「*A*（人）に *B*（物）を与える」の意であるが，*A* と *B* が入れ替わる場合には，provide *B* for〔to〕*A* の語順になることにも注意。

3.「彼女は，会社の新しい職に応募した」

apply は「（文書などで正式に）依頼する」の意であり，ここでは，apply for ～「～（職・入学・許可）を申し込む」が合致する。その他にも apply to ～「～（人・組織）に申し込む」や，apply to *do*「～することを申し込む」など使い分けがある。

4.「我々は運転しているときは，常にシートベルトを着用すべきである」

all times が空欄後にあるので，always を意味する at all times「いつも，常に」が適切である。

5.「お互いの話を聞くことは，良いコミュニケーションに不可欠である」
listen to ～「～（音楽・人の話など）に耳を傾ける」が合致する。なお，listen は意図的に耳を傾ける，hear は自然に音や声が聞こえてくる，の意である。

6.「全体的に見て，その国の現在の状況は安定している」
空欄の後に the whole があるので，on the whole「全体的に見て」が適切である。as a whole「全体として（の）」と紛らわしいので注意すること。
current situation「現在の状況」

7.「彼はより多くの運動を始めたので，健康を著しく増進した」
make progress「進歩，発展する」であるが，その対象は in をつなげて示す。ゆえに，make progress in *one's* health「健康を増進する」となる。
significant「著しい」

8.「DVD は 2000 年代の初期に，ビデオテープに取って代わった」
take the place of ～「～に取って代わる，～の代理を務める」の意である。

9.「正直が人間の最も重要な特質の一つであることは言うまでもない」
It goes without saying that S V「S が V であることは，言うまでもない」のイディオムである。やや形式ばった表現であるので，同じ内容を表し，よく使われる Needless to say, ～ も覚えること。attribute「特質」

10.「彼らは昨日，大雪のために試合を延期した」
put off ～「～（行事・作業など）を延期する」の意である。due to ～「～が原因で，～のために」

数学

I

解答　(1)ア．$\sqrt{2}-1$　(2)イ．36　(3)ウ．6　(4)エ．$\dfrac{3}{5}$

◀解　説▶

≪小問 4 問≫

(1)　$x^2-ax+1=0$ の解の 1 つが $1+\sqrt{2}$ であるとき，もう 1 つの解を β とすると，解と係数の関係より

$$(1+\sqrt{2})\beta=1 \qquad \therefore \quad \beta=\frac{1}{1+\sqrt{2}}=\sqrt{2}-1 \quad \to ア$$

(2)　最後の文字が O のとき，残りの 4 文字（A，A，S，K）を並べる並べ方は

$$\frac{4!}{2!}=12 \text{ 通り}$$　（同じものを含む順列より）

最後の文字が A のとき，残りの 4 文字（O，S，A，K）を並べる並べ方は

$$4!=24 \text{ 通り}$$

したがって，求める文字列の数は

$$12+24=36 \text{ 通り} \quad \to イ$$

(3)　連立不等式 $x^2+y^2\leqq 4$，$2x+4y-1\geqq 0$ の表す領域は右図の網かけ部分（境界を含む）である。

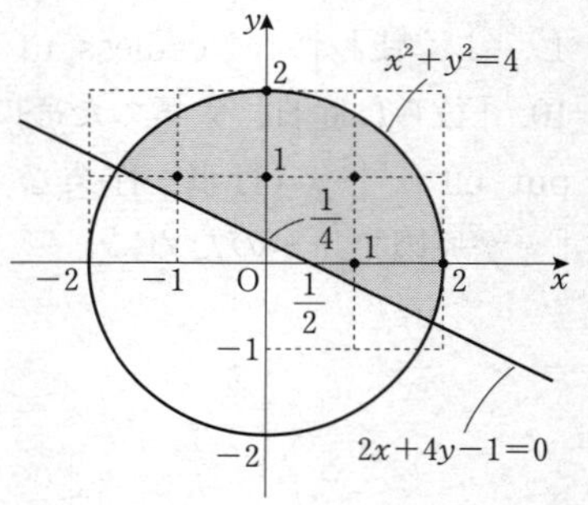

したがって，求める整数の組 $(x,\ y)$ は，$(-1,\ 1)$，$(0,\ 1)$，$(0,\ 2)$，$(1,\ 0)$，$(1,\ 1)$，$(2,\ 0)$ の 6 組。　→ウ

(4)　点 C は辺 OA の中点，点 D は辺 OB を 3：1 に内分する点だから

$$\overrightarrow{OC}=\frac{1}{2}\overrightarrow{OA},\ \overrightarrow{OD}=\frac{3}{4}\overrightarrow{OB}$$

交点 P は線分 AD 上の点だから，m を実数として

$$\overrightarrow{OP}=(1-m)\overrightarrow{OA}+m\overrightarrow{OD}$$
$$=(1-m)\overrightarrow{OA}+\frac{3}{4}m\overrightarrow{OB}\quad\cdots\cdots①$$

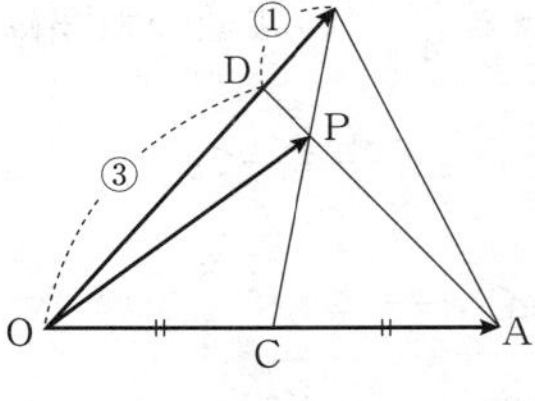

また，交点 P は線分 BC 上の点だから，n を実数として

$$\overrightarrow{OP}=(1-n)\overrightarrow{OC}+n\overrightarrow{OB}$$
$$=\frac{1}{2}(1-n)\overrightarrow{OA}+n\overrightarrow{OB}\quad\cdots\cdots②$$

と表される。①と②より

$$(1-m)\overrightarrow{OA}+\frac{3}{4}m\overrightarrow{OB}=\frac{1}{2}(1-n)\overrightarrow{OA}+n\overrightarrow{OB}$$

$\overrightarrow{OA}\neq\vec{0}$，$\overrightarrow{OB}\neq\vec{0}$，$\overrightarrow{OA}\not\parallel\overrightarrow{OB}$ だから

$$\begin{cases}1-m=\dfrac{1}{2}(1-n)\\ \dfrac{3}{4}m=n\end{cases}$$

この連立方程式を解いて

$$m=\frac{4}{5},\ n=\frac{3}{5}$$

よって　　$\overrightarrow{OP}=\dfrac{1}{5}\overrightarrow{OA}+\dfrac{3}{5}\overrightarrow{OB}$　→エ

II　解答

(1) $\dfrac{1}{3}<x<1$　(2) $\pm\dfrac{2}{9}$

(3)(i) $y=t-\dfrac{4}{t}-3$　(ii) 16，$\dfrac{1}{2}$

◀解　説▶

≪小問 3 問≫

(1)(ア)　$x\geqq\dfrac{3}{4}$ のとき，$x+5\geqq0$，$4x-3\geqq0$ だから，与えられた不等式は

$$(x+5)+(4x-3)<7$$

となる。これを解いて

$$x<1$$

$x \geqq \dfrac{3}{4}$ との共通の範囲は

$$\frac{3}{4} \leqq x < 1$$

(イ)　$-5 \leqq x < \dfrac{3}{4}$ のとき，$x+5 \geqq 0$，$4x-3<0$ だから，与えられた不等式は

$$(x+5)-(4x-3)<7$$

となる。これを解いて

$$x > \frac{1}{3}$$

$-5 \leqq x < \dfrac{3}{4}$ との共通の範囲は

$$\frac{1}{3} < x < \frac{3}{4}$$

(ウ)　$x<-5$ のとき，$x+5<0$，$4x-3<0$ だから，与えられた不等式は

$$-(x+5)-(4x-3)<7$$

となる。これを解いて

$$x > -\frac{9}{5}$$

これは，$x<-5$ を満たさない。

(ア)〜(ウ)より，求める不等式の解は

$$\frac{1}{3} < x < 1$$

(2)　$y=3x^3-x-a$ （$=f(x)$ とおく）　……①

$$y'=9x^2-1$$

$y'=0$ を解いて　　$x=\pm\dfrac{1}{3}$

3次関数①のグラフと x 軸との共有点が2個であるとき，①のグラフは極値をとる点で x 軸に接している。そして，$y'=0$ は異なる2つの実数解をもつから，①のグラフは2点 $\left(\dfrac{1}{3},\ f\left(\dfrac{1}{3}\right)\right)$，$\left(-\dfrac{1}{3},\ f\left(-\dfrac{1}{3}\right)\right)$ で極値をとる。

ゆえに

$$f\left(\pm\frac{1}{3}\right)=0$$

$$3\cdot\left(\pm\frac{1}{3}\right)^3-\left(\pm\frac{1}{3}\right)-a=0$$

$$\mp\frac{2}{9}-a=0$$ （複号同順）

よって，求める a の値は

$$a=\pm\frac{2}{9}$$

(3)(i)　底の変換公式より

$$\log_x 16=\frac{\log_2 16}{\log_2 x}=\frac{4\log_2 2}{\log_2 x}$$

$$=\frac{4}{\log_2 x}$$

よって，$t=\log_2 x$ とおくと

$$y=t-\frac{4}{t}-3$$

(ii)　(i)の結果より

$$t-\frac{4}{t}-3=0 \quad (t\neq 0)$$

両辺に t を掛けて

$$t^2-3t-4=0$$

$$(t-4)(t+1)=0 \qquad \therefore \quad t=4,\ -1$$

$t=4$ のとき

$$\log_2 x=4 \qquad \therefore \quad x=2^4=16$$ （$x>0$，$x\neq 1$ を満たす）

$t=-1$ のとき

$$\log_2 x=-1 \qquad \therefore \quad x=2^{-1}=\frac{1}{2}$$ （$x>0$，$x\neq 1$ を満たす）

以上より，求める x の値は

$$x=16,\ \frac{1}{2}$$

III

解答　(1)(i) $\frac{1}{4}$　(ii)ア．$\frac{\pi}{6}$　イ．$\frac{1}{4}$

(2)(i) $\left(\frac{1}{2},\ -\frac{1}{4}a\right)$　(ii) $T_1=\frac{a}{6}$　(iii) $\frac{1}{3}$

◀解　説▶

≪三角形の面積と三角関数，放物線と x 軸で囲まれる図形の面積≫

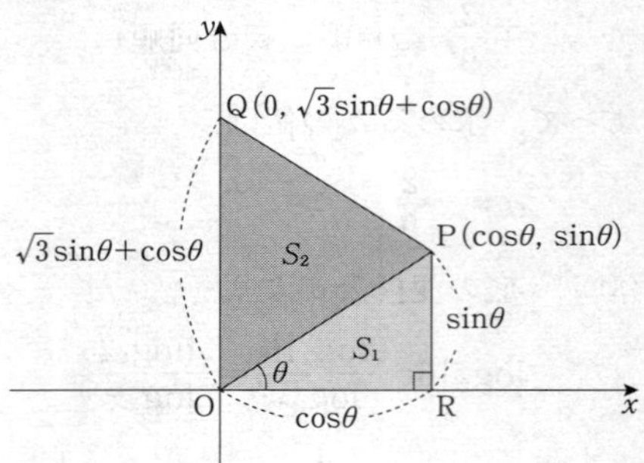

(1)(i)　$0<\theta<\dfrac{\pi}{2}$ だから

$$\cos\theta>0,\ \sin\theta>0$$

したがって，右図より

$$S_1=\frac{1}{2}\sin\theta\cos\theta$$

$$=\frac{1}{4}\sin2\theta$$

（2 倍角の公式 $\sin2\theta=2\sin\theta\cos\theta$ より）

$0<2\theta<\pi$ だから，$2\theta=\dfrac{\pi}{2}$ つまり $\theta=\dfrac{\pi}{4}$ のとき S_1 は最大となり，最大値は

$$\frac{1}{4}\sin\frac{\pi}{2}=\frac{1}{4}$$

(ii)　$\sqrt{3}\sin\theta+\cos\theta>0$ だから，図より

$$S_2=\frac{1}{2}\cos\theta(\sqrt{3}\sin\theta+\cos\theta)$$

$$=\cos\theta\left(\frac{\sqrt{3}}{2}\sin\theta+\frac{1}{2}\cos\theta\right)$$

$$=\cos\theta\left(\sin\theta\cos\frac{\pi}{6}+\cos\theta\sin\frac{\pi}{6}\right)$$

$$=\cos\theta\sin\left(\theta+\frac{\pi}{6}\right)\quad\text{（加法定理の逆より）}$$

$$=\frac{1}{2}\left\{\sin\left(2\theta+\frac{\pi}{6}\right)+\sin\frac{\pi}{6}\right\}$$

$$\left(\text{積和公式 }\cos\alpha\sin\beta=\frac{1}{2}\{\sin(\alpha+\beta)-\sin(\alpha-\beta)\}\text{ より}\right)$$

$$=\frac{1}{2}\sin\left(2\theta+\frac{\pi}{6}\right)+\frac{1}{4}\quad\left(\sin\frac{\pi}{6}=\frac{1}{2}\text{ より}\right)\quad\to\text{ア，イ}$$

別解　(ii)　$S_2=\dfrac{1}{2}\cos\theta(\sqrt{3}\sin\theta+\cos\theta)$

$$=\frac{\sqrt{3}}{2}\sin\theta\cos\theta+\frac{1}{2}\cos^2\theta$$

$$=\frac{\sqrt{3}}{4}\sin2\theta+\frac{1}{2}\cdot\frac{1+\cos2\theta}{2}$$

$$=\frac{1}{4}(\sqrt{3}\sin2\theta+\cos2\theta)+\frac{1}{4}$$

$$=\frac{1}{4}\cdot2\sin\left(2\theta+\frac{\pi}{6}\right)+\frac{1}{4}$$

$$=\frac{1}{2}\sin\left(2\theta+\frac{\pi}{6}\right)+\frac{1}{4}$$

として求めることもできる。

(2)(i)　$f(x)=ax^2-ax=a\left(x-\frac{1}{2}\right)^2-\frac{1}{4}a$

より，C_1 の頂点の x 座標は $x=\frac{1}{2}$ だから，頂点の y 座標は

$$y=a\cdot\frac{1}{2}\cdot\left(\frac{1}{2}-1\right)=-\frac{1}{4}a$$

したがって，C_1 の頂点の座標は　$\left(\frac{1}{2},\ -\frac{1}{4}a\right)$

(ii)　C_1 と x 軸との交点の x 座標は　$x=0,\ 1$

したがって，C_1 と x 軸で囲まれる図形は，右図の網かけ部分だから

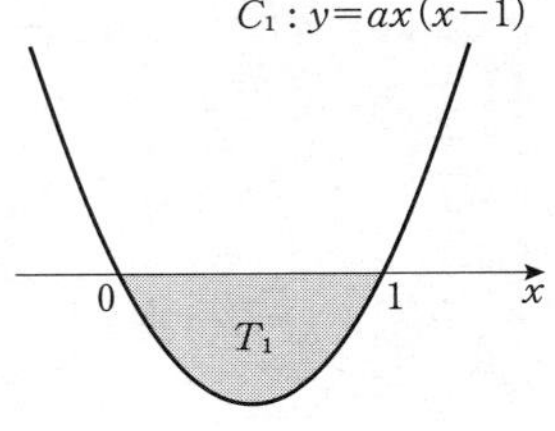

$$T_1=-\int_0^1 ax(x-1)dx$$

$$=\frac{a}{6}\times(1-0)^3=\frac{a}{6}$$

$$\left(\int_\alpha^\beta(x-\alpha)(x-\beta)dx=-\frac{1}{6}(\beta-\alpha)^3 \text{ より}\right)$$

(iii)　C_2 と x 軸との交点の x 座標は　$x=-b,\ 0$

したがって，C_2 と x 軸で囲まれる図形は，右図の網かけ部分だから

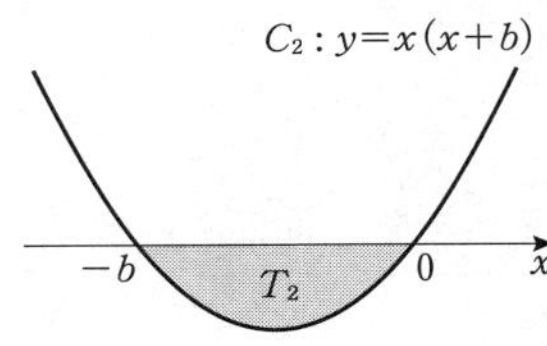

$$T_2=-\int_{-b}^0 x(x+b)dx$$

$$=\frac{1}{6}(0+b)^3=\frac{b^3}{6}$$

$T_1=T_2$ のとき，$\dfrac{a}{6}=\dfrac{b^3}{6}$ より　　$b=a^{\frac{1}{3}}$

よって

$$\log_a b=\log_a a^{\frac{1}{3}}=\frac{1}{3}$$

化学

I

解答　問１．④

問２．ア．自由電子　イ．超伝導

問３．(1)式量　(2)―⑤

問４．(1)H_2O(液)＝H_2O(気)－44 kJ

(2)$\frac{1}{2}N_2$(気)＋$\frac{1}{2}O_2$(気)＝NO(気)－90.3 kJ

問５．(1)2.7　(2)3.7　(3)12.3

問６．(1)1,2-ジブロモエタン　(2)ベンゼンスルホン酸

(3)2-プロパノール　(4)無水マレイン酸

問７．(1)キップの装置　(2)コックを閉めると **B** 内の圧力が大きくなり，塩酸が **C** 内まで下がって反応が止まる。

◀解　説▶

≪小問７問≫

問５．(1)　酢酸水溶液の水素イオン濃度 $[H^+]$ は，モル濃度×電離度で表される。

$$[H^+]=0.10\times0.018=1.8\times10^{-3}\,[\text{mol/L}]$$

$$\text{pH}=-\log_{10}[H^+]=-\log_{10}(18\times10^{-4})$$
$$=4-(\log_{10}2+2\log_{10}3)=2.74\fallingdotseq2.7$$

(2)　硫酸は二価の強酸なので

$$[H^+]=1.0\times10^{-2}\times\frac{1}{100}\times2=2.0\times10^{-4}\,[\text{mol/L}]$$

$$\text{pH}=-\log_{10}[H^+]=-\log_{10}(2.0\times10^{-4})$$
$$=4-\log_{10}2.0=3.7$$

(3)　混合する前の水溶液中では $OH^-=\frac{0.10\times15.0}{1000}$〔mol〕，$H^+=\frac{0.10\times10.0}{1000}$〔mol〕なので，混合後の水溶液中には OH^- が 5.0×10^{-4} mol 存在し，その濃度は

$$[OH^-]=\frac{5.0\times10^{-4}}{\frac{10.0+15.0}{1000}}=2.0\times10^{-2}\,[\mathrm{mol/L}]$$

$$pOH=-\log_{10}[OH^-]=2-\log_{10}2.0=1.70$$

$$\therefore\quad pH=14-1.7=12.3$$

Ⅱ **解答** 問1．ア．遷移元素 イ．2

問2．黄褐色

問3．テトラアンミン銅(Ⅱ)イオン

問4．MnO_4^-

問5．Fe

◀解　説▶

≪遷移元素の特徴≫

問4．MnO_4^-は硫酸酸性下で酸化剤として次のように反応する。

$$MnO_4^-+8H^++5e^-\longrightarrow Mn^{2+}+4H_2O$$

中性下では，酸化剤として次のように反応する。

$$MnO_4^-+2H_2O+3e^-\longrightarrow MnO_2+4OH^-$$

Ⅲ **解答** 問1．1．酸化 2．還元

問2．$+4\rightarrow+6$

問3．$Cr_2O_7^{2-}+14H^++6e^-\longrightarrow 2Cr^{3+}+7H_2O$

問4．1.5 mol

問5．$SO_2+2H_2S\longrightarrow 2H_2O+3S$

◀解　説▶

≪酸化還元反応の反応式≫

問4．SO_2が酸化されるときのイオン反応式は

$$SO_2+2H_2O\longrightarrow SO_4^{2-}+4H^++2e^-$$

であり，問3より$Cr_2O_7^{2-}$とSO_2は1：3で反応するので，1.5 molとなる。

解答 問1．③

問2．ヘンリー

問 3．(1)1.5×10^{-3} mol　(2)3.7×10 mL

◀解　説▶

≪気体の水への溶解≫

問 3．(1)　27°C，1.0×10^5 Pa では水 1.0 L に 1.0×10^{-3} mol 溶解する。

よって，27°C，2.0×10^5 Pa で水 0.75 L に溶解するのは

$$1.0\times10^{-3}\times\frac{2.0\times10^5}{1.0\times10^5}\times\frac{0.75}{1.0}=1.5\times10^{-3}\,[\mathrm{mol}]$$

(2)　気体の状態方程式より

$$\frac{1.5\times10^{-3}\times8.3\times10^3\times(273+27)}{1.0\times10^5}\times1000=37.3\fallingdotseq3.7\times10\,[\mathrm{mL}]$$

　解答　問 1．$NaHCO_3+HCl \longrightarrow NaCl+CO_2+H_2O$

問 2．実験 1：③　実験 2：①

問 3．水酸化ナトリウム：7.0×10^{-2} mol/L

炭酸ナトリウム：5.3×10^{-2} mol/L

問 4．3.3×10 g

◀解　説▶

≪NaOH と Na_2CO_3 の混合物の中和滴定≫

問 3．実験 1 で起きる反応は次の 2 つである。

$$NaOH+HCl \longrightarrow NaCl+H_2O$$

$$Na_2CO_3+HCl \longrightarrow NaHCO_3+NaCl$$

実験 2 で起きる反応は

$$NaHCO_3+HCl \longrightarrow NaCl+CO_2+H_2O$$

であり，実験 2 で滴定に使われた HCl と実験 1 で Na_2CO_3 の滴定に使われた HCl の物質量は同じである。NaOH の滴定に使われた HClaq は $12.30-5.30=7.00$〔mL〕である。

$$\text{NaOHaq のモル濃度}=\frac{0.10\times1\times7.00}{1\times10}=7.0\times10^{-2}\,[\mathrm{mol/L}]$$

$$Na_2CO_3\text{aq のモル濃度}=\frac{0.10\times1\times5.30}{1\times10}=5.3\times10^{-2}\,[\mathrm{mol/L}]$$

問 4．100 g 中に含まれる NaOH（式量 40.0）の質量を x〔g〕，Na_2CO_3（式量 106）の質量を $100-x$〔g〕とすると

$$\frac{x}{40.0} : \frac{100-x}{106} = 7.0\times10^{-2} : 5.3\times10^{-2}$$

$x=33.2 \fallingdotseq 3.3\times10$〔g〕

Ⅵ **解答**　問１．ヒドロキシ基

問２．CHI_3

問３．**A**，**C**

問４．**A**．$CH_3-CH(OH)-CH_2-CH_2-CH_3$　**B**．$CH_3-CH_2-CH(OH)-CH_2-CH_3$

C．$CH_3-CH(OH)-CH(CH_3)-CH_3$　**D**．$CH_3-C(CH_3)(OH)-CH_2-CH_3$

◀解　説▶

≪$C_5H_{12}O$ の構造決定≫

実験１：$2R-OH+2Na \longrightarrow 2R-ONa+H_2$ の反応が起きるので **A**～**D** すべてに $-OH$ があることがわかる。

実験２：**A**，**B**，**C** は第二級アルコールであり，**D** が第三級アルコールであることがわかる。第一級アルコールはアルデヒドを生成する。

実験３：ヨードホルム反応を示したアルコール **A** と **C** には $CH_3-CH(OH)-$ の部分がある。

実験４：

$$CH_2{=}CH-CH_2-CH_2-CH_3+H_2O \longrightarrow CH_3-CH(OH)-CH_2-CH_2-CH_3$$

の反応が起きた。

生物

I　解答

問1．a．G_0　b．後期　c．終期　d．中心体　e．核膜　f．動原体　g．紡錘体　h．赤道　i．アクチンフィラメント　j．細胞板

問2．DNA の複製（合成）

問3．G_1 期

問4．細胞骨格：微小管　主要タンパク質：チューブリン

問5．基質：ATP（，水）　生成物：ADP，リン酸

問6．相同染色体が対合して二価染色体を形成し，染色体の乗換えが起こり，遺伝子の組換えが起こる。

◀解　説▶

≪体細胞分裂，細胞骨格，減数分裂≫

問2．S 期は DNA 合成期であり，細胞分裂で娘細胞に DNA を分配できるよう，DNA の複製（合成）が行われている。

問5．モータータンパク質であるミオシンには ATP 分解酵素活性があり，ATP と水を基質として，ATP の加水分解が起こり，ADP とリン酸が生成する。

問6．減数分裂第一分裂前期に，相同染色体どうしが対合して二価染色体が形成される。そして相同染色体どうしで乗換えが起こることで，遺伝子の組換えが起こる。

II　解答

問1．a．セントラルドグマ　b．転写　c．RNA ポリメラーゼ　d．翻訳　e．シャペロン　f．リン酸　g．塩基　h．プロモーター　i．基本転写因子　j．転写調節領域　k．調節タンパク質

問2．α ヘリックス，β シート

問3．相違点1：構成する糖が，DNA はデオキシリボース，RNA はリボースである。

相違点2：構成する塩基が，DNA は A，G，C，T，RNA は A，G，C，

Uである。

問4．(1)mRNA　(2)tRNA　(3)rRNA

問5．tRNA：アミノ酸をリボソームに運搬する。

rRNA：タンパク質合成の場となるリボソームを，タンパク質とともに構成する。

◀解　説▶

≪遺伝情報の発現≫

問2．二次構造はペプチド鎖の部分的な立体構造を指し，αヘリックスやβシートがある。

問4．mRNAのトリプレットをコドンとよび，コドンに相補的なアンチコドンをもつtRNAが，指定された特定のアミノ酸を運搬する。

III　解答

問1．c．中脳　d．延髄　e．間脳　f．灰白質　g．白質　h．反射　i．反射弓

問2．①―d　②―c

問3．［経路X］：㋐→㋓→㋔→㋕→㋖→㋑　［経路Y］：㋐→㋒→㋑

問4．M切断：D，E，F　N切断：E

◀解　説▶

≪脳，神経系≫

問3．受容器からのびた感覚神経は背根を通る一方，運動神経は腹根を通るので，Aが受容器，㋐が感覚神経，Bが効果器，㋑が運動神経と判別できる。

問4．感覚神経をMで切断すると，Aの受容器からの刺激は伝わらないので，Cを刺激しても効果器で反応を起こすことができない。運動神経をNで切断すると，中枢神経系からの情報が効果器に伝えられなくなるので，Eを刺激した場合のみ効果器で反応が起こる。

IV　解答

問1．a．解糖系　b．クエン酸回路　c．電子伝達系

問2．酸化的リン酸化

問3．ツンベルク管

問4．コハク酸脱水素酵素

問5．青色を呈する酸化型メチレンブルーが還元されて，無色の還元型メ

チレンブルーに変化したから。

問6．空気中の酸素で還元型メチレンブルーが酸化されるのを防ぐため。

問7．ニワトリの胸筋抽出液中にコハク酸が含まれていたから。

問8．①，④，⑤

◀解　説▶

≪呼　吸≫

問5．コハク酸脱水素酵素により生じた還元型の $FADH_2$ が青色の酸化型メチレンブルーを還元することで，無色の還元型メチレンブルーに変化した。

問6．空気中の酸素が還元型メチレンブルーを酸化すると，再び青色の酸化型メチレンブルーに戻るため，コハク酸脱水素酵素の反応が進んだかどうか，メチレンブルーが還元されたかどうかの判別がつかなくなる。これを防ぐため，あらかじめ装置内の空気（酸素）を抜いておく必要がある。

問7．基質となるコハク酸ナトリウムを入れなくても反応が進み，メチレンブルーが無色になった。基質が存在した可能性として，ニワトリの胸筋抽出液中に含まれるミトコンドリアなどに，コハク酸が含まれていたことが考えられる。

V　解答

問1．a．乾性　b．湿性　c．極相　d．林冠　e．林床　f．亜高木層　g．ギャップ

問2．一次遷移は土壌がない状態から始まるが，二次遷移は土壌が形成された状態から始まり，種子や根などが土壌中に残っているから。

問3．先駆種

問4．陽樹林の林冠により光が遮られるため林床は暗く，光補償点の高い陽樹の幼木は育つことができず，光補償点の低い陰樹の幼木が育つから。

問5．

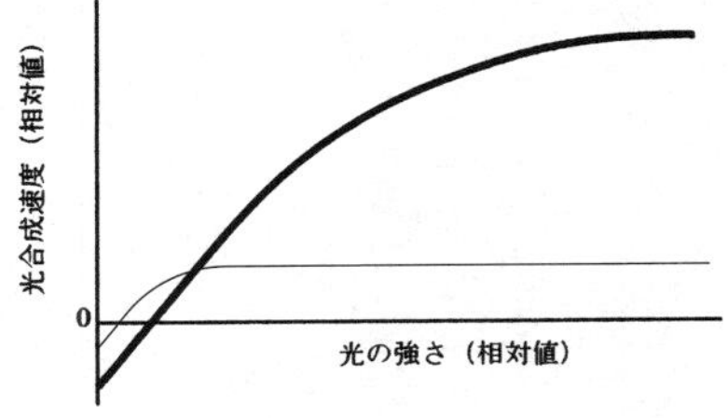

◀解　説▶

≪植生の遷移≫

問２．一次遷移と二次遷移は土壌の有無が異なり，二次遷移は土壌が形成された状態から始まる。土壌が存在することで，一次遷移の初期の過程を省略できるとともに，土壌中に植物の種子や根などが残っていることがあるため，二次遷移は早く遷移が進む。

問５．陰樹は陽樹に比べて，弱い光でも，光合成による CO_2 吸収速度が呼吸による CO_2 放出速度を上回る。これはすなわち，光補償点が低く，光飽和点も低いということである。また，陰樹の最大の光合成速度は陽樹よりも小さくなる。以上の条件を満たすグラフを描けばよい。

■一般選抜 一般入試Ａ

問題編

▶試験科目・配点

教　科	科　目	配　点
外国語	コミュニケーション英語Ⅰ・Ⅱ・Ⅲ，英語表現Ⅰ・Ⅱ	100 点
数　学	数学Ⅰ・Ⅱ・Ａ・Ｂ（数列，ベクトル）	100 点
理　科	「化学基礎，化学」，「生物基礎，生物」から１科目選択	150 点

▶備　考

学力試験の成績，調査書などの提出書類を総合して合格者を決定する。なお，合格者の決定に当たっては総合点を判定基準とする。

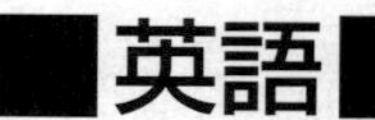

英語

（75 分）

I　次の英文を読んで，下の問いに答えなさい．【配点 42】

(ｱ) It is a universal language as old as civilization. You may not be as fluent as some others are, but every human can understand the basics. Music is humanity's emotional language and no matter where we come from, we all speak a common language of rhythm, tone and melody.

Musical scales vary from culture to culture as (ｲ) do ideas about musical forms, but the emotions [A. communicate] in a musical performance, whether it is Ella Fitzgerald singing jazz or Saburo Kitajima singing enka, are universal. No matter where we come from, we all feel the same emotions, and music expresses those emotions in a way other languages cannot.

(1) Knowing a lot about music or the culture a song comes from will make it easier to understand the details of what the song is saying, but happy music sounds happy and sad music sounds sad no matter where you go. It doesn't matter where you come from, Bobby McFerrin's Don't Worry, Be Happy is a happy song and the Beatles' Yesterday is a sad song.

Improvised music is a conversation. I've played in and listened to jam sessions with people from all over the world, involving everything from banjos to bagpipes, and they all work pretty much the same way. Someone starts a rhythm, someone plays a scrap of melody. Other players take up the melody and the rhythm and suddenly they are all creating music together, [B. share] the expression of emotion.

A jam session is communication at its most basic level and the things that are most important are the things that are important in any conversation: Listen first, because it is only by [C. listen] that you can figure out what to say. (2) Don't interrupt when others are speaking; your turn will come. It is a conversation, and like any successful group effort, the end result can be greater than the sum of its parts. Sometimes 1+1+1+1 = more than 4.

I've played music with the same group of friends for 30 years, and on a good night we can read each other's minds, all of us [D. know] what the others will play before they play it. (3) I've had the same experience with musicians I hadn't met before, sitting in with bands from Tokyo to Toronto with no more in common than a general idea of the kind of music we were playing.

The language of music isn't useful for asking or answering questions like "Where is the toilet?" or "How many of my company's products would your factory like to buy?" but music is the language of the soul and we all understand it better than we can speak it.　(*The Japan Times Alpha*, May 29, 2020)

musical scales　音階
improvised　即興の
jam session　即興の演奏（会）

問１　下線部（ア）It は何を指すか．日本語で答えなさい．

問２　下線部（イ）do の内容を日本語で説明しなさい．

問３　下線部 [A] の communicate を正しい形にしなさい．

問４　下線部 [B] の share を正しい形にしなさい．

問５　下線部 [C] の listen を正しい形にしなさい．

問６　下線部 [D] の know を正しい形にしなさい．

問７　下線部（１）を日本語に訳しなさい．

問８　下線部（２）を日本語に訳しなさい．

問９　下線部（３）を日本語に訳しなさい．

II 次の英文を読んで，下の問いに答えなさい．【配点 38】

Researchers are studying the effectiveness of wearable devices (A).

Many people already use devices such as the Fitbit or Apple Watch to measure their heart rate and other physical activity. Researchers are now studying whether this kind of technology could be used to (ア) for early warning signs of COVID-19.

One such device is being tested at West Virginia University in the United States. Researchers there reported in May that it can identify COVID-19 symptoms up to three days before people start to experience them.

The researchers are performing tests with a device called the Oura Ring. The ring, worn on the finger, has been around for about two years. It was designed to (イ) physical activity, sleep effectiveness and heart health.

The ring sends the information it collects to an app, which rates the quality of the user's activities. The app uses artificial intelligence, AI, tools to predict the start of COVID-19 related symptoms, (B).

(1) <u>The researchers said early tests had shown the system could "predict the onset of COVID-19 related symptoms three days in advance." They reported a success rate of over 90 percent</u>.

Ali Rezai is the head of the university's Rockefeller Neuroscience Institute. In a statement, Rezai said he thinks the system can help to protect health care and emergency workers (C).

Recently, the National Basketball Association, NBA, decided to supply the Oura Ring to its players in an attempt to identify possible signs of COVID-19 as early as possible.

Another research project is taking place at the Scripps Research Institute in San Diego, California. The DETECT study is examining data from devices worn by more than 30,000 volunteers. It aims to show whether wearables can predict the start of COVID-19 in people (D).

Scripps researchers already demonstrated the value of wearable technology in predicting viral infection. Their findings appeared earlier this year in the British publication The Lancet.

Results of both studies suggest the devices "have the potential to (ウ) people who are pre-symptomatic but still infectious," said Jennifer Radin, the leader of the Scripps research. She spoke to the French Press Agency AFP.

Scripps researchers say they hope to (エ) that data from wearables may be more dependable and effective than temperature readings.

"Forty percent of people who come down with COVID don't have a fever," Radin said. "This is something that can be used to screen people that's better than a temperature check."

One effective predictor can be a person's heart rate when he or she is at rest. Experts say this is because (E).

"We see these changes (in heart rate) four days before someone starts to (オ) a fever," Radin added. Heart rates are easily and effectively measured by most wearables. (*VOA Learning English*, https://learningenglish.voanews.com/a/wearable-health-technology-could-find-early-signs-of-covid-19/5513251.html)

問１　(A)から(E)に入るべき語句を下から選び，記号で答えなさい.

① dealing with COVID-19 and other fast-spreading diseases
② not yet showing symptoms
③ such as a high body temperature and breathing problems
④ to identify early signs of disease, including COVID-19
⑤ the resting heart rate usually remains unchanged before an infection

問２　(ア) から (オ) に入るべき単語を下から選び，記号で答えなさい.

① demonstrate　② develop　③ identify
④ monitor　⑤ watch

問３　下線部（１）を日本語に訳しなさい.

III　日本語の内容を英語で表現しなさい．【配点 20】

1.　こんな美しい絵画は見たことがない．

2.　二人の間には何か誤解があったようだ．

3.　彼は，週末何時間も小説を読んで過ごす．

4.　彼女は，まるで何でも知っているかのように話した．

数学

（75 分）

Ⅰ ～ Ⅲ の解答は，解答用紙の所定の欄に記入しなさい．

解答にあたっては次の点に注意しなさい．

(1) 解答用紙には，特に指示がなければ，答えのみを記入しなさい．計算過程を示す必要はありません．

(2) 答えが複数あるときは，すべて解答しなさい．

【問題例】等式 $(a-1)(a-3)=0$ を満たす a の値を答えなさい．

【解答例】$a=1, 3$

(3) 場合分けが必要だと考えられる場合は，各自で判断して解答しなさい．

【問題例】a を与えられた実数とする．方程式 $ax=1$ を解きなさい．

【解答例】$a \neq 0$ のとき，$x=\dfrac{1}{a}$．$a=0$ のとき，解なし．

(4) 答えは，

- 根号を含む場合は，根号の中に現れる自然数が最小になる形にする
- 分数はそれ以上約分できない形にする
- 分数の分母は有理化する
- 同類項はまとめる

など，簡潔な形で解答しなさい．

I　次の空欄 ア ～ オ にあてはまる数を答えなさい.　［配点 30］

(1) 2 次方程式 $x^2+x+1=0$ の異なる 2 つの解を α, β とするとき, $\alpha^2+\beta^2=$ ア であり, $\alpha^3-1=$ イ である.

(2) 関数 $f(x)$ が等式 $f(x)=3x^2-8x+\int_0^2 f(t)dt$ を満たすとき, $\int_0^2 f(x)dx=$ ウ である.

(3) s, t を実数とする. 2 つのベクトル $\overrightarrow{a}=(-3,4)$, $\overrightarrow{b}=(s,t)$ が垂直であり, $\overrightarrow{b}$ の大きさが $\sqrt{3}$ であるとき, $st=$ エ である.

(4) 「0, 1, 2, 3, 4, 5」の 6 個の数字を重複を許して使ってできる自然数のうち 452 は小さい方から数えて オ 番目である.

II　次の問いに答えなさい.　［配点 36］

(1) a を実数の定数とする. xy 座標平面上の 2 次関数 $y=x^2-2ax-a+6$ のグラフが x 軸の負の部分の異なる 2 点で交わるとき, a のとり得る値の範囲を答えなさい.

(2) 次の 3 つの数を左から小さい順に並べなさい.

$$\frac{3}{2},\ \log_{\sqrt{3}}2,\ \log_3 5$$

(3) xy 座標平面上の曲線 $y=x^3-3x^2+x$ を C とする. また, C と y 軸との交点における C の接線を l とする.

(i) l を表す方程式を答えなさい.

(ii) C と l で囲まれる図形の面積を答えなさい.

(4) 三角形 ABC があり，$\cos\angle\mathrm{ABC} = \dfrac{5}{13}$，$\cos\angle\mathrm{BCA} = \dfrac{1}{2}$ である．

(i) $\sin\angle\mathrm{CAB}$ の値を答えなさい．

(ii) 三角形 ABC の外接円の半径が 2 であるとき，辺 BC の長さを答えなさい．

III 次の問いに答えなさい． ［配点 34］

(1) O を原点とする xy 座標平面上に点 A$(3, 6)$ があり，線分 OA を $1:2$ に内分する点を B とする．また，B を通り，直線 OA に垂直な直線を l とする．

(i) 直線 l を表す方程式を答えなさい．

(ii) 中心が l 上の点であり，2 点 $(4, -2)$，$(6, 4)$ を通る円を表す方程式を答えなさい．

(2) ある微生物を培養することを考える．この微生物は，ある一定の条件に保たれた容器内で，1 時間毎に 1 匹だけが死に，残りの個体はそれぞれ 2 つに分裂する．この条件の下で，はじめにこの微生物 4 匹を容器に入れ，n 時間後（n は自然数）の生きた微生物の個体数を a_n とする．

(i) a_1 の値を答えなさい．

(ii) （設問省略）

(iii) 数列 $\{a_n\}$ の一般項を答えなさい．

(iv) 不等式 $a_n \geqq 2021$ を満たす最小の自然数 n を答えなさい．

（90 分）

I　**問１～ 問５に答えなさい．【配点 48】**

問１　下図は，混合物を分離する操作の１つを示しているが，（点線の円）で囲った箇所には，操作上の誤りがある．（１）～（４）に答えなさい．

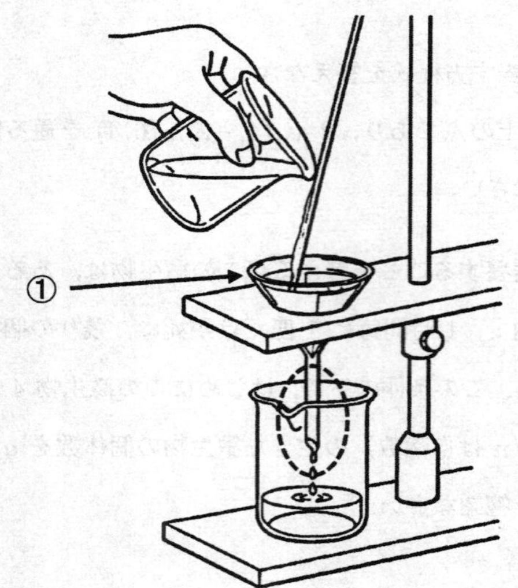

（１）図に示された分離操作を何というか答えなさい．

（２）図の①のガラス器具の名称を答えなさい．

（３）（点線の円）で囲った箇所の操作上の誤りを簡潔に述べなさい．

（4）次の混合物から（　）内の物質を分離しようとするとき，この操作のみでは**分離することができないもの**をすべて選び記号で答えなさい．

(a)　砂の混ざった水（砂）

(b)　少量の塩化ナトリウムを含む硝酸カリウム水溶液（硝酸カリウム）

(c)　牛乳（牛乳の成分であるタンパク質）

問２　次の文章を読み，（1），（2）に答えなさい．

水素イオンは，水分子中の酸素原子の非共有電子対１組を提供され，水分子と結合してオキソニウムイオンとなる．生じたオキソニウムイオンの形状はアンモニアと同様の［　1　］形をしている．

このように一方の原子の非共有電子対を他の原子に提供することによりできる共有結合を［　2　］結合という．

（1）［　1　］，［　2　］に適切な語句を入れなさい．

（2）オキソニウムイオンの電子式を書きなさい．

問３　次の文章の［　ア　］，［　エ　］に化学式，［　イ　］に色，［　ウ　］に物質の三態のうちどの状態かを入れなさい．

ハロゲンの単体の中で，［　ア　］が最も酸化力が強い．常温常圧で，塩素は［　イ　］の気体であり，臭素は赤褐色の［　ウ　］である．ハロゲン化水素の水溶液の中で，［　エ　］の水溶液は唯一の弱酸である．

問４　次の文章を読み，（1），（2）に答えなさい．

$A + 3B \longrightarrow C + D$ で表される反応がある．温度を一定に保ち，A のモル濃度 [A]〔mol/L〕および B のモル濃度 [B]〔mol/L〕を変えて C の生成速度 v〔mol/(L･s)〕を測定したところ，下表に示す結果が得られた．

	Ａのモル濃度 [A]〔mol/L〕	Ｂのモル濃度 [B]〔mol/L〕	Ｃの生成速度 v〔mol/(L・s)〕
実験１	0.10	0.10	2.0×10^{-3}
実験２	0.10	0.30	6.0×10^{-3}
実験３	0.30	0.30	5.4×10^{-2}

（１）この生成反応の速度定数を k とし，生成速度 v を k, [A], [B]を用いて示しなさい．

（２）（１）の速度定数 k を求め，有効数字２桁で答えなさい．ただし，単位は記さなくてよい．

問５　（１）～（３）の反応はどの種類の反応に属するか．（ア）～（オ）から適切なものをそれぞれ１つ選び，記号で答えなさい．

（ア）置換反応　　（イ）付加反応　　（ウ）脱離反応
（エ）重合反応　　（オ）縮合反応

（１）エタノールに濃硫酸を加え加熱するとエチレンが生成した．

（２）白金を触媒としてアセチレンに水素を作用させるとエタンが生成した．

（３）メタンに塩素を混ぜて光を照射するとテトラクロロメタンが生成した．

II

次の文章を読み，問に答えなさい．【配点21】

酸素は陰性が強く，多くの元素と直接反応して酸化物を与える．酸化物には，塩基と反応して塩を生じる酸性酸化物，酸と反応して塩を生じる塩基性酸化物，酸，塩基どちらとも反応する［ア］酸化物と呼ばれるものがある．

酸性酸化物と水との反応で生じる酸の多くは，［イ］と呼ばれるものである．同一元素の［イ］でも，中心元素に結合している酸素の数が異なることがある．その場合，水素原子と結合していない酸素原子の数が多いほど酸性が強い．

問1　［ア］，［イ］に適切な語句を入れなさい．

問2　塩基性酸化物を①～⑥からすべて選び，番号で答えなさい．

①　二酸化ケイ素　　②　酸化亜鉛　　③　酸化マグネシウム

④　酸化銅(II)　　⑤　二酸化炭素　　⑥　酸化スズ(II)

問3　下線部の例として，(A) 酸化アルミニウムと塩酸との反応，(B) 酸化アルミニウムと水酸化ナトリウム水溶液との反応をそれぞれ化学反応式で示しなさい．

問4　酸性酸化物である十酸化四リンが水と反応してリンの［イ］が生じる反応を化学反応式で示しなさい．

問5　塩素の［イ］のうち，最も酸性が強いものの名称を答えなさい．

次の文章を読み，問に答えなさい．ただし，気体については理想気体の状態方程式が成り立ち，また，液体の体積は無視できるものとする．

【配点 12】

ある純物質 1.0 mol の液体をピストン付の容器に封入すると一部が蒸発した．ピストンを固定して容積を一定に保ったまま，温度をゆっくり上げながら温度と容器内の圧力を測定したところ，下図のグラフが得られた．AC 間は物質の蒸気圧曲線と一致し，CD 間は直線となった．

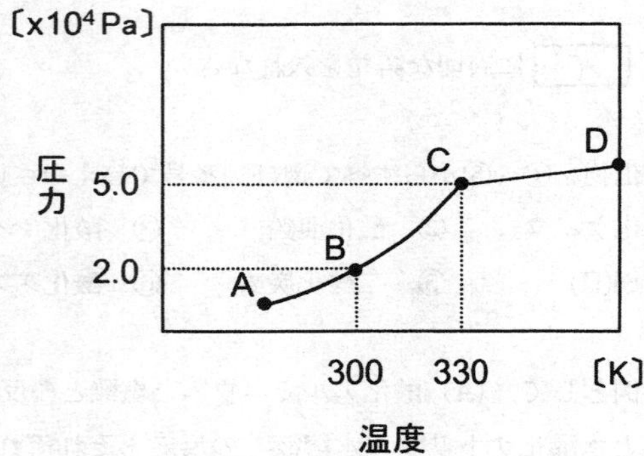

次に，容器内の温度を最初の温度まで冷却し，ピストンを引き，容積を増加させて固定したまま，上記の操作を再び行った．

問１　図中の CD 間でこの物質はどのような状態で存在しているか．①～③から選び，番号で答えなさい．

①　液体のみ　　②　気体のみ　　③　液体と気体が共存

問２　ピストンを引く前の条件で温度を上昇させ，400 K に達したときの容器内の圧力〔Pa〕を求め，有効数字２桁で答えなさい．

問３　B の状態（2.0×10^4 Pa，300 K）において，容器内に液体の状態で存在する物質の物質量〔mol〕を求め，有効数字２桁で答えなさい．

問4　次の①〜⑥のグラフのうち，下線部の操作を行ったときの温度 T と圧力 P の関係を実線で示しているものはどれか．もっとも近いものを選び，番号で答えなさい．なお，容積を増加させる前の温度 T と圧力 P の関係を点線で示した．

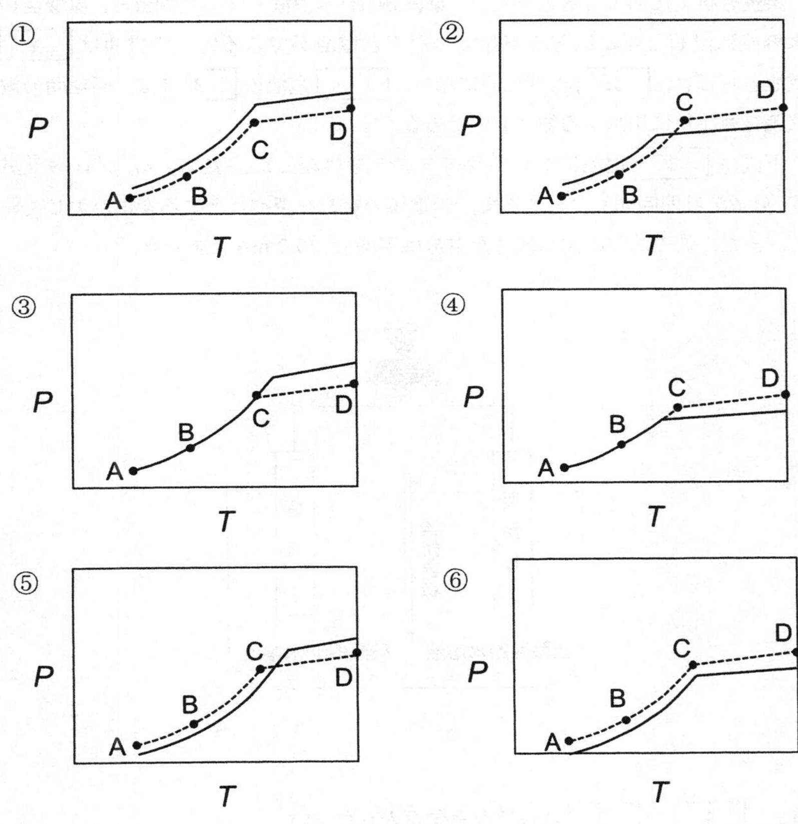

次の文章を読み，問に答えなさい．ただし，ファラデー定数は 9.65×10^4 C/mol，原子量は H = 1.00，O = 16.0，S = 32.0，Cu = 63.5，Zn = 65.4 とする．【配点 21】

素焼き板で仕切った容器を用い，硫酸銅(II)水溶液に浸した銅板と，硫酸亜鉛水溶液に浸した亜鉛板とを導線でつなぐと電池ができる．この電池は［ 1 ］電池と呼ばれ，［ 2 ］板が正極になる．［ 1 ］電池の［ 3 ］は，両極間の電位差（電圧）に相当する約 1.1 V である．

下図は［ 1 ］電池にプロペラモーターを接続した装置である．プロペラが 80 分 25 秒間回転したところで，両電極の質量を調べたところ変化が生じていた．また，この放電の間に流れた電流は平均で 20.0 mA であった．

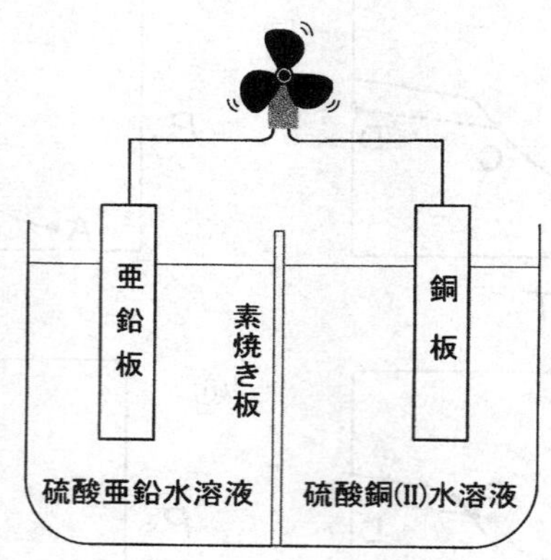

問1　［ 1 ］～［ 3 ］に適切な語句を入れなさい．

問2　素焼き板の代わりにガラス板を仕切りとして用いたところ，電流が流れなかった．その理由を簡潔に述べなさい．

問3　放電時に正極で起こる反応を電子 e^- を含むイオン反応式で示しなさい．

問４　この放電で流れた電気量〔C〕を求め，有効数字３桁で答えなさい.

問５　放電後，負極の質量は，放電前と比べ何 mg 変化したか，有効数字３桁で答えなさい.

次の文章を読み，問に答えなさい．ただし，酢酸の電離定数 K_a は 1.8×10^{-5} mol/L，水のイオン積 K_w は 1.0×10^{-14} $(\text{mol/L})^2$ とする．必要なら，$\log_{10}2=0.30$，$\log_{10}3=0.48$ を用いなさい．【配点 12】

下図は，0.20 mol/L 酢酸水溶液 25 mL に，同濃度の水酸化ナトリウム水溶液を滴下したときの滴定曲線である.

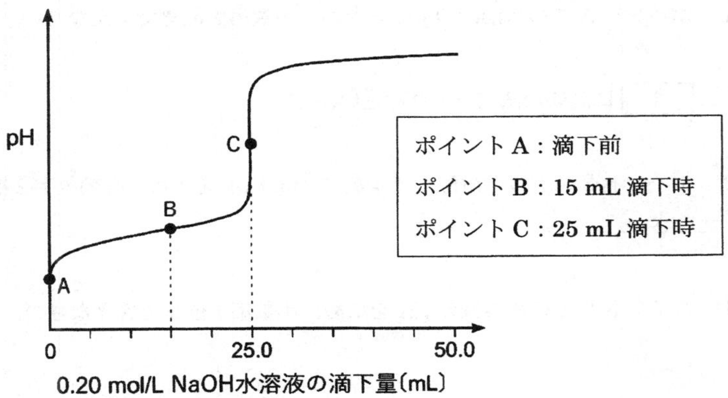

酢酸は，水溶液中ではその一部が電離して，(1) 式の電離平衡の状態にあり，その電離定数 K_a は (2) 式で表される.

$$CH_3COOH \rightleftarrows CH_3COO^- + H^+ \quad \cdots\cdots\cdots (1)$$

$$K_a = \frac{[CH_3COO^-][H^+]}{[CH_3COOH]} \quad \cdots\cdots\cdots (2)$$

図中のポイント B では，未反応の酢酸と中和反応で生じた酢酸イオンが共存している．この溶液においても，酢酸の電離平衡が成り立っており，(2) 式も成立している．

このポイント B における溶液には中和反応で生じた酢酸イオンが多量に存在するため，酢酸だけの場合と比べて，(1) 式の電離平衡は大きく左に偏っており，酢酸はほとんど電離していない．そのため，酢酸は中和されずに残っている量そのものとみなせる．一方，酢酸イオンの［ 1 ］も酢酸が存在するためほとんど起こらない．そのため，酢酸イオンの物質量は加えた水酸化ナトリウムの物質量に等しいとみなせる．これらのことと，電離定数 K_a からポイント B での pH を求めることができる．

ポイント C では，酢酸はすべて中和されているため酢酸ナトリウムの水溶液とみなせ，酢酸イオンの［ 1 ］によって，その液性は弱塩基性を示す．

問1　ポイント A での水溶液の pH を求め，小数第 1 位まで答えなさい．

問2　［ 1 ］に適切な語句を入れなさい．

問3　ポイント B における酢酸のモル濃度〔mol/L〕を求め，有効数字 2 桁で答えなさい．

問4　ポイント B での水溶液の pH を求め，小数第 1 位まで答えなさい．

VI

次の文章を読み，問に答えなさい．【配点 15】

窒素と水素からアンモニアを合成する反応は可逆反応であり，その熱化学方程式は次式で表される．

$$N_2(気) + 3H_2(気) = 2NH_3(気) + 92\ \mathrm{kJ}$$

平衡状態でのアンモニアの生成量を多くするには，正反応が進む向きに平衡を移動させればよい．つまり，化学平衡の面では，［ ア ］・［ イ ］の条件がよい．

気体の反応では，反応の進行に伴う濃度変化を測定するよりも圧力変化を測定する方が容易なので，平衡状態での各気体の分圧を用いて平衡定数を表すことがある．これを圧平衡定数 K_p という．窒素，水素，アンモニアのそれぞれの分圧を P_{N_2}, P_{H_2}, P_{NH_3} とすると，これらを用いて K_p は次式で表される．

$$K_p = \frac{(P_{NH_3})^2}{(P_{N_2})(P_{H_2})^3}$$

問1 文章中の［ ア ］，［ イ ］に入る適切な語句の組合せを①～④から選び，番号で答えなさい．

	ア	イ
①	低温	低圧
②	低温	高圧
③	高温	低圧
④	高温	高圧

問2 密閉容器に窒素と水素を，分圧がそれぞれ 2.0×10^6 Pa，5.0×10^6 Pa になるように入れ，ある温度に保ったところ，平衡に達して全圧が 5.0×10^6 Pa となった．この平衡状態での窒素の分圧〔Pa〕を求め，有効数字２桁で答えなさい．

問 3　**問 2** の温度における圧平衡定数 K_p〔Pa^{-2}〕を求め，有効数字 2 桁で答えなさい.

問 4　アンモニアは工業的には四酸化三鉄を主成分とした触媒を用いて合成されている. このアンモニアの工業的製法は何と呼ばれているか, 答えなさい.

問 5　下のグラフ中の破線は **問 2** の反応条件における反応時間とアンモニアの生成率の関係を示している. 図中の①～④のうち，触媒を用いて行った場合のアンモニアの生成率の変化として適切なものはどれか. 1 つ選び，番号で答えなさい. ただし, 触媒の有無以外の反応条件は **問 2** の場合と同じとする.

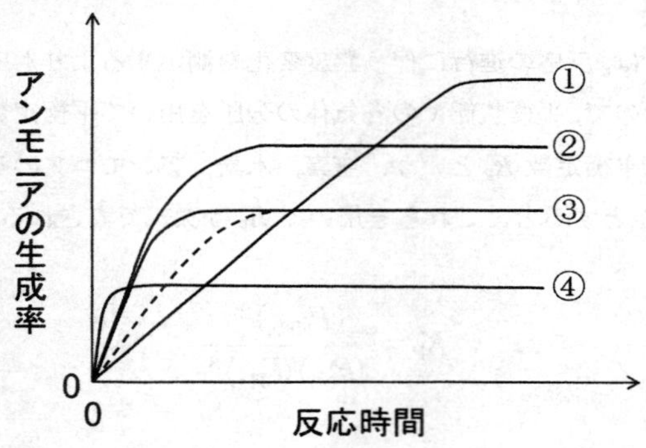

次の文章を読み，問に答えなさい．ただし，原子量は C = 12，H = 1，O = 16 とする．なお，構造式は例にならって書きなさい．【配点 21】

有機化合物 **A** は分子式 $C_{17}H_{22}O_6$ で表され，不斉炭素原子を 1 つもつ化合物である．その **A** の構造決定のために，以下の**実験 1** ～ **5** を行った．

実験 1　1 mol の **A** に炭酸水素ナトリウムを十分に反応させると，気体が 1 mol 発生した．

実験 2　**A** に水酸化ナトリウム水溶液を加え，加熱して完全に加水分解した後，その液を酸性にすると化合物 **B**，**C** および **D** が物質量として，1 : 1 : 1 の割合で得られた．

実験 3　**B** は加熱すると容易に脱水し，化合物 **E** が生成した．また，**E** は酸化バナジウム(V)を触媒として用いてナフタレンを酸化すると合成できた．

実験 4　**C** は不斉炭素原子をもたず分子式 $C_4H_{10}O_2$ で表されることが分かった．**C** を 1 mol 含む溶液に濃硫酸を加え加熱すると 2 mol の水が脱水し，シス－トランス異性体をもたない分子式が C_4H_6 の化合物 **F** が生成した．

実験 5　**D** は分子式 $C_5H_{10}O_2$ で表される不斉炭素原子を 1 つもつ化合物であることが分かった．また **D** を濃硫酸存在下メタノールと共に加熱すると，分子量が 14 増えた化合物が生成した．

問 1　以下の化合物（ア）～（オ）のうち，**実験 1** と同様に，1 mol の化合物に対して炭酸水素ナトリウムを十分に反応させたとき，気体が 1 mol 発生する化合物はどれか．1 つ選び，記号で答えなさい．

（ア）サリチル酸メチル　（イ）シュウ酸　（ウ）安息香酸
（エ）酢酸ビニル　（オ）マレイン酸

問 2　**実験 3** で用いたナフタレンの構造式，および反応で生成した化合物 **E** の構造式をそれぞれ書きなさい.

問 3　**実験 4** で得られた化合物 **F** の構造式を書きなさい.

問 4　**実験 5** で行った反応の名称を次の①〜⑤から選び，番号で答えなさい.

① ニトロ化　　② ジアゾ化　　③ アセチル化
④ エステル化　　⑤ けん化

問 5　化合物 **A** の構造式を書きなさい．ただし，鏡像異性体は考慮しなくてよい.

（例）

O
CH_3-CH-CH_2　　C-OH
OH
HO　　CH_3
C=C
H　　H

生物

（90 分）

I

次の文章を読み，**問１～問７**に答えなさい。　　**【配点 21】**

(A)生物が酸素存在下で有機物を分解して，生命活動に必要なエネルギーを ATP として取り出す一連の反応を呼吸といい，呼吸によって分解される有機物を呼吸基質という。代表的な呼吸基質はグルコースなどの炭水化物である。グルコースはまず解糖系でピルビン酸に分解される。次いで，(B)ピルビン酸は細胞質からミトコンドリアに運ばれてクエン酸回路で段階的に分解される。これらの 2 つの過程で ATP，および，NADH，$FADH_2$ が産生される。NADH と $FADH_2$ は電子と［ a ］イオンを放出し，電子はミトコンドリア内膜に埋め込まれた電子伝達系のタンパク質複合体の間を次々に受け渡される。このとき，ミトコンドリアの外膜と内膜の間に［ a ］イオンが運搬され，［ b ］（内膜に囲まれた部分）との間に濃度差ができる。この［ a ］イオンの濃度差を利用して ATP が合成される。このように，NADH などが酸化される過程で ATP が合成される反応を［ c ］と呼ぶ。

呼吸基質には，炭水化物以外にも脂肪や［ d ］がある。脂肪は［ e ］と脂肪酸に加水分解されたのち，［ e ］は解糖系に，(C)脂肪酸は順次分解されてアセチル CoA となり，クエン酸回路に入る。［ d ］は加水分解されてアミノ酸となり，(D)アミノ酸は脱アミノ反応を経てピルビン酸や各種有機酸となり，それらはクエン酸回路に入って ATP の合成に利用される。それぞれの呼吸基質に含まれる炭素と水素と酸素の割合は異なるため，呼吸において発生する［ f ］と消費される［ g ］の量も異なる。(E)［ f ］と［ g ］の体積比を呼吸商といい，利用される呼吸基質によって固有の値を示す。

問１　文中の［ a ］～［ g ］に入る最も適切な語句を答えなさい。

問２　下線部(A)に対して，微生物が酸素を用いずに有機物を分解して乳酸やエタノールを産生する反応を何というか答えなさい。

問３　下線部(B)について，クエン酸回路の反応全体は下の反応式で表される。①～⑤に入る数値を答えなさい。ただし，①～⑤には同じ数値が入ってもよい。

$2\ C_3H_4O_3$（ピルビン酸）＋（ ① ）H_2O＋（ ② ）NAD^+＋（ ③ ）FAD

　→（ ④ ）CO_2＋（ ② ）NADH＋（ ⑤ ）H^+＋（ ③ ）$FADH_2$＋ エネルギー

問４　下線部(C)について，アセチル CoA ができる際に，脂肪酸の端から炭素を２個含む部分が順次切断される反応を何というか答えなさい。

問５　下線部(D)について，アミノ酸の脱アミノ反応によって生じるアンモニアは，ヒトにとって有害である。アンモニアはヒトの体内でどのように処理されるか。次の文章の［ア］（臓器）と［イ］（化合物）に入る最も適切な語句を答えなさい。

『アンモニアは主として［ア］で毒性の低い［イ］になり，腎臓から尿として体外に排出される。』

問６　下線部(E)について，呼吸によって分解されるパルミチン酸 $C_{16}H_{32}O_2$ の呼吸商はいくらになるか。四捨五入して小数第３位まで求めなさい。

問７　下線部(E)について，ラットにエサを十分に与えた状態で呼吸商を測定すると 0.96 であったが，その後しばらく絶食を行った状態で再び呼吸商を測定すると 0.77 となった。呼吸商が減少した理由を呼吸基質に着目して答えなさい。

II

次の文章を読み，問1～問6に答えなさい。　　【配点19】

遺伝情報は，(A)DNAが複製されることで親細胞から娘細胞へと伝えられる。真核生物における遺伝情報の発現プロセスとしては，まず(B)DNAの鋳型鎖の塩基配列と相補的な塩基配列をもつ mRNA 前駆体がつくられる。この過程を［ a ］と呼ぶ。(C)スプライシングを経て成熟したmRNAは，核から細胞質に移動して［ b ］と結合する。次に，(D)mRNAの3個ずつの塩基配列（コドン）に対応するtRNAが特定のアミノ酸を［ b ］に運んでくる。運ばれてきたアミノ酸は［ c ］という共有結合により次々と連結され，タンパク質ができる。この過程を［ d ］と呼ぶ。このように，遺伝情報がDNA，RNA，タンパク質の順に一方向に伝達されるという考え方について，1958年にクリックは［ e ］と呼ぶことを提唱した。

遺伝子の発現調節は［ a ］の制御によって行われることが多い。真核生物の遺伝子のプロモーター周辺には［ f ］と呼ばれる部分があり，そこに［ g ］が結合したり外れたりすることで，遺伝子の発現が変化する。また，RNAのなかにはタンパク質に［ d ］されず，mRNAの分解に関与したり［ d ］を阻害したりすることで，遺伝子発現を抑制するはたらきをもつものがある。この現象を［ h ］といい，発見者のファイアーとメローは2006年にノーベル生理学・医学賞を受賞した。

問1　文中の［ a ］～［ h ］に入る最も適切な語句を答えなさい。

問2　下線部(A)について，DNAの複製のときに主要な役割を果たす酵素を3つ挙げなさい。

問3　下線部(B)について，DNAの鋳型鎖の塩基の一部が「5'-GTACAC-3'」の場合，これに相補的なRNAの塩基配列を5'側から順に書きなさい。また塩基対を形成する塩基間の結合の名称を答えなさい。

問4　下線部(C)について，スプライシングの過程を簡潔に説明しなさい。

問5　下線部(D)について，タンパク質合成の開始を指定する開始コドンの塩基配列と，その配列が指定するアミノ酸を答えなさい。

問６　あるタンパク質を指定する遺伝子に１ヌクレオチドの欠失突然変異が起こった。その結果，この遺伝子から合成されるタンパク質のアミノ酸配列の長さが通常よりも短くなった。短くなった理由について簡潔に述べなさい。

Ⅲ

次の文章を読み，問１～問４に答えなさい。　**【配点 25】**

生命体を構成する主要な元素は，酸素，炭素，水素，窒素などであるが，ナトリウム，カリウム，カルシウムなどの金属イオンもさまざまな役割を担っている。

脊椎動物の体液は，血液，リンパ液，[a]液の 3 つからなる。体液の塩類濃度は，水の供給と排出のバランスによる体液量の調節に加え，塩類イオンの供給と排出のバランスによって調節される。体液が減少すると間脳の[b]にある神経分泌細胞でつくられた[c]というホルモンが脳下垂体の[d]から分泌され，これが腎臓の[e]にはたらきかけて原尿中の水の[f]を促進することで，尿量を減少させる。また，体液が減少して血圧が低下すると，[g]から分泌される[h]というホルモンが腎臓の[i]や[e]にはたらきかけて水とナトリウムイオンの[f]を促進することで，塩類濃度の調節にはたらく。また，血液中のカルシウムイオンの濃度が低くなると[j]から[k]というホルモンが分泌され，これが[l]や腎臓，腸などに作用して血液中のカルシウムイオン濃度をほぼ一定に維持する。

一方，(A)細胞内（細胞質基質）の金属イオンの濃度は細胞外と大きく異なっている場合が多く，このような物質の濃度の差を濃度勾配という。生体膜を構成する[m]の二重層は内部に[n]性の部分をもつため，イオンや水分子はそのままでは細胞膜を通過しにくい。そのため，金属イオンなどは，細胞膜に存在するタンパク質を介した(B)受動輸送や能動輸送によって細胞の内外へ移動する。また，水分子の受動輸送に関与する膜タンパク質は[o]と呼ばれ，腎臓の[e]の上皮細胞などに多く存在する。

問１　[a]～[o]に入る最も適切な語句を答えなさい。

問２　下線部(A)について，ヒトにおいて (1)ナトリウムイオン，(2)カリウムイオン，(3)カルシウムイオンの細胞膜を隔てた濃度勾配の記述として正しいものを，それぞれ次の①〜③から選び，記号で答えなさい。

① 細胞外では高く，細胞質基質では低い。

② 細胞外では低く，細胞質基質では高い。

③ 細胞外も細胞質基質もほぼ同じである。

問3　下線部(B)について，受動輸送と能動輸送の特徴について，両者の違いを挙げながら簡潔に述べなさい。

問4　下線部(B)について，(1)細胞膜におけるナトリウムイオンの受動輸送と能動輸送に関与する膜タンパク質の名称は，それぞれ何か。また，(2)それぞれの輸送において，ナトリウムイオンの移動方向は，細胞の外への流出か，細胞内への流入か。流出か流入で答えなさい。

IV

次の文章を読み，問1〜問5に答えなさい。　【配点 21】

ヒトの免疫は，細菌などの病原体が体内に侵入することを防御するとともに，体内に侵入した病原体を認識し，排除する役割を担っている。皮膚の表面はケラチンを多く含む角質層でおおわれており，物理的に病原体の侵入を防いでいる。また，気管や消化管などの粘膜は，［ a ］を分泌して病原体の侵入を防いでいる。気管の粘膜では細胞にある［ b ］の運動によって病原体を体外に送り出している。さらに，(A)唾液や汗には抗菌作用のある酵素が含まれており，皮膚や粘膜上皮からは抗菌作用のあるタンパク質が分泌され，これらにより殺菌されることで細菌の侵入を防御している。皮膚にある皮脂腺や汗腺などからの分泌物は，皮膚の表面を弱い［ c ］に保ち，胃においては［ d ］により強い［ c ］に保つことにより，病原体の繁殖を防いでいる。

病原体が体内に侵入した場合，マクロファージや樹状細胞，［ e ］が食作用によって病原体を取り込み，消化・分解する。B 細胞は細胞表面上に発現している B 細胞受容体で病原体を認識する。B 細胞受容体は 2 本の H 鎖と 2 本の L 鎖からなり，それぞれの鎖のアミノ末端側領域は［ f ］と呼ばれ，個々の B 細胞ごとにアミノ酸配列が大きく異なる。それ以外の部分は［ g ］と呼ばれる。H 鎖の［ f ］の遺伝子領域のなかには，V 遺伝子断片群，D 遺伝子断片群，J 遺伝子断片群が並んでいる。(B)B

細胞が成熟する間に，V，D，J 遺伝子断片がそれぞれ 1 つずつ選ばれて，連結され，再構成される。一方，L 鎖の［ f ］には，V 遺伝子断片群と J 遺伝子断片群があり，同様の連結と再編成が行われる。この結果，B 細胞の多様性を得ることができる。B 細胞は，同じ病原体を認識する［ h ］T 細胞が分泌した［ i ］を受け取って［ j ］細胞に分化し，分泌型の B 細胞受容体である抗体を分泌するようになる。

問 1　文中の［ a ］～［ j ］に入る最も適切な語句を答えなさい。

問 2　下線部(A)について，唾液や汗に含まれる抗菌作用のある酵素の名称とそのはたらきを簡潔に述べなさい。

問 3　下線部(A)について，皮膚や粘膜上皮から分泌される抗菌作用のあるタンパク質の名称とそのはたらきを簡潔に述べなさい。

問 4　下線部(B)において，H 鎖の V，D，J 遺伝子断片がそれぞれ 40 種類，25 種類，6 種類であり，L 鎖の V と J 遺伝子断片がそれぞれ 35 種類と 5 種類であった場合，B 細胞受容体の［ f ］の組み合わせは理論上何通りになるか答えなさい。

問 5　B 細胞受容体と T 細胞受容体とでは抗原の認識方法が異なる。T 細胞受容体はどのように抗原を認識するのか。簡潔に述べなさい。

次の文章を読み，問1～問9に答えなさい。　【配点23】

多くの植物はそれぞれ決まった季節に花を咲かせる。夏から秋にかけて開花する植物は，日長が短くなると花芽をつける。このような植物を短日植物といい，逆に日長が長くなると花芽をつける植物を長日植物という。これらのように生物が日長の変化に反応する性質を［ a ］という。一方，日長とは関係なくある程度成長すると花芽をつける植物を［ b ］植物という。

短日植物を用いて，人工的に日長を変化させて花芽形成を調べると，花芽形成がみられる明期の長さでも，暗期の途中で一時的に光を照射すると，花芽は形成されなくなった。このことから，花芽形成に影響を与えるのは明期の長さではなく，連続した暗期の長さであることがわかった。花芽形成に必要な最短の暗期の長さを［ c ］という。

短日植物であるオナモミの花芽形成を調べる実験を行い，以下の①～④の結果が得られた。

① 葉をすべて取り除いて短日処理を行ったところ，花芽が形成されなかった。

② 葉を一枚残して短日処理を行ったところ，花芽が形成された。

③ 環状除皮を行いこの部分より下の葉のみに短日処理を行ったところ，下の部分では花芽が形成されたが，上の部分では花芽が形成されなかった。

④ 環状除皮を行わずに下の葉のみに短日処理を行ったところ，植物全体に花芽が形成された。

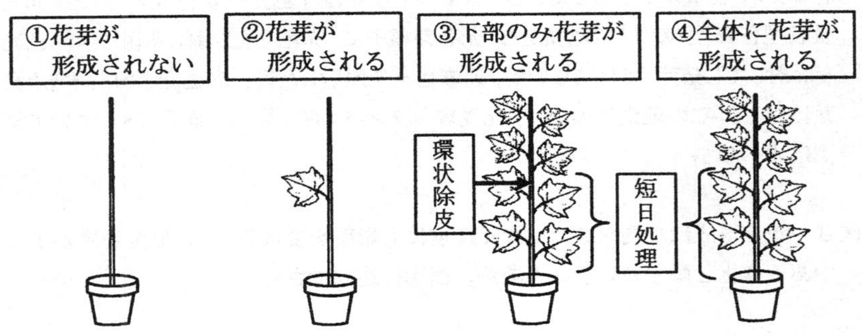

問 1　文中の［ a ］〜［ c ］に入る最も適切な語句を答えなさい。

問 2　短日処理実験などから花芽形成を誘導する物質の存在が示された。この物質を何というか答えなさい。

問 3　①と②の結果から花芽形成についてどのようなことがわかるか。簡潔に述べなさい。

問 4　③と④の実験から花芽形成についてどのようなことがわかるか。簡潔に述べなさい。

問 5　下線部のような光処理のことを何というか答えなさい。

問 6　**問 5** の効果には赤色光が特に有効である。この効果に有効な光の波長として最も適切なものはどれか。次の①〜⑦のうちから 1 つ選び，記号で答えなさい。

① 360 nm　② 460 nm　③ 560 nm　④ 660 nm
⑤ 760 nm　⑥ 860 nm　⑦ 960 nm

問 7　赤色光の処理の後に遠赤色光を照射すると，花芽形成抑制効果が打ち消される。この作用に関係すると考えられている光受容体の名称を答えなさい。

問 8　光発芽種子の発芽にも赤色光と遠赤色光が影響し，その作用には**問 7** の光受容体タンパク質がかかわっている。このタンパク質は赤色光吸収型（Pr 型）と遠赤光吸収型（Pfr 型）の 2 つの型をとる。光発芽種子に，赤色光を照射した後に遠赤色光を照射しても発芽は起こらないが，遠赤色光を照射した後に赤色光を照射すると発芽は起こる。この理由について，光受容体タンパク質の構造の変化にもとづいて簡潔に述べなさい。

問 9　花芽形成は日長だけではなく温度にも影響を受ける。この温度効果の 1 つである春化とはどのような現象か。簡潔に述べなさい。

VI

次の文章を読み，**問１〜問５**に答えなさい。　【配点 21】

ある地域に生息する同種の個体の集まりを［ a ］といい，［ a ］が成長するにつれて種内競争が生じる。種内競争は個体の分布にも影響し，個体間の競争がはげしかったり，それぞれの個体が一定空間を占有する傾向があったりするときは［ b ］分布となり，ある個体の存在が他個体の存在位置に影響を与えていないときは，［ c ］分布となる。また，個体どうしが引き付け合ったり，非生物的環境にむらがあったりするときは，［ d ］分布になる。

図Ａは，ゾウリムシを水槽で飼育したときの増殖のようすを示す。単位生活空間当たりの個体数を表す［ e ］が高くなると，種内競争がはげしくなり，出生率の低下や死亡率の上昇などが起こる。このように，［ e ］の変化に伴って，個体の発育・生理などが変化することを［ f ］といい，ある環境下で存在できる最大の個体数を［ g ］という。

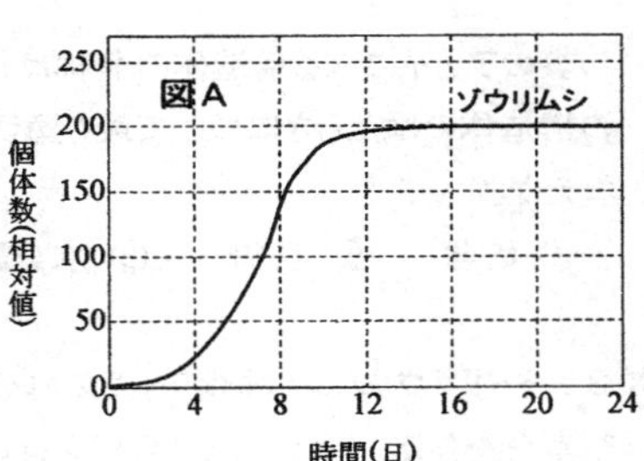

生物群集において，ある種が生活空間，食物連鎖，活動時間などのなかで占める位置を［ h ］といい，この重なりが大きい異種間では種間競争が生じる。ゾウリムシとヒメゾウリムシのように［ h ］がほぼ重なる異種間では，一方の種が同じ場所で共存できなくなり，**図Ｂ**に示すようにその空間からいなくなることもある。このような現象を［ i ］という。一方，ゾウリムシとミドリゾウリムシを混合飼育すると，**図Ｃ**に示すように両種は共存できる。

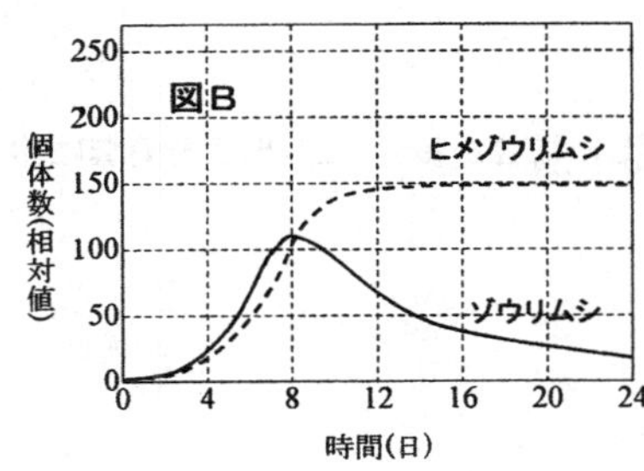

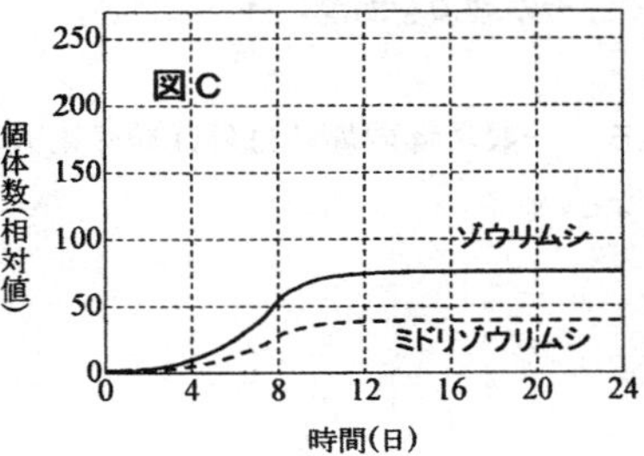

問1　文中の［ a ］～［ i ］に入る最も適切な語句は何か答えなさい。

問2　下図はゾウリムシの模式図である。

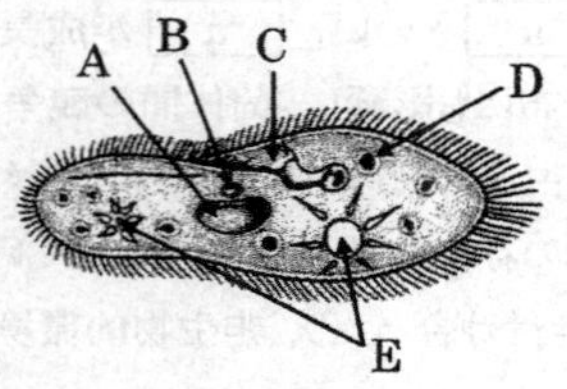

	構造体	はたらき
A	大核	細胞の活動
B	小核	ウ
C	ア	食物の取り込み
D	食胞	消化
E	イ	エ

表の**ア**と**イ**に入る構造体の名称は何か答えなさい。また，**ウ**と**エ**に入るそれぞれの構造体のはたらきについて最も適切なものを次の①～⑥のうちから選び，記号で答えなさい。

①　貯蔵　　②　防御　　③　水分調節　④　生殖　　⑤　分裂　　⑥　呼吸

問3　ミドリゾウリムシは細胞内にクロレラを共生させており，クロレラに二酸化炭素や窒素分を与え，クロレラは光合成を行い，光合成で得られた酸素や糖をミドリゾウリムシに与え，互いに利益をもたらす。(1)このように双方の利益をもたらすような種間関係を何というか。また，(2)一方は利益を得るものの他方は不利益を受けるような種間関係，および，(3)一方のみが利益を得て他方は利益も不利益も受けない種間関係を何というか。

問4　図Cに示すように，ゾウリムシとミドリゾウリムシを同じ水槽内で混合飼育したときには，図Bに示したゾウリムシとヒメゾウリムシの混合飼育の場合と異なり，共存できた。その理由を簡潔に述べなさい。

問5　一般に種内競争は種間競争よりはげしい場合が多い。この理由を簡潔に述べなさい。

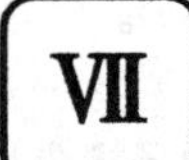

次の文章を読み，問１～問８に答えなさい。　　【配点 20】

現在，地球上の生物で名前がつけられている種(既知種)は約 190 万種存在する。下図は，地球上の生物の既知種の数の割合を示している。しかし，実際にはさらに多数の生物種がいると推定され，毎年新たな種が発見され続けている。これらの生物には，外形的な違いや，場所に応じた生活のしかたなどに多様性がみられる。

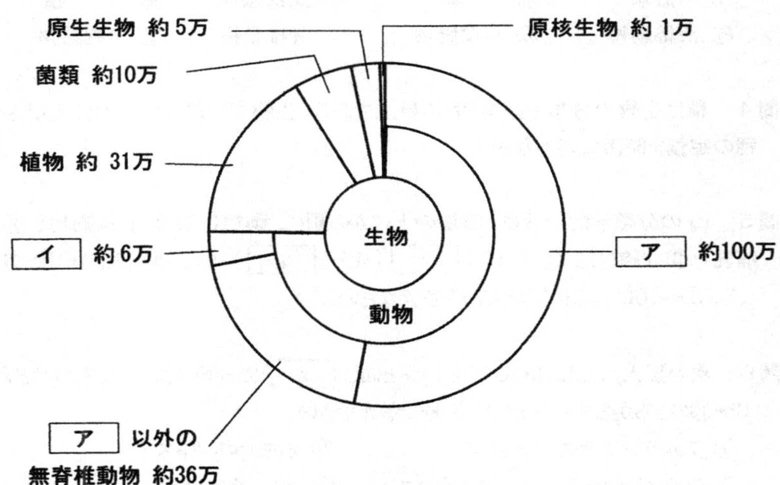

多様な生物は，名前をつけて整理することで分類されている。整理のしかたとしては，種どうしを比較して似ている種を［ a ］というグループにまとめ，さらに［ a ］どうしを比較して似ているものを［ b ］というグループにまとめるというように，下位の階層を上位の階層のグループにまとめていくやり方が一般にとられている。

生物には多様性がみられる一方で，共通性もみられる。すべての生物には，(A)［　　　］，［　　　］，エネルギーを得るために代謝を行う，などの主な特徴のほかに，自分と同じ構造をもつ個体をつくる，体内の状態を一定に保つ，刺激に反応する，進化する，などの共通性がみられる。

ウイルスは，遺伝情報をもとにして増える点では生物と共通であるが，(B)生物と無生物の中間に位置するものだと考えられている。

問１　文中の［ a ］と［ b ］に入る最も適切な階層的分類名を答えなさい。

問２　下線部(A)の 2 つの［　　　］に入る，(1) すべての生物に共通する構造上の特徴，(2) 遺伝情報を保存し伝えるための特徴をそれぞれ答えなさい。

問３　図中の［ ア ］と［ イ ］に入る最も適切な生物の分類名を，次の①～⑧のうちから選び，記号で答えなさい。

①　甲殻類　②　クモ類　③　昆虫類　④　ムカデ類
⑤　海綿動物　⑥　棘皮動物　⑦　脊椎動物　⑧　刺胞動物

問４　種は生物の分類の基本となる単位である。生物学で最も一般的に使用される種の定義を簡潔に述べなさい。

問５　ヒトの分類学的位置は，階層の上位から順に，動物（ ① ）・脊椎動物（ ② ）・哺乳（ ③ ）・霊長（ ④ ）・ヒト（［ b ］）・ヒト（［ a ］）・ヒト，という種の位置づけになる。①～④に入る適切な階層を答えなさい。

問６　次の猿人，原人，旧人のうち，ヒトと同じ［ a ］に分類されているものはどれか。①～⑥のうちからすべて選び，記号で答えなさい。

①　アルディピテクス・ラミダス　②　ホモ・エレクトス
③　アウストラロピテクス・アフリカヌス　④　ホモ・ネアンデルターレンシス
⑤　サヘラントロプス・チャデンシス　⑥　パラントロプス・ボイセイ

問７　現在の人類であるホモ・サピエンスの直接の祖先が約 20 万年前に出現したと考えられている大陸はどこか答えなさい。

問８　下線部(B)について，生物の共通性から考えて，ウイルスが生物とはいえない理由を簡潔に述べなさい。

解答編

英語

問１．音楽　問２．文化によって異なる
問３．communicated　問４．sharing　問５．listening
問６．knowing
問７．全訳下線部(1)参照。
問８．全訳下線部(2)参照。
問９．全訳下線部(3)参照。

◆全　訳◆

≪音楽は世界の共通言語≫

それは，文明と同じくらい古い世界共通言語である。あなたは他の人ほど流暢でないかもしれないが，全ての人間はその基礎を理解できる。音楽は人間がもつ，感情に訴える言語であり，どこの出身であろうと，我々は誰もが，リズム，トーン，メロディーという共通言語を話すのである。

音階は文化によって異なる。音楽の形式についての考え方がそうであるように。しかし，音楽の演奏で伝えられる感情は，それがジャズを歌っているエラ＝フィッツジェラルドであろうと，演歌を歌っている北島三郎であろうと，普遍的なものである。出身がどこであろうが，我々は誰もが同じ情緒を感じ，音楽は他の言語ではできない方法で，それらの感情を表現するのだ。

(1)音楽について，または，ある歌が生まれた文化について多くを知れば，その歌が伝えていることの詳細を理解することはより容易になるであろう。しかしあなたがどこに行こうが，楽しい音楽は楽しく聞こえ，悲しい音楽は悲しく聞こえるのである。あなたがどこの出身であろうと関係なく，ボビー＝マクファーリンの『ドント・ウォーリー・ビー・ハッピー』は楽しい歌であり，ビートルズの『イエスタデイ』は悲しい歌だ。

即興の音楽は会話である。私は世界中から来た人たちとのジャムセッションに参加したり，それを聴いたりしてきた。それらの即興演奏では，バンジョーからバグパイプに至るまでありとあらゆる楽器が使われていたが，それら全てがほぼ同じように行われている。誰かがリズムをとり始め，誰かがメロディーの一片を演奏する。すると他の演奏者たちがそのメロディーとリズムを演奏し始め，そして突然彼らは全員で一緒に，感情の表現を共有しながら音楽を作っているのである。

ジャムセッションは，その最も基本的なレベルではコミュニケーションであり，最も重要なことは，どんな会話においても重要なことなのである。すなわち，まず聞くこと。なぜなら，何を伝えるべきかをあなたが判断できるのは，聞くことによってのみであるからだ。(2)他の人が話している時には邪魔をしてはいけない。あなたの順番は回ってくる。ジャムセッションは会話である。そして，集団でのあらゆる成功する取り組みと同様に，最終結果は，それぞれの部分の合計よりも大きくなりうる。時には，1＋1＋1＋1＝4以上なのである。

私は，同じグループの友人たちと30年間音楽をやっている。そして，調子が良い夜には，我々はお互いの心を読むことができ，誰もが，他の人たちが演奏する前に，彼らが何を演奏するのかがわかるのである。(3)私は面識のないミュージシャンたちとも同様の経験をしたことがある。自分たちがどんな音楽を演奏するのか大まかなところを把握しているという以上の共通点もなく，東京からトロントに至る様々な出身のバンドと共演したときのことだ。

音楽という言語は，「トイレはどこですか？」とか「御社の工場では弊社の製品をいくつ購入したいですか？」のような質問をしたり，答えたりするのには役に立たないが，音楽は魂の言語であり，我々は誰もが，それを話せる以上によく理解しているのである。

◀解　説▶

問1．下線部を含む文でのItは「世界共通言語」とある。第1段第3文（Music is …）には「音楽は言語。我々はその共通言語を話す」とあるので，Itが指しているものはMusic「音楽」である。

問2．下線部を含む部分は，as do S「そしてSもまた同様に～」の形式である。これは，前述の内容に追加する形であるので，doは直前のvary from culture to culture「文化によって異なる」を意味する。

問３．下線部を含む部分は but からコンマまで，「音楽の演奏で伝えられる感情」と推察できる。ゆえに，前置詞句を伴った過去分詞が the emotions を後ろから修飾していると考えられるので，communicated が適切である。

問４．下線部直前では「彼らは一緒に音楽を作っている」とあり，下線部以下では「感情の表現を共有する」とある。この２つの行為は同時に進行していると考えられるので，分詞構文の付帯状況「～しながら」で処理すればよい。sharing が適切である。

問５．前置詞 by の直後なので，動名詞 listening が適切である。なお，この下線部を含む文は，It is ～ that … の強調構文であることに注意。

問６．下線部の前「我々はお互いの心を読むことができる」が原因となり，下線部以下「他の人たちが演奏する前に，彼らが何を演奏するのかがわかる」が結果を表すので，結果を表す分詞構文だと判断できる。ゆえに，knowing が適切である。下線部の前の all of us は主文の主語 we の言い換え。knowing の意味上の主語である。

問７．冒頭の Knowing は動名詞「～を知ること」である。the culture (that) a song comes from「ある歌が生まれた文化」は関係詞 that の省略に注意。come from ～「～出身である，～で生まれた」 make it ～ (形容詞) to *do*「…することを～にする」 say も主語が歌なので「伝える」とした。sound happy「楽しく聞こえる」 no matter where S V「どこへ S が V しても」 なお，「音楽について，またある歌が生まれた文化について多くを知ることは，その歌が伝えていることの詳細を理解することをより容易にするであろう」は無生物主語の構文なので，日本語訳としては下線部のように工夫した。

問８．下線部の It は jam session「即興演奏」であることを意識すると，全体が理解しやすい。speak も「演奏する」の比喩である。turn「順番」 effort「努力，取り組み」 end result「最終結果」 the sum of ～「～の合計，総計」 can は「～できる」よりも，可能性の can と考えて訳す。its parts「その部分」は，jam session の各演奏者のことである。

問９．sit in with ～「～と同席する」，この場合は「～と共演する」の意である。付帯状況を表す分詞構文で，前から訳していくほうが読みやすい文になる。I hadn't met before は直訳すると「以前に会ったことがない」

だが，「初めて会った」としてもよい。〔解答〕ではさらに意訳した。no more in common than 〜 は「〜以上の共通点なしで」，general idea は「(細部に触れない) 大まかな考え，大体のところ」の意。musicians および music の後に関係代名詞 that が省略されていることに注意。なお，from は「〜出身の」の意である。

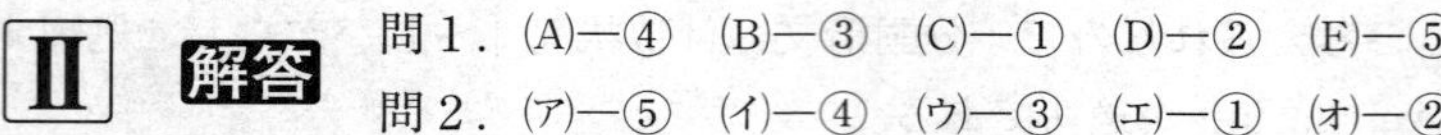

Ⅱ
解答
問1．(A)—④　(B)—③　(C)—①　(D)—②　(E)—⑤
問2．(ア)—⑤　(イ)—④　(ウ)—③　(エ)—①　(オ)—②

問3．全訳下線部(1)参照。

◆全　訳◆

≪ウェアラブル端末と COVID-19≫

研究者たちは，COVID-19（新型コロナウイルス感染症）を含む病気の初期の兆候を特定するためにウェアラブル端末（着用できる末端機器）の有効性を研究している。

多くの人々は，心拍数やその他の身体活動を測定するために，フィットビットやアップルウォッチのような端末をすでに使用している。研究者たちは現在，この種の技術が COVID-19 の初期兆候を監視するために使えるかどうかを研究している。

そのような端末の一つは，米国のウェストバージニア大学で検査されている。5月に研究者たちは，この端末は COVID-19 の症状が現れ始める3日前までにその症状を特定できると報告した。

研究者たちが検査を行っているのは，オーラリングと呼ばれる端末だ。指につけるそのリングは，約2年前から出回っている。それは，身体活動，睡眠の有効性，心臓の健康を監視するために設計されたものだ。

そのリングは集めた情報をアプリに送信し，アプリは使用者の活動の質を評価する。このアプリは，高い体温や呼吸障害などの COVID-19 関連の症状の始まりを予測するために，人工知能，すなわち AI のツールを使う。

(1)研究者たちは，そのシステムが「COVID-19 関連の症状の発症を，3日前に予測」できることを初期の検査で示したと言った。彼らは，90 パーセント以上の成功率であると報告した。

アリ＝レザイは，この大学のロックフェラー神経科学研究所の所長である。声明においてレザイは，このシステムはCOVID-19やその他の急速に蔓延する病気に対処している医療従事者や救急隊員を保護するのに役立つと考えている，と述べた。

最近，全米バスケットボール協会（NBA）は，COVID-19の可能性がある兆候をできるだけ早く特定するために，オーラリングを選手たちに支給することを決めた。

もう一つの研究プロジェクトは，カリフォルニア州サンディエゴのスクリプス研究所で行われている。このDETECT調査は，30,000人以上のボランティアが身につけた端末からのデータを調査している。それは，まだ症状を示していない人々のCOVID-19の始まりを，ウェアラブル端末が予測できるかどうかを明らかにすることを目的にしている。

スクリプスの研究者たちはすでに，ウイルス感染の予測におけるウェアラブル技術の価値を証明している。彼らの発見は，今年初めに英国の医学雑誌『ランセット』に掲載された。

双方の研究の結果は，それらの端末が「発症前だが，感染力のある人々を特定する可能性をもつ」ことを示唆している，とスクリプス研究所のリーダーであるジェニファー＝ラディンはフランス通信社AFPに語った。

スクリプスの研究者たちは，ウェアラブル端末からのデータは，体温の表示数値より信頼性が高く，効果的かもしれないことを証明したいと述べている。

「COVIDに感染した人の40%は熱が出ません」とラディンは言う。「これは，スクリーニング検査に使え，体温を測るよりも良いものです」

予測の判断材料として効果的と思われるものの一つは，休息をとっているときの心拍数である。専門家によると，その理由は，安静時の心拍数は，通常，感染前には変化しないままだからである。

「(心拍数における）これらの変化は，熱が出始める4日前にみられます」とラディンは付け加えた。心拍数は，ほとんどのウェアラブル端末で簡単かつ効果的に測定されるのである。

◀解　説▶

問1．(A)空欄前の「ウェアラブル端末」に注目。第2段第2文（Researchers are …）の「この種の技術がCOVID-19の初期兆候の監視に使えるか」の技術とは，その端末のことであり，「COVID-19の初期兆候」にも言及しているので，④「COVID-19 を含む病気の初期の兆候を特定するために」が適切である。

(B)空欄前に「COVID-19 関連の症状の始まり」とあり，コンマがあることから，その症例の例示が続くと考えられる。ゆえに，③「高い体温や呼吸障害などの」が適切である。

(C)空欄前の保護されるべき health care workers「医療従事者」と emergency workers「救急隊員」に関するものを選択肢に求める。①「COVID-19 やその他の急速に蔓延する病気に対処している」が適切である。

(D)空欄前に「COVID-19 の始まりを予測できるかどうか」とあるので，その時点は発症前と考えられる。ゆえに，②「まだ症状を示していない」が適切である。

(E)空欄は，その前文の「休息をとっているときの心拍数は，予測の判断材料の一つである」ことの理由を述べていると考えられるので，⑤「安静時の心拍数は，通常，感染前には変化しない」が適切である。

問２．(ア)「この種の技術が COVID-19 の初期兆候の何に使えるか」を考える。空欄の後に for があるので，watch for ～「～を警戒する，監視する」となる⑤が適切である。

(イ)空欄の後の「身体活動，睡眠の有効性，心臓の健康」の何を目的として，リングが設計されたのかを考える。④「～を監視する」が適切である。

(ウ)空欄の前後では「それらの端末が可能性をもつ」と「発病前だが，感染力のある人々」の記述がある。前者の可能性は，後者の識別であろう。ゆえに，③「～を特定する」が適切である。

(エ)研究者たちが望んでいるのは，ウェアラブル端末からのデータが他のものよりも優れていることを，①「～を証明する」ことであると考えられる。

(オ)空欄後に fever「熱」がある。ゆえに，develop (a) fever「熱を出す」の②が適切である。develop には「〈人が〉〈病気〉になる，かかる」の意がある。同様の run a fever「熱を出す」の表現も覚えよう。

問３．early test「初期の検査」 shown の後に接続詞の that が省略されている。predict「～を予測する」 onset「発病，発症」 related symptom「関連の（した）症状」 期間を表す名詞＋in advance「～前に」 success rate of over 90 percent「90 パーセント以上の成功率」

 **解答** 1．I have never seen such a beautiful painting.

2．There seems to have been some misunderstanding between the two of them.

3．He spends many hours reading novels on weekends.

4．She spoke as if she knew everything.

◀解　説▶

1．現在完了形（経験）を用いて表現した。最上級を使って表現すると，This is the most beautiful painting（that）I've ever seen. となる。

2．「～のようだ」の時制は現在であり，「誤解があった」はそれ以前のことである。時間のずれは seem to have *done* で表現する。二人の間は the two of them とした。of them は省略可。なお，The two of them を主語にして，The two of them seem to have had some misunderstanding. とすることも可。

3．spend *A* *doing*「*A* を～して過ごす」の構文が浮かべばよい。「週末（通例金曜日の夜から日曜日まで）に」は on weekends で表せる。over the weekend は「週末を通じて，月曜日の朝まで」の意であり多少ニュアンスが異なる。

4．本問は「まるで～であるかのように」と，主節の動詞と as if 以下は同時の事柄を述べているので，as if〔though〕+仮定法過去の構文を使う。

■数学■

I

解答　(1)ア．-1　イ．0　(2)ウ．8　(3)エ．$\dfrac{36}{25}$　(4)オ．176

◀解　説▶

≪小問 4 問≫

(1)　$x^2+x+1=0$ の 2 つの解が α，β だから，解と係数の関係より

$$\alpha+\beta=-1,\ \alpha\beta=1$$

よって

$$\alpha^2+\beta^2=(\alpha+\beta)^2-2\alpha\beta=(-1)^2-2\times1=-1\quad\to ア$$

また，α は方程式 $x^2+x+1=0$ の解だから

$$\alpha^2+\alpha+1=0$$

ゆえに

$$\alpha^3-1=(\alpha-1)(\alpha^2+\alpha+1)=0\quad\to イ$$

(2)　$\int_0^2 f(t)dt$ は定数だから，これを C とおくと

$$f(x)=3x^2-8x+C$$

このとき

$$\begin{aligned}\int_0^2 f(x)dx&=\int_0^2(3x^2-8x+C)dx\\&=\Big[x^3-4x^2+Cx\Big]_0^2\\&=-8+2C\end{aligned}$$

$\int_0^2 f(t)dt=C$ だから

$$-8+2C=C\qquad\therefore\quad C=8$$

よって

$$\int_0^2 f(x)dx=8\quad\to ウ$$

(3)　$\vec{a}\perp\vec{b}$ より　　$\vec{a}\cdot\vec{b}=-3s+4t=0$　……①

$|\vec{b}|=\sqrt{3}$ より　　$|\vec{b}|^2=s^2+t^2=3$　……②

①より　　$t=\dfrac{3}{4}s$

これを②に代入して

$$s^2+\left(\frac{3}{4}s\right)^2=3 \qquad \therefore \quad s^2=\frac{48}{25}$$

よって

$$st=s\times\frac{3}{4}s=\frac{3}{4}s^2=\frac{3}{4}\times\frac{48}{25}=\frac{36}{25} \quad \to エ$$

(4)(i)　1 桁の自然数は 452 より小さい。その自然数は

　　5 通り

(ii)　2 桁の自然数も 452 より小さい。その自然数は，十の位が「1，2，3，4，5」の 5 通り，そのおのおのに対して，一の位は「0，1，2，3，4，5」の 6 通りであるから

　　$5\times6=30$ 通り

(iii)　3 桁の自然数で 452 以下であるものは

• 百の位が，「1，2，3」のいずれかであるとき

　　$3\times6\times6=108$ 通り

• 百の位が 4 であり，かつ十の位が「0，1，2，3，4」のいずれかであるとき

　　$5\times6=30$ 通り

• 百の位が 4 であり，かつ十の位が 5 のとき，452 以下の自然数は，「450，451，452」の 3 通りである。

したがって，3 桁の自然数で 452 以下であるものは

　　$108+30+3=141$ 通り

(i)〜(iii)より，452 は小さい方から数えて

　　$5+30+141=176$ 番目　→オ

II　解答

(1)$a<-3$　(2)$\log_{\sqrt{3}}2<\log_3 5<\dfrac{3}{2}$

(3)(i)$y=x$　(ii)$\dfrac{27}{4}$　(4)(i)$\dfrac{12+5\sqrt{3}}{26}$　(ii)$\dfrac{24+10\sqrt{3}}{13}$

◀解　説▶

≪小問 4 問≫

(1)　2 次関数 $y=x^2-2ax-a+6$ のグラフが，x 軸の負の部分の異なる 2 点で交わるための条件は，次の(ア)〜(ウ)の 3 条件を満たすことである。

(ア)　2 次方程式 $x^2-2ax-a+6=0$ の判別式 D について

$$D>0$$

ここで

$$\frac{D}{4}=(-a)^2-(-a+6)$$
$$=a^2+a-6$$
$$=(a+3)(a-2)>0$$

よって

$$a<-3,\ 2<a$$

(イ)　放物線 $y=x^2-2ax-a+6$ の軸 $x=a$ について

$$a<0$$

(ウ)　$x=0$ のときの y の値 $-a+6$ について

$$-a+6>0\quad\text{つまり}\quad a<6$$

(ア)〜(ウ)を同時に満たす a の値の範囲は

$$a<-3$$

(2)　$\frac{3}{2}$ と $\log_{\sqrt{3}}2$ を底 3 の対数で表すと

$$\frac{3}{2}=\log_3 3^{\frac{3}{2}}$$

$$\log_{\sqrt{3}}2=\frac{\log_3 2}{\log_3\sqrt{3}}=\frac{\log_3 2}{\frac{1}{2}\log_3 3}=2\log_3 2=\log_3 2^2=\log_3 4$$

ここで，$(3^{\frac{3}{2}})^2=3^3=27$ より $4^2<5^2<(3^{\frac{3}{2}})^2$ だから

$$4<5<3^{\frac{3}{2}}$$

底 3 は 1 より大きいから

$$\log_3 4<\log_3 5<\log_3 3^{\frac{3}{2}}$$

$$\therefore\quad \log_{\sqrt{3}}2<\log_3 5<\frac{3}{2}$$

(3)(i)　$C: y=x^3-3x^2+x$（$=f(x)$ とする）

$$f'(x)=3x^2-6x+1$$

C と y 軸との交点は，原点 $(0,\ 0)$ だから，l を表す方程式は

$$y-0=f'(0)(x-0) \qquad \therefore \quad y=x \quad (f'(0)=1 \text{ より})$$

(ii)　C と l との交点の x 座標は

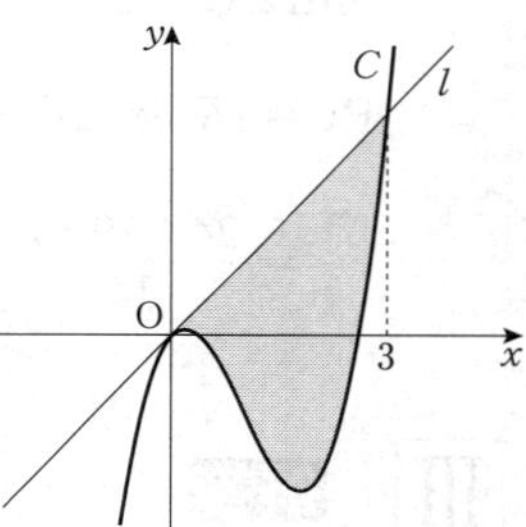

$$x^3-3x^2+x=x$$

を解いて　　$x=3,\ 0$（重解）

C と l で囲まれる図形は右図の網かけ部分だから，その面積 S は

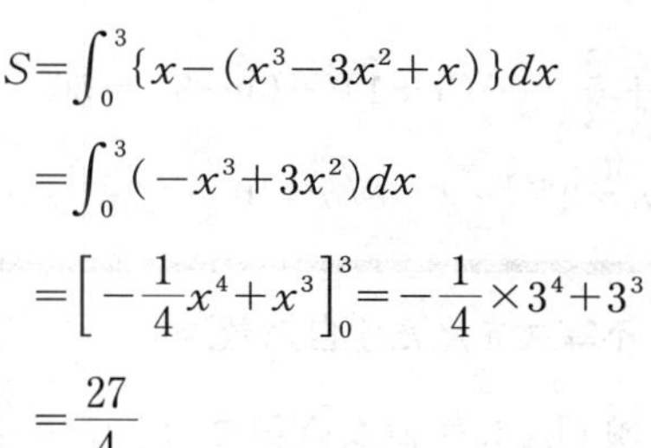

$$S=\int_0^3 \{x-(x^3-3x^2+x)\}dx$$

$$=\int_0^3 (-x^3+3x^2)dx$$

$$=\left[-\frac{1}{4}x^4+x^3\right]_0^3=-\frac{1}{4}\times 3^4+3^3$$

$$=\frac{27}{4}$$

(4)　$0^\circ<\angle \mathrm{ABC}<180^\circ$ より $\sin\angle \mathrm{ABC}>0$ であるので，$\cos\angle \mathrm{ABC}=\frac{5}{13}$ より

$$\sin\angle \mathrm{ABC}=\sqrt{1-\cos^2\angle \mathrm{ABC}}=\sqrt{1-\left(\frac{5}{13}\right)^2}=\frac{12}{13}$$

また，$0^\circ<\angle \mathrm{BCA}<180^\circ$ より $\sin\angle \mathrm{BCA}>0$ であるので，$\cos\angle \mathrm{BCA}=\frac{1}{2}$ より

$$\sin\angle \mathrm{BCA}=\sqrt{1-\left(\frac{1}{2}\right)^2}=\frac{\sqrt{3}}{2}$$

(i)　$\sin\angle \mathrm{CAB}=\sin(\pi-\angle \mathrm{ABC}-\angle \mathrm{BCA})$

$$=\sin(\angle \mathrm{ABC}+\angle \mathrm{BCA})$$

$$=\sin\angle \mathrm{ABC}\cdot\cos\angle \mathrm{BCA}+\cos\angle \mathrm{ABC}\cdot\sin\angle \mathrm{BCA}$$

（加法定理より）

$$=\frac{12}{13}\times\frac{1}{2}+\frac{5}{13}\times\frac{\sqrt{3}}{2}$$

$$=\frac{12+5\sqrt{3}}{26}$$

(ii)　△ABC の外接円の半径を R とおくと，正弦定理より

$$\frac{\mathrm{BC}}{\sin\angle\mathrm{CAB}}=2R$$

$$\therefore\quad \mathrm{BC}=2R\sin\angle\mathrm{CAB}=2\times2\times\frac{12+5\sqrt{3}}{26}$$

$$=\frac{24+10\sqrt{3}}{13}$$

Ⅲ　**解答**　(1)(i) $y=-\frac{1}{2}x+\frac{5}{2}$　(ii) $(x+1)^2+(y-3)^2=50$

(2)(i) $a_1=6$　(ii)（設問省略）　(iii) $a_n=2^{n+1}+2$　(iv) $n=10$

◀解　説▶

≪直線と円の方程式，等比数列，不等式を満たす自然数≫

(1)(i)　点 B の座標は (1，2)，直線 OA に垂直な直線の傾きは $-\frac{1}{2}$ だから，直線 l を表す方程式は

$$y-2=-\frac{1}{2}(x-1)\qquad\therefore\quad y=-\frac{1}{2}x+\frac{5}{2}$$

(ii)　$y=-\frac{1}{2}x+\frac{5}{2}$ より $x=-2y+5$ なので，l 上の点は $(-2t+5,\ t)$ とおける。この点を中心とする円の方程式は

$$(x+2t-5)^2+(y-t)^2=r^2\quad（r \text{ は円の半径}）$$

と表される。この円が 2 点 (4，−2)，(6，4) を通るから

$$(4+2t-5)^2+(-2-t)^2=r^2\qquad\therefore\quad 5t^2+5=r^2\quad\cdots\cdots①$$

$$(6+2t-5)^2+(4-t)^2=r^2\qquad\therefore\quad 5t^2-4t+17=r^2\quad\cdots\cdots②$$

①，②より

$$5t^2+5=5t^2-4t+17$$

これを解いて　　$t=3$

よって，円の中心は (−1，3) であり，$r^2=50$ だから，円の方程式は

$$(x+1)^2+(y-3)^2=50$$

(2)(i)　はじめに 4 匹いた微生物は，1 時間後には，1 匹が死に，残りの

3 匹が 2 倍に分裂して 6 匹になるから

$a_1=6$

(iii)　n 時間後の生きた微生物の個体数 a_n は，$n+1$ 時間後には，1 匹が死に，残りの a_n-1 匹は 2 倍になっているから

$a_{n+1}=2(a_n-1)$　　$\therefore$　$a_{n+1}=2a_n-2$

この漸化式を変形して

$a_{n+1}-2=2(a_n-2)$

よって，数列 $\{a_n-2\}$ は初項 $a_1-2=4$，公比 2 の等比数列であるから

$a_n-2=4\cdot 2^{n-1}$　　$\therefore$　$a_n=2^{n+1}+2$

(iv)　(iii)の結果より

$a_n \geqq 2021 \iff 2^{n+1}+2 \geqq 2021$

$\iff 2^{n+1} \geqq 2019$　……③

ここで，$2^{10}=1024$，$2^{11}=2048$ だから

不等式③を満たす最小の自然数 n は

$n=10$

化学

Ⅰ

解答

問1．(1)ろ過　(2)漏斗（ろうと）
(3)漏斗のガラス管がビーカーの内壁に密着していない。
(4)―(b)，(c)

問2．(1)1．三角錐　2．配位　(2) $\left[\mathrm{H}:\ddot{\underset{\cdot\cdot}{\mathrm{O}}}:\mathrm{H} \atop \mathrm{H}\right]^+$

問3．ア．F_2　イ．黄緑色　ウ．液体　エ．HF

問4．(1)$v=k[\mathbf{A}]^2[\mathbf{B}]$　(2)2.0

問5．(1)―(ウ)　(2)―(イ)　(3)―(ア)

◀解　説▶

≪小問5問≫

問1．(4)　(b)は再結晶で，(c)は半透膜による透析か濃い塩の水溶液による塩析で分離できる。

問4．(1)　実験1と2を比較すると，［**B**］が3倍になるとvが3倍になっており，実験2と3を比較すると，［**A**］が3倍になるとvが9倍になっているので，vは［**A**］の2乗に比例し，［**B**］に比例することがわかる。

(2)

$$k=\frac{v}{[\mathbf{A}]^2[\mathbf{B}]}=\frac{2.0\times10^{-3}}{0.10^2\times0.10}=2.0\,[\mathrm{L^2/mol^2\cdot s}]$$

Ⅱ

解答

問1．ア．両性　イ．オキソ酸

問2．③，④

問3．(A) $Al_2O_3+6HCl \longrightarrow 2AlCl_3+3H_2O$
(B) $Al_2O_3+2NaOH+3H_2O \longrightarrow 2Na[Al(OH)_4]$

問4．$P_4O_{10}+6H_2O \longrightarrow 4H_3PO_4$

問5．過塩素酸

◀解　説▶

≪酸化物の種類と性質≫

問2．金属元素の酸化物は一般に塩基性酸化物であるが，Al，Sn，Zn，

Pb の酸化物は両性酸化物である。非金属元素の酸化物は酸性酸化物である。

問５．塩素のオキソ酸には，次のようなものがある。

化　学　式	$HClO$	$HClO_2$	$HClO_3$	$HClO_4$
名　　　称	次亜塩素酸	亜塩素酸	塩素酸	過塩素酸
Cl の酸化数	＋1	＋3	＋5	＋7

Ⅲ　**解答**　問１．②

問２．6.1×10^4 Pa

問３．5.6×10^{-1} mol

問４．④

◀解　説▶

≪蒸気圧曲線と気体の法則≫

問１．図のＡからＣまでは，液体と気体が共存し，ＣからＤは気体のみなので，気体の法則で考えることができる。

問２．330 K 以上では気体のみなので，400 K のときの圧力を p〔Pa〕とすると，ボイル・シャルルの法則により

$$\frac{5.0\times10^4}{330}=\frac{p}{400}\qquad\therefore\quad p=6.06\times10^4\fallingdotseq6.1\times10^4\text{〔Pa〕}$$

問３．容器の体積を v〔L〕，気体定数を R〔Pa·L/(K·mol)〕，Ｂ点（2.0×10^4 Pa，300 K）で気体として存在する物質の物質量を n〔mol〕とする。330 K では，1.0 mol の物質はすべて気体として存在するので，

300 K で $n=\dfrac{2.0\times10^4\times v}{R\times300}$，330 K で $1.0=\dfrac{5.0\times10^4\times v}{R\times330}$ のようになるから

$$\frac{n\times300}{2.0\times10^4}=\frac{1.0\times330}{5.0\times10^4}\qquad\therefore\quad n=0.44\text{〔mol〕}$$

よって，液体は

$$1.0-0.44=0.56\fallingdotseq5.6\times10^{-1}\text{〔mol〕}$$

問４．容器の体積が大きくなると，気体として存在できる物質量が大きくなる。液体が存在する間は，圧力は蒸気圧曲線と同じであるが，元の状態よりもより低い温度ですべて気体になり，同じ温度ではボイルの法則によ

り体積が大きい分，圧力は小さくなる。

 解答　問１．１．ダニエル　２．銅　３．起電力

問２．ガラス板はイオンを通さず，各極の反応が進まないから。

問３．$Cu^{2+} + 2e^- \longrightarrow Cu$

問４．9.65×10 C

問５．3.27×10 mg

◀解　説▶

≪ダニエル電池の特徴≫

問２．硫酸銅(Ⅱ)水溶液側では，Cu^{2+} が Cu に還元されると $SO_4{}^{2-}$ が残る。一方，硫酸亜鉛水溶液側では Zn が Zn^{2+} に酸化され，Zn^{2+} が増加する。これらのイオンや水が穏やかに素焼き板を通って移動するので，酸化還元反応が進み，電子が負極板から導線を通って正極板に移動し電流が流れる。ガラス板は水もイオンも通さないので，酸化還元反応が進まず電流も流れない。

問４．$(60 \times 80 + 25) \times 20.0 \times \dfrac{1}{1000} = 9.65 \times 10$〔C〕

問５．$65.4 \times \dfrac{9.65 \times 10}{9.65 \times 10^4} \times \dfrac{1}{2} \times 1000 = 3.27 \times 10$〔mg〕（減少する。）

 解答　問１．2.7

問２．加水分解　問３．5.0×10^{-2} mol/L

問４．4.9

◀解　説▶

≪弱酸・強塩基の中和反応中の pH≫

問１．酢酸の濃度を c〔mol/L〕とすると

$$[H^+] = \sqrt{c \times K_a} = \sqrt{3.6 \times 10^{-6}}\ \text{〔mol/L〕}$$

$$\therefore\ pH = -\log_{10}[H^+] = 2.72 \fallingdotseq 2.7$$

問３．NaOHaq を 15 mL 加えた状態で

$$CH_3COOH = 0.20 \times \frac{25}{1000} - 0.20 \times \frac{15}{1000} = 2.0 \times 10^{-3}\ \text{〔mol〕}$$

$$[CH_3COOH]=\frac{2.0\times10^{-3}}{\frac{25+15}{1000}}=5.0\times10^{-2}\,[\mathrm{mol/L}]$$

問4．$CH_3COO^- = 0.20\times\frac{15}{1000}=3.0\times10^{-3}\,[\mathrm{mol}]$

$$[CH_3COO^-]=\frac{3.0\times10^{-3}}{\frac{25+15}{1000}}=7.5\times10^{-2}\,[\mathrm{mol/L}]$$

$$[H^+]=\frac{K_a\times[CH_3COOH]}{[CH_3COO^-]}=1.2\times10^{-5}\,[\mathrm{mol/L}]$$

$\therefore\ pH=-\log_{10}[H^+]=4.92\fallingdotseq4.9$

 **解答**

問1．②

問2．1.0×10^6 Pa

問3．$5.0\times10^{-13}\,\mathrm{Pa^{-2}}$

問4．ハーバー・ボッシュ法（ハーバー法）

問5．③

◀解　説▶

≪NH_3の工業的製法と化学平衡≫

問2．平衡時のNH_3の分圧を$2x$〔Pa〕とすると，関係する気体の分圧は

	N_2	+ $3H_2$	$\rightleftarrows 2NH_3$
はじめ	2.0×10^6	5.0×10^6	0
平衡時	$2.0\times10^6-x$	$5.0\times10^6-3x$	$2x$

より

$$(2.0\times10^6-x)+(5.0\times10^6-3x)+2x=5.0\times10^6\,[\mathrm{Pa}]$$

$\therefore\ x=1.0\times10^6\,[\mathrm{Pa}]$

よって　$P_{N_2}=1.0\times10^6\,[\mathrm{Pa}]$

問3．$K_p=\frac{(P_{NH_3})^2}{(P_{N_2})(P_{H_2})^3}=\frac{(2.0\times10^6)^2}{1.0\times10^6\times(2.0\times10^6)^3}=5.0\times10^{-13}\,[\mathrm{Pa^{-2}}]$

問5．触媒は，正反応の速さも逆反応の速さも同じように変化させるが，平衡移動や反応熱の増減には関係しない。この場合は反応速度を大きくするはたらきがあるので，小さい反応時間で平衡に到達する③が正しい。

Ⅶ **解答**　問１．(ウ)

問２．ナフタレン：（ナフタレンの構造式）　**E**：（無水フタル酸の構造式：ベンゼン環に C(=O)–O–C(=O) の五員環が縮合）

問３．$H_2C{=}CH{-}CH{=}CH_2$

問４．④

問５．$C_6H_4(COOH){-}C(=O){-}O{-}CH_2{-}CH_2{-}CH_2{-}CH_2{-}O{-}C(=O){-}CH(CH_2{-}CH_3){-}CH_3$

◀解　説▶

≪$C_{17}H_{22}O_6$ の構造推定≫

実験１：**A** は，1 mol の **A** に炭酸水素ナトリウムを加えて CO_2 が 1 mol 発生することから，炭酸より強酸の $-COOH$ を１つもつ。

実験２：**A** には，加水分解される結合が２つある。分子式からエステル結合と推測される。

実験３：ナフタレンの酸化は

ナフタレン $\xrightarrow{\text{酸化}}$ 無水フタル酸（**E**）

なので，**B** は $C_6H_4(COOH)_2$（フタル酸）とわかる。

実験４：**C** には $-OH$ が２つあり，炭素鎖の端にある。

$HO{-}CH_2{-}CH_2{-}CH_2{-}CH_2{-}OH$　**C**　　$CH_2{=}CH{-}CH{=}CH_2$　**F**

実験５：**D** とメタノールは縮合反応をするので，**D** には $-COOH$ があることがわかり，不斉炭素原子 *C があるので

$$HO-\underset{\underset{O}{\|}}{C}-{}^{*}\underset{\underset{CH_3}{|}}{C}H-CH_2-CH_3$$

とわかる。

生物

I **解答**　問１．a．水素　b．マトリックス
c．酸化的リン酸化　d．タンパク質　e．グリセリン
f．二酸化炭素　g．酸素

問２．発酵

問３．①6　②8　③2　④6　⑤8

問４．β 酸化

問５．ア．肝臓　イ．尿素

問６．0.696

問７．エサを十分に与えた状態では呼吸基質として主にエサに含まれる炭水化物を利用していたが，絶食状態では呼吸基質として体内に蓄えられていた脂肪やタンパク質を利用するように変化したから。

◀解　説▶

≪異　化≫

問５．タンパク質などから生じるアンモニアは毒性があるので，肝臓のオルニチン回路で毒性の低い尿素へと変えられる。

問６．パルミチン酸が呼吸により分解されるときの反応式は次の通り。

$$C_{16}H_{32}O_2 + 23O_2 \longrightarrow 16CO_2 + 16H_2O$$

呼吸商は $\dfrac{\text{排出した}\,CO_2\,\text{の体積}}{\text{消費した}\,O_2\,\text{の体積}}$ で求められるので，パルミチン酸の呼吸商は

$$\frac{16}{23} = 0.6956 \fallingdotseq 0.696$$

問７．呼吸商は呼吸基質により変わり，主な呼吸基質となる炭水化物，脂肪，タンパク質の呼吸商はそれぞれ，1.0，0.7，0.8 程度の値となる。十分にエサを与えた状態での呼吸商は 0.96 で，主に炭水化物を呼吸基質として利用していることがわかる。絶食を行った状態での呼吸商は 0.77 であり，主に脂肪やタンパク質を呼吸基質として利用していることがわかる。

解答　問1．a．転写　b．リボソーム　c．ペプチド結合　d．翻訳　e．セントラルドグマ　f．転写調節領域　g．調節タンパク質　h．RNA 干渉（RNAi）

問2．DNA ヘリカーゼ，DNA ポリメラーゼ，DNA リガーゼ

問3．RNA の配列：5'-GUGUAC-3'　結合：水素結合

問4．イントロンの領域が除かれてエキソンの領域が結合される。

問5．塩基配列：AUG　アミノ酸：メチオニン

問6．コドンの読み枠がずれて本来の終止コドンよりも上流に終止コドンが現れたから。

◀解　説▶

≪遺伝情報の発現≫

問2．複製時にはたらく酵素とその役割は次の通り。

DNA ヘリカーゼ：DNA の二重らせん構造をほどく。

DNA ポリメラーゼ：ヌクレオチド鎖を伸長する。

DNA リガーゼ：ラギング鎖で生じる岡崎フラグメントを結合する。

この3つの酵素以外に，RNA プライマーを合成する DNA プライマーゼも可。

問3．RNA では塩基として T（チミン）ではなく U（ウラシル）が用いられる。また，RNA ポリメラーゼは鋳型鎖の 3'→5' の方向へ移動するため，合成される RNA は 5'→3' の方向へ伸長する。

問6．1ヌクレオチドの欠失や挿入が起こると，コドンの読み枠がずれることがある（フレームシフト）。その際，本来の終止コドンよりも上流に終止コドンが生じる場合があり，以降のアミノ酸配列が失われてしまい，合成されるアミノ酸配列が通常よりも短くなる。

Ⅲ　**解答**　問1．a．組織　b．視床下部　c．バソプレシン　d．後葉　e．集合管　f．再吸収　g．副腎皮質　h．鉱質コルチコイド　i．腎細管（細尿管）　j．副甲状腺　k．パラトルモン　l．骨　m．リン脂質　n．疎水　o．アクアポリン

問2．(1)―①　(2)―②　(3)―①

問3．受動輸送では物質の移動は濃度勾配に従うためエネルギーを必要としないが，能動輸送では濃度勾配に逆らうためエネルギーを必要とする。

問 4．(1)受動輸送：ナトリウムチャネル

能動輸送：ナトリウムポンプ（Na^+-K^+-ATP アーゼ）

(2)受動輸送：流入　能動輸送：流出

◀解　説▶

≪体液の濃度調節，生体膜を介した物質輸送≫

問 2．(1)・(2)ナトリウムポンプのはたらきにより，Na^+ は細胞外へ排出し，K^+ は細胞内へ取り込んでいる。

問 3．能動輸送は濃度勾配に逆らって物質を輸送するため，ATP のエネルギーや他の物質の濃度勾配をエネルギーとして用いている。

問 4．Na^+ は Na^+-K^+-ATP アーゼにより，ATP のエネルギーを用いて能動的に細胞外へ排出される。このはたらきをナトリウムポンプといい，Na^+ 濃度を細胞外で高く，細胞内で低く維持している。ナトリウムチャネルが開くと，濃度勾配に従い，細胞外から細胞内へ受動的に Na^+ が流入する。

Ⅳ　解答

問 1．a．粘液　b．繊毛　c．酸性　d．胃酸　e．好中球　f．可変部　g．定常部　h．ヘルパー　i．サイトカイン　j．抗体産生

問 2．名称：リゾチーム　はたらき：細菌の細胞壁を分解する。

問 3．名称：ディフェンシン　はたらき：細菌などの細胞膜を破壊する。

問 4．1050000 通り

問 5．樹状細胞が MHC 分子上に抗原の断片をのせ，TCR（T 細胞受容体）はその複合体を認識する。

◀解　説▶

≪免　疫≫

問 4．各遺伝子断片から 1 つずつランダムに選ばれてつなげられる（再構成される）ので

$(40\times25\times6)\times(35\times5)=1050000$ 通り

問 5．B 細胞は BCR（B 細胞受容体）に結合した抗原を認識する。一方，T 細胞は TCR（T 細胞受容体）で，樹状細胞の MHC 分子とその上にのった抗原の複合体を認識する。後者の樹状細胞のふるまいを抗原提示という。

解答 問1．a．光周性　b．中性　c．限界暗期

問2．フロリゲン

問3．花芽形成に必要な短日処理（光条件）は葉で受容される。

問4．花芽形成を誘導する物質は葉で合成された後，師管を通って運ばれる。

問5．光中断

問6．④

問7．フィトクロム

問8．光受容体タンパク質（フィトクロム）は，不活性型のPr型と活性型のPfr型の2つの構造をとり，赤色光を吸収するとPfr型へ，遠赤色光を吸収するとPr型へと，可逆的に変化するから。

問9．植物の花芽形成などが，一定の低温を経験することで促進される現象。

◀解　説▶

≪花芽形成，光発芽種子≫

問3．①と②では葉の有無が異なり，花芽形成の結果が異なっている。このことから，花芽形成に必要な短日処理（光条件）は葉で受容されていることがわかる。別解として，「花芽形成を誘導する物質（フロリゲン）は葉で合成される」も可。

問4．③の実験で行った環状除皮とは，茎の形成層より外側をはぎ取る操作をいい，師部（師管）が取り除かれている。④では上の部分も含めた全体に花芽が形成されたが，③では上の部分での花芽形成が見られなかったことから，花芽形成を誘導する物質（フロリゲン）は師管を通って運ばれることがわかる。

問6．赤色光（波長660nm付近），遠赤色光（波長730nm付近）で，両方とも可視光線である。

問8．フィトクロムは，不活性型のPr型と活性型のPfr型の2つの構造をとり，両者は吸収する光により可逆的に構造が変化する。よって光発芽種子に照射した光のうち，最後に照射した光が赤色光ならばPfr型に変化し発芽する。一方，最後に照射した光が遠赤色光ならばPr型に変化し発芽しない。

Ⅵ **解答**　問1．ａ．個体群　ｂ．一様　ｃ．ランダム　ｄ．集中　ｅ．個体群密度　ｆ．密度効果　ｇ．環境収容力

ｈ．生態的地位（ニッチ）　ｉ．競争的排除

問2．ア．細胞口　イ．収縮胞　ウ―④　エ―③

問3．⑴相利共生　⑵寄生　⑶片利共生

問4．エサや生活空間などの生態的地位が両者で異なっているから。

問5．異種個体どうしよりも同種個体どうしの方が要求するエサや生活空間などの生態的地位の多くが重なる上，配偶者をめぐる競争も起こるため。

◀解　説▶

≪個体群，ゾウリムシの構造≫

問2．イ・エ．収縮胞は細胞内の水分の排出を行い，浸透圧調節に寄与している。

問4．図Ｂではヒメゾウリムシとゾウリムシはエサとなる細菌が共通でありニッチが重なるため，競争的排除が起こった。一方の図Ｃではエサや生活空間などのニッチが両者で異なっているため，共存できた。

問5．競争はエサや生活空間などのニッチが重なることで生じる。異種個体どうしよりも同種個体どうしの方が要求するエサや生活空間のほとんどが重なり，配偶者をめぐる競争も起こるため，種内競争の方が種間競争よりも激しくなる場合が多い。

Ⅶ **解答**　問1．ａ．属　ｂ．科

問2．⑴細胞からできている

⑵遺伝情報としてDNAをもつ

問3．ア―③　イ―⑦

問4．自然状態で交配が可能で，生殖能力をもつ子孫を残せるなかま。

問5．①界　②門　③綱　④目

問6．②，④

問7．アフリカ大陸

問8．タンパク質の殻をもち細胞の構造をもたないから。

◀解　説▶

≪分類，生物の共通性≫

問3．ア．最も種数が多いグループは節足動物でその中でも昆虫類が最多。

イ．動物のうち，無脊椎動物を除くと残るのは脊椎動物である。

問6．ヒトと同じホモ属に分類されるものを選択する。二名法による学名では，属名のあとに種小名をつけて表記されるため，前に「ホモ」と表記のある②ホモ・エレクトスと④ホモ・ネアンデルターレンシスが答えとなる。

問8．別解として，「エネルギー代謝を行わないから」,「自己複製能がないから」なども可。

■一般選抜 一般入試Ｂ

問題編

▶試験科目・配点

教 科	科 目	配 点
外 国 語	コミュニケーション英語Ⅰ・Ⅱ・Ⅲ，英語表現Ⅰ・Ⅱ	100 点
数学・理科	「数学Ⅰ・Ⅱ・Ａ・Ｂ（数列，ベクトル）」，「生物基礎，生物」から１科目選択	100 点
理 科	「化学基礎，化学」	100 点

▶備 考

学力試験の成績，調査書などの提出書類を総合して合格者を決定する。なお，合格者の決定に当たっては総合点を判定基準とする。

英語

（75 分）

I 次の英文を読んで，下の問いに答えなさい．【配点 30】

It's 4 a.m., and the big test is in eight hours, followed by a piano recital. You've been studying and playing for days, but you still don't feel ready for (1) either. So, what can you do? (2) Well, you can drink another cup of coffee and spend the next few hours cramming and practicing, but believe it or not, you might be better off closing the books, putting away the music, and going to sleep.

Sleep occupies nearly a (い) of our lives, but many of us give surprisingly little attention and care to it. This neglect is often the result of a major misunderstanding. Sleep isn't lost time, or just a way to rest when all our important work is done. (ろ), it's a critical function, during which your body balances and regulates its vital systems, affecting respiration and regulating everything from circulation to growth and immune response.

That's great, but you can worry about all those things after this test, right? Well, not so fast. (3) It turns out that sleep is also crucial for your brain, with a fifth of your body's circulatory blood being channeled to it as you drift off. And what goes on in your brain while you sleep is an intensely active period of restructuring that's crucial for how our memory works.

At first glance, our ability to remember things doesn't seem very impressive at all. 19th century psychologist Herman Ebbinghaus demonstrated that we normally forget 40% of new material within the first twenty minutes, a phenomenon known as the forgetting curve.

But this loss can be prevented through (4) memory consolidation, the process by which information is moved from our fleeting short-term memory to our more durable long-term memory.

This consolidation occurs with the help of a major part of the brain, known as the hippocampus. Its role in long-term memory formation was demonstrated in the 1950s by Brenda Milner in her research with a patient known as H.M. After having his hippocampus (は), H.M.'s ability to form new short-term memories was damaged, but he was able to learn physical tasks through repetition. Due to the removal of his hippocampus, H.M.'s ability to form long-term memories was also damaged. What this case revealed, among other things, was that the hippocampus was specifically involved in the consolidation of long-term declarative memory, such as (に), rather than procedural memory, such as (ほ).
(https://www.ted.com/talks/shai_marcu_the_benefits_of_a_good_night_s_sleep)

respiration　呼吸	immune response　免疫反応
crucial　きわめて重大な	consolidation　固定
fleeting　はかない	durable　永続性のある
hippocampus 海馬	repetition　繰り返し

問１　下線部（１）either とは何か．文中の英語で答えなさい．

問２　下線部（２）を日本語に訳しなさい．

問３　下線部（３）を日本語に訳しなさい．

問４　下線部（４）memory consolidation の内容を日本語で説明しなさい．

問５　（　い　）～（　ほ　）に入るべき単語もしくは語句を下から選び，記号で答えなさい．

(い)　① third　② fifth　③ seventh　④ ninth

(ろ)　① However　② Instead　③ Though　④ Even

(は)　① removal　② remove　③ removed　④ removing

(に)　① how this consolidation process works
② going to sleep three hours after memorizing your formulas
③ the facts and concepts you need to remember for that test
④ the finger movements you need to master for that recital

(ほ) ① how this consolidation process works
② going to sleep three hours after memorizing your formulas
③ the facts and concepts you need to remember for that test
④ the finger movements you need to master for that recital

II 次の英文の意味が通るように，空所にそれぞれ適語を選び，記号で答えなさい．【配点 20】

1. I can see many ( ) to advertising on the Internet, since smartphone users are increasing.

① advantages ② customers
③ matches ④ radios

2. There are many patients who are waiting for life-saving ( ) transplants at the hospital.

① aisle ② enthusiasm
③ organ ④ underline

3. The English word 'privacy' is adopted into Japanese language because people in Japan did not have its ( ) before.

① area ② concept
③ review ④ theory

4. Despite the global movement towards gender ( ), it has not been fully achieved in any country.

① affairs ② equality
③ ignorance ④ discrimination

5. The police finally arrested the thief who escaped in a stolen (　　　　　).

① cabinet　② jewel
③ report　④ vehicle

6. My brother has to renew his driver's (　　　　　) before it expires in March.

① carelessness　② key
③ license　④ shuttle

7. Lacking self-confidence may be the biggest (　　　　　) to finding a job.

① benefit　② field
③ obstacle　④ strength

8. There are many tourist attractions in Québec, which is the largest (　　　　　) in Canada.

① blade　② enterprise
③ retreat　④ province

9. We should measure the exact (　　　　　) of the living room for our furniture.

① connections　② dimensions
③ illusions　④ portions

10. The melting point is the temperature at which a substance changes from a (　　　　　) to a liquid.

① carrier　② gas
③ molecule　④ solid

III

以下の各単語において，第１アクセントがどこにあるか，記号で答えなさい．【配点 10】

1. ar-ti-fi-cial
①②③④

2. cos-met-ic
①　②　③

3. dem-on-strate
①　②　③

4. go-ril-la
①　②③

5. in-stead
①　②

6. mean-while
①　　②

7. or-i-gin
①②　③

8. par-tic-i-pate
①　②　③　④

9. sci-en-tif-ic
①　②　③　④

10. tech-nique
①　　②

IV

次の各組の英文の空所に，同一の前置詞を入れて意味の通るようにしなさい．ただし，同じものは二度以上使えません．【配点 20】

1. a. My uncle moved (　　　) a cheaper apartment when he was retired.
   b. After skiing in a cold wind, I was chilled (　　　) the bone.

2. a. Had it not been (　　　) my family, I wouldn't have succeeded.
   b. I'm going to Tokyo next week (　　　) the first time in three months.

3. a. The two countries had a fight (　　　) their boundary.
   b. Frederic was chosen (　　　) all other candidates.

4. a. The actress was wearing a big emerald ring (　　　) her finger.
   b. We used to listen to the news (　　　) the radio when young.

5. a. We know that carrots are rich (　　　) vitamin A.
   b. Don't speak (　　　) your mouth full.

6. a. Many animals are known to live (　　　) social groups.
   b. It will make no difference whether you pay (　　　) cash or by credit card.

7. a. Suzuki retired (　　　) professional baseball in March.
   b. We don't know where Charlotte comes (　　　).

8. a. The case has been (　　　) investigation for many years.
   b. I wonder how long that swimmer can stay (　　　) water.

9. a. We discussed the matter well (　　　) the night.
   b. The world was thrown (　　　) confusion by the news.

10. a. You should cut the amount of sugar (　　　) half.
    b. This must be the e-mail sent to me (　　　) mistake.

V 次の日本語の内容を英語で表現しなさい.【配点 20】

1. 私は今日の午後プレゼンテーションをすることになっています.

2. 悪天候のため，その便は遅れました.

3. 兄が家族を代表してお礼申し上げます.

4. 金曜日の午後は都合がつきますか.

数学

（75 分）

I ～ III の解答は，解答用紙の所定の欄に記入しなさい．

解答にあたっては次の点に注意しなさい．

(1) 解答用紙には，特に指示がなければ，答えのみを記入しなさい．計算過程を示す必要はありません．

(2) 答えが複数あるときは，すべて解答しなさい．

【問題例】等式 $(a-1)(a-3)=0$ を満たす a の値を答えなさい．

【解答例】$a=1,3$

(3) 場合分けが必要だと考えられる場合は，各自で判断して解答しなさい．

【問題例】a を与えられた実数とする．方程式 $ax=1$ を解きなさい．

【解答例】$a \neq 0$ のとき，$x=\dfrac{1}{a}$．$a=0$ のとき，解なし．

(4) 答えは，

- 根号を含む場合は，根号の中に現れる自然数が最小になる形にする
- 分数はそれ以上約分できない形にする
- 分数の分母は有理化する
- 同類項はまとめる

など，簡潔な形で解答しなさい．

I 次の空欄 ア ～ オ にあてはまる数を答えなさい.　　［配点 30］

(1) 等式 $mn-m-2n+2=4$ を満たす整数 m，n の組 (m, n) は ア 組ある.

(2) 男子 3 人，女子 4 人の合計 7 人が横一列に整列することを考える．このとき，両端が男子である並び方は イ 通りあり，また，男子が互いに隣合わない並び方は ウ 通りある.

(3) 関数 $f(x)=x^3+ax^2-9x-2$ が $x=-1$ で極値をとるとき，$a=$ エ である.

(4) $\displaystyle\int_{-1}^{2}(cx+1)^2dx$ の値が最小になるような定数 c の値は オ である.

II 次の問いに答えなさい.　　［配点 36］

(1) 次の連立不等式を満たす x の値の範囲を答えなさい.

$$\begin{cases}3x+1>2x+4\\|x-2|\leqq 3\end{cases}$$

(2) xy 座標平面上の 2 定点 $\mathrm{P}(-2, 0)$，$\mathrm{Q}(2, -1)$ と放物線 $y=2x^2+7$ 上の動点 R を考える．このとき，三角形 PQR の重心が描く軌跡の方程式を答えなさい.

(3) a を実数の定数とし，関数 $f(x)=\cos 2x+3\cos x+a$ $(0\leqq x<2\pi)$ を考える.

(i) $a=-1$ として，方程式 $f(x)=0$ の解を答えなさい.

(ii) 方程式 $f(x)=0$ が異なる 4 個の実数解をもつような a の値の範囲を答えなさい.

(4) $\mathrm{OA}=\sqrt{3}$, $\mathrm{OB}=\sqrt{2}$, $\mathrm{AB}=2$ の三角形 OAB があり, O から直線 AB に引いた垂線と直線 AB との交点を H とする.

(i) 内積 $\overrightarrow{\mathrm{OA}}\cdot\overrightarrow{\mathrm{OB}}$ を求め, その値を答えなさい.

(ii) $\overrightarrow{\mathrm{OH}}$ を $\overrightarrow{\mathrm{OA}}$ と $\overrightarrow{\mathrm{OB}}$ を用いて表しなさい.

Ⅲ 次の問いに答えなさい. [配点 34]

(1) 次の文章中の ア ～ ウ にあてはまる数を答えなさい. ただし, $\log_{10} 2=0.3010$, $\log_{10} 3=0.4771$ とする.

『$\log_{10} 50+\log_{10} 2=$ ア であり, $\log_{10} 48=$ イ $\log_{10} 2+\log_{10} 3$ である. 不等式 $48<7^2<50$ であることから, 7^{100} は ウ 桁の数であることがわかる.』

(2) a, b を正の実数とする. xy 座標平面上に y 軸を軸とする 2 つの放物線 C_1, C_2 がある. C_1 の方程式は $y=ax^2-1$ であり, C_2 は点 P$(1, 1-b)$ を通り, 頂点の座標は $(0, 1)$ である. さらに, C_1 と C_2 で囲まれる部分の面積を S とする.

(i) C_2 を表す方程式を b を用いて表しなさい.

(ii) S を a と b を用いて表しなさい.

(iii) $ab=16$ のとき, S のとり得る値の最大値を答えなさい.

化学

（75 分）

I　問１～問６に答えなさい．【配点 31】

問１　（１），（２）に答えなさい．

沸騰した水に，黄褐色の塩化鉄(Ⅲ)水溶液を加えたところ，赤褐色の溶液になった．この赤褐色の溶液にレーザー光線を照射したところ，散乱によって光の通路が輝いて見えた．この現象は特に［ ア ］現象と呼ばれている．

この溶液をセロハン膜の袋に入れて水中に浸すことによって H^+ や Cl^- を取り除き，赤褐色の化合物を精製することができた．この操作を［ イ ］という．

（１）下線部の反応で生成した赤褐色の化合物は何か，化学式で答えなさい．

（２）文章中の［ ア ］，［ イ ］に適切な語句を入れなさい．

問２　［ ア ］，［ イ ］に適切な語句を入れなさい．

固体の水酸化ナトリウムは空気中に放置すると，空気中の水分を吸収し溶ける．この現象を［ ア ］という．一方，炭酸ナトリウム十水和物の無色透明な結晶は，乾燥した空気中に放置すると水和水の一部を自然に失って，白色粉末状の炭酸ナトリウム一水和物となる．この現象を［ イ ］という．

問３　（１），（２）の水溶液の pH を求め，小数第１位まで答えなさい．ただし，アンモニアの電離定数を 2.5×10^{-5} mol/L，水酸化ナトリウムの電離度を 1.0，水のイオン積を 1.0×10^{-14} $(\text{mol/L})^2$ とし，必要なら $\log_{10}2=0.30$, $\log_{10}3=0.48$ を用いなさい．

（1）pH 12.0 の水酸化ナトリウム水溶液 10.0 mL に純水を加えて全量を 50.0 mL とした水溶液

（2）1.0×10^{-2} mol/L アンモニア水溶液

問４　硝酸の工業的製造法に関する次の文章を読み，（1）～（3）に答えなさい．

アンモニアに空気を混合し，800℃で触媒の白金網に通じて［ア］を生成させる．［ア］を冷却後さらに酸素と反応させ，生じた化合物を吸収塔で水に溶解して硝酸を得る．

（1）この硝酸の製造法は何と呼ばれているか，答えなさい．

（2）［ア］に適切な化合物名を入れなさい．

（3）下線部の硝酸が生じる反応を化学反応式で示しなさい．

問５　分子式 $C_4H_{10}O$ で表される化合物のうち，（1）～（3）に該当する構造異性体はいくつあるか，それぞれ答えなさい．

（1）すべての構造異性体

（2）不斉炭素原子をもつ構造異性体

（3）ヨードホルム反応を示す構造異性体

問６　次の①～⑤の反応のうち，**酸化還元反応でないもの**をすべて選び，番号で答えなさい．

① $N_2 + 3H_2 \longrightarrow 2NH_3$
② $BaCO_3 + 2HCl \longrightarrow BaCl_2 + CO_2 + H_2O$
③ $Fe + H_2SO_4 \longrightarrow FeSO_4 + H_2$
④ $SO_3 + H_2O \longrightarrow H_2SO_4$
⑤ $I_2 + SO_2 + 2H_2O \longrightarrow 2HI + H_2SO_4$

Ⅱ　次の文章を読み，問に答えなさい．【配点 15】

元素記号に大文字のＣが含まれる周期表第２周期～第４周期に属する４つの元素がある．１つは遷移元素で，他は典型元素である．

これらの元素の単体のうち，３つは常温で固体である．その３つの元素のうち①1つは複数の単体（同素体）が存在し，いずれも常温で水には溶解しない．別の固体の単体は赤色で光沢があり，安定で水には溶けないが，②熱した濃硫酸には気体を発生しながら溶解する．残り１つの固体の単体は，③常温で気体を発生しながら水に溶解する．この液に，他の３つの元素のうち１つの元素と酸素からなる気体を通じると，液が白濁し，④さらに通じると懸濁物が溶解する．

一方，固体でない単体は常温で水にわずかに溶け，⑤水と反応して２種類の化合物を生じる．

問１　下線部①の同素体のうち，無色透明の結晶である単体の名称を答えなさい．

問２　下線部②の熱した濃硫酸に溶解する反応を化学反応式で示しなさい．

問３　下線部③の水に溶解する反応を化学反応式で示しなさい．

問４　下線部④の懸濁物が溶解する反応を化学反応式で示しなさい．

問５　下線部⑤の反応で生じる化合物２種類を化学式で示しなさい．

問に答えなさい．ただし，必要なら下表に示した反応熱，昇華熱および結合エネルギーを用いなさい．【配点 9】

	反応熱および昇華熱〔kJ/mol〕（25℃，1.013×10^5 Pa）
HCHO（気）の燃焼熱	561
H_2O（液）の生成熱	286
CO_2（気）の生成熱	394
C（黒鉛）の昇華熱*	712

*黒鉛が昇華し気体の炭素になるときに吸収する熱量

	結合エネルギー〔kJ/mol〕（25℃，1.013×10^5 Pa）
H−H	436
O=O	490
H−C（HCHO）	415

＜図１＞

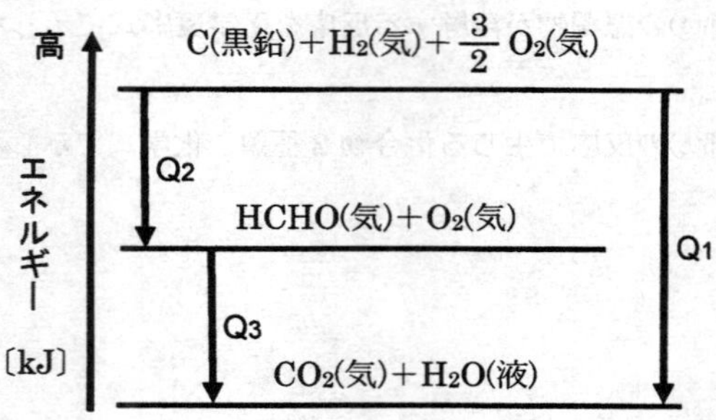

＜図２＞

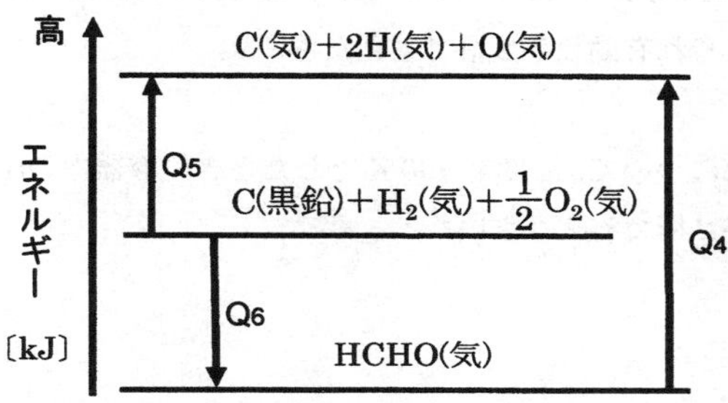

問１　**図１**および**図２**中の Q1，Q5，Q6 の値〔kJ〕を求め，整数で答えなさい．

問２　HCHO(気)中の C=O の結合エネルギー〔kJ/mol〕を求め，整数で答えなさい．

Ⅳ

次の文章を読み，問に答えなさい．ただし，気体はすべて理想気体とし，気体定数を 8.3×10^3 Pa･L/(K･mol)とする．また，300 K，400 K における飽和水蒸気圧をそれぞれ 3.6×10^3 Pa，2.5×10^5 Pa とする．なお，液体の体積は無視できるものとする．【配点 11】

標準状態（273 K，1.01×10^5 Pa）で，体積比 2：1 の水素と酸素の混合気体を，容積が変化しない 6.72 L の耐熱性密閉容器に充填した．容器内の混合気体に着火し，すべての水素と酸素を過不足なく反応させた後，容器内の温度を一定に保って容器内の圧力を測定した．

問１　密閉容器に充填した水素の物質量〔mol〕を求め，有効数字２桁で答えなさい．ただし，標準状態における気体 1 mol の体積を 22.4 L とする．

問2　下線部について，温度を 300 K としたとき容器の内壁には水滴が付着していた．容器内の圧力〔Pa〕および付着していた水滴の物質量〔mol〕を求め，それぞれ有効数字２桁で答えなさい．

問3　下線部について，温度を 400 K としたときの容器内の圧力〔Pa〕を求め，有効数字２桁で答えなさい．

次の文章を読み，問に答えなさい．ただし，PbS，MnS の溶解度積をそれぞれ，$1.0\times10^{-30}\,(\mathrm{mol/L})^2$，$1.0\times10^{-16}\,(\mathrm{mol/L})^2$ とする．また，pH を調整したときおよび硫化水素を通じたときの水溶液の体積変化は無視できるものとする．【配点 16】

硫化水素は水溶液中で次のように二段階で電離する．

（第一段階）　$H_2S \rightleftarrows HS^- + H^+$　……(1)

（第二段階）　$HS^- \rightleftarrows S^{2-} + H^+$　……(2)

(1) 式と(2) 式をまとめると，(3)式となる．

$H_2S \rightleftarrows S^{2-} + 2H^+$　……(3)

ここで，硫化水素の第一段階および第二段階の電離定数 K_1，K_2 は，以下の式で表される．

$K_1 =$ [1]　……(4)

$K_2 =$ [2]　……(5)

また，(3) 式の平衡定数 K は，以下の式で表される．

$K =$ [3]　……(6)

したがって，硫化物イオンのモル濃度$[S^{2-}]$は，(7) 式で表すことができる．

$[S^{2-}] =$ [4]　……(7)

(7) 式から明らかなように，硫化物イオンの濃度は水溶液中の水素イオン濃度によって変化する．そのため，硫化水素を用いる沈殿反応においては，pH が重要な意味をもつ．

問1　[1] ～ [3] に入る適切な式をそれぞれのモル濃度$[H_2S]$，$[H^+]$，$[HS^-]$，$[S^{2-}]$のうち必要なものを用いて示しなさい．

問2　[4] に入る適切な式を K_1，K_2，$[H^+]$，$[H_2S]$を用いて示しなさい．

問3　1.0×10^{-1} mol/L の硫化水素水溶液の pH を 2.0 に調整したときの S^{2-}のモル濃度〔mol/L〕を求め，有効数字２桁で答えなさい．ただし，電離定数は，$K_1 = 1.0\times10^{-7}$ mol/L，$K_2 = 1.0\times10^{-14}$ mol/L とする．

問4　Pb^{2+}と Mn^{2+}の濃度がいずれも 1.0×10^{-2} mol/L の pH 2.0 の水溶液に，硫化水素を 1.0×10^{-1} mol/L となるまで通じたとき，どちらのイオンの硫化物が沈殿しているか．その沈殿の化学式を答えなさい．

問5　**問4**で沈殿が生じた後の，溶液中の Pb^{2+}と Mn^{2+}のそれぞれのモル濃度〔mol/L〕を求め，有効数字２桁で答えなさい．電離定数は**問3**の値を用いなさい．

次の文章を読み，問に答えなさい．ただし，構造式は例にならって書きなさい．【配点 18】

化合物 **X** は分子式 $C_9H_{11}NO_2$ で示され，局所麻酔薬として用いられている．トルエンを出発原料として以下の**実験１～３**を行い，**X** を合成した．

なお，トルエンのような一置換ベンゼンにさらに置換反応を行う場合，すでに結合している置換基により２つ目以降の置換基の入りやすい位置が決まる．トルエンの場合は *o*-位と *p*-位が置換されやすい．

実験１　トルエンに濃硫酸と濃硝酸の混合物を加えて加熱したところ，ベンゼンの二置換体 **A**，**B**，三置換体 **C**，**D**，四置換体 **E** の５種類が得られた．二置換体 **B** はベンゼンの水素原子が置換されている位置がサリチル酸と同じであり，四置換体 **E** は爆薬として用いられる化合物であることが分かった．

実験２　(ア) **A** に過マンガン酸カリウム水溶液を加え反応させた後，酸性にすると化合物 **F** が得られた．

実験３　(イ) **F** にスズと濃塩酸を加えて，よく撹拌しながら加温すると，化合物 **G** が得られた．

さらに，(ウ) **G** にエタノールと濃硫酸を加え加熱し，室温に戻した後，溶液を塩基性にすると目的物である局所麻酔薬 **X** が得られた．

問１　**実験１**で得られたベンゼンの二置換体 **B**，三置換体 **C**，四置換体 **E** の構造式を書きなさい．ただし，今回の実験からは **C**，**D** は区別できないので，該当する化合物のうち **C** としてどちらを答えても良い．

問２　**実験２**の下線部（ア），**実験３**の下線部（イ），（ウ）の反応の種類を次の①～⑤の中からそれぞれ１つ選び，番号で答えなさい．

① 重合反応　② 付加反応　③ 還元反応
④ 酸化反応　⑤ 縮合反応

問3 局所麻酔薬 **X** の構造式を書きなさい.

（例）

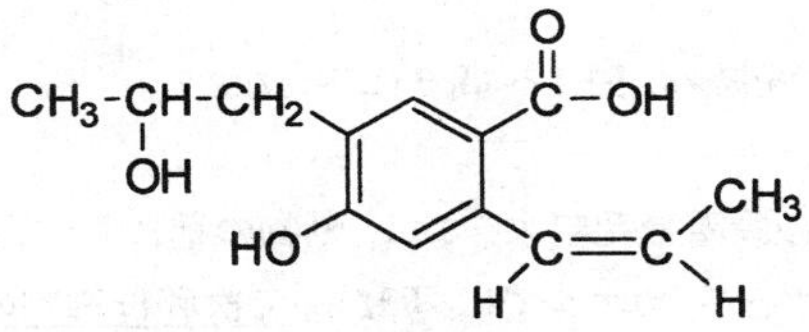

生物

（75 分）

Ⅰ

次の文章を読み，問１～問６に答えなさい。　【配点 19】

卵が減数分裂のどの段階で受精するかは，動物の種によって異なる。ウニでは減数分裂が完了して受精するが，カエルでは，卵が(A)二次卵母細胞の段階で受精する。カエルの卵に精子が進入すると，卵の減数分裂が再開され，［ａ］が放出される。この［ａ］が生じる部域を［ｂ］極，その反対を［ｃ］極という。

カエルの背腹軸は，精子の進入位置によって決まる。すなわち，精子が進入した反対側が将来の［ｄ］側になる。精子が卵細胞に進入すると，精子によって持ち込まれた［ｅ］のはたらきによって，(B)卵細胞の表層が，その下の細胞質に対して約［ｆ］度回転する。その結果，精子が進入した反対側の卵表面に［ｇ］と呼ばれる色調の変わった部分が現れる。その後，卵割が進み，桑実胚期，胞胚期を過ぎると，(C)［ｇ］の［ｃ］極寄りに半月状の溝ができ，この部分が［ｈ］となる。この時期には外胚葉が胚全体をおおうように［ｃ］極側に移動するため，［ｈ］の上側にある［ｉ］の細胞群が胚の内部に巻き込まれる。このようにして胚の内部に形成された空所は［ｊ］と呼ばれ，胚内に広がっていく。この時期の胚を構成する細胞群は，外胚葉・中胚葉・内胚葉の３つに区別できる。

問１　文中の［ａ］～［ｊ］に入る適切な語句や数値を答えなさい。

問２　下線部(A)について，より詳しい時期を次の①～④のうちから選び記号で答えなさい。

① 減数分裂の第二分裂の前期
② 減数分裂の第二分裂の中期
③ 減数分裂の第二分裂の後期
④ 減数分裂の第二分裂の終期

問3　下線部(B)の現象を何というか。また，この現象を引き起こす細胞骨格の名称を答えなさい。

問4　卵の種類によって卵割の様式はさまざまである。カエルの受精卵は全割するが，第3卵割以降は割球に大小が生じる。このように大小の割球がみられる卵割の様式を何というか。また，そのような様式の卵割がみられる理由を簡潔に述べなさい。

問5　下線部(C)の時期の胚の名称を答えなさい。

問6　[i]の細胞群がその後の胚の形態形成に果たす役割について簡潔に述べなさい。

II

次の文章を読み，問1～問6に答えなさい。　　【配点 18】

DNAに保存された遺伝情報は，転写によってRNAに写し取られる。[a]生物では，最初に転写されたmRNA前駆体には[b]と呼ばれる配列が含まれており，[c]という過程において[b]が取り除かれるために，成熟したmRNAはmRNA前駆体と比べて短いことが多い。また，[c]の過程では1つのmRNA前駆体から複数種類のmRNAができることがある。このような現象を[d]という。一方，[e]生物の遺伝子には[b]が含まれておらず，最初に転写されたRNAがそのままmRNAとしてはたらくため[c]は起こらない。

mRNAの配列情報にしたがって，tRNAがアミノ酸を運び，アミノ酸が次々とつながれてポリペプチドが合成される。これを翻訳という。

下図は，2本鎖のDNAと，それをもとに転写されたmRNAを模式的に示している。なお図中のAとGはそれぞれアデニンとグアニンを示し，②と⑤は糖を示している。

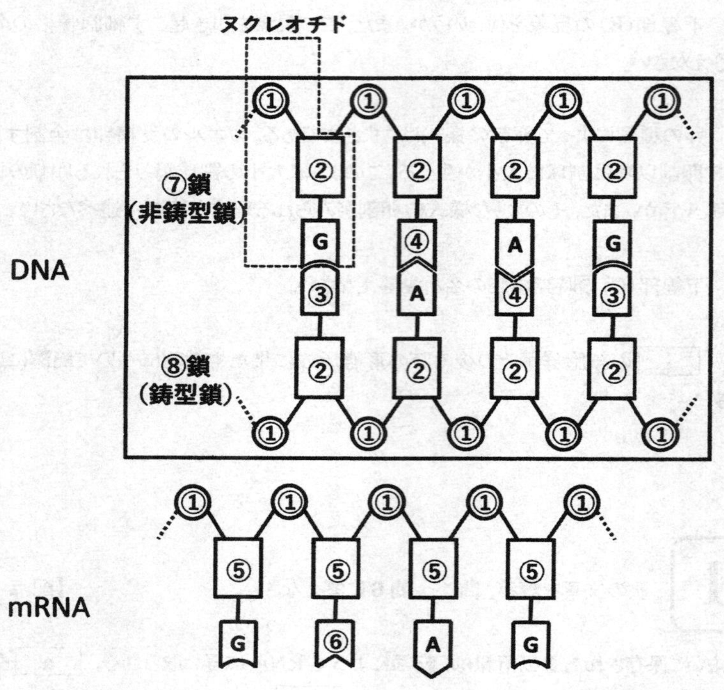

問１　文中の［ a ］～［ e ］に入る最も適切な語句を答えなさい。

問２　転写を行う酵素の名称を答えなさい。

問３　図中の①～⑧に入る最も適切な語句を答えなさい。ただし点線で囲んだ部分は１つのヌクレオチドを表している。

問４　真核生物において，転写および翻訳が行われるのは，次の㋐～㋔のうちのどれか。それぞれ１つ選び，記号で答えなさい。

㋐ 細胞膜　　㋑ リボソーム　　㋒ ゴルジ体
㋓ 核　　㋔ 滑面小胞体

問５　翻訳において，mRNA と塩基対を形成する tRNA の塩基配列を何というか答えなさい。

問６　遺伝情報は DNA，RNA，タンパク質の順に一方向に流れる。この原則を何というか答えなさい。

Ⅲ

次の文章を読み，**問１〜問７**に答えなさい。　【配点 14】

ヒトをはじめとする脊椎動物において，循環系は血管系と［ a ］系から構成されている。血管系では，血液は，まず(A)心臓から肺に送られ，肺で酸素を取り込んで心臓に戻る。(B)酸素を得た血液は心臓から動脈を通って全身に送られ，全身の細胞に酸素を供給して，静脈を通って心臓に戻ってくる。(C)動脈は筋肉（平滑筋）が発達した丈夫な構造をしており，一方で静脈には，(D)内腔側に内膜が突出した半月状のヒダ（静脈弁）が存在する。

一般に，血管が外傷などにより破損して出血すると，患部付近の血液が速やかに凝固して止血される。そのメカニズムとしては，まず血管の損傷部に［ b ］が凝集して血液凝固因子を放出し，凝固因子は［ c ］イオンの存在下で［ d ］をトロンビンに変える。トロンビンは［ e ］をフィブリンにする酵素としてはたらき，生成したフィブリンは血液中の血球などをからめ取ることで(E)粘性の高い血ぺいを形成して，損傷部位をふさぐ。血ぺいによって止血が行われている間に血管の傷は修復され，その修復が終わると(F)血ぺいは除かれる。血ぺいは，コレステロールなどが血管内にたまり，血管内壁の細胞が傷ついた場合にも生じる。さらに状態が進行すると，(G)血管が狭くなったり詰まったりして，血液が正常に循環できなくなり，結果として酸素欠乏や栄養不足で組織の一部が壊死（えし）する。このような状態が主に心臓や脳で生じる疾患は日本人の死因の上位を占めている。

問１　文中の［ a ］〜［ e ］に入る最も適切な語句を答えなさい。

問２　下線部(A)および(B)について，このような血液の循環をそれぞれ何というか答えなさい。

問３　下線部(C)について，静脈と比べて動脈の筋肉が発達して丈夫な理由を簡潔に答えなさい。

問４　下線部(D)について，静脈に静脈弁がある理由を簡潔に述べなさい。

問５　下線部(E)について，血液凝固は採取した血液を静置した場合にも観察される。そのとき，沈殿する血ぺいを除いた上澄みを何というか答えなさい。

問６　下線部(F)について，血ぺいが除かれるしくみのことを何というか答えなさい。

問７　下線部(G)について，このように血管が詰まって血液が正常に循環できなくなり，組織の一部が壊死することを何というか答えなさい。

次の文章を読み，問１～問５に答えなさい。　　**【配点 14】**

多細胞生物では，細胞どうしが協調してはたらくために細胞間で情報のやりとりが行われる。細胞間の情報を仲介する物質は情報伝達物質と呼ばれ，さまざまなホルモン，主に免疫細胞間ではたらく [a] ，主に神経細胞間ではたらく [b] などが知られている。(A)情報の伝達様式には分泌型と接触型があり，分泌型はさらに内分泌型，組織液などを介して近傍の細胞に情報を伝える傍分泌型，主に [b] の伝達様式であるシナプス型などがある。

情報伝達物質は，その標的細胞に存在する受容体に特異的に結合することによって細胞の応答を引き起こす。細胞膜受容体には， [c] 型受容体とそれ以外の受容体がある。 [c] 型受容体は，シナプスでの興奮の伝達などに関わっている。この受容体に [b] が結合すると， [c] が開いて細胞内外の [d] にしたがったイオンの移動が起こり，これが引き金となってその後の応答が起こる。 [c] 型でない細胞膜受容体は，酵素などの活性を変化させることで応答を引き起こす。一方，(B)一部のホルモンは細胞膜のリン脂質二重層を通過して，細胞内受容体に結合する。ホルモンが結合した細胞内受容体は [e] の中へ移行して， [f] としてはたらくことによって細胞の応答を引き起こす。

問１　[a] ～ [f] に入る最も適切な語句を答えなさい。

問2　下線部(A)について，内分泌型は傍分泌型やシナプス型と異なる特徴をもつ。その特徴について簡潔に述べなさい。

問3　下線部(A)について，次の(1)～(3)の現象に関与する情報伝達の形式として適切なものを，下の㋐～㋒のうちからそれぞれ１つ選び，記号で答えなさい。

(1) 視床下部から分泌されたホルモンによって，脳下垂体前葉からのホルモン分泌が調節される。

(2) 急に目の前に虫が飛んできたことによって，瞬間的に目を閉じる。

(3) 樹状細胞が MHC 分子にのせて提示した抗原によって，同じ抗原を認識する T 細胞を活性化する。

㋐ 内分泌型　　㋑ 接触型　　㋒ シナプス型

問4　下線部(B)について，細胞内受容体に結合して作用する情報伝達物質を，次の①～⑤のうちから１つ選び，記号で答えなさい。

① アセチルコリン　② アドレナリン　③ インスリン
④ 成長ホルモン　⑤ 糖質コルチコイド

問5　下線部(B)について，細胞膜のリン脂質二重層に対する通過のしやすさがホルモンによって異なる理由を，リン脂質二重層とホルモンの物質としての性質にもとづいて簡潔に説明しなさい。

次の文章を読み，**問1～問5**に答えなさい。　**【配点 17】**

タンパク質は多数のアミノ酸が［ a ］結合という共有結合によって鎖状に結合してできた物質であり，この鎖が折りたたまれて特有な立体構造を形成することで機能をもつようになる。タンパク質のはたらきは，温度や pH など，分子の立体構造を変化させる条件に大きく影響を受ける。高温や酸・アルカリなどによってタンパク質の立体構造が変化することで，性質や機能が変化することを［ b ］という。また，［ b ］などによって，機能をもったタンパク質のはたらきが失われることを［ c ］という。

(A)<u>タンパク質の中で化学反応を触媒するものは酵素</u>と呼ばれる。酵素はそれぞれ決まった物質としか反応しない。このような決まった物質としか反応しない性質を［ d ］という。酵素が［ d ］を示すのは，酵素にはそれぞれ特有の立体的な構造をもつ［ e ］と呼ばれる部分があり，ここに基質が結合することで反応が触媒されるからである。また，(B)<u>酵素反応において，基質と似た構造をもつ物質が存在すると，この物質が酵素の［ e ］に結合して本来の基質との反応が阻害される。このような酵素反応の阻害のことを［ f ］阻害という</u>。一方，酵素反応を阻害する物質が［ e ］とは異なる場所に結合して酵素反応を阻害することを，［ g ］阻害という。

問1　文中の［ a ］～［ g ］に入る最も適切な語句を答えなさい。

問2　下線部(A)について，多くの化合物は，通常の状態では安定であり，化学反応により別の物質に変わるときは，反応前のエネルギー状態から高いエネルギー状態にある中間体を経て，反応後のエネルギー状態に変化する。

(1) この中間状態と反応前の状態とのエネルギーの差を何というか答えなさい。

(2) 酵素は，(1)のエネルギーにどのような影響を与えるのか答えなさい。

問3　ある一定の pH と温度で一定濃度の酵素と基質を試験管内で反応させ，反応開始直後から反応生成物の量を時間とともに調べた結果を**図1**に示す。また，一定濃度の酵素の存在下で基質の濃度を変えて反応速度を調べた結果を**図2**に示す。

(1) **図1**において，反応時間とともに反応生成物の量が増加したが，ある時間以降になるとほぼ一定になった。反応生成物の量が一定になった理由を簡潔に述べなさい。

(2) **図2**において，ある基質濃度になるまでは反応速度が増加したが，それ以上の基質濃度になるとほぼ一定になった。反応速度が一定になった理由を簡潔に述べなさい。

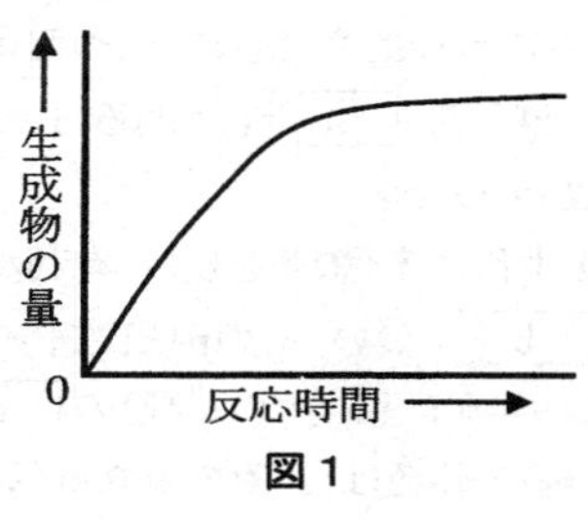

図1

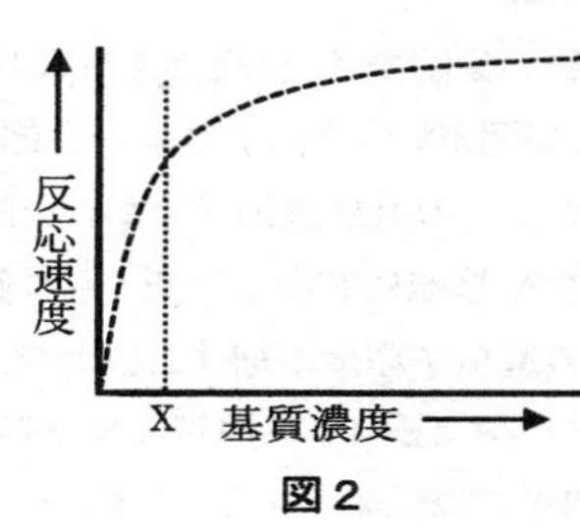

図2

問4　**問3**の**図2**において，酵素濃度を半分にしたときの曲線を解答用紙の図に実線で描きなさい。

〔注：解答用紙の図は図２から X と直線(縦の点線)のないもの。〕

問5　**図2**の実験と同じ条件で，下線部(B)の阻害物質を一定濃度で加えたところ，基質濃度 X のときの反応速度は，阻害物質を加えない場合の半分になった。このときと同じ濃度の阻害物質の存在下で，**図2**と同様に基質濃度を変えて反応速度を調べると，基質濃度に対する反応速度の曲線はどのようになるか。解答用紙の図に実線で描きなさい。〔注：解答用紙の図は図２と同じ。〕

次の文章を読み，問 1 〜問 4 に答えなさい。　　　　　　　　　　　　**【配点 18】**

生物の集団では，(A)突然変異などによって生じたさまざまな形質をもつ個体が存在する。集団がもつ遺伝子の集合全体を［ a ］と呼び，［ a ］における 1 つの遺伝子座の個々の対立遺伝子の割合を遺伝子頻度という。

生存や繁殖に有利な形質をもつ個体は，次世代に多くの子を残し，有利な対立遺伝子の遺伝子頻度が増すことになる。これを［ b ］といい，その例として，イギリスのリバプールなどの工業地帯におけるオオシモフリエダシャク（ガの一種）の［ c ］という現象がよく知られている。オオシモフリエダシャクの体色は 1 対の対立遺伝子によって決まり，暗色型をもたらす遺伝子 C が優性で，明色型の遺伝子 c が劣性である。明色型は白っぽい地衣類の生えた木の樹皮にとまっていると，保護色となって捕食者の目にとまりにくいため，19 世紀中旬までのオオシモフリエダシャクは明色型がほとんどで，暗色型は全体の 1%程度であった。しかし，(B)産業が急速に発達した 19 世紀後半から，暗色型の割合が増加し，(C)リバプール郊外では，一時，暗色型の割合が 93%を占めるまでになった。このように，ある生物集団が，生息環境に対して有利な形質をもつ集団に進化することを［ d ］という。

一方，生存や繁殖に無関係な対立遺伝子は［ b ］の影響を受けないが，偶然に集団内の遺伝子頻度が変動することがある。これを［ e ］といい，この現象によって，有利でも不利でもない突然変異の形質が集団内に定着することがある。このように［ e ］によって集団全体に広がるように進化することを［ f ］という。

問 1　［ a ］〜［ f ］に入る最も適切な語句を答えなさい。

問 2　下線部(A)について，染色体レベルではなく，遺伝子の塩基配列に変化を生じるものを 3 つ挙げなさい。

問 3　下線部(B)について，その理由を簡潔に述べなさい。

問 4　下線部(C)について，リバプール近郊の工業地帯（X）のオオシモフリエダシャクは暗色型の割合が 84%であった。また，リバプールからかなり離れた田園地帯（Y）では暗色型の割合が 36%であった。ハーディー・ワインベルグの法則が成り立つと仮定して，次の(1)〜(3)に答えなさい。

(1) X 地帯と Y 地帯における優性遺伝子 C の遺伝子頻度をそれぞれ求めなさい。

(2) X 地帯と Y 地帯における優性ホモ接合体 CC とヘテロ接合体 Cc の比（CC : Cc ）をそれぞれ求め，整数比で答えなさい。

(3) Y 地帯で，仮に明色型は羽化直後にすべて捕食され，暗色型のみ生き残ったとしたとき，その次世代において暗色型のオオシモフリエダシャクが羽化する割合は何%になるか。四捨五入して小数第 1 位まで求めなさい。

解答編

英語

I **解答**　問1．the big test と a piano recital

問2．全訳下線部(2)参照。

問3．全訳下線部(3)参照。

問4．情報が，つかの間の短期記憶から，より永続性のある長期記憶に移る過程。

問5．(い)—①　(ろ)—②　(は)—③　(に)—③　(ほ)—④

◆全　訳◆

≪睡眠と記憶≫

今は午前4時。8時間後には大きなテストがあり，次にはピアノのリサイタルがある。あなたは何日も勉強やピアノの練習を続けているが，どちらに対しても未だに準備ができた感じがない。それで，あなたは何ができるだろうか。(2)なるほど，あなたはもう一杯コーヒーを飲み，次の数時間を詰め込み勉強やピアノの練習に費やすことができる。しかし信じられないかもしれないが，本を閉じ，楽譜を片付け，そして床に就くほうがもっと良いかもしれない。

睡眠は我々の生活のほぼ3分の1を占めているが，我々の多くはそれに対して，驚くほどほとんど注意や配慮を払っていない。この怠慢は，しばしば大きな誤解の結果なのである。睡眠は失われた時間ではなく，すべての重要な仕事がなされたときに休息をとる単なる方法でもない。そうではなくて，睡眠は非常に重要な機能であり，その間にあなたの体はその極めて重要な組織のバランスを取り，調整し，呼吸に影響を与え，血液の循環から成長や免疫反応に至るまでのすべてを調整するのである。

それはすごいが，あなたはこのテストが終わってから，それらすべてを心配することができる，そうでしょう？さぁ，そんなに急がないで。(3)眠りに入るときに，身体を循環する血液の5分の1が脳に送られており，睡眠は脳にも極めて重要であることがわかっている。そしてあなたが眠っているときに脳の中で継続しているのは，記憶がいかに機能するかに対して極めて重要な，非常に活動的な再構築の期間なのである。

一見したところ，物を記憶する人間の能力は，全くもって印象的とは思えない。19 世紀の心理学者，ヘルマン＝エビングハウスは，我々は通常，最初の 20 分以内に新しい情報の 40％を忘れることを証明した。これは忘却曲線として知られている現象である。

しかし，この損失は記憶の固定を通じて防ぐことが可能である。記憶の固定とは，情報が束の間の短期記憶からより永続的な長期記憶に移る過程である。

この固定は，海馬として知られている脳の主要部分の助けを借りて起こる。長期記憶形成における海馬の役割は，1950 年代にブレンダ＝ミルナーによる，H. M. として知られる患者の研究によって証明された。海馬が取り除かれた後，新しい短期記憶を形成する H. M. の能力は損なわれた。しかし，彼は反復によって肉体作業を習得することができた。海馬の除去により，長期記憶を形成する H. M. の能力も損なわれた。この事例が明らかにしたのは何よりも，海馬はリサイタルのためにあなたが習得する必要のある指の動きのような手続き記憶よりも，テストのためにあなたが覚える必要のある事実や概念のような長期的な陳述記憶の固定のほうに，明確に関わっていることである。

◀解　説▶

問１．not ～ either は「両方とも～ない」と全体否定を表す。両方とは，第１段第１文（It's 4 a.m., …）で述べられている「大きなテストとピアノのリサイタル」であるので，そのまま本文から抜き出せばよい。

問２．spend *A* *doing*「*A*（時間）を～に費やす」 cram「詰め込み勉強をする」 believe it or not は挿入的に用い「信じられないかもしれないが」の意。控えめの might「～かもしれない」に，be better off *doing*「～するほうが良い（賢明である）」が続いている。put away the music「楽譜を片付ける」

問３．it turns out that S V「S が V だとわかる」 be crucial for ～「～に極めて重要な」 channel *A* to *B*「*A* を *B* に送る，向ける」 drift off「眠りに落ちる」 なお，with a fifth of your body's circulatory blood being channeled to it の部分は，with *A* *done*「*A* を〜して，〜しながら」の付帯状況であるが，この文では，being を入れることで，より生き生きとした描写になっている。it は your brain「あなたの脳」のことである。

問４．下線部の後のコンマは「すなわち」を意味し，コンマの次に下線部の内容を説明しているので，その部分を取り出すとよい。the process by which S V「S が V する過程」 be moved は「動かされる」であるが，記憶の情報であるので「移る」と訳した。short-term memory「短期記憶」 long-term memory「長期記憶」

問５．(い)一般的に１日のどれほどを，我々は睡眠に使っているかを考える。a third of 〜「〜の３分の１」となる①が適切である。

(ろ)空欄の前文（Sleep isn't …）では「睡眠は失われた時間でも，…するための単なる方法でもない」とあり，空欄後には「それは重要な機能」と述べている。両者をつなぐには「そうではなくて」の意味をもつ語が適するので，②が適切である。

(は)空欄を含む文の，hippocampus「海馬」の前に have があり，選択肢は remove「〜を取り除く」の展開である。「彼の海馬が取り除かれた後」としたいので，have *A* *done*「*A*（物）を〜してもらう，される」の構文を用いる。ゆえに，③が適切である。

(に)第６段第４文（Due to …）には「海馬の除去で，長期記憶を形成する能力も損傷」とあり，海馬と長期的な陳述記憶は深く関わっていると考えられる。これは言語として意識上にて陳述できる学習と考えられるので，③「テストのためにあなたが覚える必要のある事実や概念」が長期的な陳述記憶の例として適切である。

(ほ)第６段第３文（After having …）に「短期記憶の能力は損なわれたが，反復によって肉体作業を習得」とある。すなわち，経験の反復で運動技能は習得できるので，ピアノの練習はこれに当たることから，④「リサイタルのためにあなたが習得する必要のある指の動き」が手続き記憶の例として適切である。

なお，(に)・(ほ)の他の選択肢は①「この固定の過程がいかに機能するか」，②「公式を記憶した後３時間眠ること」である。

II **解答**　1―①　2―③　3―②　4―②　5―④　6―③
7―③　8―④　9―②　10―④

◀解　説▶

1．「私は，インターネットでコマーシャルを流す多くの利点を見て取ることができる。なぜならスマートフォンを使う人が増えているからだ」
スマートフォン使用者が増えているので，ネット上に宣伝を流すのは効果があると考えると，①「利点，強み」が適切である。see「～を見て取る」
②「顧客」 ③「試合」 ④「ラジオ」

2．「病院には，人命救助のための臓器移植を待っている多くの患者がいる」
life-saving「人命救助の」および transplant「移植」とあるので，③「臓器」が適切である。organ transplant「臓器移植」で記憶しておくとよい。
①「通路」 ②「熱狂」 ④「下線」

3．「『privacy（プライバシー）』という英単語はそのままの形で日本語に採用されている。なぜなら日本人はその概念を以前にはもたなかったからだ」
外来語が日本語にそのまま取り入れられた理由である。日本に以前なかったのは，②「概念」が適切である。adopt「～を取り入れる，（外国語を）そのままの形で採用する」 ①「地域」 ③「再検討」 ④「学説」

4．「男女同権へ向かう世界的な趨勢にもかかわらず，それはどの国においても完全には達成されていない」
global movement towards～「～へ向かう世界的な趨勢」の方向は，gender equality「男女同権」を構成する②「平等」が適切である。④だと gender discrimination「性差別」に向かうことになる。gender「性，性別」 ①「事態」 ③「無知」 ④「差別」

5．「警察は，盗まれた車で逃走した泥棒をついに逮捕した」
交通手段は通常，by car「車で」，by plane「飛行機で」など by を使って無冠詞で表現するが，「私の車で」や「その飛行機で」など限定する場合には，in my car，on the plane とする。ここでは stolen「盗まれた」④「乗り物，車」（で）が，適切である。①「戸棚」 ②「宝石」 ③「報告」

6．「私の兄は，３月に失効する前に運転免許証を更新しなければならない」
失効する前に更新すべきは，③「免許証」が適切である。renew「〜を更新する」 expire「有効期限が切れる」 ①「不注意」 ②「鍵」 ④「シャトル便」
7．「自信の欠如は，仕事探しの最も大きな障害かもしれない」
仕事を探すのに自信の欠如は，大きな③「障害」になるであろう。lack「〜を欠く」 self-confidence「自信」 obstacle to 〜「〜に対する障害」 ①「利益」 ②「分野」 ④「力」
8．「ケベックには多くの観光名所があり，それはカナダで最大の州である」
which の先行詞は何かを考える。それは Québec「ケベック」であり，カナダの④「州」である。①「刃物」 ②「企業」 ③「撤退」
9．「我々は家具のために，居間の正確な寸法を測らなければならない」
家具の設置のために測るのは居間の大きさである。ゆえに，②「寸法，サイズ」が適切である。①「結合」 ③「錯覚」 ④「部分」
10．「融点は，物質が固体から液体に変化する温度である」
melting point「融点」を知っていれば容易だが，melt「溶ける」からも判断できる。溶けていない状態は④「固体」である。①「担体」 ②「気体」 ③「分子」

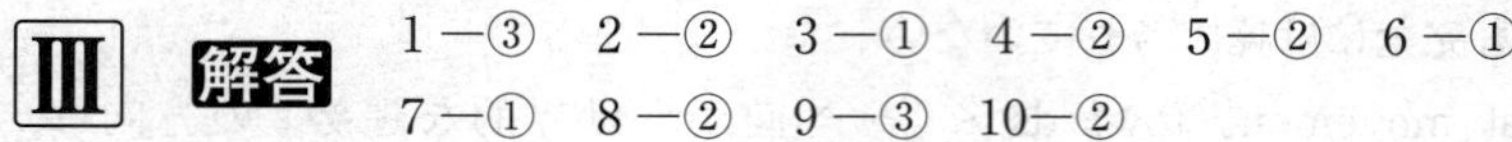

Ⅲ　解答　1―③　2―②　3―①　4―②　5―②　6―①
7―①　8―②　9―③　10―②

Ⅳ　解答　1．to　2．for　3．over　4．on　5．with
6．in　7．from　8．under　9．into　10．by

◀解　説▶

1．a．「私の叔父は，退職した時に安いアパートに引っ越した」
b．「寒風の中でスキーをした後，私は体の芯まで冷え切った」
a の move to〔into〕〜 は「〜に引っ越す」である。b の be chilled to the bone「体の芯まで冷える」はイディオムである。ゆえに，共通している to が適切である。
2．a．「もし，私の家族がいなかったら，私は成功していなかったであろう」

b.「私は，来週3カ月ぶりに東京に行くつもりだ」

aのHad it not been for～は，If it had not been for～「もし～がなかったら」の構文が倒置され，ifが省略されたものである。bはfor the first timeのみなら「初めて」の意であるが，for the first time in～は「～ぶりに」の意となるので注意しよう。ゆえに，forが適切である。

3. a.「その二つの国は，境界線を巡って戦った」

b.「フレデリックは他のすべての候補者に優先して選ばれた」

aのfight「戦い，戦闘」に続く前置詞は，with，against「～と」，about，over「～を巡って」，for「～を求めて」である。ここではboundary「境界線」が前置詞の対象であるのでaboutかoverである。bでは，空欄後にall other candidates「他のすべての候補者」とあり，それらに「優先して」と考えられるので，対応する前置詞はoverである。ゆえに，overが適切である。

4. a.「その女優は大きなエメラルドの指輪を指にはめていた」

b.「我々は，若いころはラジオでニュースをよく聞いたものだ」

aでは，着用・所有のonを使う。wear a ring on *one's* finger「指輪を指にはめている」はこのまま覚えること。bの「ラジオで」はon the radioである。このonは手段を表す。ゆえに，onが適切である。

5. a.「人参はビタミンAが豊富であることを我々は知っている」

b.「口を一杯にして話すな」

aではbe rich in〔with〕～「～が豊かである」を熟語で覚えること。bはwith *A*＋形容詞「*A*を～して，～した状態で」を意味する付帯状況である。ゆえに，withが適切である。

6. a.「多くの動物は社会集団で生活することが知られている」

b.「あなたが現金で支払おうと，クレジットカードで支払おうと，違いはないでしょう」

aの「集団で」はin a groupとする。bのpay in cash「現金で払う」はそのまま覚えること。ゆえに，inが適切である。なお，aは形状・配置，bは手段のinである。

7. a.「鈴木は3月にプロ野球から引退した」

b.「私は，シャーロットがどこの出身かを知らない」

a は retire from ～「～から引退する」，b は come from ～「～の出身である」の意である。ゆえに，from が適切である。

8．a.「その事例は，長年にわたって調査中である」

b.「あの泳ぎ手は，どれほど長く水に潜っていられるのかしら」

a は，under investigation で「調査中」の意である。under construction「工事中で（の）」も覚えよう。b は，stay under water「水の中に潜っている」である。ゆえに，under が適切である。

9．a.「我々は，その問題を夜遅くまで議論した」

b.「世界はそのニュースで，混乱状態に陥った」

a では，into が「ある時間に及ぶまで」の意で用いられている。*cf.* dance well into the night「夜遅くまで踊る」 b は throw *A* into *B*「*A* を *B* に（突然）投げ込む，陥れる」であり，通例受け身で使用する。ゆえに，into が適切である。

10．a.「あなたは砂糖の量を半分に減らすべきだ」

b.「これは間違って私に送られた e メールに違いない」

a では，by half「（元の数量の）半分だけ」の意であり，cut *A* by half で「*A* を半分に減らす」の意である。b は，by mistake「間違って」である。ゆえに，by が適切である。

解答　1．I am giving a presentation this afternoon.

2．The flight was delayed due to bad weather.

3．My brother would like to say thank you on behalf of our family.

4．Are you available on Friday afternoon?

◀解　説▶

1．be *doing* は近い未来のことで，既に決定された計画・予定などが，具体的に準備が進んでいる場合を表す。この場合，普通近い未来を表す副詞（句）を伴うことが多い。また，近い未来の予定を表す be going to *do* を使って，I am going to give a presentation this afternoon. としても可。

2．delay「（悪天候・事故などが）～を遅らせる」であり，be delayed で「遅れる」とする。due to ～「～が原因で，～のせいで」は，on account of ～「～の理由で」としても可。形容詞＋weather conditions でも天候状況を表現できるが硬い表現である。

３．say thank you「お礼を言う」は，thank をそのまま動詞として使い，thank you としても可。また，その直前に丁寧な表現 would like to *do*「～したいのですが」を置けばよい。on behalf of ～「～を代表して，～の代わりに」 形式ばった表現では allow *A* to *do*「*A*（人）に～させる」を用い，Please allow my brother to thank you on behalf of our family. としても可。

４．available「（人が）手が空いている」の意であり，相手の都合を聞く頻出の表現である。また，convenient「都合のよい」を使って，Is Friday afternoon convenient for you? とするのも可。ただし，convenient は人を主語にはできないので，Are you convenient? とはならないことに注意。友人同士の会話なら Are you free on Friday afternoon? でもよいが，英作文では用いないほうがいいだろう。

数学

I

解答 (1)ア．6 (2)イ．720 ウ．1440

(3)エ．-3 (4)オ．$-\frac{1}{2}$

◀解 説▶

≪小問4問≫

(1) $mn-m-2n+2=4$ より，左辺を因数分解して

$$(m-2)(n-1)=4$$

m，n は整数なので，$m-2$，$n-1$ は整数であるから，$m-2$，$n-1$ の組は

$$(m-2,\ n-1)$$
$$=(-4,\ -1),\ (-2,\ -2),\ (-1,\ -4),\ (1,\ 4),\ (2,\ 2),\ (4,\ 1)$$

の6組あるので，m，n の組も

$$(m,\ n)$$
$$=(-2,\ 0),\ (0,\ -1),\ (1,\ -3),\ (3,\ 5),\ (4,\ 3),\ (6,\ 2)$$

の6組ある。 →ア

(2) 両端の男子の並び方は ${}_3P_2$ 通りあり，そのおのおのに対して，その間に並ぶ残りの男女5人の並び方は5! 通りであるから，両端が男子である並び方は

$${}_3P_2\times 5!=3\cdot 2\times 5\cdot 4\cdot 3\cdot 2\cdot 1=720 \text{ 通り} \quad \to イ$$

また，男子が互いに隣り合わない並び方は，女子4人が並んでいる間または端に男子3人がひとりずつ入ると考えればよい。

女子4人の並び方は4! 通り。

その間または端に男子3人がひとりずつ入る並び方は ${}_5P_3$ 通り。

よって，男子が互いに隣り合わない並び方は

$$4!\times {}_5P_3=4\cdot 3\cdot 2\cdot 1\times 5\cdot 4\cdot 3=1440 \text{ 通り} \quad \to ウ$$

(3)
$$f(x)=x^3+ax^2-9x-2$$
$$f'(x)=3x^2+2ax-9$$

$x=-1$ で極値をとるとき

$$f'(-1)=0$$

$$3\times(-1)^2+2a\times(-1)-9=0$$

$$\therefore\quad a=-3\quad \to エ$$

逆に，このとき

$$f'(x)=3x^2-6x-9=3(x-3)(x+1)$$

となり，$f'(x)=0$ は異なる 2 つの実数解をもつから $x=-1$ で極値をとる。

(4)　$\displaystyle\int_{-1}^{2}(cx+1)^2dx$

$$=\int_{-1}^{2}(c^2x^2+2cx+1)dx=\left[\frac{1}{3}c^2x^3+cx^2+x\right]_{-1}^{2}$$

$$=\left(\frac{1}{3}c^2\times2^3+c\times2^2+2\right)-\left\{\frac{1}{3}c^2\times(-1)^3+c\times(-1)^2+(-1)\right\}$$

$$=3(c^2+c+1)=3\left\{\left(c+\frac{1}{2}\right)^2+\frac{3}{4}\right\}$$

だから，$\displaystyle\int_{-1}^{2}(cx+1)^2dx$ の値が最小となる c の値は　$-\dfrac{1}{2}$　→オ

II　解答

(1) $3<x\leqq5$　(2) $y=6x^2+2$

(3)(i) $\dfrac{\pi}{3}$，$\dfrac{5}{3}\pi$　(ii) $2<a<\dfrac{17}{8}$　(4)(i) $\dfrac{1}{2}$　(ii) $\overrightarrow{OH}=\dfrac{3}{8}\overrightarrow{OA}+\dfrac{5}{8}\overrightarrow{OB}$

◀解　説▶

≪小問 4 問≫

(1)　$3x+1>2x+4 \iff x>3$　……①

$|x-2|\leqq3 \iff -3\leqq x-2\leqq3 \iff -1\leqq x\leqq5$　……②

よって，与えられた連立不等式を満たす x の値の範囲は，①，②より

$$3<x\leqq5$$

(2)　放物線 $y=2x^2+7$ 上の動点 R の座標を $(t,\ 2t^2+7)$ とし，△PQR の重心の座標を $(X,\ Y)$ とすると

$$X=\frac{-2+2+t}{3}=\frac{t}{3}\quad……③$$

$$Y=\frac{0+(-1)+2t^2+7}{3}=\frac{2t^2+6}{3}\quad……④$$

③より　　$t=3X$

これを④に代入して

$$Y=\frac{2\cdot(3X)^2+6}{3}=6X^2+2$$

X はすべての実数の値をとるから，求める軌跡の方程式は

$$y=6x^2+2$$

(3)(i)　$a=-1$ のとき

$$\begin{aligned}f(x)&=\cos 2x+3\cos x-1\\&=2\cos^2 x-1+3\cos x-1\quad(\text{倍角公式}\ \cos 2x=2\cos^2 x-1\ \text{より})\\&=2\cos^2 x+3\cos x-2\\&=(2\cos x-1)(\cos x+2)\end{aligned}$$

$0\leqq x<2\pi$ より　　$-1\leqq\cos x\leqq 1$

したがって，$f(x)=0$ のとき

$$2\cos x-1=0\qquad\therefore\quad \cos x=\frac{1}{2}$$

よって，求める $f(x)=0$ の解は，$0\leqq x<2\pi$ より

$$x=\frac{\pi}{3},\ \frac{5}{3}\pi$$

(ii)　$f(x)=2\cos^2 x+3\cos x+a-1$

$\cos x=t$ とおくと

$$f(x)=2t^2+3t+a-1\ \ (=g(t)\ \text{とおく})$$

$f(x)=0$ が異なる 4 個の実数解をもつための条件は，$g(t)=0$ が $-1<t<1$ の範囲に異なる 2 個の実数解をもつことである。

$$g(t)=2\left(t+\frac{3}{4}\right)^2+a-\frac{17}{8}$$

であり，放物線 $y=g(t)$ の軸は $t=-\frac{3}{4}$ なので，$g(t)=0$ が区間 $-1<t<1$ に異なる 2 個の実数解をもつためには，次の 3 つの条件を満たさなければならない。

(ア)　$a-\frac{17}{8}<0\qquad\therefore\quad a<\frac{17}{8}$

(イ)　$g(-1)=2\times(-1)^2+3\times(-1)+a-1>0$

$\therefore\quad a>2$

(ウ)　$g(1)=2\times 1^2+3\times 1+a-1>0$

$\therefore\quad a>-4$

(ア)〜(ウ)より，求める a の値の範囲は

$$2<a<\frac{17}{8}$$

(4)(i)　$|\overrightarrow{\mathrm{BA}}|^2=|\overrightarrow{\mathrm{OA}}-\overrightarrow{\mathrm{OB}}|^2$

$$=|\overrightarrow{\mathrm{OA}}|^2-2\overrightarrow{\mathrm{OA}}\cdot\overrightarrow{\mathrm{OB}}+|\overrightarrow{\mathrm{OB}}|^2$$

だから，$|\overrightarrow{\mathrm{BA}}|^2=4$，$|\overrightarrow{\mathrm{OA}}|^2=3$，$|\overrightarrow{\mathrm{OB}}|^2=2$ を代入して

$$4=3-2\overrightarrow{\mathrm{OA}}\cdot\overrightarrow{\mathrm{OB}}+2$$

$$\therefore\quad \overrightarrow{\mathrm{OA}}\cdot\overrightarrow{\mathrm{OB}}=\frac{1}{2}$$

(ii)　点 H は，直線 AB 上の点だから，t を実数として

$$\overrightarrow{\mathrm{OH}}=(1-t)\overrightarrow{\mathrm{OA}}+t\overrightarrow{\mathrm{OB}}$$

とおく。$\overrightarrow{\mathrm{OH}}\perp\overrightarrow{\mathrm{BA}}$ だから，内積 $\overrightarrow{\mathrm{OH}}\cdot\overrightarrow{\mathrm{BA}}=0$ を満たすので

$$\{(1-t)\overrightarrow{\mathrm{OA}}+t\overrightarrow{\mathrm{OB}}\}\cdot(\overrightarrow{\mathrm{OA}}-\overrightarrow{\mathrm{OB}})=0$$

$$\therefore\quad (1-t)|\overrightarrow{\mathrm{OA}}|^2+(2t-1)\overrightarrow{\mathrm{OA}}\cdot\overrightarrow{\mathrm{OB}}-t|\overrightarrow{\mathrm{OB}}|^2=0$$

$|\overrightarrow{\mathrm{OA}}|^2=3$，$|\overrightarrow{\mathrm{OB}}|^2=2$，$\overrightarrow{\mathrm{OA}}\cdot\overrightarrow{\mathrm{OB}}=\frac{1}{2}$（(i)より）を代入して

$$3(1-t)+(2t-1)\times\frac{1}{2}-2t=0$$

これを解いて

$$t=\frac{5}{8}$$

よって　$\overrightarrow{\mathrm{OH}}=\frac{3}{8}\overrightarrow{\mathrm{OA}}+\frac{5}{8}\overrightarrow{\mathrm{OB}}$

III　解答

(1)ア．2　イ．4　ウ．85

(2)(i) $y=-bx^2+1$　(ii) $S=\dfrac{8\sqrt{2}}{3\sqrt{a+b}}$　(iii) $\dfrac{4}{3}$

◀解　説▶

≪対数計算，2つの放物線で囲まれる部分の面積≫

(1)　$\log_{10}50+\log_{10}2=\log_{10}100=\log_{10}10^2=2$　→ア

$\log_{10}48=\log_{10}2^4\cdot3=\log_{10}2^4+\log_{10}3$

$=4\log_{10}2+\log_{10}3$　→イ

$48<7^2<50$ より　　$48^{50}<7^{100}<50^{50}$

ここから　　$\log_{10}48^{50}<\log_{10}7^{100}<\log_{10}50^{50}$　（底 10>1 より）

ここで

$$\log_{10}48^{50}=50\log_{10}48=50(4\log_{10}2+\log_{10}3)$$
$$=50(4\times0.3010+0.4771)=84.055$$
$$\log_{10}50^{50}=50\log_{10}50=50\left(\log_{10}\frac{100}{2}\right)=50(\log_{10}10^2-\log_{10}2)$$
$$=50(2-\log_{10}2)$$
$$=50(2-0.3010)=84.95$$

だから

$$84<\log_{10}7^{100}<85 \quad \therefore \quad \log_{10}10^{84}<\log_{10}7^{100}<\log_{10}10^{85}$$

底 10>1 より

$$10^{84}<7^{100}<10^{85}$$

つまり，7^{100} は 85 桁の数である。→ウ

(2)(i)　C_2 は，軸が y 軸で，頂点の座標が $(0,\ 1)$ だから，実数 m を用いて，$y=mx^2+1$ $(m\neq0)$ と表せる。

C_2 は点 $\mathrm{P}(1,\ 1-b)$ を通るから

$$1-b=m+1 \quad \therefore \quad m=-b \ (b>0 \text{ より } m\neq0 \text{ を満たす})$$

よって，C_2 を表す方程式は

$$y=-bx^2+1$$

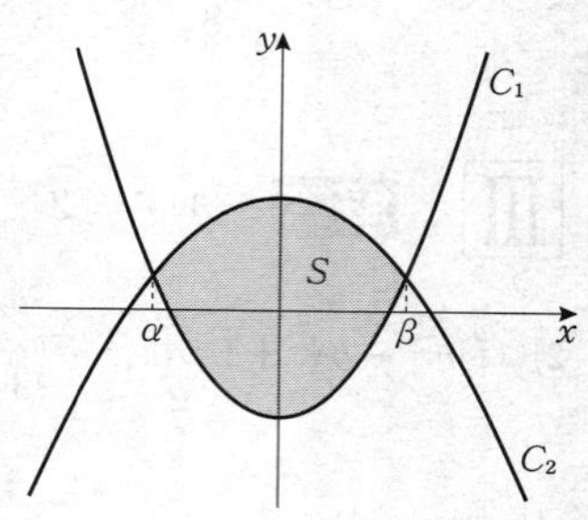

(ii)　C_1 と C_2 の交点の x 座標を α, β $(\alpha<\beta)$ とする。

α, β は，$ax^2-1=-bx^2+1$ つまり $(a+b)x^2-2=0$ $(a+b\neq0)$ の 2 解であるから

$$\alpha=-\frac{\sqrt{2}}{\sqrt{a+b}},\ \beta=\frac{\sqrt{2}}{\sqrt{a+b}}$$

また

$$S=\int_\alpha^\beta\{(-bx^2+1)-(ax^2-1)\}dx$$
$$=-(a+b)\int_\alpha^\beta(x-\alpha)(x-\beta)dx$$
$$=\frac{a+b}{6}(\beta-\alpha)^3\quad\left(\int_\alpha^\beta(x-\alpha)(x-\beta)dx=-\frac{1}{6}(\beta-\alpha)^3\text{ より}\right)$$

ここで

$$\beta-\alpha=\frac{\sqrt{2}}{\sqrt{a+b}}-\left(-\frac{\sqrt{2}}{\sqrt{a+b}}\right)$$
$$=\frac{2\sqrt{2}}{\sqrt{a+b}}$$

であるから

$$S=\frac{a+b}{6}\left(\frac{2\sqrt{2}}{\sqrt{a+b}}\right)^3$$
$$=\frac{8\sqrt{2}}{3\sqrt{a+b}}$$

(iii)　a，b は正の実数だから，相加平均・相乗平均の関係より

$$2\sqrt{ab}\leqq a+b\quad(\text{等号成立は } a=b \text{ のとき})$$

$ab=16$ のとき

$$8\leqq a+b$$
$$\therefore\quad \frac{1}{\sqrt{a+b}}\leqq\frac{1}{2\sqrt{2}}$$

これより

$$S\leqq\frac{8\sqrt{2}}{3}\times\frac{1}{2\sqrt{2}}\quad(\text{等号成立は } a=b=4 \text{ のとき})$$
$$\therefore\quad S\leqq\frac{4}{3}$$

よって，S のとり得る値の最大値は $\frac{4}{3}$（$a=b=4$ のとき）である。

化学

I 解答

問１．(1)$Fe(OH)_3$ (2)ア．チンダル イ．透析

問２．ア．潮解 イ．風解

問３．(1)11.3 (2)10.7

問４．(1)オストワルト法 (2)一酸化窒素

(3)$3NO_2+H_2O \longrightarrow 2HNO_3+NO$

問５．(1)7 (2)1 (3)1

問６．②，④

◀解　説▶

≪小問６問≫

問３．(1) pH 12.0 の NaOHaq では $[OH^-]=\frac{1.0\times10^{-14}}{1.0\times10^{-12}}=1.0\times10^{-2}$〔mol/L〕なので

$$[OH^-]=\frac{1.0\times10^{-2}}{5}=2.0\times10^{-3}〔mol/L〕$$

$$pOH=-\log_{10}[OH^-]=3-\log_{10}2.0=3-0.30=2.70$$

$$\therefore\ pH=14-2.70=11.3$$

(2) NH_3 の電離定数を K_b〔mol/L〕とすると

$$NH_3aq\ の\ [OH^-]=\sqrt{K_b\times1.0\times10^{-2}}=\sqrt{2.5\times10^{-7}}〔mol/L〕$$

$$pOH=-\log_{10}[OH^-]=-\log_{10}(5.0\times10^{-4})=4-1+\log_{10}2=3.30$$

$$\therefore\ pH=14-3.30=10.70\fallingdotseq10.7$$

問５．$C_4H_{10}O$ の異性体は次の７種類。

$CH_3-CH_2-CH_2-CH_2-OH$　　$CH_3-CH_2-CH(OH)-CH_3$

$CH_3-C(CH_3)(OH)-CH_3$　　$CH_3-CH(CH_3)-CH_2-OH$

$CH_3-O-CH_2-CH_2-CH_3$　　$CH_3-CH_2-O-CH_2-CH_3$

$$\begin{array}{l} CH_3-\underset{\displaystyle CH_3}{\underset{|}{C}}H-O-CH_3 \end{array}$$

このうち，不斉炭素原子 *C をもつものは， $CH_3-CH_2-{}^*\underset{\displaystyle OH}{\underset{|}{C}}H-CH_3$ だけである。ヨードホルム反応を示すのもこれだけである。

II 解答

問 1．ダイヤモンド

問 2．$Cu+2H_2SO_4 \longrightarrow CuSO_4+2H_2O+SO_2$

問 3．$Ca+2H_2O \longrightarrow Ca(OH)_2+H_2$

問 4．$CaCO_3+CO_2+H_2O \longrightarrow Ca(HCO_3)_2$

問 5．HCl，HClO

◀解 説▶

≪元素記号に C が含まれる元素の単体の反応≫

周期表の第 2 周期～第 4 周期の元素で元素記号に C が含まれるのは，C，Cl，Ca，Cr，Co，Cu の 6 つがある。このうち遷移元素は Cr，Co，Cu の 3 つであり，このうちの 1 つが該当することになる。3 つは典型元素なので，C，Cl，Ca すべてが該当する。

問 1．同素体が存在するのは C で黒鉛，ダイヤモンド，無定形炭素，フラーレンなどである。

問 2．単体が赤いものは Cu のみである。

問 3．常温で水と反応して気体を発生するのは Ca である。

問 5．$H_2O+Cl_2 \longrightarrow HCl+HClO$ の反応が起きる。

III 解答

問 1．$Q_1=680$〔kJ〕，$Q_5=1393$〔kJ〕，$Q_6=119$〔kJ〕

問 2．682 kJ/mol

◀解 説▶

≪反応熱・結合エネルギーの熱化学方程式≫

問 1．Q_1 は発熱を表す下向きの矢印なので

$$C(黒鉛)+H_2(気)+\frac{3}{2}O_2(気)=CO_2(気)+H_2O(液)+Q_1〔kJ〕$$

$$C(黒鉛)+O_2(気)=CO_2(気)+394\,kJ \quad \cdots\cdots①$$

$$H_2(気)+\frac{1}{2}O_2(気)=H_2O(液)+286\,kJ \quad \cdots\cdots②$$

①＋② より　$Q_1=680〔kJ〕$

Q_5 は吸熱を表す上向きの矢印なので

$$C(黒鉛)+H_2(気)+\frac{1}{2}O_2(気)=C(気)+2H(気)+O(気)-Q_5〔kJ〕$$

$$C(黒鉛)=C(気)-712\,kJ \quad \cdots\cdots③$$

$$H_2(気)=2H(気)-436\,kJ \quad \cdots\cdots④$$

$$O_2(気)=2O(気)-490\,kJ \quad \cdots\cdots⑤$$

③＋④＋⑤×$\frac{1}{2}$ より　$Q_5=1393〔kJ〕$

Q_6 は発熱を表す下向きの矢印なので

$$C(黒鉛)+H_2(気)+\frac{1}{2}O_2(気)=HCHO(気)+Q_6〔kJ〕$$

$$HCHO(気)+O_2(気)=H_2O(液)+CO_2(気)+561\,kJ \quad \cdots\cdots⑥$$

①＋②－⑥ より　$Q_6=119〔kJ〕$

問2．図2より $Q_5+Q_6=Q_4$ であることから

$$HCHO(気)=2H(気)+C(気)+O(気)-(Q_5+Q_6)\,kJ$$

また，表より $(C-H)\times2=830〔kJ〕$ であり

$$Q_5+Q_6=(C-H)\times2+(C=O)$$

よって，C=O の結合エネルギーは

$$Q_5+Q_6-830=682〔kJ/mol〕$$

解答

問1．2.0×10^{-1} mol

問2．圧力：3.6×10^{3} Pa

水滴の物質量：1.9×10^{-1} mol

問3．9.9×10^{4} Pa

◀解　説▶

≪水の飽和蒸気圧と気体の法則≫

問1．H_2 は混合気体全体の物質量の $\frac{2}{3}$ なので

$$\frac{6.72}{22.4}\times\frac{2}{3}=2.0\times10^{-1}〔mol〕$$

問2．過不足なく反応したので，容器内には水のみが 2.0×10^{-1} mol 存在する。水滴が存在する場合，その温度での飽和蒸気圧が容器内の圧力なので，3.6×10^{3} Pa である。気体として存在する水は，気体の状態方程式より

$$\frac{3.6\times10^{3}\times6.72}{8.3\times10^{3}\times300}=9.71\times10^{-3}\text{〔mol〕}$$

$$\text{水滴の物質量}=2.0\times10^{-1}-9.71\times10^{-3}$$
$$=1.90\times10^{-1}\fallingdotseq1.9\times10^{-1}\text{〔mol〕}$$

問3．すべて気体と仮定すると容器内の圧力は，気体の状態方程式より

$$\frac{2.0\times10^{-1}\times8.3\times10^{3}\times400}{6.72}=9.88\times10^{4}\fallingdotseq9.9\times10^{4}\text{〔Pa〕}$$

となり，400 K での飽和蒸気圧 2.5×10^{5} Pa より小さくなるので，すべて気体として存在し，容器内の圧力は 9.9×10^{4} Pa となる。

V　解答

問1．1．$\dfrac{[\mathrm{HS^-}][\mathrm{H^+}]}{[\mathrm{H_2S}]}$　2．$\dfrac{[\mathrm{S^{2-}}][\mathrm{H^+}]}{[\mathrm{HS^-}]}$

3．$\dfrac{[\mathrm{S^{2-}}][\mathrm{H^+}]^2}{[\mathrm{H_2S}]}$

問2．$\dfrac{K_1\cdot K_2[\mathrm{H_2S}]}{[\mathrm{H^+}]^2}$

問3．1.0×10^{-18} mol/L

問4．PbS

問5．$\mathrm{Pb^{2+}}$：1.0×10^{-12} mol/L　$\mathrm{Mn^{2+}}$：1.0×10^{-2} mol/L

◀解　説▶

≪難溶性塩の水溶液中での溶解平衡≫

問3．問2より

$$[\mathrm{S^{2-}}]=\frac{K_1\cdot K_2[\mathrm{H_2S}]}{[\mathrm{H^+}]^2}=\frac{1.0\times10^{-7}\times1.0\times10^{-14}\times1.0\times10^{-1}}{(1.0\times10^{-2})^2}$$
$$=1.0\times10^{-18}\text{〔mol/L〕}$$

問4・問5．問3の $[\mathrm{S^{2-}}]$ の値と PbS と MnS の溶解度積により

$$[\mathrm{Pb^{2+}}]=\frac{1.0\times10^{-30}}{1.0\times10^{-18}}=1.0\times10^{-12}\text{〔mol/L〕}<1.0\times10^{-2}\text{〔mol/L〕}$$

$$[Mn^{2+}]=\frac{1.0\times10^{-16}}{1.0\times10^{-18}}=1.0\times10^{2}〔mol/L〕>1.0\times10^{-2}〔mol/L〕$$

となり，PbS は沈殿するが，MnS は沈殿しない。
沈殿後の各イオンのモル濃度は

$$[Pb^{2+}]=1.0\times10^{-12}〔mol/L〕,\ [Mn^{2+}]=1.0\times10^{-2}〔mol/L〕$$

Ⅵ 解答

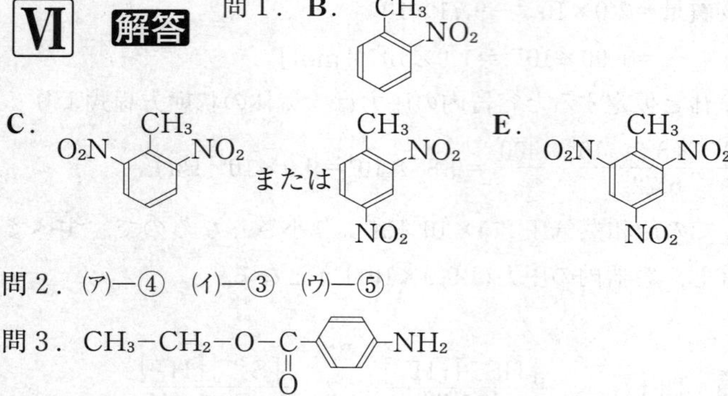

◀解　説▶

≪$C_9H_{11}NO_2$ の芳香族化合物の構造決定≫

問 3．実験 1 で二置換体 **B** はサリチル酸と同じ位置の *o*- 位が置換されていることがわかるので，**A** は *p*- 位が置換されていることになる。実験 2 のように $KMnO_4$ で酸化するとベンゼン環に結合している炭化水素は，−COOH になる。次に実験 3 では $-NO_2$ を還元して $-NH_2$ にし，−COOH をエステル化している。

CH_3−⟨ベンゼン環⟩−NO_2　　HO−C(=O)−⟨ベンゼン環⟩−NO_2　　HO−C(=O)−⟨ベンゼン環⟩−NH_2

A　　　　**F**　　　　**G**

生物

I 解答

問1．a．第二極体　b．動物　c．植物　d．背
e．中心体　f．30　g．灰色三日月環　h．原口
i．原口背唇部　j．原腸
問2．②
問3．現象名：表層回転　細胞骨格：微小管
問4．様式の名称：不等割
理由：割球内に卵黄が不均等に分布しており，卵黄の多い部分は卵割が起こりにくいから。
問5．原腸胚
問6．予定神経域の外胚葉を裏打ちするように陥入していき，神経への分化を誘導する形成体としてはたらく。

◀解　説▶

≪カエルの初期発生≫
問2．カエルなどの両生類はヒトなどの哺乳類と同様，減数分裂第二分裂中期で分裂が停止した状態で受精する。
問4．カエルの卵は端黄卵で植物極側に卵黄が偏っており，卵割の様式は不等割となる。
問6．原口背唇部は将来脊索となり，予定神経域の外胚葉を裏打ちして，外胚葉から神経を誘導する形成体としてのはたらきをもつ。

II 解答

問1．a．真核　b．イントロン　c．スプライシング
d．選択的スプライシング　e．原核
問2．RNAポリメラーゼ
問3．①リン酸　②デオキシリボース　③シトシン　④チミン
⑤リボース　⑥ウラシル　⑦センス　⑧アンチセンス
問4．転写：㊇　翻訳：㋑
問5．アンチコドン
問6．セントラルドグマ

◀解　説▶

≪遺伝情報の発現，DNA の構造≫

問３．一本鎖を構成するヌクレオチドどうしは，①リン酸と，②デオキシリボースあるいは⑤リボースが結合することで，鎖状につながっている。塩基はＡとＴ，ＧとＣが相補的に結合するので，③はＣ，④はＴが入る。mRNA は鋳型鎖に相補的な塩基配列をもつので，ＵをＴに読み替えれば，非鋳型鎖の配列と一致する。このことから，非鋳型鎖を⑦センス鎖という。

問４．真核生物では，転写は核内で行われ，成熟した mRNA は核膜孔を通って細胞質基質に出て，リボソームで翻訳される。

Ⅲ 解答

問１．ａ．リンパ　ｂ．血小板　ｃ．カルシウム
ｄ．プロトロンビン　ｅ．フィブリノーゲン

問２．(A)肺循環　(B)体循環

問３．心臓から送り出される血流がもつ高い血圧に耐えるため。

問４．血液の逆流を防ぐため。

問５．血清

問６．線溶（フィブリン溶解）

問７．梗塞

◀解　説▶

≪循環系≫

問３・問４．動脈・静脈いずれも内皮，筋肉の層，結合組織などから構成される。動脈は高い血圧に耐えるため，筋肉の層が発達した丈夫な構造をしている。一方，静脈は血圧が低いため，逆流を防ぐために弁が存在する。

問５．血しょうではない。血しょうにはフィブリンなどのタンパク質も含まれる。

Ⅳ 解答

問１．ａ．サイトカイン　ｂ．神経伝達物質
ｃ．イオンチャネル　ｄ．濃度勾配　ｅ．核
ｆ．転写調節因子（調節タンパク質）

問２．血液中に情報伝達物質であるホルモンを分泌する。

問３．(1)―㋐　(2)―㋒　(3)―㋑

問４．⑤

問５．ホルモンには親水性のものと疎水性のものがあり，リン脂質二重層には疎水性の領域が存在するため，疎水性のホルモンはリン脂質二重層を通過しやすいが，親水性のホルモンはリン脂質二重層を通過しにくいから。

◀解　説▶

≪情報伝達，生体膜≫

問２．傍分泌型やシナプス型では，情報伝達物質が分泌されると，拡散により広がったものを標的細胞が受容する。一方の内分泌型では，情報伝達物質（ホルモン）は血液中に分泌され運ばれる。

問３．(1)　ホルモンは内分泌型。

(2)　反射は神経の情報伝達によるのでシナプス型。

(3)　抗原提示は，樹状細胞の MHC 分子とその上の抗原ペプチドの複合体を，T 細胞が TCR（T 細胞受容体）で受容することで起こるので，接触型。

問４．リン脂質二重層を通過するホルモンは，疎水性でステロイド系の⑤糖質コルチコイドである。

V　解答

問１．ａ．ペプチド　ｂ．変性　ｃ．失活
ｄ．基質特異性　ｅ．活性部位　ｆ．競争的
ｇ．非競争的

問２．(1)活性化エネルギー

(2)活性化エネルギーを低くする。

問３．(1)酵素反応によりすべての基質が反応してなくなったから。

(2)すべての酵素が基質と複合体を形成しているから。

問４．

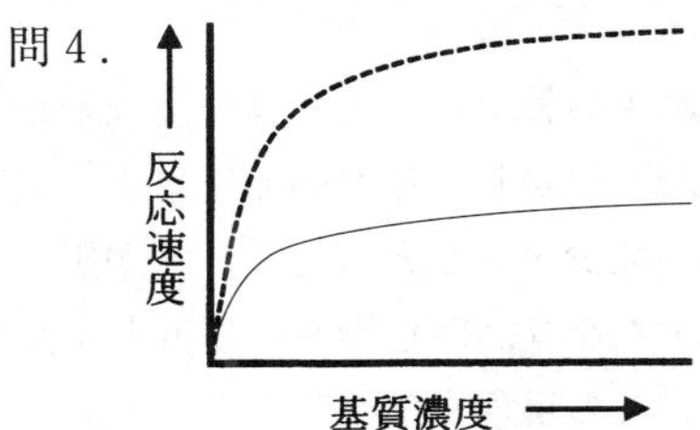

問 5．

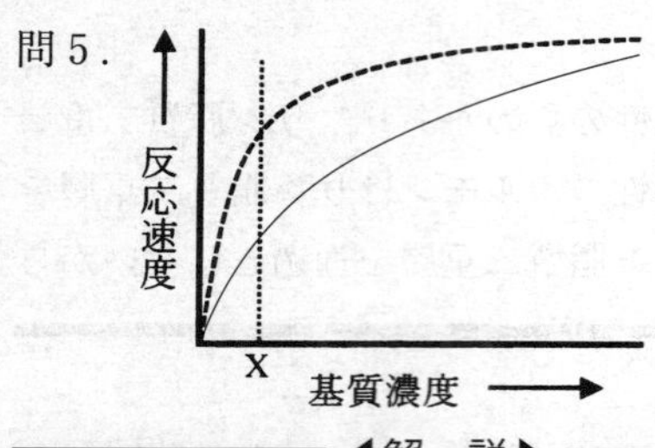

◀解　説▶

≪酵　素≫

問 2．酵素は活性化エネルギーを低くすることで，反応を進みやすくする。

問 4．酵素濃度が半分になると，反応速度も半分になる。

問 5．競争的阻害では，基質と阻害物質が酵素の活性部位を取り合う。基質濃度が低いと阻害物質が結合する確率が高くなり，阻害の影響は大きくなる。基質濃度が高いと阻害物質が結合する確率が低くなり，阻害の影響は小さくなる。

Ⅵ　**解答**　問 1．a．遺伝子プール　b．自然選択　c．工業暗化　d．適応進化　e．遺伝的浮動　f．中立進化

問 2．置換，欠失，挿入

問 3．大気汚染により樹皮が黒ずんだため，明色型が捕食されやすくなり，暗色型が生き残りやすくなったから。

問 4．⑴X 地帯：0.6　Y 地帯：0.2

⑵X 地帯：3：4　Y 地帯：1：8

⑶80.2%

◀解　説▶

≪進化の要因≫

問 3．イギリスでは産業が発達するまでは木の幹上には白っぽい地衣類が生えていて，明色型は捕食されづらかった。しかし，産業の発達により大気汚染が進んだため，木の幹上の地衣類が減少するなどもあり，幹が黒ずんだ。これにより，明色型が捕食されやすくなり，暗色型が生き残りやすくなったため，暗色型の割合が増加した。この現象を工業暗化という。

問 4．⑴・⑵　X 地帯での優性遺伝子 C，劣性遺伝子 c の遺伝子頻度をそれぞれ p，q とする（$p>0$，$q>0$）。暗色型の割合が 84%より，明色型

は 100－84＝16〔％〕いるので

$$q^2=0.16 \quad \therefore \quad q=0.4$$

よって

$$p=1-q=1-0.4=0.6$$

また

$$CC:Cc=(0.6)^2:2\times0.6\times0.4=0.36:0.48$$
$$=3:4$$

Y 地帯での優性遺伝子 C，劣性遺伝子 c の遺伝子頻度をそれぞれ r，s とする（$r>0$，$s>0$）。暗色型の割合が 36％より，明色型は 100－36＝64〔％〕いるので

$$s^2=0.64 \quad \therefore \quad s=0.8$$

よって

$$r=1-s=1-0.8=0.2$$

また

$$CC:Cc=(0.2)^2:2\times0.2\times0.8=0.04:0.32$$
$$=1:8$$

(3)　Y 地帯で明色型が羽化直後にすべて捕食された場合，次世代に受け継がれる遺伝子は，暗色型の CC と Cc の個体がもつ遺伝子である。(2)より個体数の比は $CC:Cc=1:8$ なので，この新たな遺伝子プールにおける C，c の遺伝子頻度は

$$C:c=(1\times2+8):8=5:4$$

よって，次世代の個体数の比は

$$CC:Cc:cc=5^2:2\times5\times4:4^2=25:40:16$$

暗色型の割合は

$$\frac{25+40}{25+40+16}\times100=\frac{6500}{81}=80.24\fallingdotseq80.2〔\%〕$$

2020年度

問題と解答

■公募制推薦入試

問題編

▶適性確認等の内容・配点

教科等	科　目　等	配　点
外国語	コミュニケーション英語Ⅰ・Ⅱ・Ⅲ，英語表現Ⅰ・Ⅱ	75点
数　学	数学Ⅰ・Ⅱ・A・B（数列，ベクトル）	75点
理　科	「化学基礎，化学」，「生物基礎，生物」から1科目選択	100点
調査書	全体の評定平均値を25点に換算	25点

▶備　考

調査書，適性確認（「外国語」「数学」「理科」）の成績，提出書類をもとに，志願者の能力，適性等を総合して合格者を決定する。なお，合格者の決定に当たっては総合点を判定基準とするが，一定基準に達しない科目があれば，不合格となることがある。

英語

（60 分）

I　次の英文を読んで，下の問いに答えなさい．【配点 24】

Not only rationality, but individuality too is a myth. Humans (あ) think for themselves. Rather, we think in groups. Just as it takes a tribe to raise a child, it also takes a tribe to invent a tool, solve a conflict, or cure a disease. No individual knows everything it takes to build a cathedral, an atom bomb, or an aircraft. (1) What gave *Homo sapiens* an edge over all other animals and turned us into the masters of the planet was not our individual rationality but our unparalleled ability to think together in large groups.

Individual humans know embarrassingly (い) about the world, and as history has progressed, they have come to know less and less. A hunter-gatherer in the Stone Age knew how to make her own clothes, how to start a fire, how to hunt rabbits, and how to escape lions. We think we know far (う) today, but as individuals, we actually know far (え). We rely on the expertise of others for almost all our needs. In one humbling experiment, people were asked to evaluate how well they understood the workings of an ordinary zipper. Most people confidently replied that they understood zippers very well—after all, they use them all the time. They were then asked to describe in as much detail as possible all the steps involved in the zipper's operation. Most people had no idea. This is what Steven Sloman and Philip Fernbach have termed "(2) the knowledge illusion." We think we know a lot, even though individually we know very (お), because we treat knowledge in the minds of others as if it were our own.

This is not necessarily bad. (3) Our reliance on groupthink has made us masters of the world, and the knowledge illusion enables us to go through life without being caught in an impossible effort to understand everything ourselves. From an evolutionary perspective, trusting in the knowledge of others has worked extremely well for *Homo sapiens*.

(Yuval Noah Harari, *21 Lessons for the 21st Century*)

unparalleled 並ぶもののない　　expertise 専門的知識（技術）
humbling 高慢な鼻を折る　　evaluate 評価する
illusion 錯覚

問１　下線部(1)を訳しなさい.

問２　下線部(2)について日本語で具体的な例をあげながら説明しなさい.

問３　下線部(3)を訳しなさい.

問４　英文中の(　あ　)〜(　お　)に入るべき単語をそれぞれ選び, 記号で答えなさい.

(あ) ① always　② frequently　③ generally　④ rarely

(い) ① less　② little　③ more　④ much

(う) ① less　② little　③ more　④ much

(え) ① less　② little　③ more　④ much

(お) ① less　② little　③ more　④ much

II 次の英文の意味が通るように，空所にそれぞれ適語を選び，記号で答えなさい．【配点 20】

1. Common (　　　　　) of the influenza include high fever, headache and aching muscles.

　① advantages　② exchanges
　③ means　④ symptoms

2. This is a single screen movie theater in Melbourne which has a seating (　　　　　) of more than 1,000 seats.

　① average　② capacity
　③ direction　④ passenger

3. Don't underestimate the weather in the mountains. Be sure to check the (　　　　　) before you leave.

　① commerce　② forecast
　③ rumor　④ wage

4. You'll spoil your (　　　　　) for dinner if you have snacks now.

　① appetite　② energy
　③ payment　④ scholarship

5. My grandmother raised me and she had a strong (　　　　　) on my early childhood.

　① benefit　② capital
　③ influence　④ principle

6. You look great, as usual. You have good (　　　　　) in clothes.

① developer　　② hobby
③ status　　④ taste

7. There are many types of cancer (　　　　　), including chemotherapy, radiotherapy and hormone therapy.

① elements　　② incidents
③ species　　④ treatments

8. His doctor said he was suffering from (　　　　　), so he took a few days off from work.

① coward　　② mercy
③ stress　　④ vigor

9. Parents should teach their children how to behave properly at home and in (　　　　　).

① emotion　　② temper
③ public　　④ worry

10. We wasted so much food at the event yesterday, so my (　　　　　) is really bothering me.

① acknowledge　　② baggage
③ conscience　　④ settlement

III

下線部に文法的誤りがあるものが，それぞれひとつ含まれている．該当するものを選び，記号で答えなさい．【配点 5】

1. If Edward had 1) more knowledge 2) about it, we 3) will ask him 4) in person.

2. 1) An announce will 2) be made over the loudspeaker 3) at ten o'clock and three o'clock 4) next Monday.

3. Natasha learned a lot 1) from the lecture, 2) although it wasn't 3) as interested as she 4) had expected.

4. If you're 1) looking for a place 2) to put the doll, there 3) are some rooms 4) on the shelf.

5. 1) The speech by the 2) local politician 3) had already started, when Cathy 4) entered into the hall.

IV 次の英文の意味が通るように，空所にそれぞれ適語を選び，記号で答えなさい．ただし，同じものは使用できません．【配点 10】

1. Thanks (　　　) their thorough preparation, our annual party was a great success.

2. Her hard work and efforts resulted (　　　) a great success.

3. The excellency of the watercolor painting was (　　　) description.

4. Take a look at the beautiful chandelier (　　　) the ceiling, which was made almost a hundred years ago.

5. Since Alex didn't study much for the final exam, he'll only get an average score (　　　) best.

6. Please keep (　　　) the grass in this section of the park, since the ground is very wet from the heavy rain yesterday.

7. This article deals (　　　) the rapid economy growth between 1955 and 1972 in Japan.

8. I would like to quit smoking (　　　) good. Could you give me some advice?

9. People aged 65 or over make (　　　) more than 28 % of the population in this country.

10. It was a beautiful day, and a wind blew inland (　　　) the ocean.

(ア) at	(イ) beyond	(ウ) for	(エ) from	(オ) in
(カ) off	(キ) on	(ク) to	(ケ) up	(コ) with

次の日本語の内容を英語で表現しなさい．【配点 16】

1. 10 分後に会社の近くのコーヒーショップで会いましょう．

2. 暗闇で彼女がウサギだと思ったものは，実はサルでした．

3. ほとんどすべてのスマートフォンには GPS が備わっている．

4. 彼は香港で生まれ，以来ずっとそこに住んでいます．

数学

（60 分）

Ⅰ ～ Ⅲ の解答は，すべて解答用紙の所定の欄に記入しなさい．

解答にあたっては次の点に注意しなさい．

(1) 解答用紙には，**特に指示がなければ，答えのみ**を記入しなさい．計算過程を示す必要はありません．

(2) 答えはすべて解答しなさい．

【問題例】 等式 $(a-1)(a-3)=0$ を満たす a の値を答えなさい．

【解答例】 $a=1,3$

(3) 答えは，

- 根号を含む場合は，根号の中に現れる自然数が最小になる形にする
- 分数はそれ以上約分できない形にする
- 分数の分母は有理化する
- 同類項はまとめる

など，簡潔な形で解答しなさい．

I 次の空欄 ア ～ エ にあてはまる数を答えなさい. ［配点 20］

(1) 等式 $\int_1^2 (x^2+ax-2)dx=0$ を満たす定数 a の値は ア である.

(2) n を自然数とする. xy 座標平面上の放物線 $y=nx^2+(2n-3)x+5$ と直線 $y=2x-3$ が異なる 2 点で交わるための最小の自然数 n は イ である.

(3) 平面上の点 O を中心とする半径 $\frac{3}{2}$ の円周上に 3 点 A, B, C があり, $3\overrightarrow{\mathrm{OA}}-4\overrightarrow{\mathrm{OB}}+3\overrightarrow{\mathrm{OC}}=\vec{0}$ を満たしている. このとき, 線分 AC の長さは ウ である.

(4) 人の体内で 1000 万個以上に増殖すると, 食中毒を発症させる細菌があるとする. この細菌は体内で 20 分ごとに分裂して個数が 2 倍になる. この細菌が 10 個付着した食品を摂取してしまったとき, 食中毒を発症するのは, その食品を摂取してから エ 時間後である. ただし, この細菌は一度体内に入れると, 体外へ排出されないものとする. なお, 答えは小数点以下を四捨五入して, 整数で答えなさい. また, 必要であれば, $\log_{10}2=0.3010$, $\log_{10}3=0.4771$, $\log_{10}7=0.8451$ として, 計算しなさい.

Ⅱ 次の問いに答えなさい．　　[配点 25]

(1) a を $a \fallingdotseq 1$ の正の定数とする．不等式 $a^{2x}-(a+1)a^{x+1}+a^3 \leqq 0$ を満たす x の範囲を求めなさい．なお，**この問いは答えを導く過程も示しなさい．**

(2) $-\pi \leqq \theta < \pi$ とする．不等式 $3\sin\left(\frac{\pi}{3}-\theta\right)-2\sqrt{3}\cos\theta > 0$ を満たす θ の範囲を答えなさい．

(3) 自然数の列 1，2，3，4，5，6，7，8，9，... から 4 の倍数を除いて得られる数列を $\{a_n\}$ とする．

(i) a_{23} の値を答えなさい．

(ii) $\displaystyle\sum_{k=1}^{n} a_k$ の値が 2400 より大きくなる最小の自然数 n を答えなさい．

Ⅲ 次の問いに答えなさい．　　[配点 30]

(1) 関数 $f(x)=x(x+2)(x-5)$ において，2 つの実数 a，b を次のように定める．

『$f(x)$ が極大となる x の値を a とし，$f(x)=f(a)$ を満たす a とは異なる x の値を b とする．』

(i) 次の 5 つの数，0，-2，5，a，b を小さい順に並べなさい（a，b の値を求める必要はありません）．

(ii) 次の 5 つの数，$f(-\sqrt{2})$，$f(0)$，$f(\sqrt{2})$，$f(a)$，$f(b+\sqrt{2})$ を小さい順に並べなさい（値を求める必要はありません）．

(iii) xy 座標平面上の曲線 $y=f(x)$ を C，C の接線を l とする．接点

以外の C と l の交点の x 座標が 5 であるとき，l を表す方程式を答えなさい．

(2) $AB=\sqrt{13}$，$BC=3$，$\cos\angle ABC=\dfrac{\sqrt{13}}{13}$ の $\triangle ABC$ がある．点 D を辺 BC 上に $AB=AD$ となるようにとり，$\triangle ACD$ の外接円 O と辺 AB との交点のうち，A でない方を E とする．

(i) 線分 BD の長さは線分 BC の長さの何倍かを答えなさい．

(ii) $\triangle EBD$ の面積は $\triangle ABC$ の面積の何倍かを答えなさい．

(iii) 外接円 O の半径を答えなさい．

化学

(75 分)

I　問１～ 問６に答えなさい．【配点 38】

問１　[1] ～ [3] に適切な語句あるいは数を入れなさい．

自然界に存在する窒素はほとんどが ^{14}N であるが，わずかに ^{15}N も存在している．これらの原子どうしを互いに [1] といい，[2] の数が異なるため質量数は違うが化学的な性質はほぼ同じである．

^{14}N 原子は 7 個の電子を持っているが，そのうち不対電子の数は [3] 個である．

問２　[ア] ～ [エ] に適切な語句あるいは化学反応式を入れなさい．

二酸化硫黄は [ア] 色で刺激臭を持つ有毒な気体であり，実験室では亜硫酸水素ナトリウムに希硫酸を加えて発生させ，[イ] 置換で捕集する．

二酸化硫黄は酸化剤としても還元剤としても働き，硫化水素との反応では [ウ] 剤として働く．この硫化水素との反応を化学反応式で表すと [エ] となる．

問３　（1），（2）に答えなさい．

電子は負の電荷をもつため，分子内の電子対どうしも互いに反発しあい分子内で最も離れた位置関係になろうとする．このため電子対どうしの反発は，分子の形や結合角に影響を及ぼす．

メタン分子では４組の共有電子対が互いに最も離れた位置関係をとるため，

メタン分子は［ア］形となり，H−C−H の結合角は約 109.5 度である．また，アンモニア分子には３組の共有電子対と１組の非共有電子対があり，互いに反発するため，アンモニア分子は［イ］形となり，H−N−H の結合角は約 106.7 度である．同様に水分子は折れ線形となり，H−O−H の結合角は約 104.5 度である．

（1）［ア］，［イ］に適切な語句を入れなさい．

（2）上の記述から判断して，次の a〜c の３つの力を大きい順に並べたものはどれか，最も適切なものを①〜⑥から選び番号で答えなさい．

a：共有電子対どうしが反発する力

b：非共有電子対どうしが反発する力

c：共有電子対と非共有電子対が互いに反発する力

① a ＞ b ＞ c　　② a ＞ c ＞ b　　③ b ＞ a ＞ c

④ b ＞ c ＞ a　　⑤ c ＞ a ＞ b　　⑥ c ＞ b ＞ a

問４　エタン(a)，エチレン(b)，アセチレン(c)のうち，次の（ア）〜（エ）の記述に該当する化合物を選び a〜c の記号で答えなさい．ただし，複数該当するときはすべて選びなさい．

（ア）分子内の水素原子の数が最も少ない．

（イ）炭素原子間の距離が最も長い．

（ウ）臭素水に通すと臭素の赤褐色が消える．

（エ）触媒を用いて酢酸を作用させると酢酸ビニルが生成する．

問５　（1）〜（3）に答えなさい．ただし，塩化ナトリウムは水溶液中ですべて電離しているものとする．また，温度を 300 K，気体定数を 8.3×10^3 Pa·L/(mol·K)とする．

内径が一定で左右対称の U 字管の中央部を半透膜で仕切って，片側に純水を，もう一方には 0.10 mol/L スクロース水溶液を液面が同じ高さになるように入れた．長時間放置すると片方の液面は上がり，他方の液面は下がった．

（1）液面が上がったのは純水側かスクロース水溶液側か，どちらか答えなさい．

（2）両側の液面の高さが等しくなるように上昇した側の液面に圧力を加えた．このとき加えた圧力〔Pa〕を求め，有効数字 2 桁で答えなさい．

（3）純水をある濃度の塩化ナトリウム水溶液に替えると長時間放置しても両側の液面の高さは同じであった．このときの塩化ナトリウム水溶液の濃度〔mol/L〕を求め，有効数字 2 桁で答えなさい．

問６　（1），（2）に答えなさい．ただし，温度による容器の容積変化は無視できるものとする．また，気体は全て理想気体とし，300 K での飽和水蒸気圧を 3.5×10^3 Pa，気体定数を 8.3×10^3 Pa·L/(mol·K)とする．

内容積 4.0 L の耐圧密閉容器に温度 300 K で 0.040 mol のエタンと 0.20 mol の酸素を入れた．

①容器内の温度を 600 K にして，混合気体中のエタンを完全燃焼させたところ，燃焼後の容器内の物質はすべて気体であった．

次に，②容器内の温度を 300 K に低下させたところ，容器内には液体の水が生じた．

（1）下線部①の場合について，容器内の全圧〔Pa〕を求め，有効数字 2 桁で答えなさい．

（2）下線部②の場合について，容器内の全圧〔Pa〕を求め，有効数字 2 桁で答えなさい．ただし，容器内に存在する水の体積および気体の水への溶解は無視できるものとする．

Ⅱ　次の文章を読み，問に答えなさい．ただし，強酸，強塩基は完全に電離するものとする．また，水のイオン積を 1.00×10^{-14} (mol/L)^2，$\log_{10}2 = 0.30$，$\log_{10}3 = 0.48$ とする．【配点 16】

1.00×10^{-1} mol/L のシュウ酸水溶液を 200 mL 調製するために次の操作を行った．シュウ酸二水和物$(COOH)_2 \cdot 2H_2O$（式量 126.00）の結晶 [①] g を正確に量りビーカーに入れ，適量の純水で完全に溶解した後，200 mL の [ア] に移した．その際，ビーカーに付着した溶液は少量の純水で数回洗い，この溶液も [ア] に入れ，さらに標線まで純水を加えてよく振り混ぜた．

調製したシュウ酸水溶液 20.0 mL を$_{(エ)}$コニカルビーカーに [イ] で正確に量りとり，約 0.25 mol/L の水酸化カリウム水溶液を [ウ] から徐々に滴下した．その滴定結果にもとづき，水酸化カリウム水溶液を希釈して，その濃度を正確に 2.00×10^{-1} mol/L とした．

次に，強酸と強塩基による中和滴定の終点付近での pH 変化を調べるため，正確に調製した 1.00×10^{-1} mol/L 硝酸を 20.0 mL とり，撹拌しながら先に調製した $_{(a)}$ 2.00×10^{-1} mol/L 水酸化カリウム水溶液を徐々に滴下し，pH を測定していった．

問1　[①] に入る適切な数値を有効数字 3 桁で答えなさい．

問2　[ア] ～ [ウ] に入る最も適切なガラス器具の名称を，それぞれ答えなさい．

問3　[ア] ～ [ウ] および下線部（エ）のガラス器具のうち，内部が純水でぬれていてもそのまま使用できるものはどれか．すべて選び記号で答えなさい．

問4　下線部(a)の操作を行っていったとき，次の（1），（2）の時点での pH を小数第 1 位まで答えなさい．ただし，滴下後の水溶液の体積は 30.0 mL とみなしてよい.

（1）水酸化カリウム水溶液を 9.90 mL 滴下したとき.

（2）水酸化カリウム水溶液を 10.10 mL 滴下したとき.

III

次の文章を読み，問に答えなさい.【配点 10】

密閉容器に水素とヨウ素を入れ，ある一定温度に保つとヨウ化水素が生じて次の (1) 式に示す平衡状態となる.

$$H_2 + I_2 \rightleftharpoons 2HI \quad \cdots\cdots\cdots(1)$$

また，下図はヨウ化水素の生成反応である (1) 式の正反応の経路とエネルギーの関係を模式的に示したものである.

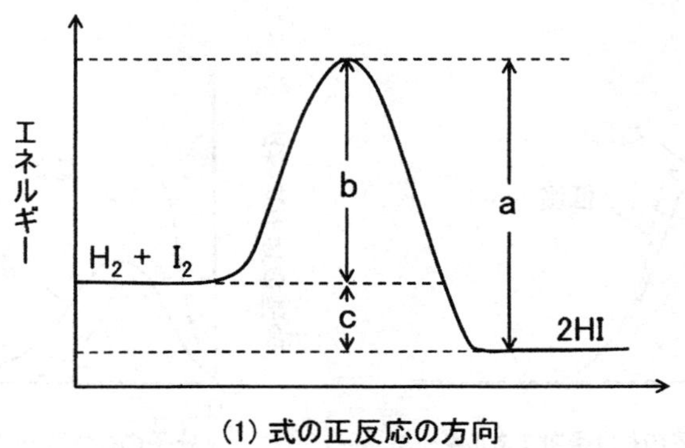

問 1　(1) 式の正反応の活性化エネルギーと反応熱は，図中の a ～ c のどれに相当するか. それぞれ記号で答えなさい.

問 2　活性化エネルギーを小さくする触媒は，正反応，逆反応の速度をどのように変化させるか. 正しい組合せを①～⑧から選び，番号で答えなさい.

	正反応の速度	逆反応の速度		正反応の速度	逆反応の速度
①	小さくする	小さくする	⑤	小さくする	影響しない
②	大きくする	大きくする	⑥	大きくする	影響しない
③	小さくする	大きくする	⑦	影響しない	小さくする
④	大きくする	小さくする	⑧	影響しない	大きくする

問３　白金触媒を加えたところ，(1) 式の逆反応の活性化エネルギーは **58 kJ/mol** となった．白金触媒は活性化エネルギー〔**kJ/mol**〕をどれだけ低下させたか．整数で答えなさい．ただし，触媒を加えない場合の(1) 式の正反応の活性化エネルギーを **174 kJ/mol**，ヨウ化水素の生成熱を **4.5 kJ/mol** とする．

問４　気体分子の運動エネルギー分布に与える温度の影響を示した図として適切なものを①～④から選び，番号で答えなさい．

①

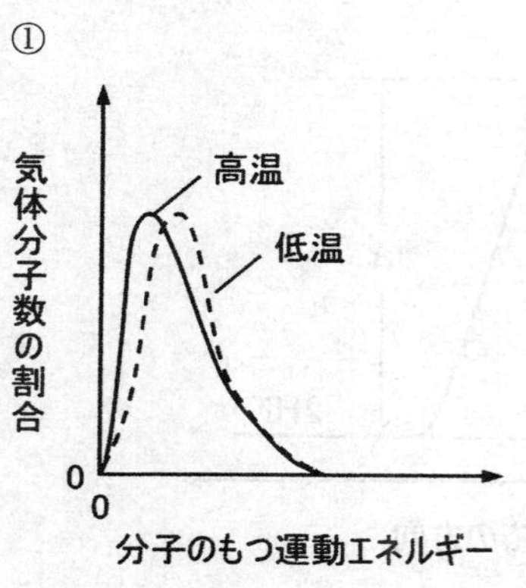

②

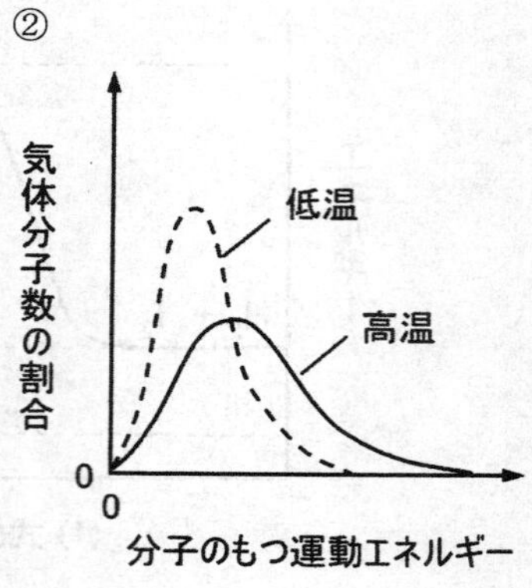

③

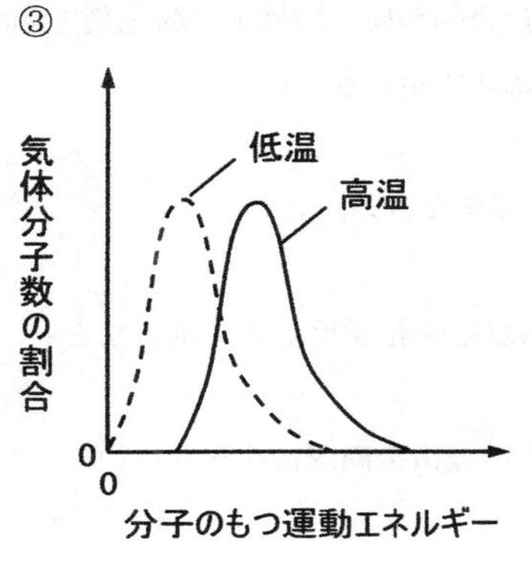

④

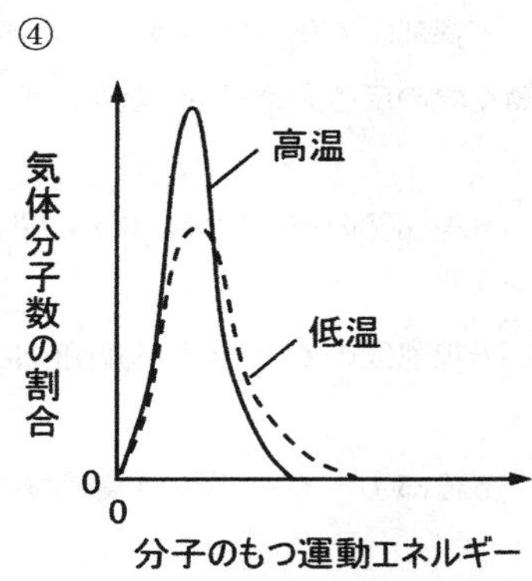

IV　次の文章を読み，問に答えなさい．【配点 12】

元素A，B，C，Dは，周期表の第4周期6族，7族，8族，11族の元素のいずれかである．いずれの元素も複数の酸化数をとることが知られている．それらの化合物がおもにとる酸化数は，Aでは＋2，＋4，＋7，Bでは＋3，＋6，Cでは＋1，＋2，Dでは＋2，＋3である．

①<u>AやBが酸素と結合して最高酸化数をとっている酸のカリウム塩は，硫酸酸性下で強い酸化力を示す</u>ことがよく知られている．これらのA，Bそれぞれを含むカリウム塩の水溶液に水酸化バリウム水溶液を加えたところ，②<u>Bの化合物で黄色の沈殿が生じた</u>.

③<u>Cの単体は濃硝酸には気体を発生しながら溶解した</u>が，塩酸には溶けなかった．Cを濃硝酸に溶かした液の炎色反応を観察したところ，青緑色を呈した．

④<u>Dの単体は濃硝酸には溶けなかった</u>が，⑤<u>希硫酸には気体を発生しながら溶解した</u>．このDが溶解した液を濃縮して得られた青緑色の固体を回収し，水に溶解して硝酸を加えたところ，液の色が淡緑色から黄褐色に変化した.

問 1　下線部①の化合物のうち，元素 A の化合物が硫酸酸性下で酸化剤として働く際の反応を電子 e^- を含むイオン反応式で示しなさい.

問 2　下線部②の黄色沈殿は何か，化学式で答えなさい.

問 3　下線部③の C の単体が濃硝酸に溶ける反応を化学反応式で示しなさい.

問 4　下線部④の D の単体が濃硝酸に溶けない理由を簡潔に述べなさい.

問 5　下線部⑤の D の単体が希硫酸に溶ける反応を化学反応式で示しなさい.

問 6　元素 A～D のように周期表の 3 族～11 族に属し，最外殻電子の数が 1 個または 2 個の元素を総称して何と呼ぶか答えなさい.

次の文章を読み，問に答えなさい．ただし，銀の原子量を 108，ファラデー定数を 9.65×10^4 C/mol とする．また，流れた電流はすべて電気分解に使われたものとする．【配点 10】

下図のように**電解槽 I** に硝酸銀水溶液，**電解槽 II** に塩化ナトリウム水溶液をそれぞれ十分量入れた装置を組み立てた．この装置を用いて，2.00 A の電流で 32 分 10 秒間電気分解を行ったところ，各電極において気体あるいは金属が生成した.

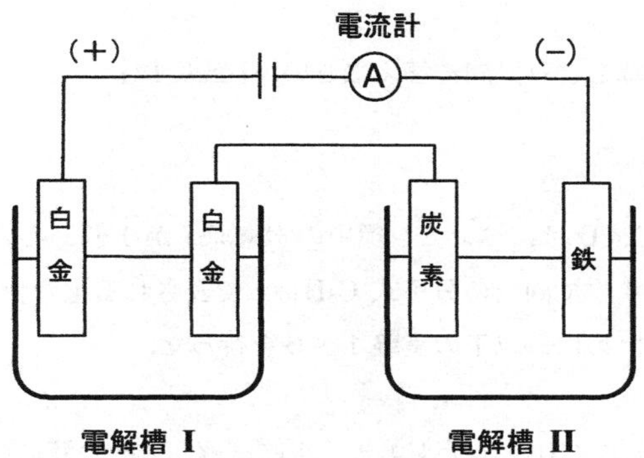

問 1　**電解槽 I** の陽極で起こる反応を電子 e^-を含むイオン反応式で示しなさい.

問 2　この電気分解で流れた電気量〔C〕を求め，有効数字 3 桁で答えなさい.

問 3　**電解槽 I** の陰極で析出した金属の質量〔g〕を求め，有効数字 3 桁で答えなさい.

問 4　**電解槽 II** の陰極で発生した気体の物質量〔mol〕を求め，有効数字 2 桁で答えなさい.

問 5　**電解槽 II** で起こる反応を利用したイオン交換膜法といわれる方法を用いて，ある物質が工業的に製造されている. この方法で製造される固体の物質は何か，化学式で答えなさい.

次の文章を読み，問に答えなさい．【配点 14】

化合物 **A**，**B**，**C**，**D** は，ベンゼン環中の水素原子が1個あるいは2個置換された構造を持ち，すべて同一の分子式 $C_8H_{10}O$ で表される化合物である．**A**～**D** の構造を決定するために，以下の**実験1～5**を行った．

実験1　**A**～**D** をそれぞれジエチルエーテルに溶解し，その液に単体のナトリウムを加えたところ，**B**，**C**，**D** で気体が発生したが，**A** では何も変化がなかった．

実験2　**A**～**D** のそれぞれに，塩化鉄(Ⅲ)水溶液を加えると，**C** のみが青～青紫色に呈色した．

実験3　**A** はメタノールとベンジルアルコールを分子間で脱水縮合させることによって得られた．

実験4　**B** は分子内に不斉炭素原子を持たず，ヨードホルム反応も見られなかった．また **B** の分子内脱水反応で得られた化合物 **E** はプラスチック（ポリスチレン）の原料となることが分かった．

実験5　**C**，**D** のそれぞれに鉄粉を触媒として塩素を反応させると，ベンゼン環の水素原子 1 個が塩素原子 1 個に置換した化合物が得られた．いずれの場合も，2 種類の構造異性体が得られた．（ただし，この塩素化はベンゼン環の位置に依存せず均等に起こったものとする．）

問1　**実験1**で用いたジエチルエーテルを含む次の化合物①～⑤のうち，最も沸点が低いものはどれか，番号で答えなさい．

① ジエチルエーテル　　② エタノール　　③ 水
④ グリセリン　　⑤ 酢酸

問２　**実験２**で用いた塩化鉄(Ⅲ)水溶液を加えても呈色反応を示さないものは，次の化合物①～④のうちどれか，番号で答えなさい．

① *o*-クレゾール　　② サリチル酸　　③ サリチル酸メチル
④ アセチルサリチル酸

問３　化合物 **A**～**D** のうち，相対的に最も強い酸である化合物はどれか，記号で答えなさい．

問４　化合物 **A**～**D** の構造式をそれぞれ例にならって書きなさい．

（例）

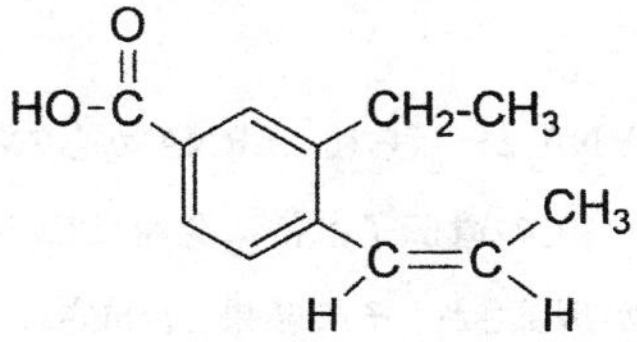

生物

（75分）

次の文章を読み，下の問に答えなさい．【配点 15】

生物の遺伝子の本体は DNA である．DNA は糖の一種である［ a ］，4 種類の［ b ］，および［ c ］を構成成分とするヌクレオチドが多数連結したヌクレオチド鎖からなる．ヌクレオチド鎖の二つの末端は(A)<u>5’末端と 3’末端</u>で区別される．ヌクレオチド鎖が 2 本鎖を形成する際には，2 本の鎖はお互いに逆向きに配置する．(B)<u>DNA 複製の際には 2 本鎖がほどけて 1 本鎖となり，それぞれの鎖が鋳型となって新たな DNA 鎖が合成される．新たに合成された DNA 鎖は鋳型と対になった 2 本鎖となる</u>．

DNA を鋳型にして mRNA がつくられ，mRNA からタンパク質が合成されることで遺伝子が発現する．すべての遺伝子は常に発現しているわけではなく，細胞のおかれた環境により転写が調節され，その結果，合成されるタンパク質の量が変化する．図は，ある原核生物の遺伝子 A の発現制御について示している．タンパク質 A は遺伝子 A から発現する転写調節因子である．

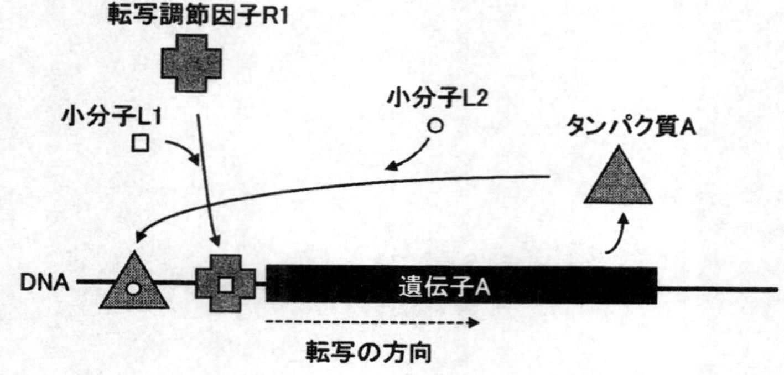

問1　文中の［ a ］〜［ c ］に入る最も適切な用語は何か.

問2　下線部(A)について, 5’末端と 3’末端はヌクレオチドを形成する三つの構成成分［ a ］〜［ c ］のうち一つの成分の構造式に付与された番号に由来する. その成分は何か **a** 〜 **c** の記号で答えなさい.

問3　下線部(B)について, 次の (1) 〜 (3) に答えなさい.

(1) 新たなヌクレオチドが結合するのはヌクレオチド鎖の 5’末端と 3’末端のどちらか.

(2) (1) のヌクレオチドの結合反応を触媒する酵素は何か.

(3) このような複製様式を何というか.

問4　翻訳には mRNA の他に 2 種類の RNA が関与する. これらの名称は何か.

問5　翻訳において, 連結するアミノ酸の種類と順序を決定する遺伝暗号を何というか.

問6　図について, 次の (1) と (2) に答えなさい.

(1) 小分子 L1 が転写調節因子 R1 に結合すると, この複合体が DNA に結合して遺伝子 A の発現を<u>促進</u>する. 一方, 小分子 L2 がタンパク質 A に結合すると, この複合体が DNA に結合して遺伝子 A の発現を<u>抑制</u>する. この転写調節系の説明として最も適切なものを次の①〜④のうちから一つ選び, 記号で答えなさい. ただし, R1 は一定の量に維持されていると仮定する.

① タンパク質 A には L1 の濃度を検知する機能がある.

② 合成されるタンパク質 A の量は常に一定に保たれる.

③ L1 と L2 の濃度により遺伝子 A の発現が調節される.

④ 遺伝子 A の発現を決定するのは L2 の濃度である.

(2) 転写調節領域に結合して転写を<u>抑制</u>するタンパク質のことを一般に何というか. 次の①〜④のうちから一つ選び, 記号で答えなさい.

① アクチベーター

② リプレッサー

③ オペレーター

④ プロモーター

問7　あるヒト遺伝子から転写されたmRNAの配列を解析したところ，mRNAの鋳型となったDNAに存在したいくつかの領域が含まれていなかった．この理由について簡潔に述べなさい．

Ⅱ

次の文章を読み，下の問に答えなさい．【配点18】

ショウジョウバエの未受精卵では，母性因子である［ａ］mRNAが前端に，［ｂ］mRNAが後端に局在している．受精後，受精卵でこれらのmRNAの翻訳がはじまり，合成されたそれぞれのタンパク質の働きによって胚の前後軸（頭尾軸）が形成される．さらに［ａ］や［ｂ］に加えてハンチバックなどの母性因子に由来する調節タンパク質の働きによって，［ｃ］遺伝子群と呼ばれる約10種類の遺伝子の発現が前後軸に沿って誘導され，胚のおおまかな領域が区画される．［ｃ］遺伝子群から合成された調節タンパク質によって，［ｄ］遺伝子群の発現が引き起こされ，その働きによって胚には前後軸に沿って7本の帯状のパターンがつくられる．さらに，［ｄ］遺伝子群の働きによって，［ｅ］遺伝子群の発現が引き続き起こる．これによって，胚の前後軸に沿った14本の帯状パターンが形成され，ショウジョウバエの体を構成する14体節が決定される．体節が形成されると，［ｆ］遺伝子群と呼ばれる調節遺伝子が働くことによって，それぞれの体節から，触角，眼，脚，翅などの器官が形成される．［ｆ］遺伝子群には，頭部から中胸部の発生にかかわる［ｇ］複合体（遺伝子群）と，後胸部から尾部の発生にかかわる［ｈ］複合体（遺伝子群）がある．

問1　文中の［ａ］～［ｈ］に入る最も適切な用語は何か．次の①～⑧のうちから一つずつ選び，記号で答えなさい．

①　バイソラックス　②　アンテナペディア　③　ホメオティック　④　ビコイド
⑤　ペアルール　⑥　ナノス　⑦　セグメントポラリティー　⑧　ギャップ

問２　[a] 遺伝子が機能を失うと，発生した胚はどのようになるか．次の①～⑤のうちから一つ選び，記号で答えなさい．なお，[a] 遺伝子が機能を失っても，ふ化直前までは発生することが知られている．

① 頭部も尾部も欠いた胚が生じる

② 頭部を欠いた胚が生じる

③ 頭部と胸部を欠いた胚が生じる

④ 胚の後端に尾部ではなく頭部が形成される

⑤ 胚の前端に頭部ではなく尾部が形成される

問３　(1) [a]，[b] それぞれの mRNA から翻訳されるタンパク質は，受精卵の中でどのように分布するか．また，(2) その分布状態は，前後軸の形成においてどのような情報になるのか，それぞれ簡潔に述べなさい．

問４　[g] 複合体および [h] 複合体の遺伝子の突然変異によって生じる突然変異体を例にならって挙げなさい．

例）正常個体では翅の位置であるところに眼ができる．

次の文章を読み，下の問に答えなさい．【配点 17】

酵母を水に懸濁させ，グルコースの水溶液と混合した（混合液 A）．次に，**図 1** の装置を 3 本準備し，それぞれの装置に混合液 A を X の部分に空気が入らないように入れて開口部に綿栓をした．この装置のそれぞれを，20℃，40℃，および 60℃の恒温器に入れて発生する気体の量を記録したところ，**図 2** に示す結果が得られた．

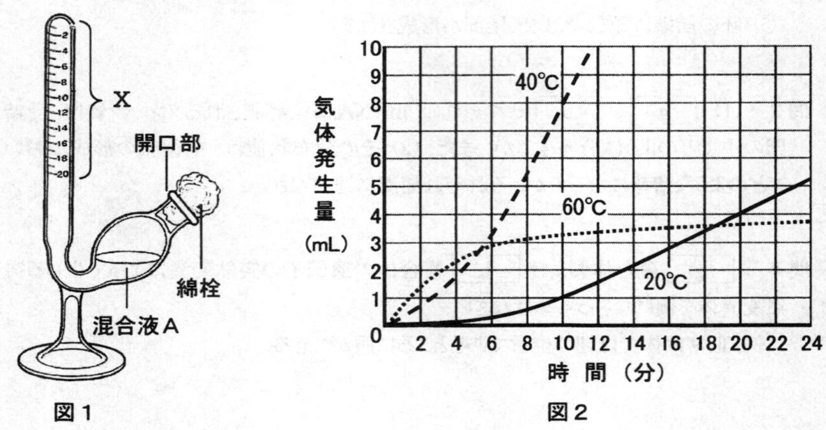

図 1　　　　**図 2**

問 1　図 1 の装置を何というか．次の①～③のうちから一つ選び，記号で答えなさい．

① ツンベルク発酵管　　② ダーラム発酵管　　③ キューネ発酵管

問 2　図 1 の装置において，気体の発生量を測定する X の部分を何というか．次の①～④のうちから一つ選び，記号で答えなさい．

① 直管部　　② 側管部　　③ 盲管部　　④ 球部

問 3　20℃で行った実験において，実験開始 10 分から 20 分までの平均気体発生量は毎分何 mL か．

問 4　40℃で行った実験において，発生した気体量が 10mL になった時に，開口部より少量の水酸化ナトリウム水溶液を注入し，開口部を親指でふさぎ緩やかに攪拌したところ，親指の腹が吸引された．(1) 発生した気体は何か．また，(2) 親指の腹が吸引された理由を簡潔に述べなさい．

問5　図1の装置内で，気体の発生と同時に生成した化合物は何か．

問6　問4の観察の後，この反応液の一部を別の試験管にとり，ヨウ素ヨウ化カリウム溶液(褐色)を加えて 60℃のお湯に漬けながら 5 分間攪拌したところ，反応液の色が変化し，消毒液のにおいがした．(1) 混合液は何色に変化したか．また，(2) このにおいの原因になる化合物は何か．

問7　酵母を水に懸濁させた液の代わりに，酵母の細胞を破砕してろ過した抽出液を用いても，同じ気体の発生が認められた．気体が発生する理由について簡潔に述べなさい．

問8　図2の結果において，60℃では 10 分以降に気体の発生がほとんど認められなくなった．その理由について簡潔に述べなさい．

次の文章を読み，下の問に答えなさい.【配点 17】

(A)ヒトの心臓は，図１のように右心系と左心系の２個のポンプが合体したものとみなすことができる．各ポンプは［ａ］と［ｂ］の二つの部屋で構成されて，(B)ほぼ一定のリズムで収縮と弛緩を繰り返す．各ポンプの内部には［ｃ］が二つずつあり，その働きによって血液は逆流せずに一方向に流れる．心臓に出入りする血管には，静脈と動脈の区別がある．静脈は体の各部から心臓に戻る血液が流れる血管であり，動脈は心臓から体の各部へと向かう血液が流れる血管である．

図１の右心系と左心系の２個のポンプでは，［ｄ］と［ｅ］の静脈と［ｆ］と［ｇ］の動脈を使って血液を組織に供給している．また，図２のX(右心系→肺→左心系)とY(左心系→全身→右心系)で示した二つの経路には，酸素を多く含んだ動脈血と，含まれる酸素の少ない静脈血が流れている．

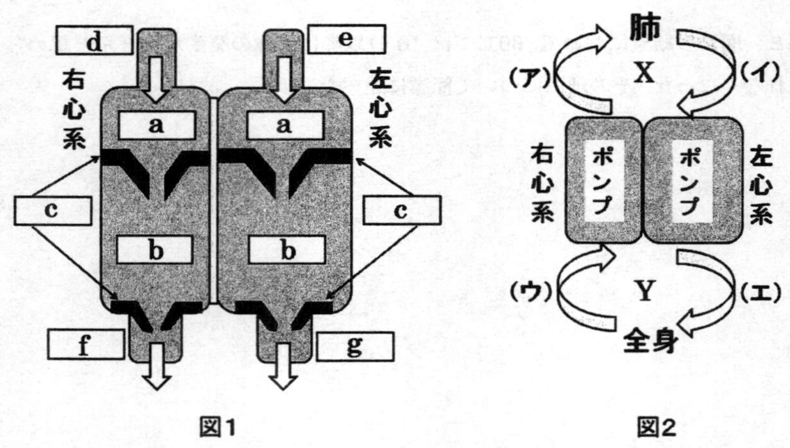

図1　　図2

問１　文中および図１の［ａ］～［ｇ］に入る最も適切な用語は何か．

問２　図２について，(1) X, Y の血液の流れの経路をそれぞれ何というか．また，(2)

(ア)～(エ)で心臓に出入りする血液のうち，動脈血であるのはどれか．(ア)～(エ)のうちからすべて選び，記号で答えなさい．

問 3　下線部(A)について，哺乳類のように右心系と左心系の 2 個のポンプに完全に分かれた構造の心臓をもつ脊椎動物はどれか．次の①～④のうちから選び，記号で答えなさい．

①　魚類　　②　両生類　　③　は虫類　　④　鳥類

問 4　下線部(B)について，(1) このリズムをつくり出す部分は何か．また，(2) それは**図 1** のどこにあるか．次の①～④のうちから選び，記号で答えなさい．

①　右心系の [a]

②　右心系の [b]

③　左心系の [a]

④　左心系の [b]

問 5　心臓のリズムは自律神経によって調節される．どのように調節されているか，簡潔に述べなさい．

次の文章を読み，下の問に答えなさい.【配点16】

免疫反応では，自己の細胞や成分を認識するリンパ球は，一般に死滅したりその働きが抑えられたりしている. このように，自分自身に対する免疫が働かなくなっている状態を免疫寛容という. 一方で，自分自身のつくる物質を抗原と認識し，免疫反応が起こる場合もある. このような病気を［ a ］疾患と呼ぶ. また，多くの人では無害な非自己の抗原が，過敏な人には免疫反応を引き起こして生体に不都合な影響を与える場合がある. <u>このような反応を［ b ］</u>という. ［ b ］を引き起こす抗原は［ c ］と呼ばれ，［ b ］反応が全身で強く起こる症状を［ d ］ショックという.

問1 文中の［ a ］～［ d ］に入る最も適切な用語は何か.

問2 ［ a ］に分類される疾患名を二つ挙げなさい.

問3 下線部を引き起こすことが知られているものはどれか. 次の①～⑤のうちからすべて選び，記号で答えなさい.

① 花粉　② 卵　③ 金属　④ がん細胞　⑤ 塩化ナトリウム

問4 ヒト免疫不全ウイルス(HIV)によって引き起こされる後天性免疫不全症候群(エイズ)では，免疫機能が低下し，通常では発病しないような弱い病原体の感染で発病するようになる. エイズを発病した人では，B 細胞が存在するにもかかわらず，抗体を産生する能力が低下している. B 細胞の抗体産生能力が低下する理由を簡潔に述べなさい.

問5 正常な6匹のマウス(①～⑥)に抗原 X と抗原 Y を表のように注射する実験を行った. 1回目の注射から40日後に2回目の注射を行った. また2回目の注射から20日後に血液を採取し，抗原 X または抗原 Y に対する抗体量をそれぞれ測定したところ，図のような結果を得た. 採取した血液 A～D は表のマウス①～⑥のどれに由来するか記号で答えなさい．ただし，抗原Xと抗原Yは同程度の応答を引き起こすが，それぞれの抗体は，他方の抗原には反応しないものとする．

マウス	1回目	2回目
①	X	X
②	X	Y
③	Y	X
④	Y	Y
⑤	X	X+Y
⑥	Y	X+Y

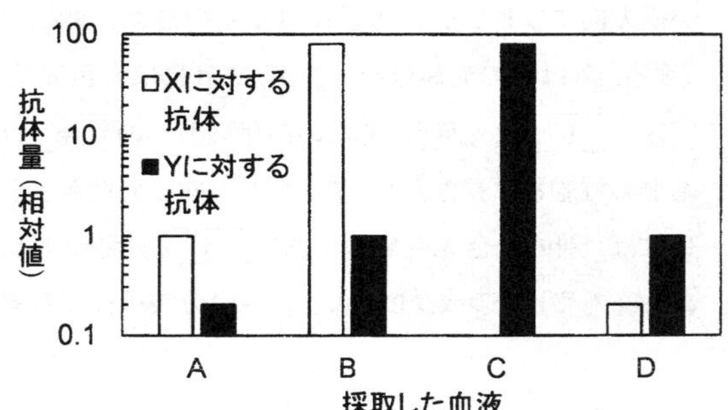

次の文章を読み，下の問に答えなさい．【配点 17】

植物は動物のように移動する能力をもたないため，周囲の環境要因の変化を刺激としてとらえ，適切に反応することが知られている．すなわち，光，温度，水分，重力，虫などによる食害，病原体などの刺激を受容すると，その情報は植物ホルモンなどによって伝えられ，情報を受け取った細胞の働きなどに変化が生じることによって，環境の変化に適切に反応する．光刺激に対する応答には，種子の発芽，茎や根の成長，気孔の開閉，花芽形成などがあり，これらの応答には数種類の光受容体とさまざまな植物ホルモンがかかわっている．

例えば，種子の休眠と発芽には，胚乳に含まれるデンプンを分解する［ a ］などの遺伝子の発現を誘導して発芽を促進する［ b ］と，休眠状態を維持して発芽を抑制する［ c ］の2種類の植物ホルモンが重要な役割を果たしている．レタスなどの光発芽種子では，種子内の光受容体である赤色光吸収型(Pr 型)の［ d ］が赤色光を受けて遠赤色光吸収型(Pfr 型)に変化し，この Pfr 型が［ b ］の合成を促進させて［ c ］の働きを抑制することで発芽がはじまる．

茎の成長の調節にも多くの植物ホルモンが関与している．［ e ］は細胞壁をゆるめることで細胞の吸水膨潤を容易にして，茎の成長を促進する．[b]と[f]は，細胞骨格の[g]が並ぶ方向を制御して，縦方向に成長しやすいように細胞壁の構造を変え，茎を細長く伸ばす．一方，気体の植物ホルモンである[h]は，細胞が横方向に成長しやすいように細胞壁の構造を変え，茎の伸長を抑制して茎を太く短くする．茎は正の光屈性を示すが，これには青色光受容体である[i]が関与している．[i]は光が当たらない側（陰側）への[e]の移動を促進することによって，陰側の細胞を伸長させて，茎を光の方向へ屈曲させる．また，暗所でのもやし状の成長には，別の青色光受容体である[j]が関与する．[j]が青色光を受容することで，もやし状の成長は停止し，茎頂分裂組織での葉の形態形成が誘導される．

問1　文中の[a]～[j]に入る最も適切な用語は何か．

問2　下図の（ア）～（ウ）は光受容体であるPr型[d]とPfr型[d]と青色光受容体[i]の吸収スペクトルを示す．各光受容体とそれぞれの吸収スペクトルについて正しい組合せはどれか．次の①～⑥のうちから選び，記号で答えなさい．

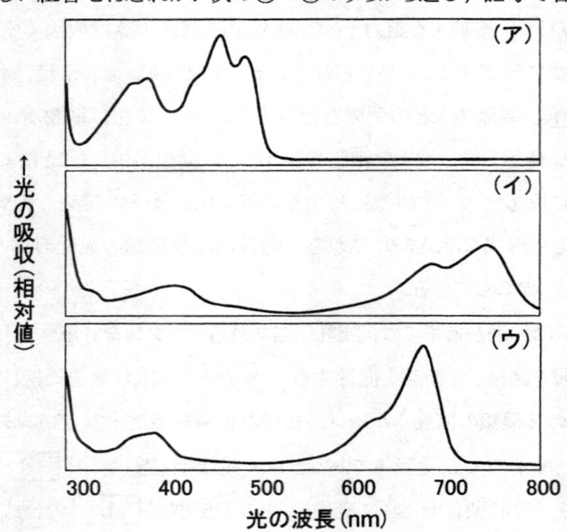

光受容体	①	②	③	④	⑤	⑥
Pr 型 d	(ア)	(ア)	(イ)	(イ)	(ウ)	(ウ)
Pfr 型 d	(イ)	(ウ)	(ア)	(ウ)	(ア)	(イ)
i	(ウ)	(イ)	(ウ)	(ア)	(イ)	(ア)

問3 e は，植物体内では，茎の先端部側から基部側へと移動し，逆方向には移動しない．(1) このような方向性をもった e の移動のことを何というか．また，(2) 茎においてこのような方向性をもつ e の移動のしくみを簡潔に述べなさい．

問4 下線部について，(1) 食害情報の伝達物質として働く植物ホルモンは何か．また，(2) この植物ホルモンが食害の拡大を防ぐしくみを，簡潔に述べなさい．

解答編

■英語■

I **解答**　問1．全訳下線部(1)参照。

問2．人はジッパーの働きを知っているかと問われれば，知っていると答えるが，実際その機能の詳細な説明を求められるとできない。このように，本当はわかっていないのに，わかっていると錯覚することをいう。

問3．全訳下線部(3)参照。

問4．(あ)―④　(い)―②　(う)―③　(え)―①　(お)―②

◆全　訳◆

≪知識の錯覚≫

合理性だけでなく，個性も神話である。人間が自分で考えることは，めったにない。むしろ，我々は集団で考えるのである。ちょうど，子供を育てるのに部族が必要であるように，道具を発明したり，争いを解決したり，病気を治したりするのにも部族が必要である。大聖堂や原子爆弾や航空機を作るために必要なすべてを知っている個人はいない。(1)ホモ・サピエンスが他のすべての動物に対する優位性をもち，地球の支配者になったのは，我々の個々の合理性ではなく，大きな集団でともに思考するという，並ぶもののない我々の能力のおかげであった。

個々の人間は世界に関して，恥ずかしいほどほとんど知らない。そして，歴史が進むにつれて，ますます知識が少なくなってきている。石器時代の狩猟採集民は，自分の服を作る方法，火をおこす方法，ウサギを狩る方法，ライオンを避ける方法を知っていた。我々は今日，はるかに多くのことを知っていると思っているが，個人としては，実際に知っていることははるかに少ないのである。我々は，必要なものほぼすべてに対して，他人の専門的知識に依存している。人を謙虚な気持ちにさせるような，一つの実験があった。その実験では，人は普通のジッパーの働きをどれだけよく理解しているかを評価するように求められた。ほとんどの人は，ジッパーを非常によく理解している，と自信をもって答えた──何と言っても，自分はいつもジッパーを使用しているのだから。彼らは次に，ジッパーの働きに関するすべての段階を，できるだけ詳細に説明するよう求められた。すると，ほとんどの人は全くわからなかった。これは，スティーブン＝スローマンとフィリップ＝フェルンバッハが，「知識の錯覚」と呼んでいるものである。たとえ我々が個々人で知っていることは非常に少なくても，我々は多くのことを知っていると思っている。なぜなら我々は，他人の心の中にある知識を，あたかも自分自身のもののごとく扱うからである。

これは，必ずしも悪いわけではない。(3)我々は集団思考への依存のおかげで世界の支配者となり，知っていると錯覚することのおかげで，すべてのことを自分自身で理解しようとする不可能な努力に陥ることなく，人生を歩むことができるのである。進化の観点から見ると，他人の知識を信頼することは，ホモ・サピエンスにとって非常に効果的に機能している。

解答編

◀解　説▶

問１．冒頭の What は関係代名詞であり，What から planet までが主部である。give *A* an edge over ～「～に対して *A* に優位性を与える」 turn *A* into *B*「*A* を *B* に変える」 master は「(状況などを) 自由に操る（＝支配する）ことのできる人」であるので，「支配者」とした。the planet は「地球」の意。not *A* but *B*「*A* ではなく *B*」にも注意。なお，下線部は無生物主語であるので，〔全訳〕では，自然な日本語になるように工夫した。

問２．下線部の具体例は，第２段第５～８文（In one humbling … had no idea.）に記載されているので引用する。なお，the knowledge illusion「知識の錯覚」とは，(知らないのに) 知っていると錯覚することである。

問３．reliance on ～「～に対する依存」 groupthink「集団思考」(＝集団に同調して深く考えないこと) enable *A* to *do*「(物事が) *A*（人）に～できるようにする」 go through life「人生を歩む」 be caught in ～「～（不快な状況）に巻き込まれる，陥る，遭う」 なお，下線部は無生物主語であるので，〔全訳〕では，自然な日本語になるように工夫した。また，「知識の錯覚」も，知っていると錯覚すること，とした。

問４．(あ)第１段第３文（Rather, we think …）に，我々は「むしろ集団で考える」と，集団を主としている。ゆえに，空所を含む文は「人間が自分で考えることは」，④「めったに～ない」とするのが適切である。

(い)空所を含む文の and 以下には「歴史が進むにつれて，人間の知識がますます減少」とある。「ますます減少」するとは，もともと「知識は少ない」と考えられるので，②「ほとんどない」が適切である。

(う)空所を含む文は，その前文の「石器時代の人」と，現代人との知識の比較である。現代人は，石器時代の人より「はるかに多くのこと」を知っているとなる，③が適切である。far は more を強調している。

(え)上記(う)の空所の後に「しかし，個人としては」と，逆接の内容が述べられている。同様に far が強調で使われているので，「より少ないこと」を意味する①が適切である。

(お)空所を含む文の文頭は「我々は，知識が多いと思っている」であるが，その後の even though S V は「たとえ S が V でも」であるので，その内容は文頭と反するものと推測できる。ゆえに，「ほとんどない」を意味する②が適切である。副詞の原級なので，very で強調されている。

II 解答

1―④　2―②　3―②　4―①　5―③　6―④
7―④　8―③　9―③　10―③

◀解　説▶

1.「インフルエンザの一般的な症状は，高熱，頭痛そして筋肉痛を含む」
高熱，頭痛などは，まさにインフルエンザの，④「症状，兆候」である。
high fever「高熱」 aching muscle「筋肉痛」 ①「優越」 ②「交換」 ③「手段」

2.「これが，メルボルンで唯一の，1000席以上の座席数をもつ映画館である」
空所後の席数から，映画館がもっているのは，a seating capacity of ～「～人分の座席（数）」を構成する，②「収容能力」が適切である。①「平均」 ③「方向」 ④「乗客」

3.「山の天候を甘く見てはいけない。出発する前に，必ず予報をチェックしなさい」
チェックすべきものは，「天気予報」(weather) forecast である。ゆえに，②「予報」が適切である。①「商業」 ③「うわさ」 ④「賃金」

4．「今軽食を食べると，夕食への食欲をなくしますよ」
軽食でおなかがいっぱいになるとなくすのは，①「食欲」である。②「活力」 ③「支払い」 ④「奨学金」
5．「祖母は私を育て，私の幼少期に強い影響を及ぼした」
私を育てた祖母が，私に対してもつ強いものは，③「影響」である。have an influence on ～ で「～に影響を及ぼす」を意味する。early childhood「幼少期」 ①「恩恵」 ②「資本」 ④「主義」
6．「すてきだね，いつもながら。君は服装のセンスがいいね」
相手の服装の趣味を褒めているので，have good taste in ～「～のセンスがいい」を構成する，④「鑑賞力，センス」が適切である。as usual「いつものように」 ①「開発者」 ②「趣味」 ③「地位」
7．「化学療法，放射線治療，ホルモン治療を含めて，多くの種類の癌の治療法がある」
therapy は「(病気の) 治療」の意である。癌に対するいくつもの，④「治療法」があると考えればよい。①「要素」 ②「出来事」 ③「種」
8．「あなたはストレスがたまっています，と医者が言ったので，彼は仕事を数日間休んだ」
suffer from ～「～に苦しむ」の原因を選択肢から選ぶ。③「ストレス」が適切である。take a day off「一日休暇を取る」 ①「臆病者」 ②「慈悲」 ④「精力」
9．「親は，家庭や人前で適切に振る舞う方法を子供たちに教えるべきだ」
子供に振る舞い方を注意させる場所は，at home「家庭で」以外では，in public「人前で」を構成する，③「公衆」が適切である。①「感情」 ②「気分」 ④「心配」
10.「我々は，昨日イベントで非常に多くの食べ物を無駄にした。それで私の良心が，非常に私を悩ませているのである」
食べ物を無駄にしたことを悔いているので，選択肢はそれに対する心の動きを選ぶ。ゆえに，③「良心」が適切である。①「～を認める」 ②「手荷物」 ④「決着」

III　解答　1－3)　2－1)　3－3)　4－3)　5－4)

◀解　説▶

1.「もし，エドワードがそれに関してもっと知識があれば，我々は彼にじかに尋ねるだろう」
条件節が，If S＋動詞の過去形であり，仮定法過去の表現である。ゆえに主節は，S＋助動詞の過去形＋*do* となるので，3)は would とすべきである。in person「(代理，手紙，電話などでなく) 自ら，じかに」
2.「お知らせは，次の月曜日の10時と3時に，拡声器を通じてされる予定である」
announce は「～を知らせる」または「(人が) アナウンサーを務める」という動詞のみである。主語である1)は，An announcement「発表，知らせ」と名詞にすべきである。
3.「ナターシャはその講義から多くを学んだ。彼女が期待したほど，それは興味深いものではなかったのだが」
it は the lecture「その講義」を指している。主語が人の場合は，(be) interested in ～「～に興味がある」とするが，主語が物の場合は，(be) interesting とする。ゆえに，3)は，as interesting as とすべきである。
4.「もしあなたが，人形を置く場所を探しているなら，棚の上に少し場所がある」
room には，可算名詞の「部屋」のほか，不可算名詞で「場所，空間，余地」などの意がある。ゆえに，棚の上の「場所」に言及しているので，3)は is some room とすべきである。
5.「地元の政治家による演説は，キャシーが会場に入って来たときには，すでに始まっていた」
enter は他動詞で「～に入る」である。enter into ～ は「～を始める，～に参入する」などの意であるので，4)は単に entered とすべきである。

解答　1―(ク)　2―(オ)　3―(イ)　4―(キ)　5―(ア)　6―(カ)
7―(コ)　8―(ウ)　9―(ケ)　10―(エ)

◀解　説▶

1.「彼らの徹底的な準備のおかげで，我々の年に一度のパーティーは大成功であった」
thanks to ～「～のおかげで」は，普通はよいことに用いるが，反意語的に悪いことに使う場合もある。great success「大成功」

2.「彼女の熱心な働きと努力は，大成功をもたらした」

result in ～ は「～という結果になる，～に終わる」の意である。result from ～「～に起因する」も合わせて覚えること。

3.「その水彩画の卓越性は，言葉では表現できないほどであった」

beyond description「言葉では表現できないほどの」は，よい意味にも悪い意味にも使い，感嘆・驚きなどを表す。watercolor painting「水彩画」

4.「天井のきれいなシャンデリアを見てごらん，あれはほぼ百年前に作られたものだよ」

on は「～の上に」であるが，物の上のみでなく，その物の表面に接していることも表すことに注意。

5.「アレックスは期末試験に向けてあまり勉強しなかったので，せいぜい平均点程度しか取れないであろう」

at best「せいぜい，どう（ひいき目に）見ても」を at *one's* best「最良の状態で」と混同しないこと。

6.「公園のこの部分では，芝生に立ち入らないでください。昨日の大雨で地面が非常にぬれていますので」

keep off ～「～から離れている，～に立ち入らない」で覚える。Keep off the grass「芝生に入るべからず」は，よく目にする掲示板の文言である。

7.「この記事は，日本での 1955 年から 1972 年の間の急激な経済成長を論じている」

deal with ～「（人，書物などが）～を扱う，論じる」 article「記事」

8.「私は永久にタバコをやめたいと思っています。アドバイスをもらえますか」

for good (and all)「永久に」は，for ever〔forever〕と同じ意味である。

9.「65 歳以上の人々が，この国の人口の 28%以上を構成している」

make up ～ には「～（嘘・言い訳）をでっちあげる」，「～（人）に化粧する」など，いろいろな意味があるので辞書で確認すること。ここでは「～を構成する」の意味である。

10.「とてもよい日で，風は海から内陸に吹いていた」

blow「（風が）吹く」は，from や to をつけてその方向を表す。本問では，inland「内陸に」とあるので，「海から」となる from が適切である。

 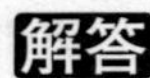 1．I will see you at the coffee shop near the office in ten minutes.

2．What she thought was a rabbit in the dark actually turned out to be a monkey.

3．Almost all smartphones are equipped with GPS.

4．He was born in Hong Kong and has lived there ever since.

◀解　説▶

1．「～しましょう」から Let's meet … が浮かぶかもしれないが，ここは提案や勧誘ではなく，当事者同士のやり取りの後の，すでに決まっていることの確認だと思われるので，Let's … は避けた方がよい。Let's … を別れる際に念押しのつもりで言うと「話した内容を無視している」と思われる。この場合には，I will see you … の方が一般的である。「10分後に」in ten minutes

2．what は the thing(s) which の意味の関係代名詞である。その直後に主語＋think〔believe〕を挿入する。その部分をかっこでくくると理解しやすい。述部は「(結果として) ～であることが判明した」ととらえて，turn out to be ～ で表現する。

3．「ほとんどすべての」almost all　almost all of ～ とすると，その後には冠詞 the などが必要であり，限定された範囲の smartphones になる。ゆえに，この文では of は不要である。「～を備えている」be equipped with ～

4．live は状態を表す動詞である。「ずっと住んでいる」につられて進行形にしないこと。また副詞の since は単独で現在完了形とともに使われ，「それ以来（今までずっと）」を意味するが，ever を伴うことが多い。

数学

I

解答　(1)ア．$-\dfrac{2}{9}$　(2)イ．13　(3)ウ．$\sqrt{5}$　(4)エ．7

◀解　説▶

≪小問 4 問≫

(1)
$$\int_1^2 (x^2+ax-2)dx=\left[\frac{1}{3}x^3+\frac{1}{2}ax^2-2x\right]_1^2$$
$$=\left(\frac{1}{3}\cdot 2^3+\frac{1}{2}a\cdot 2^2-2\cdot 2\right)-\left(\frac{1}{3}\cdot 1^3+\frac{1}{2}a\cdot 1^2-2\cdot 1\right)$$
$$=\frac{3}{2}a+\frac{1}{3}$$

だから，$\int_1^2 (x^2+ax-2)dx=0$ を満たす定数 a の値は，$\frac{3}{2}a+\frac{1}{3}=0$ を解いて

$$a=-\frac{2}{9}\quad \to ア$$

(2)　放物線：$y=nx^2+(2n-3)x+5$

　直線　：$y=2x-3$

放物線と直線の方程式から y を消去して

$$nx^2+(2n-3)x+5=2x-3$$
$$nx^2+(2n-5)x+8=0 \quad \cdots\cdots ①$$

放物線と直線が異なる 2 点で交わるためには，①の判別式を D として

$$D>0$$
$$(2n-5)^2-4\cdot n\cdot 8>0$$
$$4n^2-52n+25>0$$
$$(2n-1)(2n-25)>0$$
$$\therefore \quad n<\frac{1}{2},\ \frac{25}{2}<n$$

n は自然数だから　　$n \geqq 13$

よって，求める最小の自然数 n は 13 である。 →イ

(3) $3\overrightarrow{\mathrm{OA}}-4\overrightarrow{\mathrm{OB}}+3\overrightarrow{\mathrm{OC}}=\vec{0}$ より

$$4\overrightarrow{\mathrm{OB}}=3(\overrightarrow{\mathrm{OA}}+\overrightarrow{\mathrm{OC}})$$

よって

$$16|\overrightarrow{\mathrm{OB}}|^2=9|\overrightarrow{\mathrm{OA}}+\overrightarrow{\mathrm{OC}}|^2$$
$$=9(|\overrightarrow{\mathrm{OA}}|^2+2\overrightarrow{\mathrm{OA}}\cdot\overrightarrow{\mathrm{OC}}+|\overrightarrow{\mathrm{OC}}|^2) \quad \cdots\cdots②$$

3 点 A，B，C は，点 O を中心とする半径 $\frac{3}{2}$ の円周上にあるから

$$|\overrightarrow{\mathrm{OB}}|=|\overrightarrow{\mathrm{OA}}|=|\overrightarrow{\mathrm{OC}}|=\frac{3}{2}$$

これを②に代入して

$$16\times\left(\frac{3}{2}\right)^2=9\times\left\{\left(\frac{3}{2}\right)^2+2\overrightarrow{\mathrm{OA}}\cdot\overrightarrow{\mathrm{OC}}+\left(\frac{3}{2}\right)^2\right\}$$

ここから　　$\overrightarrow{\mathrm{OA}}\cdot\overrightarrow{\mathrm{OC}}=\overrightarrow{\mathrm{OC}}\cdot\overrightarrow{\mathrm{OA}}=-\frac{1}{4}$

$$|\overrightarrow{\mathrm{AC}}|^2=|\overrightarrow{\mathrm{OC}}-\overrightarrow{\mathrm{OA}}|^2=|\overrightarrow{\mathrm{OC}}|^2-2\overrightarrow{\mathrm{OC}}\cdot\overrightarrow{\mathrm{OA}}+|\overrightarrow{\mathrm{OA}}|^2$$
$$=\left(\frac{3}{2}\right)^2-2\cdot\left(-\frac{1}{4}\right)+\left(\frac{3}{2}\right)^2=5$$

ゆえに，$|\overrightarrow{\mathrm{AC}}|=\sqrt{5}$，つまり線分 AC の長さは　　$\sqrt{5}$　→ウ

(4) この細菌は，20 分ごとに 2 倍に分裂するから，1 時間では $2^3=8$ 倍に分裂する。したがって，n を自然数として，10 個の細菌は n 時間後には $10\cdot8^n$ 個になる。

そこで

$$10\cdot8^n \geqq 10^7 \quad \cdots\cdots③$$

を満たす最小の自然数 n の値を求める。

③より

$$8^n \geqq 10^6 \qquad \therefore \quad 2^{3n} \geqq 10^6$$

この不等式の両辺において常用対数をとると，底 10 は 1 より大きいから

$$\log_{10}2^{3n} \geqq \log_{10}10^6 \qquad \therefore \quad 3n\log_{10}2 \geqq 6$$

$\log_{10}2>0$ より，両辺を $3\log_{10}2$ で割って

$$n \geqq \frac{2}{\log_{10}2}$$

$\log_{10}2=0.3010$ であるから

$$n \geqq \frac{2}{0.3010}=6.6\cdots$$

よって，求める時間は7時間後。　→エ

II　**解答**　(1)　不等式 $a^{2x}-(a+1)a^{x+1}+a^3 \leqq 0$ $(a>0,\ a \neq 1)$ より

$$(a^x)^2-a(a+1)a^x+a^3 \leqq 0$$

$a^x=t$ $(t>0)$ とおくと

$$t^2-a(a+1)t+a^3 \leqq 0$$

左辺を因数分解して

$$(t-a^2)(t-a) \leqq 0 \quad \cdots\cdots①$$

(i)　$0<a<1$ のとき，$a^2<a$ より，不等式①の解は

$$a^2 \leqq t \leqq a \quad \text{つまり} \quad a^2 \leqq a^x \leqq a$$

いま，$0<a<1$ だから　　$1 \leqq x \leqq 2$

(ii)　$a>1$ のとき，$a<a^2$ より，不等式①の解は

$$a \leqq t \leqq a^2 \quad \text{つまり} \quad a \leqq a^x \leqq a^2$$

いま，$a>1$ だから　　$1 \leqq x \leqq 2$

(i), (ii)より，求める x の範囲は

$$1 \leqq x \leqq 2 \quad \cdots\cdots(\text{答})$$

(2) $-\pi \leqq \theta < -\frac{\pi}{6}$，$\frac{5}{6}\pi < \theta < \pi$　(3)(i)30　(ii)61

◀解　説▶

≪小問3問≫

(1)　$0<a<1$ のときと $a>1$ のときに場合分けして考察すること。

(2)

$$\sin\left(\frac{\pi}{3}-\theta\right)=\sin\frac{\pi}{3}\cos\theta-\cos\frac{\pi}{3}\sin\theta \quad (\text{加法定理より})$$

$$=\frac{\sqrt{3}}{2}\cos\theta-\frac{1}{2}\sin\theta$$

と変形できるから，不等式の左辺は

$$3\sin\left(\frac{\pi}{3}-\theta\right)-2\sqrt{3}\cos\theta=3\left(\frac{\sqrt{3}}{2}\cos\theta-\frac{1}{2}\sin\theta\right)-2\sqrt{3}\cos\theta$$
$$=-\frac{3}{2}\sin\theta-\frac{\sqrt{3}}{2}\cos\theta$$
$$=-\sqrt{3}\left(\frac{\sqrt{3}}{2}\sin\theta+\frac{1}{2}\cos\theta\right)$$
$$=-\sqrt{3}\sin\left(\theta+\frac{\pi}{6}\right)$$

（三角関数の合成より）

となるから，不等式は

$$-\sqrt{3}\sin\left(\theta+\frac{\pi}{6}\right)>0$$

$$\therefore\quad \sin\left(\theta+\frac{\pi}{6}\right)<0 \quad \cdots\cdots②$$

いま，$-\pi\leqq\theta<\pi$ だから

$$-\pi+\frac{\pi}{6}\leqq\theta+\frac{\pi}{6}<\pi+\frac{\pi}{6}$$

よって，②を満たす θ の範囲は

$$-\pi+\frac{\pi}{6}\leqq\theta+\frac{\pi}{6}<0,\ \pi<\theta+\frac{\pi}{6}<\pi+\frac{\pi}{6}$$

$$\therefore\quad -\pi\leqq\theta<-\frac{\pi}{6},\ \frac{5}{6}\pi<\theta<\pi$$

(3)(i)　自然数の列において，4 の倍数の項を仕切り｜で置き換えた群数列を考える。

1，2，3｜5，6，7｜9，10，11｜13，…

a_{23} は，第 8 群の 2 項目である。

$a_{23}=(4\times8-1)-1=30$　（第 k 群の最後の数は $4k-1$ である）

(ii)　第 k 群に含まれる数の和は

$$(4k-3)+(4k-2)+(4k-1)=12k-6$$

したがって，第 1 群から第 m 群までに含まれる数の和は

$$\sum_{k=1}^{m}(12k-6)=12\cdot\frac{m(m+1)}{2}-6m=6m^2$$

そこで，$6m^2=2400$ を満たす自然数 m の値を求める。

$m^2=400$ より　　$m=20$　($m>0$ より)

よって，第 1 群から第 20 群までに含まれる数の和が 2400 となる。

したがって，$\sum_{k=1}^{n} a_k > 2400$ を満たす最小の自然数 n は

$3\times20+1=61$

ここで，3×20 は第 1 群から第 20 群までに含まれる項数である。

解答　(1)(i) -2，a，0，5，b

(ii) $f(\sqrt{2})$，$f(0)$，$f(-\sqrt{2})$，$f(a)$，$f(b+\sqrt{2})$

(iii) $y=-x+5$

(2)(i) $\dfrac{2}{3}$ 倍　(ii) $\dfrac{4}{13}$ 倍　(iii) $\dfrac{\sqrt{39}}{3}$

◀解　説▶

≪3 次関数のグラフと接線の方程式，三角形の面積比と外接円の半径≫

(1)(i)　　$f(x)=x(x+2)(x-5)$

$y=f(x)$ のグラフと x 軸との共有点の x 座標は

$x=-2,\ 0,\ 5$

また，$x=a$ で $f(x)$ は極大となるから，右図より

$-2<a<0$

$f(b)=f(a)$ だから，右図より，5 つの数を小さい順に並べると

$-2,\ a,\ 0,\ 5,\ b$

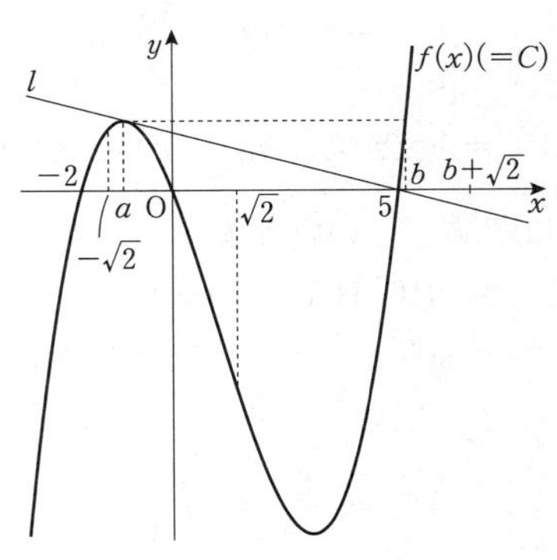

(ii)　$f(x)=x^3-3x^2-10x$ より

$f'(x)=3x^2-6x-10$

$f'(-\sqrt{2})=-4+6\sqrt{2}>0$　　$\therefore\ -\sqrt{2}<a$

ここから　　$f(-2)=0<f(-\sqrt{2})<f(a)$

$0<\sqrt{2}<5$，$f(0)=f(5)=0$ より　　$f(\sqrt{2})<0$

また，$b<b+\sqrt{2}$ より　　$f(b)=f(a)<f(b+\sqrt{2})$

以上より，5 つの数を小さい順に並べると

$f(\sqrt{2})$，$f(0)$，$f(-\sqrt{2})$，$f(a)$，$f(b+\sqrt{2})$

(iii)　接線 l は点 $(5,\ 0)$ を通るので，l の方程式を $y=m(x-5)$ とおける。曲線 C と l は x 座標が 5 ではない点で接するので，C と l の方程式から y を消去した次の方程式は，$x\neq5$ である重解をもつ。

$$x(x+2)(x-5)=m(x-5)\quad つまり\quad (x-5)(x^2+2x-m)=0$$

よって，$x^2+2x-m=0$ が $x\neq5$ の重解をもつ。

この 2 次方程式の判別式を D とすると，重解をもつので $D=0$ だから

$$\frac{D}{4}=0$$

$$1^2-(-m)=0$$

$$\therefore\quad m=-1\quad（このとき重解は\ x=-1）$$

したがって，求める l の方程式は

$$y=-1\cdot(x-5)=-x+5$$

(2)(i)　$\triangle$ABD は，AB＝AD の二等辺三角形だから

$$\mathrm{BD}=2\mathrm{AB}\cos\angle\mathrm{ABC}$$

$$=2\cdot\sqrt{13}\cdot\frac{\sqrt{13}}{13}=2$$

BC＝3 だから，線分 BD の長さは線分 BC の長さの $\frac{2}{3}$ 倍である。

(ii)　方べきの定理より

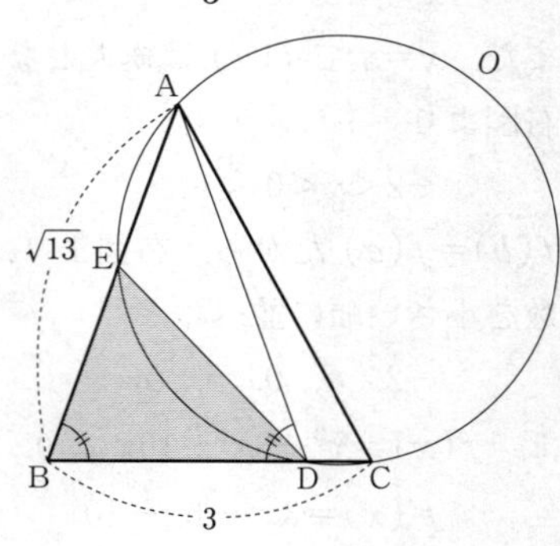

$$\mathrm{BE}\cdot\mathrm{BA}=\mathrm{BD}\cdot\mathrm{BC}$$

$$=2\times3\quad（(\mathrm{i})の結果より）$$

$$=6$$

$$\therefore\quad \mathrm{BE}=\frac{6}{\mathrm{BA}}=\frac{6}{\sqrt{13}}$$

よって

$$\triangle\mathrm{EBD}=\frac{\mathrm{BD}}{\mathrm{BC}}\cdot\frac{\mathrm{BE}}{\mathrm{BA}}\cdot\triangle\mathrm{ABC}$$

$$=\frac{2}{3}\times\frac{\frac{6}{\sqrt{13}}}{\sqrt{13}}\cdot\triangle\mathrm{ABC}=\frac{4}{13}\triangle\mathrm{ABC}$$

つまり，$\triangle$EBD の面積は $\triangle$ABC の面積の $\frac{4}{13}$ 倍である。

(iii)　$\triangle$ABC に余弦定理を用いて

$$\mathrm{CA}^2=\mathrm{AB}^2+\mathrm{BC}^2-2\mathrm{AB}\cdot\mathrm{BC}\cos\angle\mathrm{ABC}$$
$$=(\sqrt{13})^2+3^2-2\sqrt{13}\cdot3\cdot\frac{\sqrt{13}}{13}$$
$$=16$$

∴　CA＝4　（CA＞0 より）

一方

$$\cos\angle\mathrm{ADC}=\cos(180°-\angle\mathrm{ADB})$$
$$=-\cos\angle\mathrm{ADB}$$
$$=-\cos\angle\mathrm{ABC}$$

（△ABD は AB＝AD の二等辺三角形より）

$$=-\frac{\sqrt{13}}{13}$$

よって

$$\sin\angle\mathrm{ADC}=\sqrt{1-\cos^2\angle\mathrm{ADC}}$$
$$=\frac{2\sqrt{3}}{\sqrt{13}}$$

△ACD の外接円 O の半径を R とすると，△ACD に正弦定理を用いて

$$2R=\frac{\mathrm{AC}}{\sin\angle\mathrm{ADC}}=\frac{4}{\frac{2\sqrt{3}}{\sqrt{13}}}=\frac{4\sqrt{13}}{2\sqrt{3}}=\frac{2\sqrt{39}}{3}$$

∴　$R=\dfrac{\sqrt{39}}{3}$

化学

I

解答　問1．1．同位体　2．中性子　3．3

問2．ア．無　イ．下方　ウ．酸化

エ．$SO_2+2H_2S \longrightarrow 3S+2H_2O$

問3．(1)ア．正四面体　イ．三角錐　(2)―④

問4．(ア)― c　(イ)― a　(ウ)― b・c　(エ)― c

問5．(1)スクロース水溶液側　(2)2.5×10^5 Pa　(3)0.050 mol/L

問6．(1)3.2×10^5 Pa　(2)9.1×10^4 Pa

◀解　説▶

≪小問6問≫

問3．(2)　共有電子対は2つの原子核の間に挟まれている分，非共有電子対に比べ，原子核からの距離が遠い位置にあるため，反発力は非共有電子対に比べて小さくなる。

問5．(2)　ファントホッフの法則より，浸透圧 Π〔Pa〕は

$$\Pi=0.10\times8.3\times10^3\times300$$
$$=2.49\times10^5\fallingdotseq2.5\times10^5〔\mathrm{Pa}〕$$

(3)　同温のもと，粒子濃度が等しければ浸透圧は等しくなり，水の移動は生じない。塩化ナトリウムは完全電離して粒子数が2倍になることから，スクロース水溶液の半分の濃度でよい。

問6．(1)　反応後の各物質の物質量は以下の通り。

$$2C_2H_6+7O_2 \longrightarrow 4CO_2+6H_2O$$

	$2C_2H_6$	$7O_2$	$4CO_2$	$6H_2O$		
反応前	0.040	0.20	0	0	〔mol〕	
変化量	−0.040	−0.14	+0.080	+0.12	〔mol〕	
反応後	0	0.060	0.080	0.12	〔mol〕	計 0.26 mol

よって，600 K における容器内全圧 P〔Pa〕は，気体の状態方程式より

$$P=\frac{0.26\times8.3\times10^3\times600}{4.0}=3.23\times10^5\fallingdotseq3.2\times10^5〔\mathrm{Pa}〕$$

(2)　300 K で容器内に水滴があるので，容器内の水蒸気圧は飽和蒸気圧に等しい 3.5×10^3 Pa であり，その他（二酸化炭素と酸素）はすべて気体で

存在しているので，このときの容器内全圧 P'〔Pa〕は，気体の状態方程式と分圧の法則より

$$P' = 3.5\times10^3 + \frac{(0.060+0.080)\times8.3\times10^3\times300}{4.0}$$

$$= 9.06\times10^4 \fallingdotseq 9.1\times10^4\text{〔Pa〕}$$

問１．2.52

問２．ア．メスフラスコ　イ．ホールピペット

ウ．ビュレット

問３．ア・エ

問４．(1)3.2　(2)10.8

◀解　説▶

≪中和滴定実験≫

問１．必要な質量を w〔g〕とすると

$$\frac{\frac{w}{126.00}}{\frac{200}{1000}} = 1.00\times10^{-1} \qquad \therefore\ w = 2.52\text{〔g〕}$$

問４．完全に中和するのに必要な水酸化カリウム水溶液の体積を V〔mL〕とすると

$$2.00\times10^{-1}\times\frac{V}{1000}\times1 = 1.00\times10^{-1}\times\frac{20.0}{1000}\times1$$

$$\therefore\ V = 10.0\text{〔mL〕}$$

(1)　滴下量が 9.90 mL では，水素イオンが過剰であるから

$$[\mathrm{H^+}] = \frac{1.00\times10^{-1}\times\frac{20.0}{1000} - 2.00\times10^{-1}\times\frac{9.90}{1000}}{\frac{20.0+9.90}{1000}}$$

$$= \frac{0.0200}{29.90} \fallingdotseq \frac{0.0200}{30}\text{〔mol/L〕}$$

$$\mathrm{pH} = -\log_{10}[\mathrm{H^+}] = -\log_{10}\frac{0.0200}{30} = 3.18 \fallingdotseq 3.2$$

(2)　滴下量が 10.10 mL では，水酸化物イオンが過剰であるから

$$[OH^-]=\frac{2.00\times10^{-1}\times\dfrac{10.10}{1000}-1.00\times10^{-1}\times\dfrac{20.0}{1000}}{\dfrac{20.0+10.10}{1000}}$$

$$=\frac{0.0200}{30.10}\fallingdotseq\frac{0.0200}{30}\,[\text{mol/L}]$$

$$pH=14+\log_{10}[OH^-]=14-3.18=10.82\fallingdotseq10.8$$

Ⅲ　**解答**　問１．正反応の活性化エネルギー：b　反応熱：c

問２．②　問３．125 kJ/mol　問４．②

◀解　説▶

≪反応速度と活性化エネルギー≫

問２．触媒により活性化エネルギーが低下したので，正反応，逆反応の反応速度いずれも大きくなる。

問３．触媒を加える前の逆反応の活性化エネルギーは問題図の a に該当する。ヨウ化水素の生成熱はヨウ化水素1 mol あたりの値であることに注意して

$$174+2\times4.5=183\,[\text{kJ/mol}]$$

よって，触媒により低下した活性化エネルギーの値は

$$183-58=125\,[\text{kJ/mol}]$$

Ⅳ　**解答**　問１．$MnO_4^-+8H^++5e^-\longrightarrow Mn^{2+}+4H_2O$

問２．$BaCrO_4$

問３．$Cu+4HNO_3\longrightarrow Cu(NO_3)_2+2H_2O+2NO_2$

問４．表面を緻密な酸化被膜が覆い，内部を保護するようになるから。

問５．$Fe+H_2SO_4\longrightarrow FeSO_4+H_2$

問６．遷移元素

◀解　説▶

≪遷移元素の性質≫

問１．下線部①の**A**を含む化合物は過マンガン酸カリウムであり，**A**は７族に属するマンガンである。

問２．下線部①の**B**を含む化合物は二クロム酸カリウムであり，**B**は６族に属するクロムである。二クロム酸イオンは塩基性条件下では以下の平衡

が右に移動し，クロム酸イオンに変化する。

$$Cr_2O_7^{2-} + H_2O \rightleftarrows 2CrO_4^{2-} + 2H^+$$

クロム酸イオンはバリウムイオンと難溶性の黄色沈殿を生じる。

$$CrO_4^{2-} + Ba^{2+} \longrightarrow BaCrO_4$$

問3．残る2種類の金属は8族の鉄か11族の銅である。**C**のイオンは炎色反応を示すので銅，**D**が鉄と決まる。銅は濃硝酸と反応して二酸化窒素が，希硝酸と反応して一酸化窒素が発生する。

問4．このような状態を不動態という。

解答　問1．$2H_2O \longrightarrow O_2 + 4H^+ + 4e^-$

問2．3.86×10^3 C　問3．4.32 g

問4．2.0×10^{-2} mol　問5．NaOH

◀解　説▶

≪水溶液の電気分解≫

問1．各電極で起こる反応は以下の通り。

電解槽Ⅰ

陽極：$2H_2O \longrightarrow O_2 + 4H^+ + 4e^-$

陰極：$Ag^+ + e^- \longrightarrow Ag$

電解槽Ⅱ

陽極：$2Cl^- \longrightarrow Cl_2 + 2e^-$

陰極：$2H_2O + 2e^- \longrightarrow H_2 + 2OH^-$

問2．電気量は電流と秒の積で表されるので

$$2.00\times(32\times60+10)=3860\,[\mathrm{C}]$$

問3．直列回路に流れる電子の物質量はすべて共通である。その量はファラデーの法則より

$$\frac{3.86\times10^3}{9.65\times10^4}=0.040\,[\mathrm{mol}]$$

よって，析出した銀の質量は

$$0.040\times108=4.32\,[\mathrm{g}]$$

問4．陰極で発生した水素の物質量は

$$0.040\times\frac{1}{2}=0.020\,[\mathrm{mol}]$$

Ⅵ　**解答**　問1．①　問2．④　問3．C

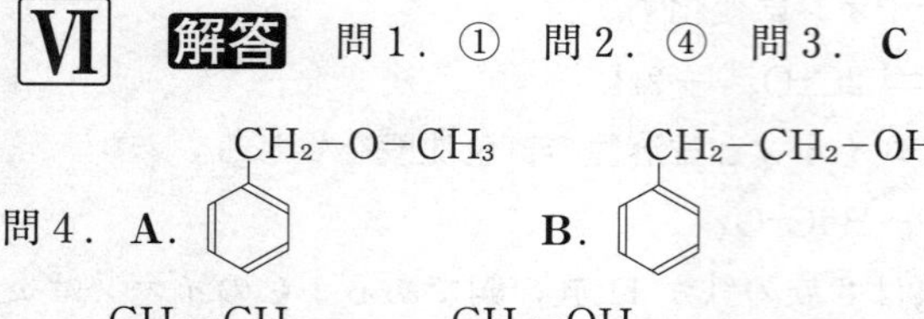

C.（ベンゼン環のパラ位に CH_2-CH_3 と OH）　D.（ベンゼン環のパラ位に CH_2-OH と CH_3）

◀解　説▶

≪芳香族化合物の構造決定≫

実験1より，化合物Aはヒドロキシ基をもたないのでエーテルであり，実験3から〔解答〕のように構造が決定する。

実験2より，化合物Cのみフェノール性ヒドロキシ基をもち，題意および実験5から，残りの炭素原子2つはエチル基としてフェノール性ヒドロキシ基のパラ位に位置する。また，化合物Dもパラ2置換体であることがわかり，フェノール性ヒドロキシ基はもたないがヒドロキシ基をもつことから，いずれも〔解答〕のように構造が決定する。

実験4より，化合物Bはスチレンに水を付加した以下のいずれかの化合物である。

$$C_6H_5-CH=CH_2 \longrightarrow C_6H_5-CH_2-CH_2-OH \quad \text{または} \quad C_6H_5-{}^{*}CH(OH)-CH_3$$

（＊は不斉炭素原子）

Bは不斉炭素原子をもたないことから〔解答〕のように構造が決定する。

問1．ジエチルエーテル以外の化合物はいずれもヒドロキシ基をもち，分子間で水素結合するため，沸点は高い。

問2．構造式は以下のとおり。フェノール性ヒドロキシ基をもたないのは④のみ。

①（ベンゼン環に CH_3 と OH がオルト位）　②（ベンゼン環に COOH と OH がオルト位）　③（ベンゼン環に $COOCH_3$ と OH がオルト位）　④（ベンゼン環に COOH と $OCOCH_3$ がオルト位）

問3．A～Dのうち，フェノール性ヒドロキシ基をもつCのみが弱酸性である。

生物

解答 問1．a．デオキシリボース b．塩基 c．リン酸

問2．a

問3．(1)3' 末端 (2)DNA ポリメラーゼ (3)半保存的複製

問4．tRNA（転移 RNA），rRNA（リボソーム RNA）

問5．コドン

問6．(1)―③ (2)―②

問7．イントロンの領域がスプライシングにより除かれるから。

◀解 説▶

≪DNA の構造，遺伝子発現の調節≫

問2．5' や 3' は糖を構成している炭素原子につけられた番号である。

問3．DNA ポリメラーゼは 5'→3' 方向にのみヌクレオチド鎖を伸長できる。

問5．mRNA における 3 個の連続した塩基配列をコドンとよび，コドンがアミノ酸の種類を指定する遺伝暗号となる。

問6．(1)①誤文。L1 により遺伝子 A の発現が促進されタンパク質 A の量が増加するが，タンパク質 A が直接 L1 の濃度を検知するわけではない。

②誤文。遺伝子 A の発現は L1，L2 によって促進および抑制されて調節されるため，一定に保たれるわけではない。

④誤文。L2 はタンパク質 A と結合し，遺伝子 A の発現を抑制するが，一方では R1 と L1 の複合体が遺伝子 A の発現を促進する。両者のバランスにより遺伝子 A の発現は調節されると考えられる。

(2)①アクチベーターは転写を促進するタンパク質。

③オペレーターは調節タンパク質が結合し転写制御に関わる塩基配列。

④プロモーターは RNA ポリメラーゼが結合する塩基配列。

問7．ヒトなどの真核生物の DNA の遺伝子領域には，イントロンとエキソンが含まれており，転写された RNA からイントロンの領域が除かれエキソンの領域が結合されて mRNA となる。この過程をスプライシングという。

Ⅱ 解答

問1．a－④　b－⑥　c－⑧　d－⑤　e－⑦　f－③　g－②　h－①

問2．③または⑤

問3．(1)ビコイドタンパク質は前端から後端にかけて低くなる濃度勾配が生じ，ナノスタンパク質はその逆の濃度勾配が生じる。

(2)タンパク質の濃度勾配が受精卵における相対的な位置情報となる。

問4．g．正常個体では触角の位置であるところに脚ができる。

h．正常個体では翅が1対であるが2対形成される。

◀解　説▶

≪ショウジョウバエの発生≫

問2．前端部に局在するビコイド遺伝子が機能を失うと，頭部および胸部を欠いた胚が生じ，また，胚の前端に頭部ではなく尾部が形成される。

問3．前端部に局在するビコイド mRNA および後端部に局在するナノス mRNA が翻訳されてタンパク質が生じると，拡散により前後軸に沿った濃度勾配が形成される。この濃度勾配が受精卵における相対的な位置情報となることで，胚の前後軸が形成される。

解答

問1．③　問2．③

問3．毎分 0.3 mL

問4．(1)二酸化炭素

(2)二酸化炭素が液体に溶けることで内圧が下がるから。

問5．エタノール

問6．(1)黄色　(2)ヨードホルム

問7．気体発生の反応を引き起こす酵素は，酵母の細胞の細胞質基質中に存在するから。

問8．60°C の高温により気体発生の反応に関与する酵素が失活したから。

◀解　説▶

≪アルコール発酵≫

問3．20°C において，10 分後の気体発生量は 1 mL，20 分後の気体発生量は 4 mL であることから，平均気体発生量は

$$\frac{4-1}{20-10}=0.3〔\text{mL/分}〕$$

問4・問5．酵母のアルコール発酵の反応式は

$$C_6H_{12}O_6 \longrightarrow 2C_2H_5OH+2CO_2$$

である。発生する気体は二酸化炭素で，水酸化ナトリウム水溶液を注入すると二酸化炭素は反応して液に溶ける。

問6．エタノールに水酸化ナトリウム，ヨウ素ヨウ化カリウム溶液を加えて熱すると溶液が黄色に変化し，消毒液のような特有のにおいがするヨードホルム（CHI_3）が生じる。

問7．アルコール発酵では解糖系，さらに解糖系により生じたピルビン酸が脱炭酸されたのち還元されてエタノールが生じる。いずれの反応も細胞質基質中に存在する酵素により触媒される。

問8．60°C では10分以降に気体の発生がほとんど認められず，気体の発生量は4mLに満たないことから，基質となるグルコースがなくなったとは考えられない。よって，60°C という高温により代謝に関わる酵素が失活したと考えられる。

Ⅳ　解答

問1．a．心房　b．心室　c．弁　d．大静脈　e．肺静脈　f．肺動脈　g．大動脈

問2．(1)X．肺循環　Y．体循環　(2)―(イ)・(エ)

問3．④

問4．(1)ペースメーカー（洞房結節）　(2)―①

問5．交感神経が作用すると拍動が促進され，副交感神経が作用すると拍動が抑制される。

◀解　説▶

≪血液循環，心臓≫

問2．(2)　酸素を多く含む動脈血は，肺でのガス交換を終えた肺静脈や心臓から全身へ送り出される大動脈を流れる。

問3．①魚類は1心房1心室，②両生類・③は虫類はともに2心房1心室。は虫類では心室に不完全な隔壁が生じるが，心室で動脈血と静脈血が混ざる。

問4．右心房にあるペースメーカー（洞房結節）が周期的に興奮すること

で一定のリズムで拍動する自動性が生じる。

問５．心臓の拍動調節の中枢は延髄に存在し，血液中の二酸化炭素濃度を感知して，拍動促進の場合は交感神経，拍動抑制の場合は副交感神経を働かせることで心臓の拍動を調節している。

V　解答

問１．a．自己免疫　b．アレルギー　c．アレルゲン　d．アナフィラキシー

問２．Ｉ型糖尿病，関節リウマチ，バセドウ病などから二つ。

問３．①・②・③

問４．HIV はヘルパーＴ細胞に感染するため，Ｂ細胞が活性化されなくなるから。

問５．Ａ―③　Ｂ―⑤　Ｃ―④　Ｄ―②

◀解　説▶

≪免　疫≫

問４．HIV はヘルパーＴ細胞が特異的にもつ膜タンパク質を認識して感染し破壊するため，Ｂ細胞を活性化することができず，抗体産生細胞への分化が誘導されないことから，抗体を産生できなくなる。

問５．問題の図より，血液Ａ～Ｄの抗体量の数値を読み取ると次の表の通りである。

	A	B	C	D
X に対する抗体	1	80	0	0.2
Y に対する抗体	0.2	1	80	1

それぞれの抗体量となる理由は次の通り。

0：抗原が１回も侵入していない。

0.2：１回目の注射で抗原が侵入したが，２回目の注射では侵入していない。

1：１回目の注射で抗原は侵入していないが，２回目の注射で侵入した。

80：１回目，２回目両方の注射で抗原が侵入した（二次応答）。

以上から，Ａ～Ｄの血液は，マウスに注射した抗原を【１回目，２回目】で表すと

Ａ：【Y，X】の③　Ｂ：【X，X＋Y】の⑤

Ｃ：【Y，Y】の④　Ｄ：【X，Y】の②

となる。

解答 問1．a．アミラーゼ　b．ジベレリン
c．アブシシン酸　d．フィトクロム　e．オーキシン
f．ブラシノステロイド　g．微小管　h．エチレン
i．フォトトロピン　j．クリプトクロム

問2．⑥

問3．(1)極性移動

(2)オーキシンを細胞外へ排出する輸送タンパク質が細胞の基部側に局在する。

問4．(1)ジャスモン酸

(2)虫の消化酵素を阻害する物質の合成を促進して，虫の消化を妨げる。

◀解　説▶

≪植物ホルモン≫

問2．青色光は450nm付近，赤色光は650nm付近の波長である。Pr（赤色光吸収）型フィトクロムは赤色光（700nm弱）を吸収し，Pfr（遠赤色光吸収）型フィトクロムは遠赤色光（700nm強）を吸収する。

問3．オーキシンの極性移動には輸送タンパク質が関わる。オーキシンを細胞内へ取り込む輸送タンパク質（AUXタンパク質）が細胞の先端側に，オーキシンを細胞外へ排出する輸送タンパク質（PINタンパク質）が細胞の基部側に，それぞれ局在することで極性移動が起こる。オーキシンの細胞内への取り込みは拡散によっても起こるため，〔解答〕ではオーキシンの排出についてのみ言及した。

問4．葉が食害を受けると，ジャスモン酸が合成され，食害部位から他の部位へ移動し，昆虫の消化酵素の作用を阻害するタンパク質分解酵素阻害物質の合成を促進する。これにより，昆虫は消化が困難になり，食害の拡大を防いでいる。

■一般入試Ａ

問題編

▶試験科目・配点

教　科	科　　目	配 点
外国語	コミュニケーション英語Ⅰ・Ⅱ・Ⅲ，英語表現Ⅰ・Ⅱ	100 点
数　学	数学Ⅰ・Ⅱ・Ａ・Ｂ（数列，ベクトル）	100 点
理　科	「化学基礎，化学」，「生物基礎，生物」から１科目選択	150 点

▶備　考

学力試験の成績，調査書などの提出書類を総合して合格者を決定する。なお，合格者の決定に当たっては総合点を判定基準とする。

英語

（75 分）

I　次の英文を読んで，下の問いに答えなさい．【配点 32】

With many areas in Japan experiencing a severe lack of pediatricians, local governments are increasingly relying on mobile apps that provide their residents with timely medical advice. (1) <u>Amid a rising trend of online medical consultation through video calls, the apps have proved popular among users seeking quick advice as well as among doctors who can make the most of their free time</u>.

One such app, called "Leber," was developed by Agree Inc., a startup based in Tsukuba, Ibaraki Prefecture, in January 2018. Several municipalities in Ibaraki, which has the least number of pediatricians per 100,000 residents in Japan, introduced the medical consultation service this year (　a　) a trial basis.

In May, the city of Ishioka in Ibaraki Prefecture, which has no pediatric clinic open on weeknights, began using the app (　a　) a trial basis so that parents of children up to 3 years old could use its chat function to get 24-hour free medical advice. The app was well-received, (　b　) more than 30 percent of families with children in the applicable age group registered. The city plans to fully implement the service in the fiscal year starting April 2020.

According to the developer, 87 doctors from 26 medical departments, including internal medicine and gynecology, were available on the app as of last Wednesday. "There are doctors registered on the app across Japan, including those who are on maternity or childcare leave," said the member of staff in charge (　c　) the project.

Consultation fees start from 100 yen for individual users, with half the amount remunerated to doctors, who are required to show their medical license for identification during the registration process.

The service, which falls under what is known as "remote medical consultation," is limited to general advice regarding the type of doctor the user should see, and over-the-counter drugs suitable (d) their symptoms. Unlike online consultations, doctors do not perform diagnoses or prescribe medicines. Nonetheless, some users have appreciated the advice (e) the app for being prompt and convenient.

（中略）

Tomohiro Kuroda, director of Kyoto University Hospital's Division of Medical Information Technology and Administration Planning, said he is all for the service. "It gives peace of mind to people who are hesitant about seeing a doctor but still want advice. It also leads to a decrease (f) non-emergency patients and reduces the burden on doctors providing medical care," said Kuroda, a professor of information engineering. (2) <u>"The opportunity (for doctors) to interact with patients while on leave is very important. It can reduce a blank period (in their career) and help facilitate a smoother return," he added</u>.

(*The Japan Times* (Kyodo), July 9, 2019)

app(s)　（スマートフォンなどの）アプリケーション
amid　～の中で
municipality　地方自治体
fiscal year　会計年度
remunerate　報酬を支払う
prescribe　処方する
video calls　ビデオ通話
pediatrician　小児科医
gynecology　婦人科
diagnose　診断する

問1　下線部(1)を訳しなさい.

問2　下線部(2)を訳しなさい.

問3　(a)～(f)に入るべき単語を下から選び，記号で答えなさい.
ただし，同じものは2回以上使えません.

① in　② for　③ of
④ on　⑤ through　⑥ with

Ⅱ 次の英文を読んで，下の問いに答えなさい．【配点 38】

We all love music, but I never gave much thought to learning to play piano. I knew it was difficult, even at the beginner's level, but who knew that piano training has mind-blowing (1) benefits!

When I took a job writing a blog for a piano company, I was not a pianist. In order to write about pianos, I had a lot to learn. My coworker, Milana Strezeva, a concert pianist and piano teacher, helped me with my research. "The piano can transform your life," she said.

The most obvious benefit is social since pianists are invited to play at parties and events to entertain family and friends. If you play the piano, chances are you'll never be lonely again!

I remember sitting with Milana at a concert grand. She ran her fingers down the keys, explaining that playing physically improves hand-eye coordination and muscle strength.

Some people take to the piano much better than others, and scientists wondered why. They discovered that multiple areas of the pianists' brains light up when playing and that piano training made actual changes in brain structure, improving the mental skills of both gifted pianists and normal pianists, but at different speeds. Even more surprising was that ongoing piano playing by older people slows down memory loss, hearing loss and some mental deterioration. In a similar way, children who trained for at least three years tested higher in self-esteem and confidence than children who didn't. They also showed better math and language skills. The more advanced they became in their playing, the better they did in school work unrelated to music.

Milana reminded me that her students make errors and often fail, but in time learn to not worry so much about making mistakes. She laughed and said it was equally hard to learn to accept applause and praise. (2) Being comfortable in one's own skin is a benefit in all ways.

(3) In my further research, pianists reported in many different ways that playing piano made their lives more manageable and less stressful — and certainly more meaningful.

It takes focus, practice and patience to learn to play piano. If you stick with it, there will be many benefits that will change your life. (4) <u>Anyone who has practiced scales on the piano knows that looking for instant gratification is not a good way to learn music, nor is it a good way to live your life.</u> Music lessons are about more than making music.

Milana also reminded me that pianos have been around for more than three centuries, giving joy to millions of people. People (5){enough/join/lucky/that/to/tradition} don't regret it. The power of music has sustained human beings since the beginning with its enriching benefits. Mind-blowing benefits! Who knew?

(*The Japan Times Alpha,* July 26, 2019)

mind-blowing	びっくりするような	coworker	仕事仲間
a concert grand	グランドピアノ	coordination	協調
ongoing	継続している	deterioration	低下
self-esteem	自尊心	applause	拍手喝采
scales	音階	gratification	喜び

問１　第５段落まで読んで，下線部(1)の benefits について，具体例を４つ選び記号で答えなさい．

① ピアノが弾けても，パーティやイベントに招かれたら孤独になることもある．
② ピアノを弾くことで，手と目の協調関係と筋力が改善する．
③ ピアノの練習をすることで，脳構造内に変化が見られ，メンタルスキルが向上する．
④ ピアノを練習することで，辛抱強い人間になれる．
⑤ 高齢者が継続してピアノを弾いていると，記憶障害，聴力損失，精神機能の低下の進行が遅れる．
⑥ ３年以上ピアノの練習をしてきた子どもは，そうでない子どもと比べて自尊心が高く自信もある．
⑦ ピアノが上達しても音楽と関係がない科目の成績は向上しない．

問２　下線部(2)の Being comfortable in one's own skin とはどういうことか．次の中からひとつ選び，記号で答えなさい．

① 自分のありのままの姿でいて心地よいこと

② 自分の体形に自信があること
③ 自分の肌の色が気に入らないこと
④ 自分の安全だけを守ること

問3 下線部(3)を訳しなさい.

問4 下線部(4)を訳しなさい.

問5 下線部(5)の単語を並び替え，正しい語順にしなさい.

III 次の日本語の内容を英語で表現しなさい.【配点 30】

1. 部屋を掃除するのを手伝ってくれませんか.

2. そのウェブサイトで，私たちは多くの論文をオンラインで読めます.

3. 私たちには，その計画に反対であると言う勇気がなかった.

4. 教授は 5 分程度で研究室に戻ってくると言いました.

数学

（75 分）

I ～ III の解答は，すべて解答用紙の所定の欄に記入しなさい．

解答にあたっては次の点に注意しなさい．

(1) 解答用紙には，**特に指示がなければ，答えのみ**を記入しなさい．計算過程を示す必要はありません．

(2) 答えはすべて解答しなさい．

【問題例】 方程式 $(x-1)(x-3)=0$ を解きなさい．

【解答例】 $x=1,3$

(3) 場合分けが必要だと考えられる場合は，各自で判断して解答しなさい．

【問題例】 a を与えられた実数とする．方程式 $ax=1$ を解きなさい．

【解答例】 $a \neq 0$ のとき，$x=\frac{1}{a}$．$a=0$ のとき，解なし．

(4) 答えは，

- 根号を含む場合は，根号の中に現れる自然数が最小になる形にする
- 分数はそれ以上約分できない形にする
- 分数の分母は有理化する

など，簡潔な形で解答しなさい．

I　次の空欄 ア ～ オ にあてはまる数を答えなさい．　［配点 30］

(1) $\dfrac{3}{\sqrt{7}-2}$ の小数部分を a とするとき，$a-\dfrac{3}{a}=$ ア である．

(2) $\left\{\tan\theta+\tan\left(\theta+\dfrac{\pi}{2}\right)\right\}^2-\left\{\tan\left(\dfrac{\pi}{2}-\theta\right)-\tan(\pi-\theta)\right\}^2=$ イ である．

(3) 不等式 $\log_{\frac{1}{3}} n+\log_{\frac{1}{3}}(n+2)-\log_{\frac{1}{3}}(2n-1)-\log_{\frac{1}{3}} 3>0$ を満たす自然数 n は ウ である．

(4) 座標空間において 3 点 $\mathrm{A}(1,-1,2)$，$\mathrm{B}(2,-1,1)$，$\mathrm{C}(2,1,5)$ を考える．このとき，内積 $\overrightarrow{\mathrm{AB}}\cdot\overrightarrow{\mathrm{AC}}$ の値は エ であり，三角形 ABC の面積は オ である．

II　次の問いに答えなさい．　［配点 35］

(1) 方程式 $|2x+1|+|x-\sqrt{3}|=1+\sqrt{3}$ を解きなさい．

(2) a を実数の定数とする．2 次方程式 $x^2-2ax+a+2=0$ が異なる 2 つの実数解をもち，それらが 0 以上 5 以下であるとき，a の値の範囲を答えなさい．

(3) 100 人に 1 人の割合で欠損している遺伝子 x があり，この遺伝子 x が欠損しているかどうかを検査する遺伝子診断薬があるとする．この遺伝子診断薬は正しく判定する確率が $\dfrac{99}{100}$ であり，誤って判定する確率が $\dfrac{1}{100}$ である．あなたの友人がこの遺伝子診断薬を用いた検査を受けたとして，以下の設問に答えなさい．

(i) あなたの友人が遺伝子 x を欠損していると判定される確率を答えなさい.

(ii) あなたの友人が遺伝子 x を欠損していると判定されたのに，実際は欠損していない確率を答えなさい.

(4) p を実数の定数として，関数 $f(x)=4^x+\dfrac{1}{4^x}+3p\left(2^{x+1}+\dfrac{1}{2^{x-1}}\right)$ を考える.

(i) $t=2^x+\dfrac{1}{2^x}$ とするとき，t のとり得る値の範囲を答えなさい.

(ii) 関数 $f(x)$ の最小値を p を用いて表しなさい.

Ⅲ 次の問いに答えなさい.　　［配点 35］

(1) 初項 9，公差 3 の等差数列 $\{a_n\}$ と，初項 $\dfrac{8}{3}$，初項から第 5 項までの和が 10 である等差数列 $\{b_n\}$ がある．また，数列 $\{c_n\}$ を $c_n=a_nb_n$ で定義し，$S_n=\displaystyle\sum_{k=1}^{n}c_k$ とする.

(i) 数列 $\{b_n\}$ の一般項を答えなさい.

(ii) $c_n>0$ を満たす最大の自然数 n を答えなさい.

(iii) S_n を n で表し，その最大値を答えなさい.

(2) 座標平面上に曲線 $C: y=-\dfrac{1}{3}x^3+2x^2-3$ があり，C 上の点 A $(3, 6)$ における C の接線を l とする．また，点 B は A とは異なる C 上の点であり，B における C の接線は l と平行である.

(i) l を表す方程式を答えなさい.

(ii) C と l で囲まれた部分の面積を答えなさい.

(iii) B を通り，A において l と接する放物線の方程式を答えなさい.

化学

（90 分）

I　問１～ 問９に答えなさい．【配点 69】

問１　下表の空欄のうち**ア～ウ**に当てはまるものを①～⑨からそれぞれ 1 つ選び，番号で答えなさい．

結晶の種類	イオン結晶	分子結晶	共有結合の結晶
構成粒子	イオン	分子	原子
物質の例	**ア**		
構成粒子間の結合または粒子間に働く力		**イ**	
性質			**ウ**

①　ヨウ素　　②　塩化カルシウム　　③　二酸化ケイ素
④　共有結合　　⑤　ファンデルワールス力　　⑥　イオン結合
⑦　一般に融点が低く，やわらかい．
⑧　一般にきわめて硬く，融点が非常に高い．
⑨　一般に結晶のままでは電気を通さないが，水溶液にすると電気を通す．

問２　次の文章の［ア］～［ウ］に適切な語句を入れなさい．

［ア］は，原子が最外電子殻に電子を１個受け取り１価の陰イオンになる際に放出されるエネルギーである．一般に，［ア］が大きい原子ほど陰性が強い．

［イ］は，原子が共有電子対を引き寄せる強さを相対的な数値で表したものである．一般に，２原子間の［イ］の差が大きいほど結合の極性は大

きい．

原子から最外殻電子を1個取り去って1価の陽イオンにするのに必要なエネルギーを［ウ］という．一般に，［ウ］が小さい原子ほど陽性が強い．

問3　次の文章の［ア］，［イ］に適切な語句，［ウ］，［エ］に適切な化学式を入れなさい．

周期表において，水素以外の1族元素を特に［ア］といい，ベリリウムとマグネシウムを除いた2族元素または2族元素のすべてを［イ］という．

第4周期の2族元素の水酸化物の水溶液に［ウ］を通じると，白濁が生じ，さらに［ウ］を通じ続けると，［エ］の水溶液となって白濁が消える．

問4　（1），（2）の各水溶液のpHを求め，小数第1位まで答えなさい．ただし，酢酸の電離定数を 2.7×10^{-5} mol/L，強酸，強塩基の電離度を1.0，水のイオン積を $1.0\times10^{-14}\,(\text{mol/L})^2$ とし，必要なら $\log_{10}2=0.30$，$\log_{10}3=0.48$ を用いなさい．

（1）0.030 mol/L 酢酸水溶液

（2）0.20 mol/L 水酸化ナトリウム水溶液 500 mL に塩化水素 0.050 mol を吸収させた水溶液．ただし，水溶液の体積は吸収前後で変わらないものとする．

問5　図は硝酸カリウムを水100gに溶解して得られた溶解度曲線である．（1），（2）に答えなさい．

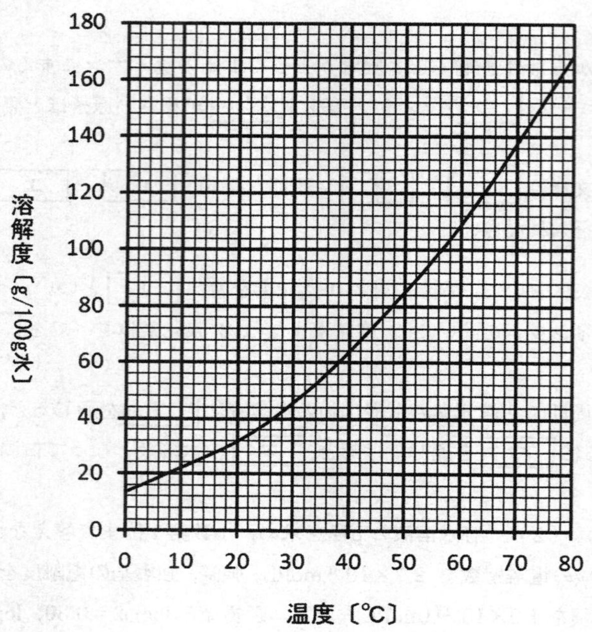

（1）26℃における硝酸カリウムの飽和水溶液の質量パーセント濃度を有効数字 2 桁で答えなさい.

（2） ある量の硝酸カリウムを 80℃の水 200 g にすべて溶解して水溶液をつくった. この水溶液を 40℃まで冷却すると, 122 g の硝酸カリウムが析出した. はじめに溶解した硝酸カリウムは何 g か. 有効数字 2 桁で答えなさい.

問 6　断熱容器に 98 g の水を入れ, 固体の水酸化ナトリウム（式量 40.0）2.0 g を加えてよく攪拌しながら水溶液の温度変化を調べたところ, 下図のような結果が得られた. 水酸化ナトリウムの溶解熱〔kJ/mol〕を求め, 整数で答えなさい. ただし, 発生した熱はすべて水溶液の温度上昇に使われ, 水および水溶液の比熱はすべて 4.2 J/(g・K)とする.

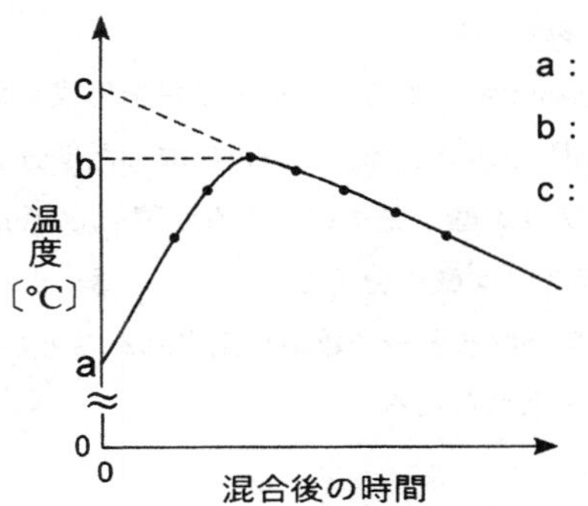

a：混合開始時の水溶液の温度（25.0℃）

b：測定中での最高温度（29.0℃）

c：グラフの直線部分の延長と縦軸との交点の温度（30.0℃）

問7　ある金属は下図のような体心立方格子の結晶構造をとる．単位格子の一辺の長さを a〔cm〕，この金属の密度を D〔g/cm³〕，アボガドロ定数を N〔/mol〕として（1），（2）に答えなさい．ただし，この金属原子は球形で，最も近い原子は互いに接しているものとする．

（1）単位格子に含まれるこの金属原子の個数を答えなさい．

（2）この金属の原子量を a，D，Nを用いて表しなさい．

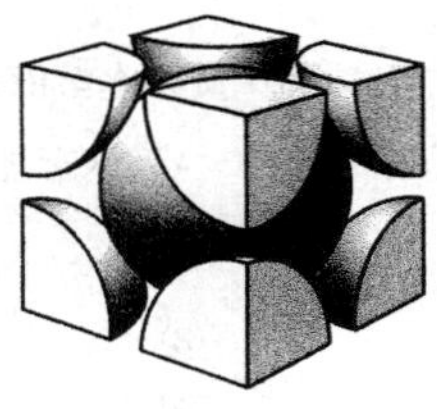

問8　次の文章の［ア］〜［ウ］に入る式を，W，M，A，Sのうち適切なものを用いて表しなさい．

飽和脂肪酸であるステアリン酸を揮発性の溶媒に溶かし清浄な水面にゆっくり滴下すると，溶媒が揮発したあとに，水面上に図のようなステアリン酸の単分子膜が形成される．単分子膜を形成するステアリン酸の各分子は，親水性のカルボキシ基を水中に，疎水性の炭化水素基を空気側に向けて，水面上にすき間なく一層に並んでいる．

質量 W〔g〕のステアリン酸を少量のヘキサンに溶解し清浄な水面に滴下

したところ，水面上に単分子膜が形成された．

ステアリン酸のモル質量を M〔g/mol〕とすると，単分子膜を形成したステアリン酸の物質量は［ア］〔mol〕と表される．一方，形成した単分子膜の面積を A〔cm^2〕，水面上でステアリン酸1分子が占める面積を S〔cm^2〕とすると，単分子膜を形成したステアリン酸の分子数は［イ］〔個〕となる．ここで，アボガドロ定数に物質量を掛けると分子数が算出されることから，アボガドロ定数は［ウ］〔/mol〕と求められる．

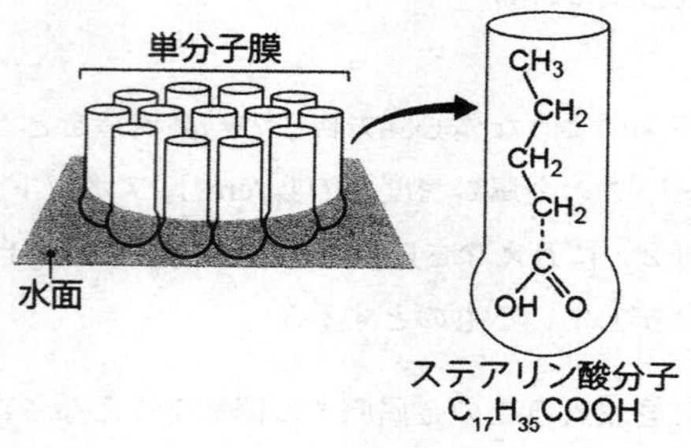

問9 （1），（2）に答えなさい．

（1）以下の部分構造をもつタンパク質の水溶液に濃硝酸を加えて熱すると黄色になり，さらにその液にアンモニア水を加えると橙黄色になった．

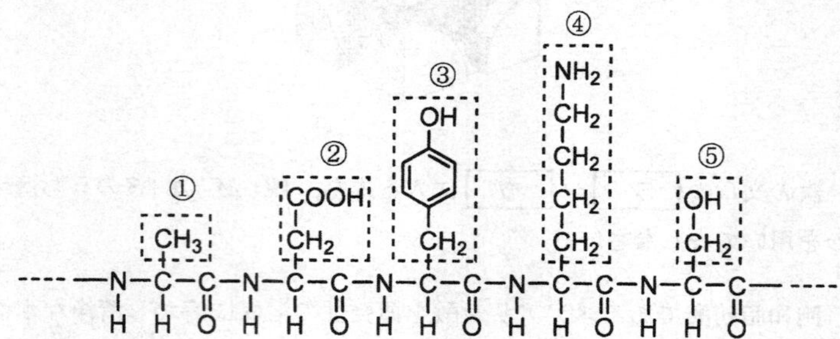

（ア）この呈色反応の反応名を答えなさい．

（イ）この呈色反応はどの置換基に基づくものか，点線で囲んだ①～⑤から1つ選び番号で答えなさい．

（2）あるタンパク質の水溶液に水酸化ナトリウム水溶液を加えて加熱後，酢酸鉛（Ⅱ）水溶液を加えると黒色沈殿を生じた．この黒色沈殿は何か，化学式で答えなさい．

Ⅱ

次の文章を読み，問に答えなさい．【配点 18】

過酸化水素は酸化剤としても還元剤としても働く．そのため，過酸化水素水の濃度を求める方法として，酸化剤，還元剤，それぞれの性質に基づいた異なる滴定法がある．その実験例を以下に示した．

実験１　濃度未知の過酸化水素水 10.0 mL を正確にとり，希硫酸 5 mL と純水を加えた．これを 2.00×10^{-2} mol/L の過マンガン酸カリウム水溶液で滴定したところ，11.0 mL で終点に達した．

実験２　**実験１**と同じ濃度の過酸化水素水 10.0 mL を正確にとり，希硫酸 5 mL と過剰のヨウ化カリウムを加え，密栓をして十分な時間静置し，ヨウ素を遊離させた．これを 5.00×10^{-2} mol/L チオ硫酸ナトリウム水溶液で滴定したところ，［　　］ mL で終点に達した．なお，指示薬としてデンプン水溶液を用いた．

問１　過酸化水素が酸化剤として働いているのは**実験１**，**実験２**のどちらか答えなさい．

問２　**実験１**の反応で発生する気体は何か，化学式で答えなさい．

問３　**実験１**の結果から，過酸化水素水のモル濃度〔mol/L〕を求め，有効数字２桁で答えなさい．

問４　**実験２**の過酸化水素とヨウ化カリウムの反応を化学反応式で示しなさい.

問５　**実験２**について，滴定終点前後の溶液の色の変化を答えなさい.

問６　**実験２**の［　　］に入る数値を，小数第１位まで答えなさい.

なお，ヨウ素とチオ硫酸ナトリウムは次のように反応する.

$$I_2 + 2Na_2S_2O_3 \longrightarrow 2NaI + Na_2S_4O_6$$

III

次の文章を読み，問に答えなさい．ただし，気体は全て理想気体とし，気体定数を 8.3×10^3 Pa・L/(K・mol)とする．【配点 21】

容積可変の密閉容器に赤褐色の気体である NO_2 と無色の気体である N_2O_4 を加え，温度と圧力を一定に保ったところ，(1)式のような平衡状態となった.

$$2NO_2 \rightleftarrows N_2O_4 \qquad \cdots\cdots(1)$$

正反応と逆反応の反応速度をそれぞれ v_1，v_2 とすると，反応速度式は次のようになる.

$$v_1 = k_1[NO_2]^2$$

$$v_2 = k_2[N_2O_4]$$

k_1，k_2 はどちらも定数であり，平衡状態では v_1 と v_2 が等しくなることから，見かけ上，反応が停止している.

この密閉容器を用いて，①種々の実験操作を行ったときの密閉容器内の平衡移動を調べた．引き続き，いったん容器内の気体を除いた後，②(1)式の正反応の平衡定数を求める実験を行った.

問１　下線部①について，温度と全圧を一定に保ちながら容器内にアルゴンを加えた．(1)式の平衡は左右どちらに移動するか，あるいは移動しないか，答えなさい．

問2　下線部①について，密閉容器の容積を一定として容器内の温度を低下させたところ，容器内の赤褐色が薄くなった．(1)式の正反応は発熱反応，吸熱反応のどちらか答えなさい．

問3　下線部①について，温度を一定に保ちながらすばやく容器を圧縮し容積を半分にした．

(ア) 圧縮直後の正反応の反応速度は，圧縮前の正反応の反応速度の何倍か．整数で答えなさい．

(イ) 圧縮後の容器内の色調変化として適切なものを下の(a)～(d)から1つ選び，記号で答えなさい．また，その理由を簡潔に説明しなさい．

(a) 赤褐色が濃くなり，そのまま維持された．
(b) 赤褐色が薄くなり，そのまま維持された．
(c) 赤褐色が濃くなり，やがて薄くなった．
(d) 赤褐色が薄くなり，やがて濃くなった．

問4　下線部②について，N_2O_4 1.0 mol を容積可変の密閉容器に入れ，300 K で圧力を 1.0×10^5 Pa に保ち平衡に到達させたところ，NO_2 が 1.6 mol 生成していた．

(ア) 平衡に達したときの密閉容器の容積〔L〕を求め，有効数字2桁で答えなさい．

(イ) (1)式の正反応の平衡定数〔L/mol〕を求め，有効数字2桁で答えなさい．

次の文章を読み，問に答えなさい．【配点 24】

金属 A, B, C, D は，①「鉄にめっきしてブリキとして用いられているもの」，「鉄にめっきしてトタンとして用いられているもの」，②「それを主成分とする合金が軽量で強度が高く，航空機の機体の材料に用いられているもの」，「X 線の遮へい材に用いられているもの」の 4 種類のいずれかである．

それらの③4 種類の金属はいずれも水酸化ナトリウム水溶液に溶解した．④塩酸には A, C, D は溶解したが，B はほとんど溶解しなかった．ただ，B は硝酸には溶解した．

⑤C あるいは D の塩酸溶液および B の硝酸溶液それぞれに水酸化ナトリウム水溶液を加えていったところ，すべての溶液で沈殿が生じた．この沈殿をろ過して集め，それに⑥アンモニア水を加えていったところ，C のみが溶解した．

A を塩酸に溶解させた液を濃縮して得られた結晶の水溶液を硫酸酸性下で Hg^{2+} を含む水溶液に加えたところ，水銀の単体が得られた．このことから⑦この A の化合物は強い還元作用を示すことが分かった．

B の硝酸溶液に塩酸を加えると沈殿が生じた．この液を⑧ガスバーナーで加熱したところ，沈殿は溶解した．

問 1 下線部①のブリキとは鉄に何をめっきしたものか，その金属の名称を答えなさい．

問 2 下線部②の合金の名称を答えなさい．

問 3 下線部③の 4 種類の金属が水酸化ナトリウム水溶液に溶解する反応のうち，D が溶解する反応を化学反応式で示しなさい．

問 4 下線部④の B が塩酸にほとんど溶解しないのは B の表面に被膜が形成されるためである．その被膜は何か，化学式で答えなさい．

問5　下線部⑤の D の塩酸溶液に水酸化ナトリウム水溶液を加えていったときに生じた沈殿を化学式で示しなさい.

問6　下線部⑥のアンモニア水を加えたときに生じた錯イオンをイオン式で示しなさい.

問7　下線部⑦の A の化合物が還元作用を示す際の反応を電子 e^- を含むイオン反応式で示しなさい.

問8　下線部⑧のガスバーナーについて，ガスバーナーに点火したところ，炎が赤く，内炎と外炎の境界も不明瞭であった．このとき，ガス量を変えずに適切な燃焼状態を得るためにすべきことを，以下の<ア群>，<イ群>，<ウ群>から一つずつ選び，記号で答えなさい.

<ア群>	a. 空気量を増やす	b. 空気量を減らす
<イ群>	a. Ⅰのねじを回す	b. Ⅱのねじを回す
<ウ群>	a. 1の方向にねじを回す	b. 2の方向にねじを回す

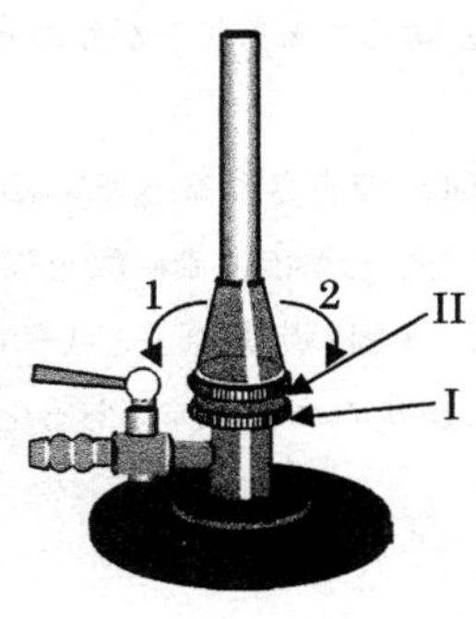

次の文章を読み，問に答えなさい．ただし，構造式は例にならって書きなさい．【配点 18】

有機化合物 **A** は分子式 $C_{11}H_{18}O_7$ で表され，不斉炭素原子をもたない．**A** の構造を決定するために，以下の**実験 1 〜 4** を行った．

実験 1　**A** に水酸化ナトリウム水溶液を加え，加熱して完全に加水分解した後，その液を酸性にすると化合物 **B**，**C** および **D** が物質量として，**1 : 2 : 1** の割合で得られた．

実験 2　**B** は分子式 $C_3H_8O_3$ で表され，油脂を加水分解して得られる常温で液体の化合物と同じであった．また **B** を無水酢酸でアセチル化するとアセチル基を 3 個もつ化合物 **E** が得られた．

実験 3　アセチレンに硫酸水銀(Ⅱ)触媒存在下，水を付加させると不安定な中間生成物 **F** を生じ，その後，直ちに化合物 **G** になった．**G** を酸化剤で酸化させた化合物は **C** と同じであることがわかった．

実験 4　**D** は分子式 $C_4H_8O_3$ で表される不斉炭素原子をもたない化合物であることが分かった．**D** を含む溶液に濃硫酸を加え加熱すると，分子内でエステル化反応が起こり，**4** 個の炭素原子と **1** 個の酸素原子が五角形の頂点に位置した構造をもつ環状のエステルである化合物 **H** が得られた．

問 1　化合物 **B** の構造式を書きなさい．

問 2　**実験 3** の反応で得られた中間生成物 **F** の名称を答えなさい．

問 3　次の①〜⑤のうち化合物 **G** の性質として該当するものはどれか，**2** つ選び番号で答えなさい．

① 塩化鉄(Ⅲ)水溶液と混ぜると青色を呈する.

② 水によく溶け，その水溶液は弱酸性を示す.

③ 沸点は水より高い.

④ フェーリング液を還元する.

⑤ ヨウ素と水酸化ナトリウム水溶液を反応させると黄色沈殿が生じる.

問4　化合物 **H** の構造式を書きなさい.

問5　化合物 **A** の構造式を書きなさい.

（例）

CH₃-CH-CH₂ (OH)　C(=O)-OH　HO　C=C　CH₃　H　H

生物

（90 分）

I

次の説明に当てはまる最も適切な用語は何か.【配点 20】

(1) ジスルフィド結合にかかわるアミノ酸

(2) 脊椎動物において，運動を調節したり体の平衡を保つ中枢がある脳の部位

(3) 微小管を形成するタンパク質

(4) 自己に対する免疫応答が抑制されている状態

(5) 真核細胞の線状 DNA の末端部分

(6) エネルギーを必要とする，濃度勾配に逆らった輸送

(7) 活動電位を生じるのに必要な最小限の刺激の強さ

(8) 果実の成熟を促進する，気体の植物ホルモン

(9) 食物網の上位にあり，他の生物の生活に大きな影響を与える生物種を指す用語

(10) 冠輪動物のうちプラナリアやサナダムシなどが属する動物群

II 次の文章を読み，下の問に答えなさい．【配点 21】

遺伝子組換え技術では，特定の塩基配列を認識して DNA を切断する酵素である［ a ］と，DNA の末端どうしをつなぐ酵素である［ b ］が用いられる．また，特定の DNA 領域を増幅させる方法としてポリメラーゼ連鎖反応法（PCR 法）が開発されている．PCR 法は，まず DNA 溶液を(A)95℃程度まで熱し，次に(B)55℃程度まで急速に下げ，その後(C)70℃程度で反応させることを繰り返す方法である．これにより DNA 断片を増幅することができる．

DNA 断片のおおよその塩基対（bp：base pair）の数は電気泳動法で調べることができる．DNA は電気泳動緩衝液中で［ c ］の電荷を帯びている．したがって，**図1**のような電気泳動装置のアガロースゲル（寒天ゲル）のウェルと呼ばれるくぼみに DNA を入れて電圧をかけると，DNA は［ d ］極の方向に移動する．直鎖状の DNA の場合，(D)DNA 断片の長さが［ e ］断片ほどゆっくり移動するので，調べたい DNA 断片の塩基対の数は，塩基対の数があらかじめわかっているマーカーDNA の移動距離をもとに推定できる．

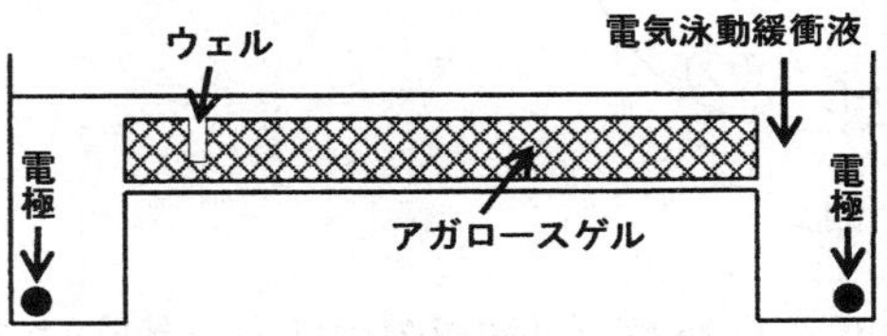

図1：真横から見た電気泳動装置

問1 文中の［ a ］および［ b ］に入る最も適切な用語は何か．

問2 文中の［ c ］～［ e ］に入る語句や記号の正しい組合せはどれか．次の①～⑧のうちから選び，記号で答えなさい．

	①	②	③	④	⑤	⑥	⑦	⑧
c	−	−	−	−	＋	＋	＋	＋
d	−	＋	−	＋	−	＋	−	＋
e	短い	短い	長い	長い	短い	短い	長い	長い

問3　下線部(A)を行う目的を簡潔に述べなさい.

問4　下線部(B)を行う目的を簡潔に述べなさい.

問5　下線部(C)で働く酵素の名称は何か.

問6　下線部(D)について，塩基対の数が［ e ］断片ほどゆっくり移動するのはなぜか.

問7　図2に示す環状二本鎖DNAを［ a ］である *Pst* I と *Eco*R I で切断する実験を行った. *Pst* I と *Eco*R I を単独または混合してDNAの切断処理を行った結果，表に示すDNA断片が生じた.

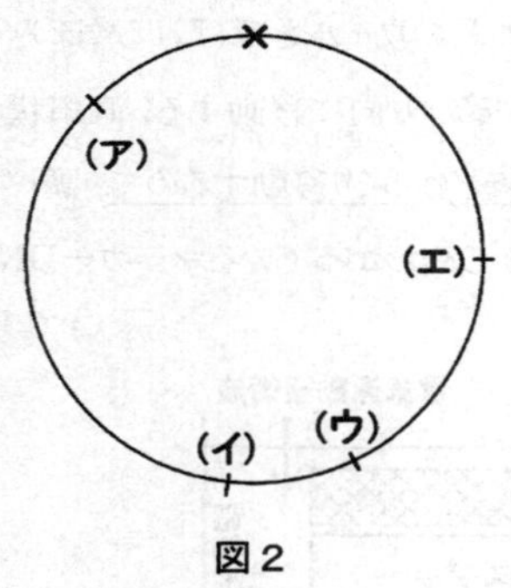

図2

	断片の大きさ（bp）
Pst I のみ	10,000
*Eco*R I のみ	4,400，5,600
Pst I と *Eco*R I	1,300，4,300，4,400

(1) 図2の環状DNAは，何個のヌクレオチドから構成されているか.

(2) 図2の環状DNAにおいて，*Pst* I は×の部分のみを切断した. *Eco*R I は（ア）～（エ）のうちどの場所を切断していると考えられるか. すべて選び記号で答えなさい.

(3) *Pst* I と *Eco*R I の両方で切断した断片のうち，*Pst* I で切断された末端をもつ断片は何bpの断片か. すべて選びなさい.

次の文章を読み，下の問に答えなさい．【配点 23】

有性生殖では，両方の親からの染色体が子にもたらされる．しかし，染色体の数は増えることなく，親と子では変わらない．これは，染色体の数が体細胞の半分になる減数分裂を経て配偶子がつくられるためである．

減数分裂では，母細胞の染色体の複製が完了すると，第一分裂では相同染色体どうしが平行に並んで接着する．このことを［ a ］といい，この状態の染色体を［ b ］という．各相同染色体は複製を終えているため，［ b ］は 4 本の染色体からできている．このとき，［ a ］した染色体の間では，染色体の部分的な交換が起こる場合がある．これを染色体の［ c ］といい，遺伝子の組換えが起こる．やがて，(A)相同染色体が［ a ］面で分離し，それぞれ分かれて両極に移動して細胞質が二分される．引き続いて，染色体の複製が行われないまま第二分裂が始まる．(B)接着した 2 本の染色体は二分され，それぞれ分かれて両極へ移動し，細胞質も二分される．その結果，母細胞から生じた［ d ］個の配偶子の核にはそれぞれ相同染色体の片方の染色体のみが 1 本ずつ含まれることになる．

問 1　文中の［ a ］～［ d ］に入る最も適切な用語あるいは数字は何か．

問 2　有性生殖であるのはどれか．次の①～⑥のうちから選び，記号で答えなさい．

① ゾウリムシの分裂　② ヒドラの出芽　③ サツマイモの栄養繁殖
④ バラの挿し木　⑤ 酵母菌の出芽　⑥ クラミドモナスの接合

問 3　下線部(A)と(B)のうち，核相が半減するのはどちらか．記号で答えなさい．

問 4　ヒトの体細胞と配偶子の染色体数はそれぞれいくつか．

問 5　解答用紙のグラフに，減数分裂の過程における細胞あたりの DNA 量の変化を折れ線で書き入れて，グラフを完成させなさい．ただし，グラフに示したように母細胞の G_1 期に含まれる DNA 量を相対値で 2 として書きはじめなさい．
〔注：解答用紙のグラフは下図と同じ。〕

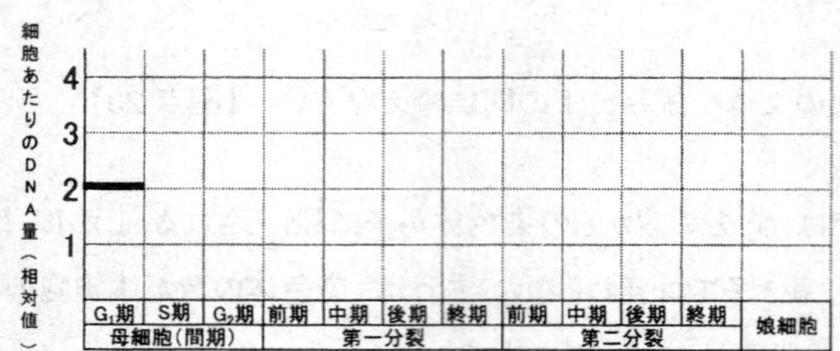

問6　着目する二つの遺伝子が連鎖しているかどうか，あるいは組換えが起こっているかどうかは，検定交雑という方法で知ることができる．2組の対立遺伝子（Aとa，および Bとb）をヘテロにもっている F_1 個体（$AaBb$）を検定交雑した．ただし，A, B は優性遺伝子，a, b は劣性遺伝子であるとする．

(1) 検定交雑において，F_1 個体との交配に用いる個体の遺伝子型は何か．

(2) (1)の結果，得られた次代の表現型の比[AB]:[Ab]:[aB]:[ab]が次の①～⑤となった場合，F_1 個体の遺伝子と染色体の関係はどのようになっていると考えられるか．次のㇵ～ㇹのうちから最も適切なものをそれぞれ選びなさい．ただし，二重 [c] は起こらないものとする．

① 1:1:1:1　② 3:1:1:3　③ 7:1:1:7　④ 1:3:3:1　⑤ 1:7:7:1

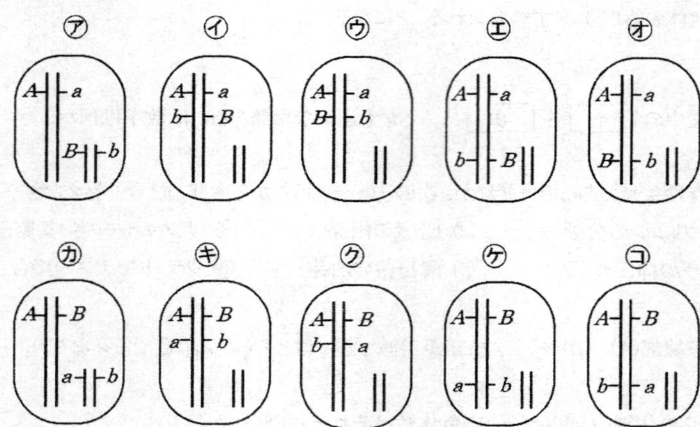

次の文章を読み，下の問に答えなさい.【配点 24】

呼吸は酸素を用いて有機物から ATP が合成される反応である．呼吸基質には炭水化物，脂肪，タンパク質などがあり，ヒトでは主として炭水化物が用いられる．呼吸は大きく分けると，次頁の図のような **X**, **Y**，および電子伝達系という三つの過程からなる．

デンプンなどの炭水化物はまずグルコースに分解され，1 分子のグルコースは **X** によって 2 分子のピルビン酸にまで分解される．この過程においては，酵素による(A)リン酸化反応によって差し引き 2 分子の ATP が合成される．また，酵素の働きによって水素イオンと電子が NAD^+ に渡され，NADH となる．次に酵素の働きによってピルビン酸が [a] となり，**Y** に入る．**Y** においては，酵素による(B)リン酸化反応によってピルビン酸 2 分子当たり 2 分子の ATP が合成され，加えて NADH, $FADH_2$，および [b] が生じる．ここまでで生じた NADH と $FADH_2$ によって運ばれた電子は，電子伝達系に渡される．これらの電子は，電子伝達系を流れたのちに酸素を還元して [c] を生じるが，この過程では，酵素による(C)リン酸化反応によって最大 34 分子の ATP 分子が合成される．

一方，激しい運動をしている筋肉では，酸素の供給が間に合わなくなるため，**X** で生じたピルビン酸は [a] ではなく [d] に変換される．

呼吸基質として，脂肪やタンパク質が用いられる場合もある．脂肪は，まず [e] と [f] に分解されて，それぞれ **X** と **Y** に入る．一方，タンパク質は，まず消化されてアミノ酸になる．その後，(D)アミノ酸は酵素の働きで [g] を遊離してピルビン酸などの有機酸となり，**Y** などに入って分解される．

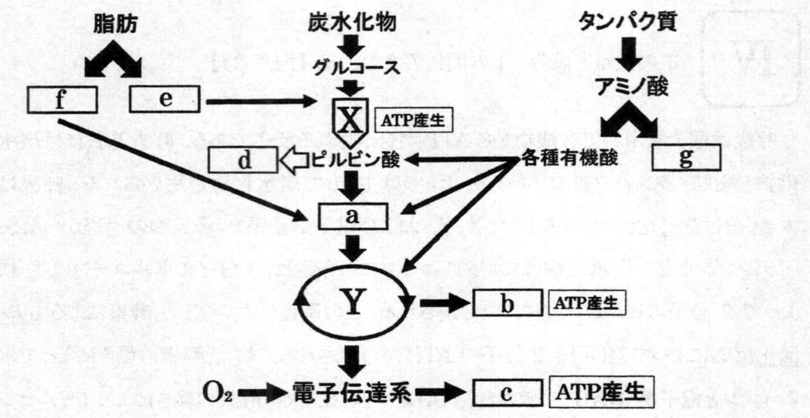

問１　文中および図中の［ a ］～［ g ］に入る最も適切な用語は何か．

問２　文中および図中の X, Y はそれぞれ何か．

問３　X, Y, 電子伝達系の各過程は，それぞれ細胞のどこで起こるか．次の①～⑥のうちから一つずつ選び，記号で答えなさい．

①　細胞膜　　②　小胞体　　③　細胞質基質
④　ミトコンドリアのマトリックス　　⑤　ミトコンドリアの内膜　　⑥　リソソーム

問４　呼吸においては，ADP をリン酸化して ATP を産生するしくみが二つある．
(1)　下線部(A), (B)のリン酸化を何というか．
(2)　下線部(C)のリン酸化を何というか．

問５　呼吸によって１分子のグルコース（$C_6H_{12}O_6$）が完全に分解されるときの反応式を書きなさい．また，その際 ATP は最大何分子合成されるか．

問６　下線部(D)の反応を何というか．

次の文章を読み，下の問に答えなさい.【配点 22】

酵素と無機触媒の働きを比較するために以下の実験を行った.

試験物質として，石英粒，酸化マンガン(Ⅳ)（MnO_2)，および，ウシの肝臓をすりつぶして水で希釈した酵素液を準備した．次に，**表1**に示した試薬を加えた A～D の試験管をそれぞれ3本ずつ準備し，少量の石英粒，少量の MnO_2，または，数滴の酵素液をそれぞれ加えて気体発生の有無を観察した．これらの結果は，気体が発生したときは＋，発生しなかったときは－として，**表2**に示した．ただし，D の試験管に用いた試験物質は，石英粒と酸化マンガンについては沸騰水中で10分間加熱したものを，酵素液についてはそのまま10分間煮沸したものを使用した.

表1　実験に使用する試験管

試薬	試験管			
	A	B	C	D
蒸留水	1mL	—	—	1mL
5%過酸化水素水	5mL	5mL	5mL	5mL
10%塩酸	—	1mL	—	—
10%水酸化ナトリウム水溶液	—	—	1mL	—

表2　実験結果

試験物質	試験管			
	A	B	C	D
石英粒	①	②	③	－
MnO_2	＋	④	⑤	⑥
酵素液	＋	－	－	⑦

問1　**表2**の①～⑦について，気体発生の有無を，＋か－のいずれかで示しなさい.

問2　気体が発生するときの反応を化学反応式で示しなさい.

問3　(1) 酵素液中の気体を発生させる酵素の名称は何か．また，(2) 一般に酵素は特定の物質にだけ作用する性質をもつ．このような性質のことを何というか.

問４　酵素液を用いたA, B, Cの実験結果から, 酵素反応の特徴について簡潔に述べなさい.

問５　酵素液を入れたAとDの試験管の結果から, 煮沸処理すると, 酵素にどのような変化が起こったと考えられるか. 簡潔に述べなさい.

問６　Aの試験管を4本準備し, それぞれに酵素液を少量加えると気体が発生したが, しばらくすると気体は発生しなくなった. 次にこれらの試験管に, (1) 酵素液, (2) 石英粒, (3) MnO_2, または, (4) 5%過酸化水素水をそれぞれ少量さらに加えて気体の発生の有無を観察したところ, (1) を加えたときには気体は発生しなかった. (2)～(4) を加えたときの気体発生の有無を, ＋か－で示しなさい. また, これらの結果から, 最初に酵素液を加えてしばらくすると気体が発生しなくなった理由についても簡潔に述べなさい.

VI

次の文章を読み, 下の問に答えなさい. 【配点 20】

ヒトの腎臓は左右に一対ある器官であり, 皮質, 髄質, 腎うの三つの部分から構成されている. 皮質には図のように毛細血管が絡まった［ａ］と, これを囲む［ｂ］がある. ［ｂ］につながった細長い［ｃ］は, ループ状の部分を経由して, ［ｄ］へとつながっている.

腎臓には, 大動脈から分かれた［ｅ］を通じて大量の血液が流れ込み, その血液成分が［ａ］を包む［ｂ］へこし出される(働き **X**). この結果できた原尿は, ［ｃ］, ［ｄ］へと流れていくが, 体に必要な物質は, これらを取り巻く毛細血管内へ取り込まれ(働き **Y**), 大静脈に合流する［ｆ］という血管へと戻される. 一方, 老廃物は, ［ｃ］, ［ｄ］を通過して濃縮され, <u>腎うを経由して尿として体外に排出される.</u>

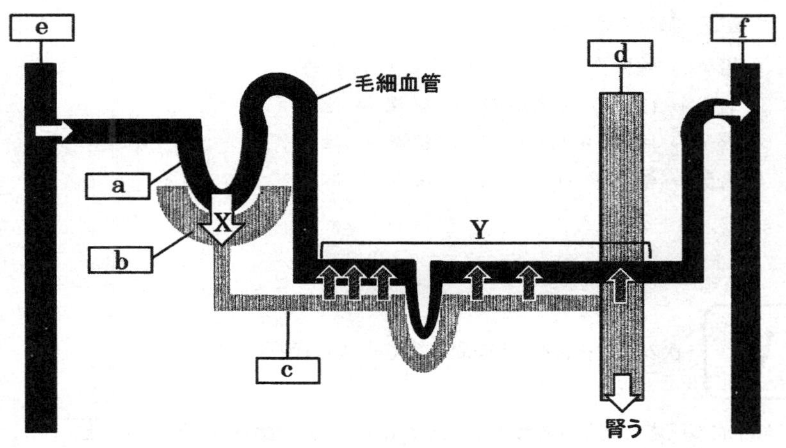

問1　文中および図中の［a］〜［f］に入る最も適切な用語は何か.

問2　［a］,［b］をあわせた構造, および［a］,［b］,［c］をあわせた構造の名称はそれぞれ何か.

問3　(1) 血液成分が［a］を包む［b］へこし出されること(働き X)を何というか. また, (2) 体に必要な物質が［c］や［d］を取り巻く毛細血管内へ取り込まれること(働き Y)を何というか.

問4　働き X を通常受けないものはどれか. 次の①〜④のうちからすべて選び, 記号で答えなさい.

①　水　　②　グルコース　　③　タンパク質　　④　血球

問5　働き Y を通常受けにくいものはどれか. 次の①〜④のうちからすべて選び, 記号で答えなさい.

①　水　　②　グルコース　　③　無機塩類　　④　尿素

問6　下線部について, 尿として体外に排出される経路を次の①〜④のうちから一つ選び，記号で答えなさい．

① 腎う → 輸尿管 → 尿道 → ぼうこう → 体外

② 腎う → ぼうこう → 輸尿管 → 尿道 → 体外

③ 腎う → 尿道 → ぼうこう → 輸尿管 → 体外

④ 腎う → 輸尿管 → ぼうこう → 尿道 → 体外

Ⅶ 次の文章を読み，下の問に答えなさい．【配点 20】

光合成の反応で発生する酸素が，何に由来するかを調べるために，[a]らは，普通の酸素の代わりに，酸素の同位体*注である X を含む水と，X を含む二酸化炭素を，単細胞の緑藻(りょくそう)に別々に与えて光合成させる実験を行った．その結果，X を含む水を与えた緑藻からは，X を含む酸素が発生したが，X を含む二酸化炭素を与えた緑藻からは，X を含む酸素は発生しなかった．

[b]と[c]らは，右図のような装置を利用して，炭素の放射性同位体である Y を含む二酸化炭素を加えた溶液中で，緑藻に光を当てて光合成を行わせ，どのような物質に Y が含まれるのかを調べた．

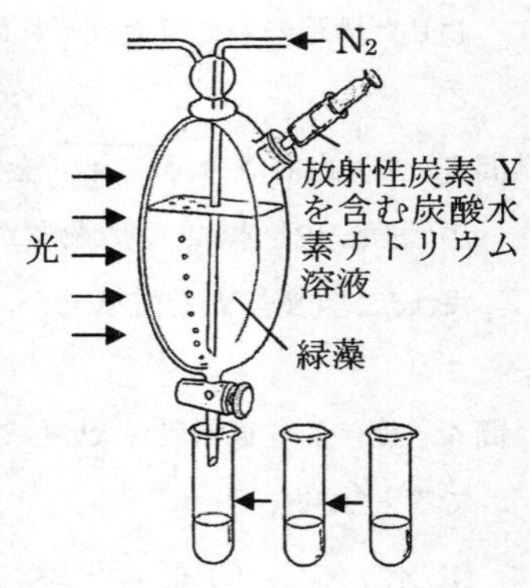

光照射を始めてからいろいろな時間（5 秒や 60 秒などの短い時間）に緑藻を含む(A)溶液の一部を試験管の中に滴下し，それらの光合成産物を二次元ペーパークロマトグラフィー法で分離した．その結果，二酸化炭素は，まずは(B)C5 化合物と結合して不安定な C6 化合物になるが，すぐに 2 分子の(C)C3 化合物になることがわかった．また，C3 化合物は時間とともに，次々と変化して炭水化物と再び C5 化合物に戻るという回路状になっていることが明らかになった．この回路は彼らの名前をとって，[b]・[c]回路と呼ばれている．

*注 陽子の数は同じであるが，中性子の数が異なるため質量数が異なる原子を互いに同位体という．同位体には，放射線を出すものがあり，それらは放射性同位体と呼ばれる．

問1　文中の　a　～　c　に入る人名を答えなさい.

問2　文中のXとYに当てはまる最も適切なものを，次の①～⑥のうちからそれぞれ一つずつ選び，記号で答えなさい.

①　^{10}C　②　^{12}C　③　^{14}C　④　^{14}O　⑤　^{16}O　⑥　^{18}O

問3　同位体Xを使った実験の結果から何がわかったか.

問4　下線部(A)の試験管には，熱したアルコール溶液があらかじめ入れてあった.その目的は何か.

問5　二次元ペーパークロマトグラフィーは，まず，抽出液をろ紙の原点につけ，溶媒の入った容器に立てかけて展開する.次に，ろ紙の向きを変えて，別の溶媒で再び展開する.右図は，1回目の展開を行った結果を示す.2回目の展開を行うときに，図中の(ア)～(エ)のいずれの辺を展開液に浸すか.

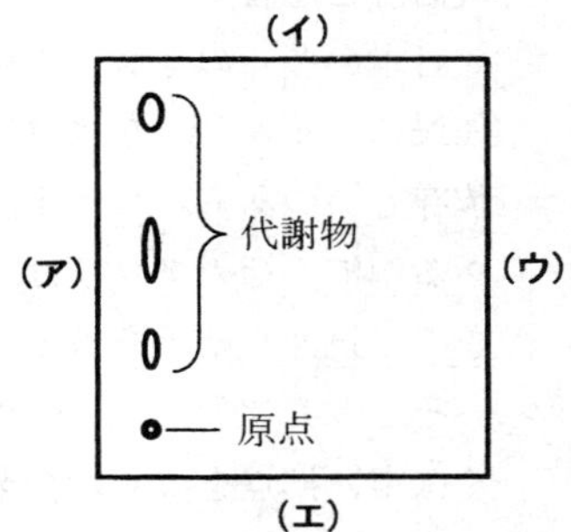

問6　下線部(B)と(C)の化合物の名称はそれぞれ何か.

解答編

英語

解答　問1．全訳下線部(1)参照。

問2．全訳下線部(2)参照。

問3．(a)—④　(b)—⑥　(c)—③　(d)—②　(e)—⑤　(f)—①

◆全　訳◆

≪医師と患者のモバイルアプリ≫

日本の多くの地域で小児科医がひどく不足しているので，地方自治体は，住民にタイムリーな医療アドバイスを提供するモバイルアプリにますます依存しつつある。(1)ビデオ通話によるオンラインでの医療相談が上昇傾向にある中で，そのアプリは，自由時間を最大限に活用できる医師の間だけでなく，迅速な助言を求める利用者の間でも人気があることがわかった。

そうしたアプリの一つである“リーバー”は，2018年1月に茨城県つくば市に拠点を置く新企業である，株式会社Agreeによって開発された。日本で，住民10万人当たりの小児科医の数が最も少ない茨城県のいくつかの自治体は，今年，医療相談サービスを試験的に導入した。

5月，平日の夜は小児科の診療所が開いていない茨城県石岡市では，3歳までの子どもの親がチャット機能を使い，24時間無料で医療相談を受けられるよう，アプリの試用を開始した。このアプリは好評で，該当する年齢層の子供がいる家族の30%以上が登録している。市は，2020年4月から始まる会計年度に，本格的にそのサービスを実施する予定である。

開発者によると，先週の水曜日の時点で，内科や婦人科を含めて26の医療部門から87人の医師がアプリで利用可能であった。「産休や育休の医師を含め，アプリに登録されている医師は日本中にいます」と，この計画を担当しているスタッフは言った。

診察料は個人の利用者は100円から始まり，医師にその半額が支払われる。医師は登録手続きの際に，本人確認のために医師免許の提示を求められる。

このサービスは，「遠隔医療相談」として知られているものの部類に入るのだが，利用者が診療を受けるべき医師の種類と，症状に適した市販薬に関する一般的なアドバイスに限定される。オンライン相談とは異なり，医師は診断を行ったり，薬を処方したりしない。それにもかかわらず，迅速かつ便利であるために，アプリを通じてのアドバイスのよさを認める利用者たちもいる。

（中略）

京都大学病院の医療情報技術および管理計画の部門の部長である黒田知宏は，そのサービスには全く賛成であると言った。「それは，医師に診察してもらうことに躊躇しながらもアドバイスを求めている人々に安心を与えます。また，緊急を要しない患者の減少や，医療を提供する医師の負担の軽減にもつながります」と，情報工学の教授である黒田は言った。(2)「（医師が）休暇中に，患者と関わり合う機会は非常に重要です。それは（彼らの仕事の）空白期間を減らし，より円滑な復帰を促進するのに役立つのです」と，彼はつけ加えた。

◀解　説▶

問1．rising trend「上昇傾向」 medical consultation「医療相談」 prove (to be) ～「～であることがわかる，判明する」 seek「～を捜す，得ようとする」 ここでは現在分詞として users を修飾している。*A* as well as *B*「*B* だけでなく *A* も」 make the most of ～ は「～（機会，時間，お金など）を最大限に活用する」の意で，恵まれた状況の場合に用いる。不利な状況の場合での「～を最大限に活用する」は，make the best of ～ とする。

問2．for doctors は不定詞の意味上の主語である。interact with ～「～と関わり合う，～とやりとりをする」 on leave「休暇で」 blank period「空白期間」 career「職業，仕事」 help (to) *do*「～するのに役立つ」 facilitate「～を促進する，容易にする」 なお，can に続く動詞は，reduce と help である。

問3．(a)on a trial basis「試しに，試験的に」はイディオムとして覚えておくこと。④が適切である。なお，on a ～ basis は「～を基準，原則として」の意であり，on a regular basis「定期的に」などの表現がある。

解答編

(b)空欄前に「アプリは好評」とあるので，その関連する説明が続くと考えられる。空欄後の「家族の 30% 以上が登録している」から，with *A* *done*「*A* が〜されて」の付帯状況であると判断できる。⑥が適切である。

(c)in charge of 〜「〜を管理，世話，担当して」のイディオムを確認しておくこと。③が適切である。He is in charge of the class.＝The class is in his charge.「彼がそのクラスの担任です」も合わせて覚える。

(d)空欄前の suitable は「適した，ふさわしい」を意味する形容詞である。「〜に」と目的語を置く場合には，suitable for 〜「〜に適した」と for を続ける。②が適切である。

(e)空欄の前後に「アドバイス」と「アプリ」がある。ゆえに，空欄にはアプリを「用いて」を意味する語句を選択すればよい。⑤「〜を通じて」が適切である。

(f)空欄前の decrease は「減少，縮小」であり，decrease in 〜 で「〜における減少，縮小」となる。ゆえに①が適切である。「〜の（量の）減少」の場合には，a decrease of 10%「10%の減少」とすることも覚えよう。

II　解答

問 1．②・③・⑤・⑥

問 2．①

問 3．全訳下線部(3)参照。

問 4．全訳下線部(4)参照。

問 5．(People) lucky enough to join that tradition (don't regret it.)

◆全　訳◆

≪ピアノ演奏の恩恵≫

我々はみんな音楽が好きだが，私はピアノを習うことをあまり考えなかった。初心者レベルでも，それは難しいとわかっていたからだ。しかし，ピアノの練習にはびっくりするような恩恵があるとは，誰が知っていただろうか！

ピアノの会社のブログを書く仕事を引き受けたとき，私はピアノを弾く人間ではなかった。ピアノについて執筆するために，私は学ぶことが多くあった。仕事仲間のミラナ＝ストレザヴァは，コンサートピアニストでピアノの教師でもあったが，私の研究を助けてくれた。「ピアノで，あなたの人生は変えられるのよ」と彼女は言った。

最も明らかな恩恵は社交上のものだ。なぜなら，ピアニストは，家族や友人を楽しませるために，パーティーやイベントでピアノを弾くために招かれるからだ。もしあなたがピアノを弾くなら，多分あなたはもう決して孤独にはならないだろう！

私は，ミラナと一緒にグランドピアノの前に座ったのを覚えている。彼女は鍵盤に指を走らせ，演奏することは，肉体的な面では手と目の協調関係と筋力を改善させるのだと説明した。

他の人よりもピアノがより上達する人たちがいる。そして，科学者は，なぜなのかと思っている。彼らが発見したのは，ピアニストの脳の複数の領域が，演奏しているときに活性化すること，そして，ピアノの練習は脳構造内に実際に変化を起こし，スピードは異なるが，才能のあるピアニストと普通のピアニスト双方のメンタルスキルを改善させることである。さらに驚くべきことは，高齢者が継続してピアノを弾くことが，記憶喪失や聴覚喪失や精神機能の低下を遅らせることであった。同様に，少なくとも3年以上練習した子供たちは，そうでない子供よりも，自尊心が強く自信もあるという結果が出た。彼らはまた，数学と言語の能力も高いことを示した。ピアノが上達するにつれて，音楽とは関係のない学校の勉強でも成績がよくなった。

ミラナが私に気づかせたのは，彼女の生徒たちはミスをしてよく失敗するが，やがてミスをすることにそれほど悩まないようになることである。彼女は笑って，拍手喝采と称賛を受け入れるようになることは，同じくらい難しいと言った。ありのままの自分自身で心地よくいられることは，あらゆる点で恩恵なのである。

(3)私のさらなる調査において，ピアニストたちは，言い方に違いは多々あるものの，ピアノを弾くことで人生がより扱いやすく，ストレスの少ないものになり――そして確かに，人生がより有意義なものになっている，と伝えてくれた。

ピアノを弾けるようになるには，集中力と練習と忍耐力が必要である。もしあなたが，それを続けていれば，あなたの人生を変える多くの恩恵があるだろう。(4)ピアノで音階を練習した人は誰でも，すぐに手に入る喜びを求めることは，音楽を学ぶためのよい方法でも，人生を生きるよい方法でもないことを知っている。音楽のレッスンは，音楽を作ること以上のものだ。

ミラナがまた私に気づかせてくれたのは，ピアノは約3世紀以上の間存在して，大勢の人々に喜びを与えてきたことである。その伝統に参加できる幸運な人々は，それを悔やむことはない。音楽の力は，その豊かな恩恵で最初から人間を元気づけてきた。驚くほど豊かな恩恵で！　このことは，誰も知らなかったのではないだろうか？

◀解　説▶

問1．②は，第4段第2文（She ran …）に「演奏することは，手と目の協調関係と筋力を改善させる」とあるので合致する。

③は，第5段第2文（They discovered …）後半に「ピアノの練習は，脳構造内に実際に変化を起こし，メンタルスキルを改善させる」とあるので合致する。

⑤は，第5段第3文（Even more …）に「高齢者が継続してピアノを弾くことは，記憶喪失や聴覚喪失や精神機能の低下を遅らせる」とあるので合致する。

⑥は，第5段第4文（In a similar …）に「3年以上練習した子供は，そうでない子供よりも，自尊心が強く自信もある」とあるので合致する。

①は，第3段第1文（The most …）に「ピアニストは，パーティーやイベントでピアノを弾くために招かれる」とはあるが，同段第2文（If you …）に「ピアノを弾くなら，あなたはもう決して孤独にはならない」とあるので，合致しない。

⑦は，第5段最終文（The more …）に「ピアノが上達するにつれて，音楽とは関係のない学校の勉強でも成績がよくなった」とあるので，合致しない。

④は，本文に記述がない。

問2．in *one's* skin は「何も着ないで，裸で」を意味することから，in one's own skin は「（何も着飾らない）そのままの姿で」と取ればよい。その状態が comfortable「心地がいい」ので，be comfortable in one's own skin は「何も着飾らない姿でいることが心地よい」の意になる。ゆえに，①が適切である。

問3．further「さらに」は，程度を表す far の比較級である。report that S V「S が V であることを報告する，伝える」 in many different ways「多くの異なった形で」 調査対象のピアニストたちが，言い方や言葉そのものはそれぞれ異なるが内容としては同じことを報告してくれた，ということである。make *A*＋形容詞「*A* を～にする」 manageable「扱いやすい」 なお，report that 以下の内容は無生物主語であるので，〔全訳〕では，自然な日本語になるように工夫した。

問4．anyone who ～「～する人は誰でも」 look for ～「～を探す，求める」 instant「即時の，すぐに手に入る」 a good way to *do*「～する（ための）よい方法」 nor＋be 動詞〔助動詞〕＋S は，否定文を受けて「～もそうではない」を表す。倒置になっていることに注意。

問5．形容詞＋enough to *do*「十分～なので…できる」「…できるほど～」の構文を使うことは推察される。*do* の位置にくるのは join「～に参加する」であり，that tradition が，その目的語と考えられる。ゆえに，(People) lucky enough to join that tradition (don't regret it.) となる。並び替えの部分が People を修飾しており，主語の People に続く動詞は，don't regret である。

 **解答** 1．Would you help me clean the room?

2．The website enables us to read lots of papers online.

3．We didn't have the courage to say that we were against the project.

4．The professor said he would be back to his office in about five minutes.

◀解　説▶

1．依頼をする場合には，Would you ～？や Could you ～？から始めると，丁寧で控えめな表現になる。「*A*（人）が～するのを手伝う」help *A* (to) *do*

2．無生物主語を用いて enable *A* to *do*「*A*（人）が～するのを可能にする」の構文を使い表現した。「論文」paper は可算名詞である。papers で通例「書類，文書」の意味で使うこともあるので注意。「オンラインの（で）」online

なお，主語を人（we）にした別解を挙げておく。Thanks to the website,

we can read lots of papers online. Thanks to ～「～のおかげで」

３.「SがVであると言う勇気」the courage to say (that) S V 「～に反対して」be against ～ 合わせて「～に賛成して」be for ～ も覚えておこう。

４.「～に戻る」be back to ～ would は時制の一致である。「約５分後に」in about five minutes in five minutes or so とも表現できる。

数学

Ⅰ

解答　(1)ア．-4　(2)イ．-4　(3)ウ．2　(4)エ．-2　オ．$\sqrt{6}$

◀解　説▶

≪小問 4 問≫

(1)　$\dfrac{3}{\sqrt{7}-2}=\dfrac{3(\sqrt{7}+2)}{(\sqrt{7})^2-2^2}=\sqrt{7}+2$

ここで

$$\sqrt{4}+2<\sqrt{7}+2<\sqrt{9}+2 \quad \text{つまり} \quad 4<\sqrt{7}+2<5$$

したがって，$\sqrt{7}+2$ の整数部分は 4 である。

よって，小数部分 a は

$$a=(\sqrt{7}+2)-4$$
$$=\sqrt{7}-2$$

ゆえに

$$a-\frac{3}{a}=(\sqrt{7}-2)-\frac{3}{\sqrt{7}-2}$$
$$=(\sqrt{7}-2)-(\sqrt{7}+2)=-4 \quad \text{→ア}$$

(2)　$\tan\left(\theta+\dfrac{\pi}{2}\right)=-\dfrac{1}{\tan\theta}$，$\tan\left(\dfrac{\pi}{2}-\theta\right)=\dfrac{1}{\tan\theta}$，$\tan(\pi-\theta)=-\tan\theta$

だから

$$\left\{\tan\theta+\tan\left(\theta+\frac{\pi}{2}\right)\right\}^2-\left\{\tan\left(\frac{\pi}{2}-\theta\right)-\tan(\pi-\theta)\right\}^2$$
$$=\left(\tan\theta-\frac{1}{\tan\theta}\right)^2-\left(\frac{1}{\tan\theta}+\tan\theta\right)^2$$
$$=\left(\tan^2\theta-2+\frac{1}{\tan^2\theta}\right)-\left(\frac{1}{\tan^2\theta}+2+\tan^2\theta\right)=-4 \quad \text{→イ}$$

(3)　真数は正だから

$$n>0,\ n+2>0,\ 2n-1>0 \qquad \therefore\ n>\frac{1}{2} \quad \cdots\cdots①$$

また

$$\log_{\frac{1}{3}}n+\log_{\frac{1}{3}}(n+2)-\log_{\frac{1}{3}}(2n-1)-\log_{\frac{1}{3}}3>0$$

より

$$\log_{\frac{1}{3}}n+\log_{\frac{1}{3}}(n+2)>\log_{\frac{1}{3}}3+\log_{\frac{1}{3}}(2n-1)$$

$$\therefore\quad \log_{\frac{1}{3}}n(n+2)>\log_{\frac{1}{3}}3(2n-1)$$

底 $\frac{1}{3}$ は1より小さいから

$$n(n+2)<3(2n-1) \qquad n^2-4n+3<0$$

左辺を因数分解して

$$(n-1)(n-3)<0$$

$\therefore$　$1<n<3$　(これは①を満たす)

よって，求める自然数 n は　　$n=2$　→ウ

(4)　A$(1,\ -1,\ 2)$，B$(2,\ -1,\ 1)$，C$(2,\ 1,\ 5)$ だから

$$\overrightarrow{\mathrm{AB}}=(1,\ 0,\ -1),\ \overrightarrow{\mathrm{AC}}=(1,\ 2,\ 3)$$

また

$$|\overrightarrow{\mathrm{AB}}|^2=1^2+0^2+(-1)^2=2,\ |\overrightarrow{\mathrm{AC}}|^2=1^2+2^2+3^2=14$$

これらを用いて

$$\overrightarrow{\mathrm{AB}}\cdot\overrightarrow{\mathrm{AC}}=1\times1+0\times2+(-1)\times3$$
$$=-2 \quad \text{→エ}$$

$$(\triangle\mathrm{ABC}\text{の面積})=\frac{1}{2}\sqrt{|\overrightarrow{\mathrm{AB}}|^2|\overrightarrow{\mathrm{AC}}|^2-(\overrightarrow{\mathrm{AB}}\cdot\overrightarrow{\mathrm{AC}})^2}$$
$$=\frac{1}{2}\sqrt{2\times14-(-2)^2}$$
$$=\sqrt{6} \quad \text{→オ}$$

II　解答

(1) $x=-\frac{2}{3},\ 0$　(2) $2<a\leqq3$　(3)(i) $\frac{99}{5000}$　(ii) $\frac{1}{2}$

(4)(i) $t\geqq2$

(ii) $p>-\frac{2}{3}$ のとき最小値 $12p+2$，$p\leqq-\frac{2}{3}$ のとき最小値 $-9p^2-2$

◀解　説▶

≪小問 4 問≫

(1)　x の値によって場合分けをする。

(ア)　$x<-\frac{1}{2}$ のとき

$$|2x+1|=-(2x+1),\ |x-\sqrt{3}|=-(x-\sqrt{3})$$

だから，与えられた方程式は

$$-(2x+1)-(x-\sqrt{3})=1+\sqrt{3}\quad つまり\quad -3x-1+\sqrt{3}=1+\sqrt{3}$$

となる。これを解いて

$$x=-\frac{2}{3}\quad \left(x<-\frac{1}{2}\ に適する\right)$$

(イ)　$-\frac{1}{2}\leqq x<\sqrt{3}$ のとき

$$|2x+1|=2x+1,\ |x-\sqrt{3}|=-(x-\sqrt{3})$$

だから，与えられた方程式は

$$(2x+1)-(x-\sqrt{3})=1+\sqrt{3}\quad つまり\quad x+1+\sqrt{3}=1+\sqrt{3}$$

となる。これを解いて

$$x=0\quad \left(-\frac{1}{2}\leqq x<\sqrt{3}\ に適する\right)$$

(ウ)　$\sqrt{3}\leqq x$ のとき

$$|2x+1|=2x+1,\ |x-\sqrt{3}|=x-\sqrt{3}$$

だから，与えられた方程式は

$$(2x+1)+(x-\sqrt{3})=1+\sqrt{3}\quad つまり\quad 3x+1-\sqrt{3}=1+\sqrt{3}$$

となる。これを解いて

$$x=\frac{2}{3}\sqrt{3}\quad (これは\ \sqrt{3}\leqq x\ に不適である)$$

(ア)〜(ウ)より，与えられた方程式の解は

$$x=-\frac{2}{3},\ 0$$

(2)　$x^2-2ax+a+2=f(x)$ とおく。

$f(x)=0$ の異なる 2 実数解が 0 以上 5 以下であるための条件は，$y=f(x)$ のグラフが次図のようになることである。すなわち，次の①〜④の 4 つの

条件を同時に満たすことである。

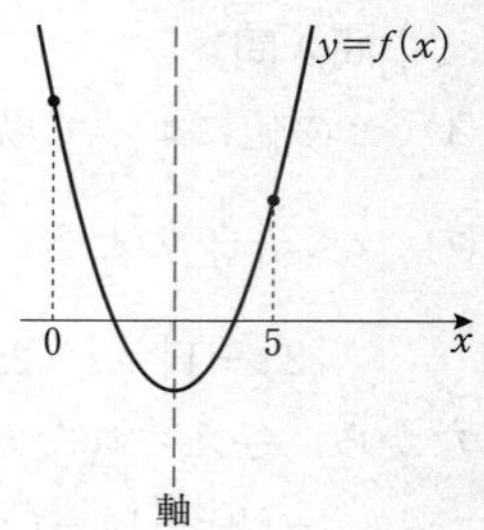

①　$f(x)=0$ の判別式 D について

$D>0$

$\frac{D}{4}=a^2-(a+2)>0$

$(a+1)(a-2)>0$

$\therefore\quad a<-1,\ 2<a$

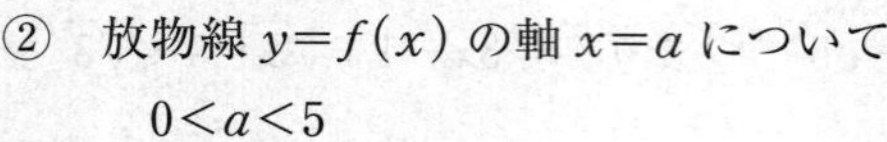

②　放物線 $y=f(x)$ の軸 $x=a$ について

$0<a<5$

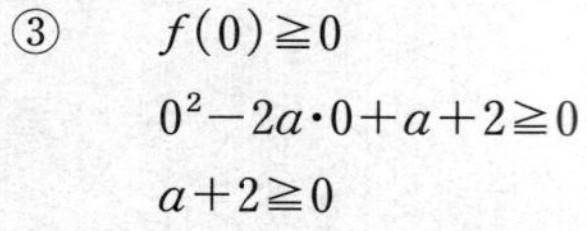

③　　$f(0)\geqq 0$

$0^2-2a\cdot 0+a+2\geqq 0$

$a+2\geqq 0$

$\therefore\quad a\geqq -2$

④　　$f(5)\geqq 0$

$5^2-2a\cdot 5+a+2\geqq 0$

$-9a+27\geqq 0$

$\therefore\quad a\leqq 3$

①～④を同時に満たす a の値の範囲は

$2<a\leqq 3$

(3)(i)　遺伝子 x が欠損している事象を Z とすると，無作為に 1 人を選んだとき，その人が遺伝子 x を欠損している確率は $P(Z)=\frac{1}{100}$ であり，欠損していない確率は $P(\overline{Z})=\frac{99}{100}$ である。

また，遺伝子診断薬で正しく判定する事象を T とすると，正しく判定する確率は $P(T)=\frac{99}{100}$ であり，誤って判定する確率は $P(\overline{T})=\frac{1}{100}$ である。

友人が遺伝子 x を欠損していると判定されるには，次の 2 通りの場合がある。

①友人が遺伝子 x を欠損しており，検査で正しく判定される場合。

この事象が起こる確率は

$$P(Z\cap T)=\frac{1}{100}\times\frac{99}{100}=\frac{99}{10000}$$

②友人が遺伝子 x を欠損していなくて，検査で誤って判定される場合。

この事象が起こる確率は

$$P(\overline{Z}\cap\overline{T})=\frac{99}{100}\times\frac{1}{100}=\frac{99}{10000}$$

よって，友人が遺伝子 x を欠損していると判定される事象を E とすると，その確率は

$$P(E)=P(Z\cap T)+P(\overline{Z}\cap\overline{T})=\frac{99}{10000}\times 2=\frac{99}{5000}$$

(ii)　事象 E が起きたときに，友人の遺伝子 x が欠損していない条件付き確率 $P_E(\overline{Z})$ を求めればよい。

$$P_E(\overline{Z})=\frac{P(E\cap\overline{Z})}{P(E)}=\frac{P(\overline{Z}\cap\overline{T})}{P(E)}$$
$$=\frac{99}{10000}\div\frac{99}{5000}=\frac{1}{2}$$

(4)(i)　$2^x>0$ であるから，相加平均・相乗平均の関係より

$$2^x+\frac{1}{2^x}\geqq 2\sqrt{2^x\cdot\frac{1}{2^x}}=2 \quad (\text{等号成立は } x=0 \text{ のとき})$$

ゆえに，t のとり得る値の範囲は　　$t\geqq 2$

(ii)　$$f(x)=\left(2^x+\frac{1}{2^x}\right)^2-2+6p\left(2^x+\frac{1}{2^x}\right)$$

と変形できるから，$2^x+\frac{1}{2^x}=t$ $(t\geqq 2)$ とするとき

$$f(x)=t^2-2+6pt$$
$$=t^2+6pt-2$$

ここで，$g(t)=t^2+6pt-2$ とおくと

$$g(t)=(t+3p)^2-9p^2-2$$

より，最小値は

$-3p<2$ のとき，つまり $p>-\frac{2}{3}$ のとき　　$g(2)=12p+2$

$-3p\geqq 2$ のとき，つまり $p\leqq -\frac{2}{3}$ のとき　　$g(-3p)=-9p^2-2$

III **解答** (1)(i) $-\frac{1}{3}n+3$ (ii) 8

(iii) $S_n=-\frac{1}{3}n^3+3n^2+\frac{64}{3}n$ 最大値：192

(2)(i) $y=3x-3$ (ii) $\frac{9}{4}$ (iii) $y=-\frac{1}{3}x^2+5x-6$

◀解 説▶

≪2つの等差数列の積で表された数列とその和，3次曲線と接線の方程式，面積≫

(1)(i) 数列 $\{b_n\}$ の公差を d とすると，初項から第5項までの和が10だから

$$\frac{5}{2}\left\{2\times\frac{8}{3}+(5-1)d\right\}=10 \qquad \therefore \quad d=-\frac{1}{3}$$

よって $b_n=\frac{8}{3}+(n-1)\times\left(-\frac{1}{3}\right)=-\frac{1}{3}n+3$

(ii) 数列 $\{a_n\}$ は，初項9，公差3の等差数列だから

$$a_n=9+(n-1)\times 3=3n+6$$

よって

$$c_n=a_nb_n=(3n+6)\left(-\frac{1}{3}n+3\right)$$
$$=-n^2+7n+18$$

$c_n>0$ を満たす n の範囲を求めると

$$-n^2+7n+18>0 \qquad (n+2)(n-9)<0$$
$$\therefore \quad -2<n<9$$

n は自然数だから $1\leqq n\leqq 8$

よって，求める最大の自然数 n は $n=8$ である。

(iii)
$$S_n=\sum_{k=1}^{n}c_k=\sum_{k=1}^{n}(-k^2+7k+18)$$
$$=-\sum_{k=1}^{n}k^2+7\sum_{k=1}^{n}k+18\sum_{k=1}^{n}1$$
$$=-\frac{1}{6}n(n+1)(2n+1)+\frac{7}{2}n(n+1)+18n$$
$$=-\frac{1}{3}n^3+3n^2+\frac{64}{3}n=-\frac{1}{3}(n^3-9n^2-64n)$$

(ii)より，$1 \leqq n \leqq 8$ のとき $c_n \geqq 0$ であり，$n \geqq 9$ のとき $c_n < 0$ であるから，S_n が最大となるのは $n=8$ のときである。そのときの最大値は

$$S_8 = -\frac{1}{3}(8^3 - 9 \cdot 8^2 - 64 \cdot 8)$$
$$= 192$$

(2)(i)　$C : y = -\frac{1}{3}x^3 + 2x^2 - 3$ より

$$y' = -x^2 + 4x$$

よって，曲線 C 上の点 A(3, 6) における接線 l の方程式は

$$y - 6 = (-3^2 + 4 \cdot 3)(x - 3)$$
$$\therefore \quad y = 3x - 3$$

(ii)　点 A とは異なる C と l の共有点 D の x 座標を求める。C と l の方程式から y を消去して

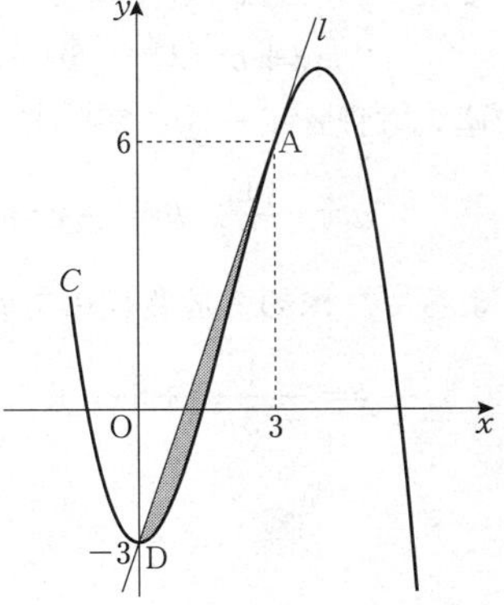

$$-\frac{1}{3}x^3 + 2x^2 - 3 = 3x - 3$$
$$x^3 - 6x^2 + 9x = 0$$
$$x(x-3)^2 = 0$$

したがって，点 D の x 座標は $x=0$ である。C と l で囲まれた部分は右図の網かけ部分であり，その面積 S は

$$S = \int_0^3 \left\{ (3x-3) - \left(-\frac{1}{3}x^3 + 2x^2 - 3 \right) \right\} dx$$
$$= \frac{1}{3}\int_0^3 (x^3 - 6x^2 + 9x)\, dx$$
$$= \frac{1}{3}\left[\frac{1}{4}x^4 - 2x^3 + \frac{9}{2}x^2 \right]_0^3$$
$$= \frac{9}{4}$$

(iii)　点 B の座標を求める。B における C の接線は l と平行だから，l の傾きが 3 であることより

$$-x^2 + 4x = 3$$
$$(x-1)(x-3) = 0$$

B は A とは異なる点だから　$x=1$

B の y 座標は

$$y=-\frac{1}{3}\cdot 1^3+2\cdot 1^2-3=-\frac{4}{3}$$

以上より，B の座標は　$\mathrm{B}\left(1,\ -\frac{4}{3}\right)$

B を通り，A において l と接する放物線の方程式を $y=ax^2+bx+c$ $(a\neq 0)$ とすると，放物線は，2 点 A，B を通るから

$$a\cdot 3^2+b\cdot 3+c=6 \qquad 9a+3b+c=6 \quad \cdots\cdots ①$$

$$a\cdot 1^2+b\cdot 1+c=-\frac{4}{3} \qquad 3a+3b+3c=-4 \quad \cdots\cdots ②$$

また，$y'=2ax+b$ であり，A において l と接するから

$$2a\cdot 3+b=3 \qquad 6a+b=3 \quad \cdots\cdots ③$$

連立方程式①～③を解いて

$$a=-\frac{1}{3},\ b=5,\ c=-6 \quad (a\neq 0 \text{ に適する})$$

よって，求める放物線の方程式は

$$y=-\frac{1}{3}x^2+5x-6$$

化学

解答　問1．ア―②　イ―⑤　ウ―⑧

問2．ア．電子親和力　イ．電気陰性度

ウ．（第一）イオン化エネルギー

問3．ア．アルカリ金属　イ．アルカリ土類金属　ウ．CO_2

エ．$Ca(HCO_3)_2$

問4．(1)3.0　(2)13.0

問5．(1)29％　(2)2.5×10^2 g

問6．42 kJ/mol

問7．(1)2個　(2)$\dfrac{a^3DN}{2}$

問8．ア．$\dfrac{W}{M}$　イ．$\dfrac{A}{S}$　ウ．$\dfrac{AM}{SW}$

問9．(1)(ア)キサントプロテイン反応　(イ)―③　(2)PbS

◀解　説▶

≪小問9問≫

問3．$Ca(OH)_2+CO_2 \longrightarrow CaCO_3+H_2O$ と白色の $CaCO_3$ が生じ水溶液は白濁するが，ここに CO_2 を吹きこみ続けると，$CaCO_3+CO_2+H_2O \longrightarrow Ca(HCO_3)_2$ と沈殿が溶解し，白濁が消失する。

問4．(1)　$[H^+]=\sqrt{cK_a}=\sqrt{0.030\times2.7\times10^{-5}}=9.0\times10^{-4}$〔mol/L〕

これより

$$\begin{aligned}pH&=-\log_{10}[H^+]\\&=-\log_{10}(9.0\times10^{-4})=-(2\log_{10}3-4)=3.04\fallingdotseq3.0\end{aligned}$$

(2)　水酸化ナトリウムの物質量が $0.20\times\dfrac{500}{1000}=0.10$〔mol〕なので，吸収後の水溶液は OH^- が過剰である。よって，$[OH^-]$ を求めると

$$[OH^-]=\frac{0.10\times1-0.050\times1}{\dfrac{500}{1000}}=0.10〔mol/L〕$$

これより　　$pH=14+\log_{10}[OH^-]=14+\log_{10}0.10=13.0$

問5．(1)　26°Cにおける溶解度は40なので，このときの飽和溶液の質量パーセント濃度は

$$\frac{40}{100+40}\times100=28.5\fallingdotseq29〔\%〕$$

(2)　はじめに溶解した硝酸カリウムをx〔g〕とすると，析出が見られた40°Cで飽和溶液となっているから

$$\frac{x-122}{200}=\frac{64}{100}\qquad\therefore\quad x=250〔g〕$$

問6．水酸化ナトリウムの溶解熱をQ〔kJ/mol〕とすると

$$\frac{2.0}{40.0}Q=4.2\times(98+2.0)\times(30.0-25.0)\times10^{-3}$$

$$\therefore\quad Q=42〔kJ/mol〕$$

問9．(1)　キサントプロテイン反応は，側鎖のベンゼン環がニトロ化されて黄色に変色することから，タンパク質の検出反応として用いられる。

II　**解答**　問1．実験2　問2．O_2

問3．5.5×10^{-2} mol/L

問4．$H_2O_2+2KI+H_2SO_4\longrightarrow2H_2O+I_2+K_2SO_4$

問5．青紫色が無色に変化する。

問6．22.0 mL

◀解　説▶

≪酸化還元滴定実験≫

問1．過酸化水素は普通，酸化剤としてはたらくが，相手が二クロム酸カリウムや過マンガン酸カリウムの場合，還元剤としてはたらく。

問2・問3．実験1で起こった反応の半反応式はそれぞれ以下の通り。

酸化剤：$MnO_4^-+8H^++5e^-\longrightarrow Mn^{2+}+4H_2O$

還元剤：$H_2O_2\longrightarrow O_2+2H^++2e^-$

過酸化水素のモル濃度をC〔mol/L〕とすると，やり取りする電子の物質量に注目して

$$C\times\frac{10.0}{1000}\times2=2.00\times10^{-2}\times\frac{11.0}{1000}\times5\qquad\therefore\quad C=0.055〔mol/L〕$$

問6．問4から，過酸化水素1mol あたりヨウ素が1mol 生じ，与えられた反応式から，ヨウ素1mol あたりチオ硫酸ナトリウムが2mol 消費されるので，過酸化水素1mol あたり2mol のチオ硫酸ナトリウムが対応することになる。滴下したチオ硫酸ナトリウム水溶液の体積を V〔mL〕とすると

$$0.055\times\frac{10.0}{1000}\times\frac{2}{1}=5.00\times10^{-2}\times\frac{V}{1000} \qquad \therefore \quad V=22.0\text{〔mL〕}$$

III **解答**　問1．左　問2．発熱反応

問3．(ア)4倍　(イ)―(c)

理由：圧縮直後は NO_2 濃度が2倍となるので，赤褐色は濃くなるが，ルシャトリエの原理より，平衡は気体粒子減少方向の右へ移動するので，NO_2 が減少し，次第に色は薄くなるから。

問4．(ア)45L　(イ)3.5L/mol

◀解　説▶

≪化学平衡≫

問1．温度，全圧を一定に保ってアルゴンを加えると，全体の体積が増加し，NO_2 および N_2O_4 の分圧が低下するので，圧力を低下させたのと同じ効果をもつ。よって，ルシャトリエの原理より，気体粒子増加方向の左へ平衡が移動する。

問2．NO_2 は赤褐色，N_2O_4 は無色である。ルシャトリエの原理より，温度を下げると平衡は発熱側へ移動するので，温度を低下させたところ赤褐色（NO_2）が薄くなったことから，NO_2 が減少する(1)式の正反応は発熱反応である。

問3．(ア)　正反応の反応速度は濃度の2乗に比例する。体積を半分にしたことで濃度は2倍となっているから，反応速度は $2^2=4$ 倍。

問4．平衡時には NO_2 が1.6mol，N_2O_4 が $1.0-1.6\times\frac{1}{2}=0.20$〔mol〕存在している。

(ア)　気体の状態方程式より

$$V=\frac{(0.20+1.6)\times8.3\times10^3\times300}{1.0\times10^5}=44.8\fallingdotseq45\text{〔L〕}$$

(イ)　平衡定数は

$$K=\frac{[N_2O_4]}{[NO_2]^2}=\frac{\frac{0.20}{44.8}}{\left(\frac{1.6}{44.8}\right)^2}=3.5\,[\mathrm{L/mol}]$$

Ⅳ　解答　問1．スズ　問2．ジュラルミン

問3．$2Al+2NaOH+6H_2O \longrightarrow 2Na[Al(OH)_4]+3H_2$

問4．$PbCl_2$　問5．$Al(OH)_3$　問6．$[Zn(NH_3)_4]^{2+}$

問7．$Sn^{2+} \longrightarrow Sn^{4+}+2e^-$

問8．ア群：a　イ群：b　ウ群：a

◀解　説▶

≪両性元素の性質≫

金属 **A**〜**D** は「鉄にめっきしてブリキ」より Sn,「鉄にめっきしてトタン」より Zn,「合金が…航空機の機体の材料」より Al,「X 線の遮へい材」より Pb のいずれかである。このうち，塩酸に溶けない **B** が Pb，過剰のアンモニア水に錯イオンをつくって溶解する **C** が Zn と決まる。また，$Sn^{2+} \longrightarrow Sn^{4+}+2e^-$ と還元性をもつことから **A** が Sn と決まるので，残りの **D** が Al である。

問8．Ⅰがガス調節ねじ，Ⅱが空気調節ねじである。1の方向に回すと空気調節ねじが開き，より多くの空気を取り入れることができる。

Ⅴ　解答　問1．

```
CH2−OH
|
CH−OH
|
CH2−OH
```

問2．ビニルアルコール　問3．④・⑤

問4．

```
      O
H2C ⁄   ＼
 |        C=O
H2C ＼   ⁄
      C
      H2
```

問5．

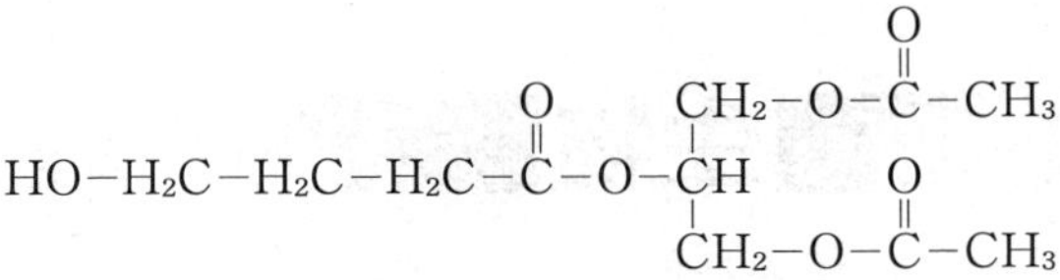

$$\mathrm{HO{-}H_2C{-}H_2C{-}H_2C{-}\overset{\overset{\displaystyle O}{\|}}{C}{-}O{-}CH}\begin{matrix}\mathrm{CH_2{-}O{-}\overset{\overset{\displaystyle O}{\|}}{C}{-}CH_3}\\ \\ \mathrm{CH_2{-}O{-}\overset{\overset{\displaystyle O}{\|}}{C}{-}CH_3}\end{matrix}$$

◀解　説▶

≪脂肪族エステル化合物の構造決定≫

実験2より，化合物**B**はグリセリンである。また，実験3より，アセチレンに水を付加させると不安定なビニルアルコール（化合物**F**）を経て，安定なアセトアルデヒド（化合物**G**）に変化する。これを酸化して得られる化合物**C**は酢酸である。

実験4より，化合物**H**は5員環エステルであり，分子式から，題意を満たすものは〔解答〕以外ありえない。これより，化合物**H**を加水分解した化合物が**D**と決まる。

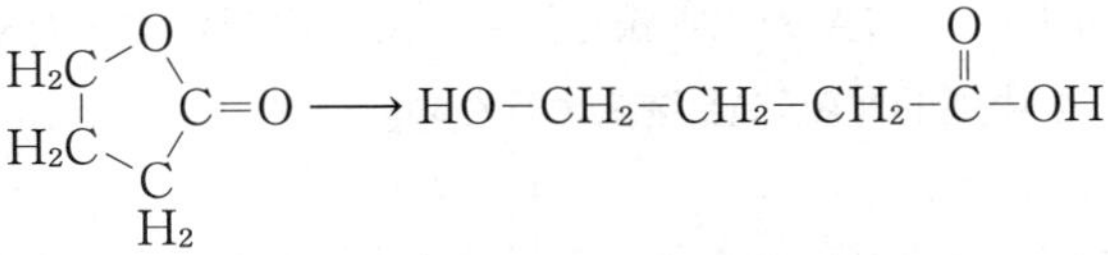

$$\underset{\mathbf{H}}{\text{(}H_2C{-}O{-}C(=O){-}CH_2{-}CH_2\text{ 5員環)}} \longrightarrow \underset{\mathbf{D}}{\mathrm{HO{-}CH_2{-}CH_2{-}CH_2{-}\overset{\overset{\displaystyle O}{\|}}{C}{-}OH}}$$

よって，化合物**A**はグリセリンと酢酸2分子および化合物**D**のトリエステルであり，化合物**A**は不斉炭素原子をもたないので，グリセリンの中央のヒドロキシ基に化合物**D**がエステル結合したものと決まる。

問3．化合物**G**はアセトアルデヒドであり，アルデヒド基（ホルミル基）をもつからフェーリング液を還元し，$CH_3{-}CO{-}R$ の部分構造をもつためヨードホルム反応に陽性である。

生物

I **解答** (1)システイン (2)小脳 (3)チューブリン (4)免疫寛容 (5)テロメア (6)能動輸送 (7)閾値 (8)エチレン (9)キーストーン種 (10)扁形動物

◀解 説▶

≪小問集合≫

(1) 硫黄原子を含むアミノ酸はシステインとメチオニンの2種類存在するが，ジスルフィド結合に関わるのはシステインのみ。

II **解答** 問1．a．制限酵素 b．DNAリガーゼ 問2．④

問3．DNAの二本鎖を解離して一本鎖にするため。

問4．プライマーを鋳型DNAに結合させるため。

問5．DNAポリメラーゼ

問6．アガロースゲルは繊維がからまった構造をもち，長いDNA断片ほど移動時に大きな抵抗を受けるから。

問7．(1)20000個 (2)―(ア)・(ウ) (3)1300 bp，4300 bp

◀解 説▶

≪バイオテクノロジー≫

問2・問6．電気泳動緩衝液中では，DNAのリン酸基の部分からH^+が電離するため，DNAは負に帯電する。よって，DNAに電圧をかけると陽極に向かって移動する。アガロースは繊維状の構造をもち，ゲル全体では繊維がからまった構造をしており，DNA断片が長くなるほど抵抗を受けやすくなるため移動が遅くなる。

問3～問5．PCR法は，二本鎖を一本鎖に解離する「変性」(95°C) →プライマーを鋳型DNAに結合させる「アニーリング」(55°C) →DNAポリメラーゼによるヌクレオチド鎖の「伸長」(70°C) を1サイクルとすることで，DNAを増幅する手法である。

問7．(1) 環状二本鎖DNAを*Pst* Iのみで切断した断片の大きさは10000 bpのみであることから，この環状二本鎖DNAの全長は10000 bp

であることがわかる。1bp に含まれるヌクレオチド数は2個であることから，この環状二本鎖 DNA に含まれるヌクレオチド数は，10000×2＝20000 個となる。

(2)・(3)　*Eco*R I のみで切断した断片の大きさは 4400bp と 5600bp であることから，*Eco*R I の切断部位は2カ所ある。さらに，*Pst* I と *Eco*R I で切断した断片の大きさは 1300bp，4300bp，4400bp であり，*Eco*R I のみで切断したときの 5600bp の断片が *Pst* I により 1300bp と 4300bp に切断されたことがわかる。以上から，この環状二本鎖 DNA の制限酵素認識部位は右図の通りとなる。

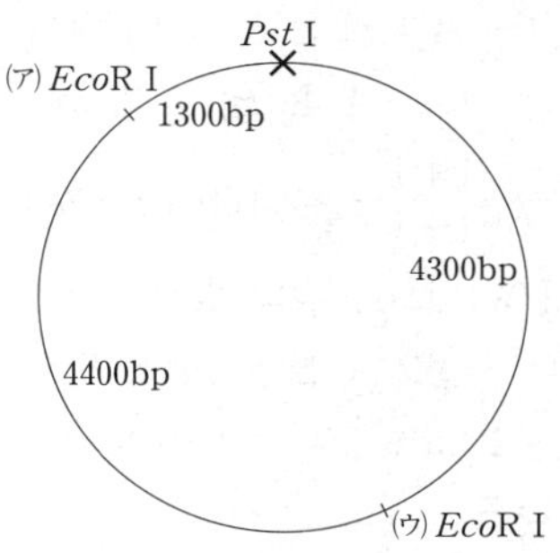

Ⅲ　**解答**　問1．a．対合　b．二価染色体　c．乗換え　d．4

問2．⑥　問3．(A)

問4．体細胞：46本　配偶子：23本

問5．

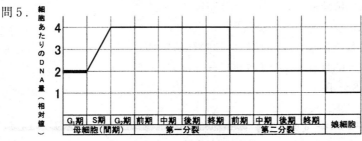

細胞あたりのDNA量（相対値）

4
3
2
1

G₁期	S期	G₂期	前期	中期	後期	終期	前期	中期	後期	終期	娘細胞
母細胞（間期）			第一分裂				第二分裂				

問6．(1) *aabb*　(2) ①—㋐　②—㋔　③—㋒　④—㋓　⑤—㋑

◀解　説▶

≪生殖，減数分裂≫

問2．①分裂，②・⑤出芽，③栄養繁殖，④挿し木はすべて無性生殖であり，有性生殖は⑥接合のみ。

問3．相同染色体が1つの細胞にそろっているときの核相は $2n$，相同染色体のどちらか片方のみが1つの細胞にあるときの核相は n である。(A)で減数分裂第一分裂が完了したときに，相同染色体は二分された細胞それぞれに分かれているので，核相は $2n$ から n に半減する。

問 5．S 期に DNA 量が倍増。第一分裂，第二分裂の終期がそれぞれ完了する際に細胞あたりの DNA 量が半減する。

問 6．(2)　F_1 個体を検定交雑して得られた次代の表現型とその分離比は，F_1 個体の配偶子の遺伝子型とその分離比に一致する。

①　A (a) と B (b) は独立している。

②・③　A と B，a と b がそれぞれ連鎖しており，②の組換え価は $\frac{1+1}{3+1+1+3}\times100=25$〔%〕，③の組換え価は $\frac{1+1}{7+1+1+7}\times100=12.5$〔%〕より，②の場合の方が③の場合よりも遺伝子間の距離が離れている。

④・⑤　A と b，a と B がそれぞれ連鎖しており，組換え価は④ 25%，⑤ 12.5% より，④の場合の方が⑤の場合よりも遺伝子間の距離が離れている。

IV　**解答**　問 1．a．アセチル CoA　b．二酸化炭素　c．水　d．乳酸　e．モノグリセリド（グリセリン）

f．脂肪酸　g．アンモニア

問 2．X：解糖系　Y：クエン酸回路

問 3．X：③　Y：④　電子伝達系：⑤

問 4．(1)基質レベルのリン酸化　(2)酸化的リン酸化

問 5．式：$C_6H_{12}O_6+6H_2O+6O_2 \longrightarrow 6CO_2+12H_2O$

ATP：38 分子

問 6．脱アミノ反応

◀解　説▶

≪呼　吸≫

問 1．d．筋肉では解糖系により生じたピルビン酸が NADH により還元されて乳酸を生じる。このしくみを解糖という。

問 5．1 分子のグルコースが呼吸により分解されて合成される ATP は，解糖系で 2 分子，クエン酸回路で 2 分子，電子伝達系で最大 34 分子，合計最大 38 分子。

V　**解答**　問 1．①－　②－　③－　④＋　⑤＋　⑥＋　⑦－

問 2．$2H_2O_2 \longrightarrow 2H_2O+O_2$

問３．⑴カタラーゼ　⑵基質特異性

問４．pH によって酵素の活性が変化する。

問５．酵素タンパク質の立体構造が変化し，活性が失われた。

問６．⑵－　⑶－　⑷＋

理由：基質である過酸化水素がすべて反応してなくなったから。

◀解　説▶

≪酵　素≫

問１．①～③　石英粒は過酸化水素に対し触媒作用はないので，気体は発生しない。

④～⑥　MnO_2 は無機触媒で，pH が変化したり加熱されたりしても触媒としての作用はなくならないため，気体が発生する。

⑦　酵素は煮沸されて失活しているため，気体は発生しない。

問４．中性のＡでのみ気体が発生し，酸性のＢ，アルカリ性のＣでは気体が発生しないことから，カタラーゼは中性で活性をもち，そこから pH がずれて酸性やアルカリ性では活性を失うことがわかる。本問ではカタラーゼの特徴ではなく一般的な酵素反応の特徴が問われているので，「カタラーゼの最適 pH が中性付近にある」とせず，〔解答〕のように，酵素には最適 pH が存在する点のみ言及した。

問５．酵素の主成分はタンパク質で，煮沸処理によりタンパク質の立体構造が変化することで活性部位の構造も変化し，基質と結合できなくなるため，活性を失う。

問６．酵素は触媒として作用し，自身は変化することなく繰り返し働くことができる。気体が発生しなくなるのは基質となる過酸化水素がすべて反応してなくなったためで，まだ酵素は残っているので，過酸化水素を追加すると気体は再び発生する。

解答　問１．ａ．糸球体　ｂ．ボーマンのう
ｃ．細尿管（腎細管）　ｄ．集合管　ｅ．腎動脈
ｆ．腎静脈

問２．ａ，ｂ：腎小体（マルピーギ小体）
ａ，ｂ，ｃ：ネフロン（腎単位）

問３．⑴ろ過　⑵再吸収　問４．③・④　問５．④　問６．④

◀解　説▶

≪腎　臓≫

問 4．ろ過は糸球体の毛細血管の壁から血液成分がこし出されることで生じる。このとき，タンパク質や血球などの分子量の大きな物質は毛細血管の壁を透過しにくく，通常ろ過されない。

問 5．①水は 99％以上，②グルコースは 100％，③無機塩類は 90％以上がそれぞれ再吸収されるのに対し，④尿素は約 50％が再吸収され，多くが排出される。

Ⅶ　**解答**　問 1．a．ルーベン　b．カルビン　c．ベンソン

問 2．X－⑥　Y－③

問 3．光合成で発生する酸素はすべて水に由来する。

問 4．光合成反応を停止させるため。

問 5．(ア)

問 6．(B)リブロース二リン酸（RuBP）　(C)ホスホグリセリン酸（PGA）

◀解　説▶

≪光合成研究の歴史≫

問 3．ルーベンは，クロレラの培養液に ^{18}O を含む水を与えると ^{18}O からなる酸素が発生すること，一方で ^{18}O を含む二酸化炭素を与えても ^{18}O からなる酸素は発生しないことを確認した。このことから，光合成で発生する酸素はすべて水に由来することが判明した。

問 4．溶液をそのまま採取するだけでは反応が進んでしまうため，熱したアルコール溶液により反応を停止させ，採取時の状態に固定する必要がある。

問 5．ペーパークロマトグラフィーでは，溶媒の移動に伴う各成分の移動する速さの違いによって成分を分離する。問題の図では 2 回目の展開は(ア)→(ウ)の方向へ展開する必要があるので，展開液に浸すのは(ア)の辺である。

問 6．二酸化炭素はルビスコ（リブロース二リン酸カルボキシラーゼ／オキシゲナーゼ）の作用により，C_5 化合物であるリブロース二リン酸と結合し，その後，2 分子の C_3 化合物であるホスホグリセリン酸になる。

■一般入試Ｂ

問題編

▶試験科目・配点

教　科	科　　　目	配　点
外国語	コミュニケーション英語Ⅰ・Ⅱ・Ⅲ，英語表現Ⅰ・Ⅱ	100 点
数　学	数学Ⅰ・Ⅱ・A・B（数列，ベクトル）	100 点
理　科	「化学基礎，化学」，「生物基礎，生物」から１科目選択	100 点

▶備　考

学力試験の成績，調査書などの提出書類を総合して合格者を決定する。なお，合格者の決定に当たっては総合点を判定基準とする。

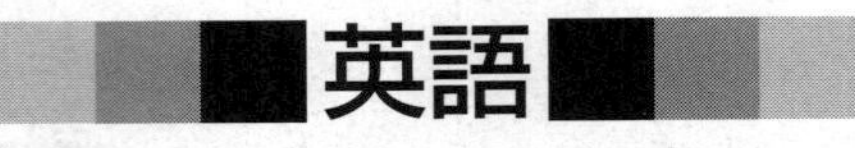

英語

（75分）

Ⅰ　次の英文を読んで，下の問いに答えなさい．【配点 30】

Spring is just around the corner. It's the beginning of the busy moving season, as people begin moving out of and into jobs and homes. So it's interesting that the kanji for (1) real estate includes fudou, meaning "no movement." While the word refers to the land and its fixtures, I think the idea of "no movement" is also appropriate to describe (2) the attitudes of some realtors and landlords.

Moving house costs a lot — not only financially, but also emotionally. In Japan, my non-Japanese friends and I have experienced indifferent customer service, unnecessary questioning and frosty attitudes from realtors and landlords, even if everything is being conducted in Japanese. There was the agent in Tokyo who, when she saw my name on the form, dropped her polite way of speaking and said: "You know most landlords won't accept foreign tenants, right?" And there was the realtor in Kobe who interrogated us with questions that even he admitted he wouldn't usually ask a potential Japanese tenant. "What are you going to do with the third room? You better not be planning any wild parties."

It's understandable that landlords want to know they have a tenant who can afford the rent and treat the property and neighbourhood with respect. However, being assumed to be the worst is frustrating. (3) New Zealand's landlords are also prone to making assumptions about potential tenants, but unlike Japan you would never see on a rental property advertisement the words "Foreigners accepted" — which to me seems to have the same tone as "Pets OK."

So I will always be forever grateful to the landlords and realtors in Japan who have treated me like any other renter. Especially my latest landlord. (4) Not only did I get an opportunity to meet and talk to her, but she agreed to rent out a home that has been in her family for generations to two non-Japanese people. The neighbours, whose family also has lived in the same house for several generations, are probably a little apprehensive. But if anything, (5) we're the ones who are the most nervous. Everything we do (or don't do) is probably going to reflect on all other non-Japanese people. (*The Japan Times ST*, February 23, 2018)

fixtures 定着物（建物，樹木，庭石など）
landlord 大家
frosty 冷たい
interrogate ～を尋問する
prone to ～しがちな
if anything どちらかといえば
realtor 不動産仲介業者
indifferent 冷淡な
tenant 借家人
frustrating いら立たしい
apprehensive 不安な

問１　下線部(1) real estate とは何か日本語で答えなさい．

問２　下線部(2) the attitudes of some realtors and landlords とはどのようなものか．具体例を２つ日本語で説明しなさい．

問３　下線部(3)を訳しなさい．

問４　下線部(4)を訳しなさい．

問５　下線部(5)の理由を日本語で説明しなさい．

Ⅱ **次の英文の意味が通るように，空所にそれぞれ適語を選び，記号で答えなさい．【配点 20】**

1. You need to put a ( ) into the slot to play this game and the instruction is written here.

① coin ② cash
③ money ④ payment

2. The reviewer wrote harsh ( ) about the comedy movie that came out last month.

① effort ② opposite
③ criticism ④ shame

3. There are so many people who live with ( ) caused by smoking.

① connections ② diseases
③ sicks ④ victims

4. You cannot carry sharp ( ), such as knives and box cutters, onto airplanes.

① caution ② gifts
③ objects ④ subjects

5. This mathematics problem was beyond her ( ) and she didn't know what to do.

① compromise ② fear
③ figure ④ understanding

6. You should (　　　　　　) using difficult or complicated words when making a speech.

① avoid　② disturb
③ interrupt　④ undertake

7. I always (　　　　　　) my credit card receipts, since I don't want anyone to read them.

① imply　② reply
③ postpone　④ shred

8. Mary (　　　　　　) permission to go abroad to study from her parents.

① accompanied　② informed
③ obtained　④ restrained

9. Several people at the restaurant were (　　　　　　) in heated discussion about political reform.

① dismissed　② engaged
③ managed　④ ordered

10. The mayor's actions (　　　　　　) the promises that he had made during the campaign.

① contradicted　② owned
③ returned　④ surrendered

III 下線部に文法的誤りがあるものがそれぞれひとつ含まれている. 該当するものを選び, 記号で答えなさい. 【配点 10】

1. If 1) it 2) will be fine tomorrow, 3) my son and I 4) will paint the roof of our house.

2. The hospital 1) gratefully accepted the 2) huge donation 3) offered by 4) group of local restaurants.

3. I hear that there have 1) been 2) a lot of difficult problems 3) at his school 4) recent.

4. 1) The school principal, Mr. Miller, 2) always 3) have the teachers 4) hand in their monthly reports.

5. Cancer 1) is thought to be fatal, but thanks to 2) medical advances, it can be controlled 3) more better 4) than before.

IV 次の英文の意味が通るように, 空所にそれぞれ適語を選び, 記号で答えなさい. ただし, 同じものは2回以上使えません. 【配点 20】

1. Tim majored (　　　) biology in college, and now he is a high school teacher.

2. What winter sports do you recommend for small children, (　　　) instance?

3. *Kamogawa*, which is literally translated into English as 'duck river', flows (　　　) the city of Kyoto.

4. This painting of a fisherman always reminds me (　　　) my father.

5. (　　　) a journalist, I had to meet a lot of different people.

6. Our train arrived at the station (　　　　) time, and we found the meeting place easily.

7. As time goes (　　　　), I appreciate his exhibition more and more and want to go back again.

8. These trees need to be protected (　　　　) cold wind and snow in winter time.

9. Do you mind taking (　　　　) the garbage when you leave?

10. We talked for a long time at the party and ended (　　　　) catching the last train home.

(a) as	(b) by	(c) from	(d) for	(e) in
(f) of	(g) on	(h) out	(i) through	(j) up

V　次の日本語の内容を英語で表現しなさい.【配点 20】

1. 新しい仕事は予想していたものより難しかった.

2. 万一，明日雨の場合には，イベントはキャンセルになります.

3. 重要なのは，君が今すぐ彼のところに戻ることだ.

4. 警察によれば，バスに衝突したとき彼は時速 160 キロで運転していた.

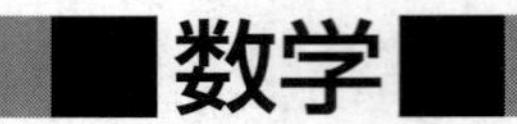

（75 分）

I ～ III の解答は，すべて解答用紙の所定の欄に記入しなさい．

解答にあたっては次の点に注意しなさい．

(1) 解答用紙には，特に指示がなければ，答えのみを記入しなさい．計算過程を示す必要はありません．

(2) 答えはすべて解答しなさい．

【問題例】 方程式 $(x-1)(x-3)=0$ を解きなさい．

【解答例】 $x=1,3$

(3) 場合分けが必要だと考えられる場合は，各自で判断して解答しなさい．

【問題例】 a を与えられた実数とする．方程式 $ax=1$ を解きなさい．

【解答例】 $a \neq 0$ のとき，$x=\dfrac{1}{a}$．$a=0$ のとき，解なし．

(4) 答えは，

- 根号を含む場合は，根号の中に現れる自然数が最小になる形にする
- 分数はそれ以上約分できない形にする
- 分数の分母は有理化する

など，簡潔な形で解答しなさい．

I　次の空欄 ア ～ カ にあてはまる数を答えなさい．　［配点 30］

(1) 定積分 $\int_{-1}^{1} |x(x-2)|\,dx$ の値は ア である．

(2) k を実数の定数とする．2 次不等式 $x^2+4x+k \leqq 0$ の解が

$$k \leqq x \leqq -k-4$$

であるとき，k の値は イ である．

(3) YAKUGAKU の 8 文字すべてを使ってできる文字列は ウ 通りあり，この 8 文字から 2 文字を使ってできる文字列は エ 通りある．

(4) 三角形 ABC の辺 AB を 3 : 1 に内分する点を D，三角形 ABC の重心を G とする．このとき，$\overrightarrow{\mathrm{DG}} =$ オ $\overrightarrow{\mathrm{AB}} +$ カ $\overrightarrow{\mathrm{AC}}$ である．

II　次の問いに答えなさい．　［配点 36］

(1) $0 < \theta < \dfrac{\pi}{2}$ とする．$\tan\theta = \sin\left(\dfrac{\pi}{2} - \theta\right)$ のとき，$\sin\theta$ の値を答えなさい．

(2) 同一平面上において，異なる 2 定点 P，Q と 2 直線 l，m を考える．l は P を，m は Q を通り，l と m は垂直に交わっている．$l \perp m$ の条件を満たしながら，P を中心に l が回転するとき，l と m の交点はどのような軌跡を描くか，式や図を用いずに解答欄の文を完成させなさい．解答にあたっては，面接試験を想定し，数学の確かな知識を持っている人に，簡潔に口頭で伝えることを前提に答えなさい．

〔解答欄〕

直線 l と m の交点が描く図形は　　　　　　　　　　　　です.

(3) $\alpha=\sqrt{3}-2$ のとき，次の問いに答えなさい.

(i) α を解にもつ 2 次方程式を 1 つ答えなさい．ただし，係数は整数とする.

(ii) $\alpha^3+6\alpha^2+9\alpha+12$ の値を答えなさい.

(4) a を実数の定数として，次の 2 つの不等式を考える.

$$\begin{cases} 4\log_4(x+2)-\log_2(x+6) \leqq 1 & \cdots\cdots ① \\ 2^{2x}-2^{x-a} \geqq 0 & \cdots\cdots ② \end{cases}$$

(i) ①を満たす x の値の範囲を答えなさい.

(ii) ①と②をともに満たす x が存在するような a の最小値を答えなさい.

III 次の問いに答えなさい.　　　［配点 34］

(1) $f(x) = \dfrac{1}{3}x^3 - 2x$ とし，関数 $y = f(x)$ のグラフを C とする．また，p を 0 でない実数とし，C 上の点 $\mathrm{P}(p, f(p))$ における C の接線を l，C と l の共有点のうち P でない方を Q とする.

(i) l の方程式を p を用いて表しなさい.

(ii) Q の x 座標を p を用いて表しなさい.

(iii) p の値の範囲が $p \geqq 1$ であるとき，線分 PQ の長さの 2 乗の最小値を答えなさい.

(2) 数列 $\{a_n\}$ は初項 2，公比 4 の等比数列であり，数列 $\{b_n\}$ は初項 1，公比 8 の等比数列である．また，N を自然数とし，整数の集合 A，B を

$$A = \{a_n \mid n = 1, 2, \ldots, N\}$$
$$B = \{b_n \mid n = 1, 2, \ldots, N\}$$

とする．必要であれば,

$$\log_{10} 2 = 0.3010,\ \log_{10} 3 = 0.4771,\ \log_{10} 7 = 0.8451$$

として，以下の設問に答えなさい.

(i) A に 10 桁の整数が属するときの最小の N を答えなさい.

(ii) $A \cap B$ の要素の個数が 2 以上となる最小の N を答えなさい.

(iii) $N = 33$ のとき，$A \cup B$ の要素の個数を答えなさい.

化学

（75分）

I

問1～ 問6に答えなさい.【配点37】

問1　次の(a)～(c)の現象に関連の深い状態変化の名称を，それぞれ答えなさい.

(a)　氷を冷凍庫内で長い間放置していたら，小さくなった.

(b)　冬場，長時間暖房をつけていたら，部屋の窓ガラスに水滴がついた.

(c)　洗濯物を屋外に干したら乾いた.

問2　次の①～⑤の記述のうち正しいものをすべて選び，番号で答えなさい.

①　化学反応の際，物質が熱エネルギーを放出するかわりに光を発する現象は化学発光と呼ばれる.

②　正反応が吸熱反応であるとき，正反応の活性化エネルギーより，逆反応の活性化エネルギーのほうが小さい.

③　燃料電池は，燃焼によって発生する熱エネルギーを電気エネルギーに変換するものである.

④　発熱反応では，反応物の生成熱の総和が生成物の生成熱の総和より大きい.

⑤　一定温度で，密閉容器内で熱運動している気体の粒子が持つエネルギーは，すべての粒子で同じである.

問3　（1），（2）に答えなさい．ただし，分子はすべて気体とし，結合エネルギーは下表の値を用いなさい.

結合	結合エネルギー〔kJ/mol〕
H − H	436
Cl − Cl	243
N ≡ N	945
N − H (NH_3)	391

（1）1 mol の水素と 1 mol の塩素から 2 mol の塩化水素が生成するときの反応熱は 185 kJ である．1 mol の塩化水素をすべて水素原子と塩素原子に分解するのに必要なエネルギー〔kJ〕を求め，整数で答えなさい．

（2）アンモニアの生成熱〔kJ/mol〕を求め，有効数字 3 桁で答えなさい．

問 4　鉛蓄電池の電池式は下のように表すことができる．ある鉛蓄電池を 5.0 A の電流で放電させたところ，負極の質量が 9.6 g 増加した．（1）～（4）に答えなさい．ただし，原子量は H = 1.00，O = 16.0，S = 32.0，Pb = 207，ファラデー定数は 9.65×10^4 C/mol とする．

$$(-)\quad Pb \mid H_2SO_4\,aq \mid PbO_2 \quad (+)$$

（1）放電時，負極で起こる反応を電子 e^- を含むイオン反応式で示しなさい．

（2）放電させた時間は何秒であったか，整数で答えなさい．

（3）放電によって正極の質量は何 g 変化したか，有効数字 2 桁で答えなさい．

（4）放電によって電解液の硫酸の濃度はどうなったか，次の①～③から選び，番号で答えなさい．

①　高くなった　　②　低くなった　　③　変わらなかった

問 5　下図は炭酸ナトリウムの工業的な製法の概略を示したものである．図中の［ア］～［エ］に適切な化学式を入れなさい．

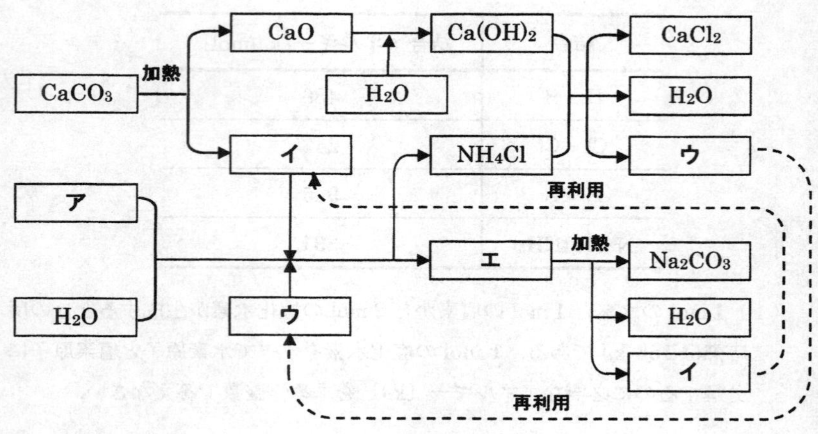

問６　（1）～（3）に答えなさい.

（1）ヨウ素デンプン反応を**示さないもの**を１つ選び，番号で答えなさい.

① アミロース　② グリコーゲン　③ セルロース　④ アミロペクチン

（2）セルロースを完全に加水分解したとき得られるものを１つ選び，番号で答えなさい.

① グルコース　② フルクトース　③ ガラクトース　④ リボース　⑤ マンノース

（3）還元性を示すものを１つ選び，番号で答えなさい.

① セルロース　② ラクトース　③ デンプン　④ グリコーゲン　⑤ スクロース

II

下図は，大気圧下で純粋な水を冷却したときの水の温度と冷却時間の関係を示したもの(冷却曲線)である．問に答えなさい．【配点 12】

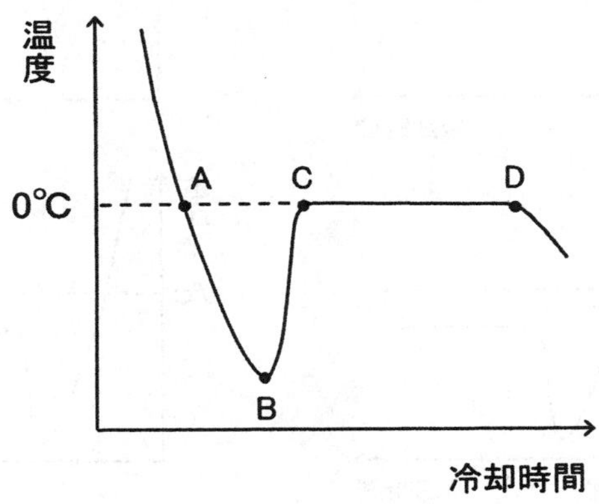

問 1　水の凝固が始まるのは，図中の A～D のどの点か，記号で答えなさい．

問 2　図中の AB 間の状態は何とよばれているか．

問 3　図中の CD 間の状態を最も適切に表しているものを①～③から選び，番号で答えなさい．

① 液体のみで固体は存在しない．

② 固体と液体の両方が存在している．

③ 固体のみで液体は存在しない．

問 4　純粋な水に不揮発性の非電解質を溶かしたときの冷却曲線として最も適切なものはどれか．①～④から選び，番号で答えなさい．

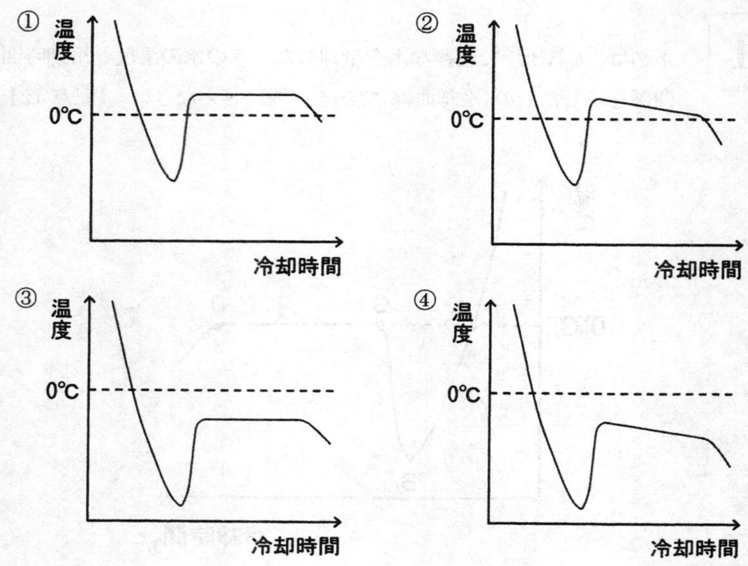

問5　分子量 180 の非電解質 3.6 g を純粋な水 200 g に溶解した．この水溶液の凝固点〔℃〕を求め，有効数字 2 桁で答えなさい．ただし，水のモル凝固点降下を 1.85 K･kg/mol とする．

次の文章を読み，問に答えなさい．【配点16】

元素A，B，C，Dは周期表第2周期から第5周期の17族元素のいずれかである．①それらのうちBとCの単体は常温で気体であった．A～Dの単体それぞれに②水を反応させると，Cの単体は気体を発生させながら激しく反応した．③BやDも一部が反応したが，Aはほとんど反応しなかった．また，これらの単体に常温で水素を反応させたところ，Cは冷暗所でも爆発的に反応し，Bは光を当てると爆発的に反応したが，AとDはほとんど反応しなかった．A，B，C，Dそれぞれ1原子と水素1原子からなる化合物のうち，④Cの化合物が最も沸点が高かった．⑤Aの陰イオンを含む水溶液にBあるいはDの単体を水に溶かした液を加えると，いずれの場合もAの単体が生じた．

問1　下線部①に関連して，AとDの単体は常温でどのような状態で存在するか，それぞれ答えなさい．

問2　下線部②のCの単体に水を反応させたときの反応を化学反応式で示しなさい．

問3　下線部③について，Bの単体と水との反応を化学反応式で示しなさい．

問4　下線部④のCと水素からなる化合物の沸点が高い理由を簡潔に述べなさい．

問5　下線部⑤について，Aの陰イオンとDの単体との反応をイオン反応式で示しなさい．

IV 次の文章を読み，問に答えなさい．ただし，25℃におけるアンモニアの電離定数 K_b および水のイオン積 K_w をそれぞれ 2.0×10^{-5} mol/L, 1.0×10^{-14} $(\text{mol/L})^2$ とする．必要なら，$\log_{10}2 = 0.30$，$\log_{10}3 = 0.48$ を用いなさい．【配点 20】

0.40 mol/L アンモニア水溶液 20.0 mL をコニカルビーカーにとり，25℃ でかきまぜながら同濃度の塩酸を滴下し，混合液の pH を測定したところ，下図に示すような滴定曲線が得られた．

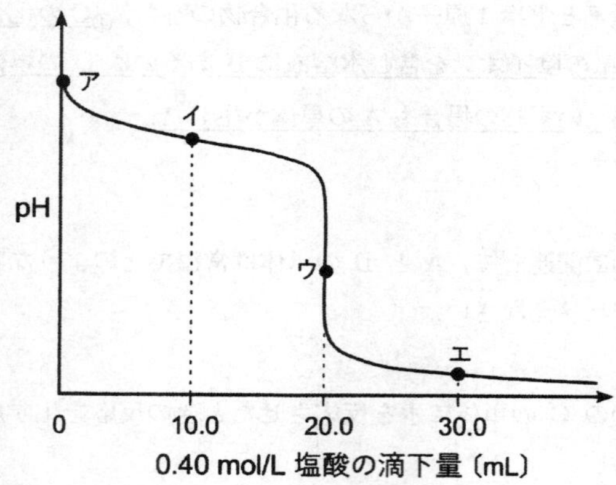

点**ウ**の中和点においてこの混合液は塩化アンモニウムの水溶液とみなすことができ，電離しているアンモニウムイオンの一部は水と反応して，(a) 式に示すような平衡状態にある．

$$NH_4^+ \ + \ H_2O \rightleftarrows NH_3 \ + \ H_3O^+ \qquad \cdots\cdots(a)$$

このとき水溶液中の水のモル濃度 $[H_2O]$ は十分に大きく一定であるとみなすことができる．そこで水の濃度を (a) 式の平衡定数 K に掛けた $K[H_2O]$ を K_h と表すと，(b)式が得られる．

$$K[H_2O] = K_h = \boxed{\quad 1 \quad} \qquad \cdots\cdots(b)$$

この K_h を加水分解定数という．一方，$[H_3O^+][OH^-] = K_w$ であることから，加

水分解定数 K_h を K_b と K_w を用いて表すと

K_h = [2] ……(c)

となる．この関係を用いて点**ウ**の pH を計算することができる．

いま，C〔mol/L〕のアンモニウムイオンのうち x〔mol/L〕だけ加水分解したとすると，平衡時のアンモニアとオキソニウムイオンの濃度はいずれも x〔mol/L〕となる．また，平衡時のアンモニウムイオンの濃度は $C-x$〔mol/L〕であるが，C に比べて x は十分に小さいので $C-x \fallingdotseq C$ と近似できる．この近似を用いて K_h を C, x で表すと

K_h = [3] ……(d)

となる．以上よりオキソニウムイオン濃度は，C, K_b, K_w で表すことができ

$[H_3O^+]$ = [4] ……(e)

となる．

問１ 滴定開始前の点**ア**での pH を求め，小数第１位まで答えなさい．

問２ 点**イ**付近では，少量の塩酸が加えられても pH の変化はわずかである．このような水溶液の pH がほぼ一定に保たれる作用を何というか答えなさい．

問３ [1] ～ [4] に適切な式を入れなさい．

問４ 点**ウ**および点**エ**での pH をそれぞれ求め，小数第１位まで答えなさい．

実験1～4を行って化合物**F**を合成した．次の文章を読み，問に答えなさい．ただし，構造式は例にならって書きなさい．【配点15】

実験1　濃硝酸と濃硫酸の混合物にベンゼンを攪拌しながら加え，その液を加温するとベンゼンの水素原子1個が［　　　］基に置換した化合物**A**が得られた．

実験2　反応容器に**実験1**で合成した**A**と粒状のスズを入れ，これに濃塩酸を加えて，よく攪拌しながら加温した．反応終了後，液体部分を他の容器に移し，6 mol/L の水酸化ナトリウム水溶液を加えていくと反応液が乳濁した．この乳濁液にジエチルエーテルを加え抽出を行った後，ジエチルエーテルだけを除くと化合物**B**が得られた．

実験3　**B**の希塩酸溶液を氷冷し，亜硝酸ナトリウムを加えると化合物**C**が生成した．**C**の水溶液の温度を上げると，気体**D**と有機化合物**E**，および塩化水素が生成した．

実験4　冷却した**C**の水溶液にナトリウムフェノキシドの水溶液を加えると橙赤色の化合物**F**が得られた．

問1　**実験1**の［　　　］に適切な語句を入れなさい．

問2　**実験2**の下線部で起こっている有機化合物の変化を化学反応式で示しなさい．ただし，有機化合物は構造式で示しなさい．

問3　化合物**C**の構造式を書きなさい．

問4　**実験3**で生成した気体**D**と有機化合物**E**の名称をそれぞれ答えなさい．

問５　化合物**F**の構造式を書きなさい.

（例）

$H_2N-CH_2-CH_2$　　COOH

　　　　　　　　　　CH_3

HO　　　　　　C=C

　　　　　　H　　　H

生物

（75分）

I

次の文章を読み，下の問に答えなさい．【配点21】

真核細胞内には細胞小器官と呼ばれるさまざまな構造体が見られ，これらはそれぞれ独自の働きをもっている．以下に，代表的な細胞小器官の構造について列挙する．

A. 核

最外層は核膜と呼ばれ，［ a ］と呼ばれる多数の孔がある．核膜の一部は，小胞体の膜につながっている．核の内部には，一般に光学顕微鏡で観察できる1～数個の［ b ］がある．

B. ミトコンドリア

粒状または糸状の形をしている．内部に向かって突出している内膜部分を［ c ］といい，内膜に囲まれた内部を［ d ］という．

C. 葉緑体

植物細胞にある細胞小器官で，内部に［ e ］と呼ばれる扁平な袋状構造をもつ．［ e ］が積み重なって［ f ］と呼ばれる構造をつくっている．［ e ］の膜には，緑色の［ g ］，橙色の［ h ］，黄色のキサントフィルなどの色素が含まれている．［ e ］以外の部分は［ i ］と呼ばれる．

D. 小胞体

袋状または管状の構造をもち，一部は核膜の外膜とつながっている．リボソームが小胞体の表面に付着した領域を粗面小胞体といい，リボソームが付着していない領域を［ j ］小胞体という．

E. ゴルジ体

数層に重なる扁平な袋状構造と，その周りに散在する球状の小胞からなる．

F. リソソーム

生体膜でできた小胞で，ゴルジ体から生じる構造体である.

問1　文中の［a］～［j］に入る最も適切な語句は何か.

問2　文中の A～F の細胞小器官のうち，2 枚の生体膜からなるものをすべて選び，記号で答えなさい.

問3　次の①～⑦の働きや特徴は，文中の A～F の細胞小器官のどれに当てはまるか. それぞれについて A～F から一つ選び，記号で答えなさい.

① ホルモンや酵素などを分泌する細胞でよく発達している

② 多量のエネルギーを使う筋肉などに多く見られ，分裂して数が増える

③ 細胞内で生じた不要物や古い細胞小器官を分解する働きに関与している

④ エネルギーを利用して二酸化炭素を有機物に変換する

⑤ カルシウムを蓄え，細胞内のカルシウム濃度の調節に関与している

⑥ 受け取ったタンパク質を細胞外や別の細胞小器官へ運ぶ

⑦ 染色体 DNA の複製と，RNA 合成が行われる

問4　細胞小器官の成分や働きを調べるために，細胞を破砕して細胞小器官やそれ以外の構造体などを分ける細胞分画法という技術が用いられる. 等張なスクロース溶液で細胞破砕液をつくり，遠心力をかけて上澄みと沈殿に分け，その上澄みをさらに強い遠心力をかけて遠心分離を行う. これを繰り返して目的とする細胞小器官や構造体を分けていく. 植物についてこの細胞分画法を行うと，どの順番で沈殿として分離できるか. 次の①～⑥のうちから一つ選び，記号で答えなさい.

① 葉緑体 → 核 → リボソーム → ミトコンドリア

② 葉緑体 → ミトコンドリア → 核 → リボソーム

③ 葉緑体 → 核 → ミトコンドリア → リボソーム

④ 核 → ミトコンドリア → 葉緑体 → リボソーム

⑤ 核 → 葉緑体 → ミトコンドリア → リボソーム

⑥ 核 → 葉緑体 → リボソーム → ミトコンドリア

II　次の文章を読み，下の問に答えなさい.【配点 17】

DNA は糖であるデオキシリボースにリン酸と塩基が結合した［ a ］と呼ばれる構成単位が鎖状に多数結合した高分子化合物である. 塩基にはアデニン，チミン，グアニンおよびシトシンの 4 種類があり，この塩基の並び方（塩基配列）は生物によって決まっており，生物がもつさまざまな形質を現すための遺伝情報になっている.

体細胞分裂では，分裂前に母細胞がもつ DNA と同じものがもう 1 組合成される. これを DNA の複製という. 細胞周期の間期の［ b ］期に DNA は合成され，その後［ c ］期に核分裂と細胞質分裂が起こる. ［ b ］期と［ c ］期の間を［ d ］期といい，この時期の 1 細胞あたりの DNA 量は細胞分裂を行っていない G_0 期の 1 細胞あたりの DNA 量の［ e ］倍になる.

DNA の塩基配列を RNA に写し取ることを［ f ］という. DNA との構造上の違いとして，RNA を構成する糖はリボースであり，また，RNA と DNA の塩基の種類を比べると，RNA では DNA のチミンの代わりにウラシルが含まれている. また，mRNA の塩基配列にもとづいてタンパク質が合成される過程を［ g ］という.

問 1　文中の［ a ］～［ g ］に入る最も適切な語句または数字は何か.

問 2　DNA の複製では，2 本の両方の鎖が鋳型となる. 開裂した部分で新たに合成される DNA 鎖は，一方は開裂が進む方向と同じ向きに連続的に合成されるのに対し，他方では開裂が進む方向とは逆向きに不連続に合成される. このとき，(1) 連続的に合成される鎖を何というか. (2) 不連続に合成される鎖を何というか. (3) 不連続に合成される鎖は，短い DNA 鎖が次々に連結されることにより合成される. この短い DNA 鎖を何というか.

問 3　下図は真核細胞の細胞質でタンパク質合成が行われている状態を示す.

(1) 下図の **(ア)** ～ **(エ)** に入る最も適切な用語は何か. 次の①～⑧のうちからそれぞれ選び，記号で答えなさい. ただし，点線で囲んだ **(ウ)** は **(エ)** の一部である.

① リボソーム　② mRNA　③ アンチコドン　④ コドン
⑤ タンパク質　⑥ DNA 鎖　⑦ tRNA　⑧ ヒストン

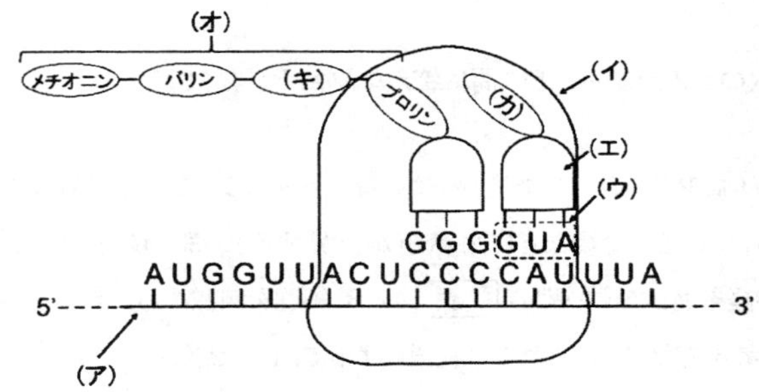

(2) (オ)ではアミノ酸どうしが共有結合でつながれている．このようなアミノ酸どうしの結合を何というか．

(3) (カ)と(キ)に入るアミノ酸はそれぞれ何か．下図の遺伝暗号表を参考にして答えなさい．(カ)は(エ)に結合している．

		2番目の塩基								
		U		C		A		G		
1番目の塩基	U	UUU	フェニルアラニン	UCU	セリン	UAU	チロシン	UGU	システイン	U
		UUC		UCC		UAC		UGC		C
		UUA	ロイシン	UCA		UAA	終止コドン	UGA	終止コドン	A
		UUG		UCG		UAG		UGG	トリプトファン	G
	C	CUU	ロイシン	CCU	プロリン	CAU	ヒスチジン	CGU	アルギニン	U
		CUC		CCC		CAC		CGC		C
		CUA		CCA		CAA	グルタミン	CGA		A
		CUG		CCG		CAG		CGG		G
	A	AUU	イソロイシン	ACU	トレオニン	AAU	アスパラギン	AGU	セリン	U
		AUC		ACC		AAC		AGC		C
		AUA		ACA		AAA	リシン	AGA	アルギニン	A
		AUG	メチオニン	ACG		AAG		AGG		G
	G	GUU	バリン	GCU	アラニン	GAU	アスパラギン酸	GGU	グリシン	U
		GUC		GCC		GAC		GGC		C
		GUA		GCA		GAA	グルタミン酸	GGA		A
		GUG		GCG		GAG		GGG		G

3番目の塩基

次の文章を読み，下の問に答えなさい．【配点 18】

ヒトの血糖値（血中グルコース濃度）の調節は，下図のように自律神経系とホルモンによって行われている．食後などに血糖値が上昇すると，間脳の［a］が感知して，［b］神経を通してすい臓の［c］の B 細胞を刺激する．また，B 細胞は直接血糖値の上昇を感知する．これらの刺激によって，B 細胞から［d］が分泌される．［d］は，脂肪組織や筋肉でのグルコースの取り込みと分解，肝臓や筋肉での［e］の合成を促進する．

一方，血糖値が低い場合は，［a］から［f］神経や［g］前葉に指令がいく．この結果，副腎髄質からは［h］が，副腎皮質からは［i］がそれぞれ分泌される．また，［f］神経や血液の直接刺激によって，［c］の A 細胞からは［j］が分泌される．［h］や［j］は，［e］をグルコースに分解する反応を促進する．また，［i］はタンパク質からグルコースを合成する反応を促進する．

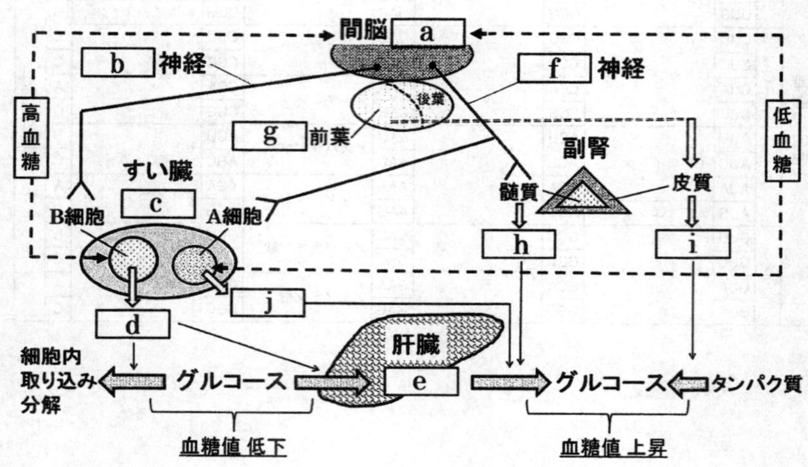

問1　文中および図中の [a] ～ [j] に入る最も適切な語句は何か.

問2　血糖値の高低に応じて，自律神経系とホルモンが共同で働き，適切な血糖値が維持される.（1）このように体内環境を一定に保とうとする性質を何というか. また，（2）最終産物や最終的な働きの効果が，前の段階に戻って作用を及ぼすことを何というか.

問3　糖尿病は，慢性的に血糖値が高くなる病気である.

（1）糖尿病はI型とII型に分類される. 次の①～⑥のうち，I型およびII型糖尿病にそれぞれ当てはまるものをすべて選び，記号で答えなさい.

① 標的細胞の [d] に対する反応性が低下する
② 標的細胞の [d] に対する反応性が上昇する
③ 日本人の糖尿病患者の大多数を占める
④ [d] 投与が必要な患者がいる
⑤ すい臓の [c] のA細胞が破壊される
⑥ すい臓の [c] のB細胞が破壊される

（2）糖尿病患者では尿中にグルコースが排出されることがある. その理由を簡潔に述べなさい.

次の文章を読み，下の問に答えなさい．【配点 13】

病気によって，腎臓や肝臓などの臓器の働きが著しく損なわれた場合，他人の臓器を移植することがある．しかし，<u>移植した他人の臓器は排除される</u>ことが多い．これは，移植された臓器や組織を異物として認識し，免疫反応が起こるからである．ヒトのほとんどの細胞表面には主要組織適合抗原（MHC 抗原）と呼ばれるタンパク質が存在している．MHC 抗原は，極めて多くの種類があり，同じ両親から生まれた子供どうし以外で同じ MHC 抗原をもつヒトを見つけることは非常に難しい．移植された臓器の MHC 抗原が患者のものと異なっている場合，移植臓器は患者の体内で異物として認識され，その結果，排除される．異物を排除することを示す実験として以下の実験を行った．なお実験には純系の X 系統と Y 系統の成熟マウスを用いた．また，MHC 抗原は遺伝子として親から子へ受け継がれる．

【実験１】 X 系統のマウスに X 系統のマウスの皮膚を移植すると生着したが，X 系統のマウスに Y 系統のマウスの皮膚を移植すると，移植した皮膚は 10 日後に脱落した．

【実験２】 X 系統のヌードマウスに Y 系統のマウスの皮膚を移植すると生着した．なお，ヌードマウスとは，生まれつき胸腺がないマウスである．

【実験３】 X 系統のマウスの胸腺を移植した X 系統のヌードマウスに，Y 系統のマウスの皮膚を移植すると，移植した皮膚は 10 日後に脱落した．移植された皮膚を排除したマウスには，X 系統の成熟した T 細胞が多数存在した．

問１　下線部のような反応を何というか．

問２　**実験１**および**実験２**から判断して，移植された皮膚の排除に直接的に働いた細胞は何か．

問３　**実験２**では移植した皮膚が生着したが，**実験３**では脱落した．**実験３**で移植した皮膚が脱落した理由を簡潔に述べなさい．

問 4　(1) X 系統のマウスと Y 系統のマウスの間に生まれたマウスの皮膚を，X 系統の成熟マウスに移植した場合，移植した皮膚は 10 日後にどうなったか．また (2) X 系統のマウスの皮膚を，X 系統のマウスと Y 系統のマウスの間に生まれた成熟マウスに移植した場合，移植した皮膚は 10 日後にどうなったか．次の①～④のうちから一つ選び，記号で答えなさい．

	(1)	(2)
①	脱落した	脱落した
②	脱落した	生着した
③	生着した	脱落した
④	生着した	生着した

問 5　**実験 1** で移植した皮膚が脱落したマウスに，再度 Y 系統のマウスの皮膚を移植すると移植した皮膚はどうなったか．次の①～④のうちから一つ選び，記号で答えなさい．また，その理由を簡潔に述べなさい．

① 生着した

② 2 度目の移植の 5 日後に脱落した

③ 2 度目の移植の 10 日後に脱落した

④ 2 度目の移植の 20 日後に脱落した

問 6　ヒトにおいて，同じ両親から生まれた子供どうしの MHC 抗原が一致する確率は何%か．ただし，複数存在する MHC 抗原遺伝子の間で組換えは起こらないものとする．

次の文章を読み，下の問に答えなさい.【配点 19】

生物体の有機物を構成している炭素のもとは，大気中や海水中の [a] である．大気中に含まれる [a] は，太陽の光エネルギーを利用した植物の [b] によって有機物になる．この有機物は，植物や動物の呼吸によって分解され [a] として大気中や水中に放出される．また，植物や動物の枯死体・遺骸・排出物中の有機物は，細菌や菌類などの呼吸によって分解されて再び [a] に戻る．このように炭素は，再利用されながら生態系の中を循環する．近年，石炭や石油など，地中に堆積した植物や動物の枯死体・遺骸が長い年月の間に変成してできた有機物である [c] が人間の活動によって多量に利用されることで，大気中へ放出される [a] の量が増えている．

一方，タンパク質や核酸などに含まれる窒素も生物に不可欠な元素であり，生態系の中を循環している．下図は生態系における窒素の循環を模式的に示した図である．

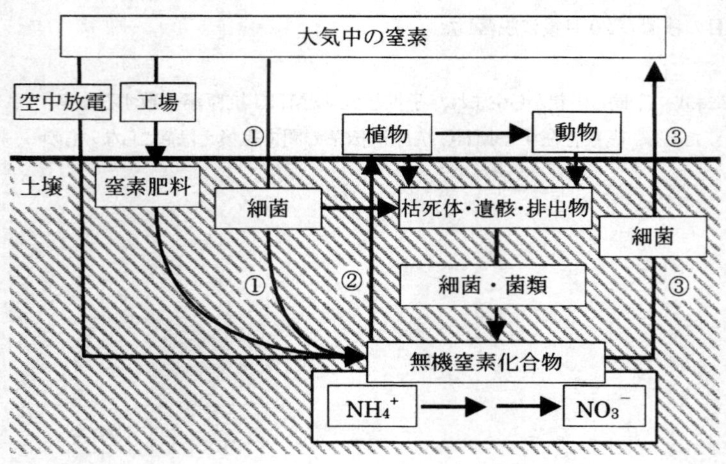

問１　文中の［　a　］～［　c　］に入る最も適切な用語は何か.

問２　図中の①のように，大気中の窒素が細菌によってアンモニウムイオン(NH_4^+)などの無機窒素化合物に変換される働きを何というか.

問３　大気中の窒素を無機窒素化合物に変換する細菌の中で，マメ科植物と共生している細菌は何か.

問４　図中の②のように，植物が無機窒素化合物を土壌から取り込み有機窒素化合物を合成する働きを何というか.

問５　図中の③のように，硝酸塩などの無機窒素化合物が細菌の働きで窒素ガスになることを何というか.

問６　(ア)大気，(イ)植物や動物，(ウ)細菌・菌類，(エ)枯死体・遺骸・排出物の四つの区分の間における炭素または窒素の直接のやりとりについて，炭素の循環にあって窒素の循環にないのはどの区分の間のやりとりか．(ア)～(エ)の中から二つ選び，記号で答えなさい.

問７　土壌中の NH_4^+ は２種類の細菌の作用で酸化されて，最終的に NO_3^- に変換される.(1) この過程を何というか．また,(2) この過程に関与する２種類の細菌の名称を含め, NH_4^+ から NO_3^- への変換のされ方について簡潔に説明しなさい.

問８　下線部のことなどが原因で引き起こされ，環境問題となっている地球規模の現象を何というか.

問９　生活排水や農地からの肥料が湖沼などの閉鎖性水域に流入し，硝酸塩やリン酸塩などの濃度が高くなる現象を何というか.

次の文章を読み，下の問に答えなさい．【配点 12】

(A)ヘモグロビンは赤血球内に存在するタンパク質であり，肺で酸素と結合して各組織に酸素を供給する役割を担っている．ヘモグロビンは α 鎖 2 本と β 鎖 2 本からなる 4 量体である．α 鎖と β 鎖はそれぞれ 141 個と 146 個のアミノ酸からなり，(B)α 鎖と β 鎖のアミノ酸配列は 43%一致している．

ヘモグロビンのアミノ酸配列は動物の種類により異なる．多くの動物のヘモグロビン α 鎖のアミノ酸配列が決定され，それらの配列を比較することが可能となった その結果，種間で異なっているアミノ酸の数(アミノ酸置換数)は，それぞれの生物が共通祖先から分岐してからの時間にほぼ比例していることが明らかになった．すなわち，ヘモグロビンの α 鎖のアミノ酸配列の変化に要する時間は，生物種にかかわらず，ほぼ一定であった．この一定性は他のタンパク質のアミノ酸配列や DNA の塩基配列でも成り立ち，[a]と呼ばれるようになった．また，[a]を使って，分子系統樹がつくられ，進化の過程を分子レベルで説明できるようになってきた．共通祖先から分かれた後に，それぞれの種が進化する過程で起きた突然変異が蓄積することによって生じた DNA の塩基配列の変化やタンパク質のアミノ酸配列の変化を[b]という．(C)[b]の速度はタンパク質の種類によって異なる．

問1　文中の[a]と[b]に入る最も適切な用語は何か．

問2　下線部(A)について，ヘモグロビンに含まれ，酸素と結合する化合物を何というか．また，ヘモグロビン以外でこの化合物をもつタンパク質を一つ挙げなさい．

問3　下線部(B)について，ヘモグロビンの α 鎖と β 鎖が進化の過程でどのように生じたと考えられるか．簡潔に述べなさい．

問4　下線部(C)について，[b]の速度が遅いタンパク質は一般にどのような特徴をもつか簡潔に述べなさい．

解答編

■英語■

I **解答** 問1．不動産

問2．•東京の仲介業者は私の名前を見て丁寧な対応をやめ，「ほとんどの大家は外国人を受け入れないことを知っていますよね」と言った。

•神戸の仲介業者は，「部屋はどう使うのか。どんちゃん騒ぎはやめたほうがいい」と，通常日本人には言わない質問などをした。

問3．全訳下線部(3)参照。

問4．全訳下線部(4)参照。

問5．自分たちの行動が，日本人による他の外国人への見方に影響するので。

◆全　訳◆

≪外国人が日本で家を賃借するとき≫

春はすぐそこまで来ている。それは，人々が仕事や家庭の移動をし始める，忙しい引っ越しの季節の始まりである。だから，不動産を表す漢字が「動きがない」を意味する不動を含むのは興味深い。その言葉は土地と定着物を表すが，「動きがない」という概念はまた，何人かの不動産仲介業者や大家たちの態度を描写するのに適切であると私は思う。

引っ越しは，経済的にだけでなく，感情的にも，かなり高くつく。日本で，外国人である友人たちと私は，たとえすべてが日本語で行われているとしても，不動産仲介業者や大家からの冷淡な顧客サービスや不必要な質問や不親切な態度を経験した。東京では，記入用紙に書かれた私の名前を見たときに，丁寧な話し方をやめ，「ほとんどの大家さんは，外国人の借家人を受け入れないということを知ってますよね」と言った仲介業者がいた。そして神戸には，普通は借家人になりそうな日本人には決して質問しないと自らも認める質問で，我々を尋問する不動産仲介業者がいた。彼はこう言ったのだ。「3つ目の部屋はどうするつもりですか。どんちゃん騒ぎは計画しないほうがいいですよ」

借家人が家賃を払う余裕があり，敬意をもって土地建物や隣人を扱うことができるかどうかを大家が知りたがることは理解できる。しかしながら，最悪の相手だと決めてかかっていることは，いら立たしい。(3)ニュージーランドの大家もまた，借家人になりそうな人に関して確証のない思い込みをしがちであるが，日本と違って賃貸物件の広告に「外国人受け入れます」の文字を見ることは決してないであろう。それは私には，「ペット飼えます」と同じ感じに思えるのである。

だから私は，他の借家人と同様に私を扱う日本の大家と不動産仲介業者にいつまでもずっと感謝するだろう。特に，私の一番最近の家主に対して。(4)私は彼女に会って話をする機会を得ただけでなく，彼女は何世代にもわたって自分の一族に引き継がれてきた家を，2人の外国人に貸し出すことに同意してくれたのである。彼女の一族と同じように数世代にわたって同じ家に住み続けている近所の人たちは，多分少し不安であろう。しかし，どちらかと言えば，我々が，最も緊張しているのである。我々がする（またはしない）すべてのことが，他のすべての外国人に，多分影響を与えるからである。

◀解　説▶

問1．語句の知識を問う問題である。もし知らなくても，下線部に続く「『動きがない』を意味する不動（fudou）」や，第1段第4文（While the …）の「その言葉が土地と定着物を表す」からも類推できる。

問2．下線部の attitude は「態度」の意である。具体例の1つ目は，第2段第3文（There was …）を簡潔にまとめる。form「記入用紙」 drop「～（考え，習慣など）をやめる」 her polite way of speaking「彼女の丁寧な話し方」 accept「～を受け入れる」

具体例の2つ目は，第2段第4文（And there …）以下をまとめる。questions that … の that は関係代名詞目的格である。admit (that) S V「S が V であることを認める」 will not が時制の一致で wouldn't になっている。potential「（将来借りてくれる）可能性のある」 you (had) better not *do*「～しないほうがよい」 wild party「羽目を外したパーティー，どんちゃん騒ぎ」

問3．would は仮定法の would である。see の目的語は the words であり，on a rental property advertisement が挿入されている。make an assumption about ～「～について（確証のない）思い込みをする」 potential「（将来借りてくれる）可能性のある」 unlike「～と違って」 rental property「賃貸物件」 seem to have the same *A* as *B*「*B* と同じ *A* を持つように思われる」 tone「音調，感じ」

問4．not only ～ but (also) … は「～だけでなく…も」という意味である。not only は否定の副詞句なので，強調のために文頭に移動した場合，後は疑問文と同じ語順になる（倒置）。agree to *do*「～することに同意する」 rent out *A* to *B*「*A* を *B* に貸し出す」 a home that has been in her family「彼女の一族にあり続けている家」は，つまり「彼女の一族に引き継がれた家」のことである。family「一族，親族」

問5．下線部の理由は，それに続く文（Everything we …）に述べられている。自分たちの行動がすべての外国人を代表しているかのように日本人に取られ，それが他の外国人に影響を与えることに緊張を覚えるのである。reflect on ～「～に影響を与える，印象〔評判〕をもたらす」

解答　1－①　2－③　3－②　4－③　5－④　6－①　7－④　8－③　9－②　10－①

◀解　説▶

1．「あなたはこのゲームをするために，投入口に硬貨を入れる必要があり，そしてそのやり方は，ここに書かれている」
slot は「（硬貨）投入口」である。ゲーム機の投入口に入れるものであるので，①「硬貨」が適切である。instruction「指示，指図」 ②「現金（硬貨と紙幣）」 ③「金，金銭」 ④「支払い」

2．「その評論家は，先月公開された喜劇映画に関して，辛辣な批評を書いた」
reviewer は「評論家，批評家」である。彼が仕事として書くものであるので，③「批評」が適切である。harsh「厳しい」 the movie that came out「公開された映画」 ①「努力」 ②「正反対の人，物」 ④「恥」

3．「喫煙により引き起こされた病気を抱えて暮らしている，非常に多くの人々がいる」

喫煙が原因で引き起こされるとあるので，②「病気」が適切である。caused by ～「～に起因する」は空所を後置修飾している。live with ～「～（困難な状況など）を受け入れる」①「関係」③「吐き気」④「犠牲者」

4.「ナイフやカッターナイフなどの先の尖ったものは，飛行機に持ち込むことはできません」

機内の安全のために持ち込めないのは，sharp「先の尖った」，③「もの」が適切である。such as ～「～のような」 box cutters「カッターナイフ」①「警告」②「贈り物」④「教科」

5.「この数学の問題は彼女の理解力を超えており，彼女はどうすべきかわからなかった」

「数学の問題」を「どうすべきかわからない」とある。ゆえに，問題が難しすぎると取れるので，beyond her understanding「彼女の理解力を超えて」の意味の，④が適切である。①「妥協」②「恐怖感」③「体形」

6.「スピーチをする際には，難しいまたは複雑な言葉を使うことは避けるべきである」

スピーチのときにすべきことは，難解な言葉の使用を，①「～を避ける」ことである。「～することを避ける」は avoid *doing* であり，avoid to *do* ではないことに注意。「スピーチをする」は make a speech であって，do a speech とは言わない。②「～を妨げる」③「～の邪魔をする」④「～を引き受ける」

7.「私は，クレジットカードの領収書を他の人に読まれたくないので，いつもそれを細かく裂いている」

receipt「領収書」を他人に見られないようにするには，それを，④「～を細かく裂く」のが適切な方法である。なお，「シュレッダー」は shredder と綴る。①「～をほのめかす」②「～と答える」③「～を延期する」

8.「メアリーは両親から，勉強するために海外へ行く許可を得た」

留学の permission「許可」をもらったと判断できるので，③「～を得た」が適切である。go abroad「海外へ行く」 またよく目にする study abroad「留学をする」も覚えておきたい。①「～に同行した」②「～を知らせた」④「～を抑制した」

9.「そのレストランでは，何人かの人たちが政治改革に関して白熱した議論をしていた」
空所の前後の were と in に注意。be engaged in ～「(人が) ～ (仕事などに) に没頭する，従事する」を構成する，②が適切である。heated discussion「白熱した議論」 political reform「政治改革」 ①「解雇された」 ③「管理された」 ④「注文された」
10.「市長の行動は，選挙運動の間に彼がした約束と矛盾した」
市長の行動と選挙運動中の約束の関係である。選択肢からは，①「～と矛盾した」のみが適切である。また一般的に政治家の「公約」は pledge と言うことも覚えよう。make a promise「約束をする」は do a promise とは言わないことに注意。campaign「選挙運動」 ②「～を所有した」 ③「～を返した」 ④「～を明け渡した」

III 解答　1－2）　2－4）　3－4）　4－3）　5－3）

◀解　説▶

1.「もし明日が晴れなら，息子と私は，自宅の屋根にペンキを塗るだろう」
「時」「条件」を表す副詞節の中では，未来の内容は現在形で表す。ここでは「もし～なら」と If 節は条件を表しているので，2)は is とすべきである。paint「～にペンキを塗る，塗装をする」
2.「その病院は，地元のレストランの団体から提供された巨額の寄付を感謝して受け取った」
group「(共通の目的をもつ) 団体，集団」は可算名詞である。ゆえに，4)は a group of とすべきである。gratefully「感謝して」 huge donation「巨額の寄付」
3.「最近，彼の学校では多くの困った問題が起きていると聞いている」
recent は「最近の」の意の形容詞である。ゆえに，4)は副詞がくるべきであるので，recently「最近」とすべきである。I hear (that) ～「～だとうわさに聞いている，～だそうだ」
4.「校長のミラー氏はいつも教師たちに月報を提出させている」
have *A do*「*A* (人) に～させる」の構文であるが，主語が「校長」と単数形で，かつ現在形であるので，3)はhasとすべきである。hand in～「～を提出する」 monthly report「月報」

5.「癌は致命的であると思われているが，医学の進歩のおかげで，以前よりもはるかに抑制可能である」

比較級＋than beforeは「以前より～」の構文である。比較級の強調は，much, far, evenなどで修飾するので，3)はmuch betterとすべきである。fatal「致命的な，命取りになる」 thanks to～「～のおかげで」 medical advances「医学の進歩」

Ⅳ 

1―(e)　2―(d)　3―(i)　4―(f)　5―(a)　6―(g)
7―(b)　8―(c)　9―(h)　10―(j)

◀解　説▶

1.「ティムは大学で生物学を専攻し，今は高校の先生である」

major in～で「～を専攻する」である。specialize in～も同様の意であるので覚えておきたい。

2.「例えば，小さな子供たちのためには，冬のスポーツであなたは何をお勧めしますか」

for instance「例えば」は，文中，文頭，文尾のどこにでも置かれる。本文では文尾に置かれているが，日本語訳ではわかりやすいように冒頭に置いた。for exampleも同様の意である。

3.「鴨川は，英語で文字通りに訳せば'duck river'だが，それは京都市を貫流している」

flow「流れる」の後に，前置詞を伴って流れの方向，様態などを示す。throughは「～を通して」なので，flow through～で「～を貫流する」となる。literally「文字通り」

4.「この漁師の絵を見ると，私はいつも父のことを思い出す」

remind *A* of *B*「*A*（人）に*B*のことを思い出させる」の構文を確認しておこう。通常，ここでのThis paintingのように，無生物主語で始まるので，日本語訳には工夫がいる。

5.「ジャーナリストなので，私は多くのさまざまな人々に会わねばならなかった」

多くの人に会う必要があるのはジャーナリストだからであり，理由を表す接続詞 as「～なので」が適切である。また，when，as などが導く副詞節の「主語＋be 動詞」は主語が主節の主語と一致している場合はよく省略される。ここでの省略を補うと As（I was）a journalist となる。なお，as を前置詞「～として」と考えることも可能である。

6．「我々の列車は時間通りに駅に着いた。そして我々は待ち合わせの場所がすぐわかった」
on time は「時間通りに」である。in time「間に合って」も一緒に覚えておこう。meeting place「待ち合わせ場所」

7．「時間が経つにつれて，私は彼の作品展をますます素晴らしいと思うようになり，再び戻りたくなっている」
go by には「(時・期間が) 過ぎる，(物が) 通り過ぎる」の意があるが，as time goes by「時が経つにつれて」は，そのまま覚えておく方がよい。appreciate「～（文学・芸術作品）を味わう，高く評価する，鑑賞する」exhibition「展示会，展覧会」

8．「これらの木々は，冬の冷たい風や雪から守られる必要がある」
protect *A* from〔against〕*B*「*B* から *A* を守る」を覚えておくこと。ここでは *A* に当たる These trees が主語となり，受動態になっている。

9．「出て行くときに，ごみを出していただけませんか」
Do you mind *doing*?「～していただけませんか」 元来 mind は「～を嫌がる」の意であるので，相手に了承する場合は，Not at all. や Of course not. などと答える。了承しない場合は，I'm sorry but ～ などとして理由を述べるとよい。take out the garbage「ごみを出す」

10．「我々はパーティーで長時間話をして，終電で帰宅する羽目になった」
end up *doing*「結局は～になる，最後は～に終わる」のフレーズである。しばしば予期せぬ結果に終わるというニュアンスをもつ。catch the last train「最終列車に間に合う，乗る」

1．I found the new job harder than I had expected.

2．If it should rain tomorrow, the event will be canceled.

3．What matters is that you should go back to him right now.

4．According to the police, he was driving at 160 kilometers an hour when he crashed into the bus.

◀解　説▶

1.「予想していたものより」は，過去よりさかのぼるので，比較級＋than I had expectedとした。harder以外にmore difficultとするのも可能である。また「難しかった」は「難しいとわかった」ととらえ，冒頭をI foundとし，SVOC構文を用いた。しかし単純にThe new job was harder than I had expected.としてもよい。

2.「万一～の場合は」は，If S should *do* で表現する。主節は仮定法過去ばかりでなく直説法も用いられる。本問では「～であろう」ではなく「～だ」とあるので，直説法とし未来形を使った。

3.「重要なのは」はWhat matters isとした。whatは関係代名詞，matterは「重要である」という意味の動詞である。What is important isとしてもよい。「彼のところに戻る」go back to him「今すぐ」はright nowとしたが，immediatelyでも可。

4.「～によれば」according to～「(組織としての）警察」the police「～の速度で運転する」drive at a speed of～　a speed ofは省略しても構わない。「時速160キロ」160 kilometers an hour「～に衝突する」crash into～は，collide with～としても同じ意味である。

数学

I

解答 (1)ア．2　(2)イ．-5　(3)ウ．5040　エ．23

(4)オ．$-\dfrac{5}{12}$　カ．$\dfrac{1}{3}$

◀解　説▶

≪小問 4 問≫

(1)　$-1 \leqq x \leqq 0$ のとき，$x(x-2) \geqq 0$ だから

$$|x(x-2)| = x(x-2)$$

$0 \leqq x \leqq 1$ のとき，$x(x-2) \leqq 0$ だから

$$|x(x-2)| = -x(x-2)$$

よって

$$\begin{aligned}\int_{-1}^{1}|x(x-2)|\,dx &= \int_{-1}^{0}|x(x-2)|\,dx + \int_{0}^{1}|x(x-2)|\,dx \\ &= \int_{-1}^{0}x(x-2)\,dx - \int_{0}^{1}x(x-2)\,dx \\ &= \left[\frac{1}{3}x^3 - x^2\right]_{-1}^{0} - \left[\frac{1}{3}x^3 - x^2\right]_{0}^{1} \\ &= \left\{0 - \left(-\frac{4}{3}\right)\right\} - \left\{\left(-\frac{2}{3}\right) - 0\right\} = 2 \quad \to ア\end{aligned}$$

(2)　2 次方程式 $x^2+4x+k=0$ の 2 解が，k，$-k-4$ $(k<-k-4)$ であるから，解と係数の関係より

$$k(-k-4) = k$$

この方程式を解いて　　$k=-5,\ 0$

この中で，不等式 $k<-k-4$ を満たすものは　　$k=-5$　→イ

(3)　Y，A，A，K，K，U，U，G の 8 文字すべてを使ってできる文字列は，同じものを含む順列より

$$\frac{8!}{2!2!2!} = 5040 \text{ 通り} \quad \to ウ$$

次に，Y，A，K，U，G の 5 文字から，異なる 2 文字を使ってできる文

字列は

$${}_5P_2=5\times4=20 \text{ 通り}$$

また，同じ文字を並べる文字列は，A を 2 個，または K を 2 個，または U を 2 個並べる場合の 3 通りがある。

よって，8 文字の中から 2 文字を使ってできる文字列は

$$20+3=23 \text{ 通り}$$　→エ

(4)　点 D は辺 AB を 3：1 に内分する点だから

$$\overrightarrow{AD}=\frac{3}{4}\overrightarrow{AB}$$

また，点 G は △ABC の重心だから

$$\overrightarrow{AG}=\frac{\overrightarrow{AB}+\overrightarrow{AC}}{3}$$

よって

$$\overrightarrow{DG}=\overrightarrow{AG}-\overrightarrow{AD}$$

$$=\frac{\overrightarrow{AB}+\overrightarrow{AC}}{3}-\frac{3}{4}\overrightarrow{AB}$$

$$=-\frac{5}{12}\overrightarrow{AB}+\frac{1}{3}\overrightarrow{AC}$$　→オ・カ

II　解答

(1) $\sin\theta=\dfrac{-1+\sqrt{5}}{2}$

(2)（直線 l と m の交点が描く図形は）線分 PQ を直径とする円（です.）

(3)(i) $x^2+4x+1=0$　(ii) 10

(4)(i) $-2<x\leqq2$　(ii) -2

◀解　説▶

≪小問 4 問≫

(1)　$\sin\left(\dfrac{\pi}{2}-\theta\right)=\cos\theta$ だから

$$\tan\theta=\sin\left(\frac{\pi}{2}-\theta\right)\iff\tan\theta=\cos\theta$$

$$\iff\sin\theta=\cos^2\theta$$

$$\left(\tan\theta=\frac{\sin\theta}{\cos\theta},\ \cos\theta\neq0 \text{ より}\right)$$

$$\Longleftrightarrow \sin\theta=1-\sin^2\theta \quad (\sin^2\theta+\cos^2\theta=1\text{ より})$$
$$\Longleftrightarrow \sin^2\theta+\sin\theta-1=0$$

$\sin\theta=t$ とおくと，$0<\theta<\dfrac{\pi}{2}$ より　　$0<t<1$

$t^2+t-1=0$ $(0<t<1)$ を解くと

$$t=\frac{-1+\sqrt{5}}{2}\quad\left(0<t<1\text{ より } t=\frac{-1-\sqrt{5}}{2}\text{ は不適}\right)$$

よって　　$\sin\theta=\dfrac{-1+\sqrt{5}}{2}$

(2)　2直線 l と m の交点をRとすると，常に $\angle\mathrm{PRQ}=90°$ である。よって，円周角の定理の逆から，点Rは線分PQを直径とする円周上にある。また，逆も成り立つ。したがって，l と m の交点が描く図形は，線分PQを直径とする円である。

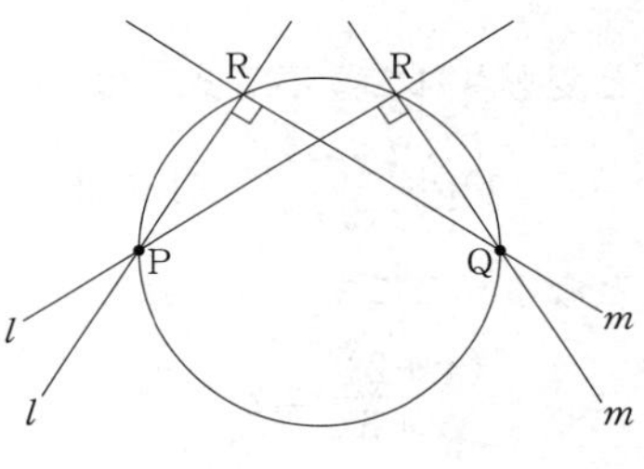

(3)(i)　$\alpha=\sqrt{3}-2$ より

$$\alpha+2=\sqrt{3}$$

両辺を2乗して

$$\alpha^2+4\alpha+4=3$$
$$\alpha^2+4\alpha+1=0$$

よって，α は，2次方程式

$$x^2+4x+1=0$$

の解である。

(ii)　$(\alpha^3+6\alpha^2+9\alpha+12)\div(\alpha^2+4\alpha+1)$ を計算すると，商が $\alpha+2$，余りが10であるので

$$\alpha^3+6\alpha^2+9\alpha+12=(\alpha^2+4\alpha+1)(\alpha+2)+10$$

いま，$\alpha^2+4\alpha+1=0$ であるから，$\alpha^3+6\alpha^2+9\alpha+12$ の値は10である。

(4)(i)　真数は正であるから

$$x+2>0 \quad\text{かつ}\quad x+6>0 \qquad \therefore\quad x>-2 \quad\cdots\cdots\text{Ⓐ}$$

また，底の変換公式より

$$\log_4(x+2)=\frac{\log_2(x+2)}{\log_2 4}=\frac{\log_2(x+2)}{\log_2 2^2}$$
$$=\frac{\log_2(x+2)}{2\log_2 2}=\frac{\log_2(x+2)}{2}$$

だから，不等式①の左辺は

$$4\log_4(x+2)-\log_2(x+6)=4\cdot\frac{\log_2(x+2)}{2}-\log_2(x+6)$$
$$=2\log_2(x+2)-\log_2(x+6)$$
$$=\log_2\frac{(x+2)^2}{x+6}$$

と変形されて，不等式①は

$$\log_2\frac{(x+2)^2}{x+6}\leqq\log_2 2$$

となる。ここで，底 2 は 1 より大きいから

$$\frac{(x+2)^2}{x+6}\leqq 2$$

となる。$x+6>0$ より，両辺に $x+6$ をかけても不等号の向きは変わらないから，分母を払って

$$(x+2)^2\leqq 2(x+6)$$

整理して

$$x^2+2x-8\leqq 0$$
$$(x+4)(x-2)\leqq 0$$
$$\therefore\quad -4\leqq x\leqq 2\quad\cdots\cdots Ⓑ$$

Ⓐ とⒷの共通の範囲から，求める x の値の範囲は

$$-2<x\leqq 2$$

(ii) ②を満たす x の値の範囲を求める。

$2^{2x}-2^{x-a}\geqq 0$ より　　$2^{2x}\geqq 2^{x-a}$

底 2 は 1 より大きいから

$$2x\geqq x-a\qquad\therefore\quad x\geqq -a$$

ここから，①と②をともに満たす x が存在するような a の最小値は

$-a=2$　すなわち　$a=-2$

Ⅲ

解答　(1)(i) $y=(p^2-2)x-\dfrac{2}{3}p^3$　(ii) $-2p$　(iii) $\dfrac{50}{3}$

(2)(i) 16　(ii) 5　(iii) 55

◀解　説▶

≪3次関数と接線の方程式，2つの等比数列の共通部分と和集合≫

(1)(i)　$C : f(x)=\dfrac{1}{3}x^3-2x$

$$f'(x)=x^2-2$$

したがって，曲線 C 上の点 $\mathrm{P}\left(p,\ \dfrac{1}{3}p^3-2p\right)$ における接線 l の方程式は

$$y-\left(\frac{1}{3}p^3-2p\right)=(p^2-2)(x-p)$$

$$\therefore\quad l : y=(p^2-2)x-\frac{2}{3}p^3$$

(ii)　C と l の共有点の x 座標は，C と l の方程式から y を消去して

$$\frac{1}{3}x^3-2x=(p^2-2)x-\frac{2}{3}p^3$$

$$\frac{1}{3}x^3-p^2x+\frac{2}{3}p^3=0$$

$$x^3-3p^2x+2p^3=0$$

$$(x-p)^2(x+2p)=0$$

$\therefore$　$x=p$　（重解），$-2p$　（$p\neq0$ より，$p\neq-2p$）

したがって，点 Q の x 座標は $-2p$ である。

(iii)　P，Q の座標は

$$\mathrm{P}\left(p,\ \frac{1}{3}p^3-2p\right),\ \mathrm{Q}\left(-2p,\ -\frac{8}{3}p^3+4p\right)$$

だから

$$\begin{aligned}\mathrm{PQ}^2&=(p+2p)^2+\left\{\left(\frac{1}{3}p^3-2p\right)-\left(-\frac{8}{3}p^3+4p\right)\right\}^2\\&=9p^2+(3p^3-6p)^2\\&=9(p^6-4p^4+5p^2)\end{aligned}$$

ここで $p^2=t$ とおくと，$p\geqq1$ より　　$t\geqq1$

$$p^6-4p^4+5p^2=t^3-4t^2+5t\quad（=g(t)\ とおく）$$

$$g'(t)=3t^2-8t+5$$
$$=(t-1)(3t-5)$$

$t \geqq 1$ の区間において増減表をかくと，右のようになる。

t	1	…	$\frac{5}{3}$	…
$g'(t)$	0	−	0	＋
$g(t)$		↘	最小	↗

したがって $g(t)$ は，$t=\frac{5}{3}$ のとき最小となる。

よって，PQ^2 の最小値は

$$9 \cdot g\left(\frac{5}{3}\right)=9 \cdot \left\{\left(\frac{5}{3}\right)^3-4 \cdot \left(\frac{5}{3}\right)^2+5 \cdot \left(\frac{5}{3}\right)\right\}$$
$$=\frac{50}{3}$$

(2)(i)　数列 $\{a_n\}$ は，初項 2，公比 4 の等比数列であるから

$$a_n=2 \cdot 4^{n-1}=2^{2n-1}$$

よって

$$2^{2n-1} \geqq 10^9 \quad \cdots\cdots ①$$

を満たす n の範囲を求める。

①の両辺において，常用対数をとると

$$\log_{10}2^{2n-1} \geqq \log_{10}10^9$$
$$(2n-1)\log_{10}2 \geqq 9$$
$$\therefore \quad n \geqq \frac{9+\log_{10}2}{2\log_{10}2} \quad (2\log_{10}2>0 \text{ より})$$

$\log_{10}2=0.3010$ だから

$$n \geqq \frac{9+0.3010}{2 \times 0.3010}=15.4\cdots$$

したがって，求める最小の自然数 N は

$$N=16$$

(ii)　数列 $\{b_m\}$ は，初項 1，公比 8 の等比数列であるから

$$b_m=1 \cdot 8^{m-1}=2^{3(m-1)}$$

$A \cap B$ の要素を $a_n=b_m$ とすると，$2n-1=3(m-1)$ を満たしている。

$$a_2=b_2=2^3,\ a_5=b_4=2^9 \quad (a_1,\ a_3,\ a_4 \text{ は } A \cap B \text{ の要素でない})$$

だから，$A \cap B$ の要素の個数が 2 以上となる最小の N は

$$N=5$$

(iii)　$A\cap B$ の要素の個数を求める。

$A\cap B$ の要素を 2^p とすると，$N=33$ のとき，p は 1 から 65（$=2\times33-1$）までの自然数の中で奇数でありかつ 3 の倍数である。

1 から 65 までの自然数の中で 6 の倍数は 10 個であるから，1 から 65 までの自然数の中で奇数でありかつ 3 の倍数である数の個数（つまり，$A\cap B$ の要素の個数）は，1 から 65 までの自然数の中で

（3 の倍数の個数）$-$（6 の倍数の個数）$=21-10=11$ 個

よって，$A\cup B$ の要素の個数は

（A の要素の個数）$+$（B の要素の個数）$-$（$A\cap B$ の要素の個数）

$=33+33-11=55$ 個

化学

I 解答

問1．(a)昇華　(b)凝縮　(c)蒸発

問2．①・②

問3．(1) 432 kJ　(2) 46.5 kJ/mol

問4．(1) $Pb + SO_4^{2-} \longrightarrow PbSO_4 + 2e^-$　(2) 3860 秒

(3) ＋6.4 g　(4)―②

問5．ア．NaCl　イ．CO_2　ウ．NH_3　エ．$NaHCO_3$

問6．(1)―③　(2)―①　(3)―②

◀解　説▶

≪小問6問≫

問2．③誤文。燃料電池は，水素と酸素が反応して水になる化学反応で移動する電子を利用して電流を取り出している。

④誤文。発熱反応では，生成物の生成熱の総和が反応物の生成熱の総和より大きくなる。

⑤誤文。気体粒子はお互い衝突するたびに運動の方向や速さが変わるため，もつエネルギーはすべての粒子で同じではない。

問3．ヘスの法則より，反応物と生成物がともに気体のときは

(反応熱)

＝(生成物の全結合エネルギー)－(反応物の全結合エネルギー)

が成立する。

(1)　求める熱量を Q_1〔kJ/mol〕とすると，熱化学方程式は

$$H_2(気) + Cl_2(気) = 2HCl(気) + 185\,kJ$$

よって

$$185 = 2Q_1 - (436 + 243) \qquad \therefore \quad Q_1 = 432〔kJ〕$$

(2)　求める熱量を Q_2〔kJ/mol〕とすると，熱化学方程式は

$$\frac{1}{2}N_2(気) + \frac{3}{2}H_2(気) = NH_3(気) + Q_2\,kJ$$

よって

$$Q_2 = 391\times3-\left(\frac{1}{2}\times945+\frac{3}{2}\times436\right) \qquad \therefore \quad Q_2 = 46.5\,[\mathrm{kJ/mol}]$$

問４．(1)　鉛蓄電池の各電極で起こる反応は

正極：$PbO_2+4H^{+}+2e^{-}+SO_4{}^{2-} \longrightarrow PbSO_4+2H_2O$

負極：$Pb+SO_4{}^{2-} \longrightarrow PbSO_4+2e^{-}$

(正極)＋(負極) より

$$Pb+PbO_2+2H_2SO_4 \longrightarrow 2PbSO_4+2H_2O$$

よって，放電による e^{-} 2mol あたりの質量変化は

正極：＋64g　負極：＋96g　電解液：−160g

(2)　放電させた時間を t 秒とすると，ファラデーの法則より

$$\frac{5.0t}{9.65\times10^{4}}\times\frac{1}{2}\times96=9.6 \qquad \therefore \quad t=3860\,[\text{秒}]$$

(3)　上記の量的関係より，負極が 9.6g 増加すると正極は 6.4g 増加する。

(4)　反応式より，放電反応では硫酸が減り，水が増えているので，電解液濃度は減少する。

解答　問１．B　問２．過冷却　問３．②
問４．④　問５．−0.19°C

◀解　説▶

≪凝固点降下≫

問４．溶液は凝固点降下が起こるため，グラフは②または④である。また，凝固点は 0°C より低いため，③または④である。よって，④のグラフが該当する。

問５．凝固点降下度は質量モル濃度に比例する。この水溶液の凝固点を T[°C] とすると

$$0-T=1.85\times\frac{\frac{3.6}{180}}{\frac{200}{1000}} \qquad \therefore \quad T=-0.185\fallingdotseq-0.19\,[°\mathrm{C}]$$

解答　問１．**A**．固体　**D**．液体
問２．$2F_2+2H_2O \longrightarrow 4HF+O_2$

問３．$Cl_2+H_2O \rightleftarrows HCl+HClO$

問 4．分子間で水素結合するから。

問 5．$2I^- + Br_2 \longrightarrow I_2 + 2Br^-$

◀解　説▶

≪ハロゲンの性質≫

元素 **A**～**D** はハロゲンである。その単体と水との反応につき，激しく反応する **C** はフッ素，反応しない **A** はヨウ素である。また，フッ素以外で，単体が気体の **B** は塩素，したがって，**D** が臭素と決まる。

Ⅳ　　問 1．11.5

問 2．緩衝作用

問 3．1．$\dfrac{[NH_3][H_3O^+]}{[NH_4{}^+]}$　2．$\dfrac{K_w}{K_b}$　3．$\dfrac{x^2}{C}$　4．$\sqrt{\dfrac{K_w}{K_b}C}$

問 4．ウ．5.0　エ．1.1

◀解　説▶

≪アンモニア水の電離平衡≫

問 1．$[OH^-] = \sqrt{CK_b} = \sqrt{0.40 \times 2.0 \times 10^{-5}} = \sqrt{8.0 \times 10^{-6}}$〔mol/L〕

これより

$$\begin{aligned} pH &= 14 + \log_{10}[OH^-] = 14 + \log_{10}\sqrt{8.0 \times 10^{-6}} \\ &= 14 + \frac{1}{2}\log_{10}(8.0 \times 10^{-6}) = 11.45 \fallingdotseq 11.5 \end{aligned}$$

問 3．K_h の分母・分子に $[OH^-]$ を掛けると

$$K_h = \frac{[NH_3][H_3O^+][OH^-]}{[NH_4{}^+][OH^-]} = \frac{K_w}{K_b}$$

これより　$K_h = \dfrac{[NH_3][H_3O^+]}{[NH_4{}^+]} = \dfrac{x \times x}{C - x} = \dfrac{x^2}{C} = \dfrac{K_w}{K_b}$

これを x $(x>0)$ について解くと　$x = \sqrt{\dfrac{K_w}{K_b}C}$

問 4．ウ．このときのアンモニウムイオンの濃度は，水溶液を混合したことから

$$0.40 \times \frac{20.0}{20.0 + 20.0} = 0.20 \text{〔mol/L〕}$$

よって，問 3 の結果に代入すると

$$[\mathrm{H}^+]=\sqrt{\frac{K_\mathrm{w}}{K_\mathrm{b}}C}=\sqrt{\frac{1.0\times10^{-14}}{2.0\times10^{-5}}\times0.20}=1.0\times10^{-5}\,[\mathrm{mol/L}]$$

∴　pH＝5.0

エ．塩酸過剰なので，［H^+］を求めると

$$[\mathrm{H}^+]=\frac{0.40\times\frac{30.0}{1000}\times1-0.40\times\frac{20.0}{1000}\times1}{\frac{20.0+30.0}{1000}}=0.080\,[\mathrm{mol/L}]$$

∴　$\mathrm{pH}=-\log_{10}0.080=1.1$

V　解答

問1．ニトロ

問2．（NH_3Cl が結合したベンゼン環）$+NaOH \longrightarrow$（NH_2 が結合したベンゼン環）$+H_2O+NaCl$

問3．（$^+N{\equiv}NCl^-$ が結合したベンゼン環）

問4．**D**．窒素　**E**．フェノール

問5．（ベンゼン環）$-N=N-$（ベンゼン環）$-OH$

◀解　説▶

≪アゾ染料の合成≫

実験1より，ベンゼンをニトロ化して，ニトロベンゼン**A**を得る。実験2より，ニトロベンゼンをスズと濃塩酸で還元してアニリン塩酸塩とし，これを水酸化ナトリウム水溶液で中和してアニリン**B**を得る。実験3より，アニリンをジアゾ化し塩化ベンゼンジアゾニウム**C**を得る。実験4より，カップリングをすすめ，橙赤色染料の *p*-ヒドロキシアゾベンゼン（*p*-フェニルアゾフェノール）**F**を得る。

問3・問4．ジアゾ化合物は不安定であり，加熱により容易に分解する。この反応は以下の通り。

（$^+N{\equiv}NCl^-$ が結合したベンゼン環）$+H_2O \longrightarrow$（OH が結合したベンゼン環）$+N_2+HCl$

生物

Ⅰ　解答

問１．a．核膜孔　b．核小体　c．クリステ
d．マトリックス　e．チラコイド　f．グラナ
g．クロロフィル　h．カロテン　i．ストロマ　j．滑面
問２．Ａ・Ｂ・Ｃ
問３．①―Ｅ　②―Ｂ　③―Ｆ　④―Ｃ　⑤―Ｄ　⑥―Ｅ　⑦―Ａ
問４．⑤

◀解　説▶

≪真核細胞の構造と働き，細胞分画法≫

問２．核膜は起源となった原核細胞の細胞膜に由来する二重膜，ミトコンドリアと葉緑体は，好気性細菌やシアノバクテリアが細胞内共生した結果生じた二重膜であると考えられている。

問３．①ホルモンや酵素などのタンパク質の細胞外への分泌にはゴルジ体が関与する。

②筋肉などではその働きにATPが必要であり，細胞内にミトコンドリアを多く含む。

③リソソームは分解酵素を含み，不要物や古い細胞小器官を取り込んだ小胞と融合し，それらの分解に働く。

④二酸化炭素を有機物に変換する炭酸同化（光合成）は葉緑体で行われる。

⑤滑面小胞体は細胞内のCa^{2+}濃度調節に働く。

⑥タンパク質の輸送には小胞体とゴルジ体が関与しているが，「細胞外」とあるのでゴルジ体に限定される。

⑦DNAの複製，DNAからRNAへの転写は核内で行われる。

問４．細胞分画法で遠心力を段階的に上げて繰り返し遠心分離を行うと，構造物の大きさが大きいものから沈殿するので，⑤核→葉緑体→ミトコンドリア→リボソームの順に沈殿する。

Ⅱ　解答

問1．a．ヌクレオチド　b．S（DNA合成）
c．M（分裂）　d．G_2　e．2　f．転写　g．翻訳
問2．(1)リーディング鎖　(2)ラギング鎖　(3)岡崎フラグメント
問3．(1)(ア)―②　(イ)―①　(ウ)―③　(エ)―⑦
(2)ペプチド結合　(3)(カ)ヒスチジン　(キ)トレオニン

◀解　説▶

≪細胞周期，遺伝情報の発現≫

問1．e．G_2期の細胞はS期に複製が行われてDNA量が2倍に増加した後の時期なので，G_0期の細胞の2倍量のDNAを含む。

問3．(1)　タンパク質合成（翻訳）は細胞質基質でmRNAにリボソームが結合し，tRNAがアミノ酸を運搬することで行われる。mRNAの3つの塩基の遺伝暗号をコドンとよび，コドンに対応するtRNAの3つの塩基をアンチコドンという。

(3)　(カ)は対応するmRNAのコドンがCAUなのでヒスチジン。(キ)は対応するmRNAのコドンがACUなのでトレオニン。

Ⅲ　解答

問1．a．視床下部　b．副交感
c．ランゲルハンス島　d．インスリン
e．グリコーゲン　f．交感　g．脳下垂体　h．アドレナリン
i．糖質コルチコイド　j．グルカゴン
問2．(1)恒常性（ホメオスタシス）(2)フィードバック
問3．(1)Ⅰ型：④・⑥　Ⅱ型：①・③・④
(2)原尿中の過剰なグルコースを再吸収しきれないから。

◀解　説▶

≪血糖濃度の調節≫

問3．(1)　Ⅰ型糖尿病は，すい臓のランゲルハンス島のB細胞が破壊される自己免疫疾患のひとつで，インスリンの分泌量が減少するため，インスリン投与による治療が行われる。Ⅱ型糖尿病は日本人の糖尿病患者の9割以上を占めている。何らかの要因でインスリンの分泌量が減少したり，標的細胞のインスリンに対する反応性が低下したりする。運動療法や食事療法による治療やインスリン投与による治療が行われる。

(2)　糖尿病患者は血糖濃度を下げることができず，高血糖の状態が続く。

腎臓でろ過された原尿からは，通常すべてのグルコースが細尿管（腎細管）で再吸収されるが，高血糖濃度の糖尿病患者では，細尿管ですべてのグルコースを再吸収しきれず，尿中にグルコースが排出されてしまう。

Ⅳ　**解答**　問１．拒絶反応

問２．（キラー）T 細胞

問３．胸腺を移植された X 系統のヌードマウスにおいて，成熟した T 細胞が生じて拒絶反応を引き起こしたから。

問４．②

問５．②　理由：二次応答が起こり，すばやく拒絶反応を起こすから。

問６．25％

◀解　説▶

≪免疫，移植実験≫

問２．実験１では，X 系統のマウスに移植した Y 系統のマウスの皮膚は脱落した。実験２では，X 系統のヌードマウスに移植した Y 系統のマウスの皮膚は生着した。ヌードマウスは胸腺がなく（キラー）T 細胞が成熟できないため，拒絶反応が起こらず移植片が生着した。

問３．実験３では拒絶反応が起こり，移植した Y 系統マウスの皮膚が脱落した。これはヌードマウスに胸腺を移植したことで，成熟した T 細胞が生じたことによる。

問４．⑴移植した皮膚は X 系統・Y 系統両方の MHC 抗原をもち，移植先の X 系統のマウスにとって，Y 系統の MHC 抗原は異物として認識されて拒絶反応が起こり，移植した皮膚は脱落する。⑵移植した皮膚は X 系統の MHC 抗原をもち，移植先のマウスは X 系統・Y 系統両方の MHC 抗原をもっているため拒絶反応は起こらず，移植した皮膚は生着する。

問５．実験１での１度目の皮膚移植により Y 系統マウスの皮膚に対して免疫記憶が形成されるため，再度 Y 系統マウスの皮膚を移植すると，すばやく強力な二次応答が起こり，10 日よりも短い時間で移植した皮膚は脱落する。

問６．複数存在する MHC 抗原遺伝子間で組換えは起こらないとするので，MHC 抗原遺伝子群をひとつの遺伝子ととらえて考えてよい。父親の

MHC 抗原遺伝子を AB，母親の MHC 抗原遺伝子を CD とすると，子は両親のどちらか一方の遺伝子を引き継ぐので，AC，AD，BC，BD の４通りが考えられる。

よって，兄弟姉妹間で MHC 抗原が一致する確率は $\frac{1}{4}$ すなわち 25％である。

解答　問１．ａ．二酸化炭素　ｂ．光合成　ｃ．化石燃料

問２．窒素固定　問３．根粒菌　問４．窒素同化

問５．脱窒　問６．(ア)・(イ)

問７．(1)硝化

(2)亜硝酸菌が NH_4^+ を NO_2^- へ酸化し，さらに硝酸菌が NO_2^- を NO_3^- に酸化する。

問８．地球温暖化　問９．富栄養化

◀解　説▶

≪物質循環≫

問６．炭素の循環では，大気と植物や動物の間で，光合成や呼吸によって二酸化炭素のかたちでやりとりがある。一方，窒素の循環では，植物や動物が大気中の窒素を直接利用したり排出したりはせず，直接のやりとりはない。

問７．亜硝酸菌は NH_4^+ を，硝酸菌は NO_2^- をそれぞれ酸化させることで生じるエネルギーを用いて炭酸同化を行う化学合成細菌である。窒素の循環において NH_4^+ が NO_3^- に変換される過程を硝化という。

問９．硝酸塩やリン酸塩などの栄養塩類の濃度が高くなることを富栄養化といい，湖沼ではアオコ，内海などでは赤潮の発生を引き起こす。

Ⅵ　**解答**　問１．ａ．分子時計　ｂ．分子進化

問２．化合物名：ヘム　タンパク質：ミオグロビン

問３．もとは１つだったヘモグロビン遺伝子の重複が起こり，α 鎖と β 鎖の遺伝子が生じ，さらに両遺伝子で突然変異が蓄積された。

問４．代謝など，その生物の生命活動に重要な働きをもつ。

◀解　説▶

≪分子進化≫

問２．ヘモグロビンはα鎖２本，β鎖２本ずつからなり，それぞれのペプチド鎖に１分子のヘムを含む。ヘムの中心には鉄原子が存在する。ヘムは筋肉中に存在するミオグロビンにも含まれる。ミオグロビンは１本のペプチド鎖と１分子のヘムからなる。

問３．ヘモグロビンを構成するペプチド鎖であるα鎖とβ鎖は長さがほぼ同じで，アミノ酸配列も一致する部分が多い。もとは同じ遺伝子で，遺伝子重複の後にそれぞれの遺伝子において突然変異が起こり，変異が蓄積されたことによって生じた。このようなしくみは，進化が起こる要因のひとつと考えられている。

問４．代謝などの生命活動の根幹となる重要な働きをもつタンパク質では，仮に変異が起こってアミノ酸配列が変化すると，機能を失うなど生存に不利に作用する可能性があるため，分子進化の速度は遅い。一方，生存に有利でも不利でもない中立な突然変異が生じたタンパク質では分子進化の速度は速い。

MEMO

MEMO

MEMO

MEMO

教学社　刊行一覧

2023年版 大学入試シリーズ（赤本）

379大学550点
全都道府県を網羅

国公立大学（都道府県順）

1 北海道大学（文系－前期日程）
2 北海道大学（理系－前期日程） 医
3 北海道大学（後期日程）
4 旭川医科大学（医学部〈医学科〉） 医
5 小樽商科大学
6 帯広畜産大学
7 北海道教育大学
8 室蘭工業大学／北見工業大学
9 釧路公立大学
10 公立千歳科学技術大学 新
11 公立はこだて未来大学 総推
12 札幌医科大学（医学部） 医
13 弘前大学 医
14 岩手大学
15 岩手県立大学・盛岡短期大学部・宮古短期大学部
16 東北大学（文系－前期日程）
17 東北大学（理系－前期日程） 医
18 東北大学（後期日程）
19 宮城教育大学
20 宮城大学
21 秋田大学 医
22 秋田県立大学
23 国際教養大学 総推
24 山形大学 医
25 福島大学
26 会津大学
27 福島県立医科大学（医・保健科学部） 医
28 茨城大学（文系）
29 茨城大学（理系）
30 筑波大学（推薦入試） 医 総推
31 筑波大学（前期日程） 医
32 筑波大学（後期日程）
33 宇都宮大学
34 群馬大学 医
35 群馬県立女子大学
36 高崎経済大学
37 前橋工科大学
38 埼玉大学（文系）
39 埼玉大学（理系）
40 千葉大学（文系－前期日程）
41 千葉大学（理系－前期日程） 医
42 千葉大学（後期日程） 医
43 東京大学（文科） CD
44 東京大学（理科） CD 医
45 お茶の水女子大学
46 電気通信大学
47 東京医科歯科大学 医
48 東京外国語大学 CD
49 東京海洋大学
50 東京学芸大学
51 東京藝術大学
52 東京工業大学（総合型選抜） 新 総推
53 東京工業大学（一般選抜）
54 東京農工大学
55 一橋大学（前期日程） CD
56 一橋大学（後期日程）
57 東京都立大学（文系）
58 東京都立大学（理系）
59 横浜国立大学（文系）
60 横浜国立大学（理系）
61 横浜市立大学（国際教養・国際商・理・データサイエンス・医〈看護〉学部）
62 横浜市立大学（医学部〈医学科〉） 医
63 新潟大学（人文・教育〈文系〉・法・経済科・医〈看護〉・創生学部）
64 新潟大学（教育〈理系〉・理・医〈看護を除く〉・歯・工・農学部） 医
65 新潟県立大学
66 富山大学（文系）
67 富山大学（理系） 医
68 富山県立大学
69 金沢大学（文系）
70 金沢大学（理系） 医
71 福井大学（教育・医〈看護〉・工・国際地域学部）
72 福井大学（医学部〈医学科〉） 医
73 福井県立大学
74 山梨大学（教育・医〈看護〉・工・生命環境学部）
75 山梨大学（医学部〈医学科〉） 医
76 都留文科大学
77 信州大学（文系－前期日程）
78 信州大学（理系－前期日程） 医
79 信州大学（後期日程）
80 公立諏訪東京理科大学 総推
81 岐阜大学（前期日程） 医
82 岐阜大学（後期日程）
83 岐阜薬科大学
84 静岡大学（前期日程）
85 静岡大学（後期日程）
86 浜松医科大学（医学部〈医学科〉） 医
87 静岡県立大学
88 静岡文化芸術大学
89 名古屋大学（文系）
90 名古屋大学（理系） 医
91 愛知教育大学
92 名古屋工業大学
93 愛知県立大学
94 名古屋市立大学（経済・人文社会・芸術工・看護・総合生命理学部）
95 名古屋市立大学（医学部） 医
96 名古屋市立大学（薬学部）
97 三重大学（人文・教育・医〈看護〉学部）
98 三重大学（医〈医〉・工・生物資源学部） 医
99 滋賀大学
100 滋賀医科大学（医学部〈医学科〉） 医
101 滋賀県立大学
102 京都大学（文系）
103 京都大学（理系） 医
104 京都教育大学
105 京都工芸繊維大学
106 京都府立大学
107 京都府立医科大学（医学部〈医学科〉） 医
108 大阪大学（文系） CD
109 大阪大学（理系） 医
110 大阪教育大学
111 大阪公立大学（現代システム科学域〈文系〉・文・法・経済・商・看護・生活科〈居住環境・人間福祉〉学部－前期日程）
112 大阪公立大学（現代システム科学域〈理系〉・理・工・農・獣医・医・生活科〈食栄養〉学部－前期日程） 医
113 大阪公立大学（中期日程）
114 大阪公立大学（後期日程）
115 神戸大学（文系－前期日程）
116 神戸大学（理系－前期日程） 医
117 神戸大学（後期日程）
118 神戸市外国語大学 CD
119 兵庫県立大学（国際商経・社会情報科・看護学部）
120 兵庫県立大学（工・理・環境人間学部）
121 奈良教育大学／奈良県立大学
122 奈良女子大学
123 奈良県立医科大学（医学部〈医学科〉） 医
124 和歌山大学
125 和歌山県立医科大学（医・薬学部） 医
126 鳥取大学 医
127 公立鳥取環境大学
128 島根大学 医
129 岡山大学（文系）
130 岡山大学（理系） 医
131 岡山県立大学
132 広島大学（文系－前期日程）
133 広島大学（理系－前期日程） 医
134 広島大学（後期日程）
135 尾道市立大学 総推
136 県立広島大学
137 広島市立大学
138 福山市立大学 総推
139 山口大学（人文・教育〈文系〉・経済・医〈看護〉・国際総合科学部）
140 山口大学（教育〈理系〉・理・医〈看護を除く〉・工・農・共同獣医学部） 医
141 山陽小野田市立山口東京理科大学 総推
142 下関市立大学／山口県立大学
143 徳島大学 医
144 香川大学 医
145 愛媛大学 医
146 高知大学 医
147 高知工科大学
148 九州大学（文系－前期日程）
149 九州大学（理系－前期日程） 医
150 九州大学（後期日程）
151 九州工業大学
152 福岡教育大学
153 北九州市立大学
154 九州歯科大学
155 福岡県立大学／福岡女子大学
156 佐賀大学 医
157 長崎大学（多文化社会・教育〈文系〉・経済・医〈保健〉・環境科〈文系〉学部）
158 長崎大学（教育〈理系〉・医〈医〉・歯・薬・情報データ科・工・環境科〈理系〉・水産学部） 医
159 長崎県立大学 総推
160 熊本大学（文・教育・法・医〈看護〉学部）
161 熊本大学（理・医〈看護を除く〉・薬・工学部） 医
162 熊本県立大学
163 大分大学（教育・経済・医〈看護〉・理工・福祉健康科学部）
164 大分大学（医学部〈医学科〉） 医
165 宮崎大学（教育・医〈看護〉・工・農・地域資源創成学部）
166 宮崎大学（医学部〈医学科〉） 医
167 鹿児島大学（文系）
168 鹿児島大学（理系） 医
169 琉球大学 医

2023年版 大学入試シリーズ（赤本）

国公立大学 その他

国公立大学 その他

170 〔国公立大〕医学部医学科 総合型選抜・学校推薦型選抜 医 総推
171 看護・医療系大学〈国公立 東日本〉
172 看護・医療系大学〈国公立 中日本〉
173 看護・医療系大学〈国公立 西日本〉
174 海上保安大学校／気象大学校
175 航空保安大学校
176 国立看護大学校
177 防衛大学校 総推
178 防衛医科大学校（医学科） 医
179 防衛医科大学校（看護学科）

※ No.170～173の収載大学は赤本ウェブサイト（http://akahon.net/）でご確認ください。

私立大学①

北海道の大学（50音順）

201 札幌大学
202 札幌学院大学
203 北星学園大学・短期大学部
204 北海学園大学
205 北海道医療大学
206 北海道科学大学
207 北海道武蔵女子短期大学
208 酪農学園大学（獣医学群〈獣医学類〉）

東北の大学（50音順）

209 岩手医科大学（医・歯・薬学部） 医
210 仙台大学 総推
211 東北医科薬科大学（医・薬学部） 医
212 東北学院大学
213 東北工業大学
214 東北福祉大学
215 宮城学院女子大学 総推

関東の大学（50音順）

あ行（関東の大学）

216 青山学院大学（法・国際政治経済学部－個別学部日程）
217 青山学院大学（経済学部－個別学部日程）
218 青山学院大学（経営学部－個別学部日程）
219 青山学院大学（文・教育人間科学部－個別学部日程）
220 青山学院大学（総合文化政策・社会情報・地球社会共生・コミュニティ人間科学部－個別学部日程）
221 青山学院大学（理工学部－個別学部日程）
222 青山学院大学（全学部日程）
223 麻布大学（獣医、生命・環境科学部）
224 亜細亜大学
225 跡見学園女子大学
226 桜美林大学
227 大妻女子大学・短期大学部

か行（関東の大学）

228 学習院大学（法学部－コア試験）
229 学習院大学（経済学部－コア試験）
230 学習院大学（文学部－コア試験）
231 学習院大学（国際社会科学部－コア試験）
232 学習院大学（理学部－コア試験）
233 学習院女子大学
234 神奈川大学（給費生試験）
235 神奈川大学（一般入試）
236 神奈川工科大学
237 鎌倉女子大学・短期大学部
238 川村学園女子大学
239 神田外語大学
240 関東学院大学
241 北里大学（理学部）
242 北里大学（医学部） 医
243 北里大学（薬学部）
244 北里大学（看護・医療衛生学部）
245 北里大学（獣医・海洋生命科学部）
246 共立女子大学・短期大学
247 杏林大学（医学部） 医
248 杏林大学（保健学部）
249 群馬パース大学 総推
250 慶應義塾大学（法学部）
251 慶應義塾大学（経済学部）
252 慶應義塾大学（商学部）
253 慶應義塾大学（文学部） 総推
254 慶應義塾大学（総合政策学部）
255 慶應義塾大学（環境情報学部）
256 慶應義塾大学（理工学部）
257 慶應義塾大学（医学部） 医
258 慶應義塾大学（薬学部）
259 慶應義塾大学（看護医療学部）
260 工学院大学
261 國學院大學
262 国際医療福祉大学 医
263 国際基督教大学
264 国士舘大学
265 駒澤大学（一般選抜T方式・S方式）
266 駒澤大学（全学部統一日程選抜）

さ行（関東の大学）

267 埼玉医科大学（医学部） 医
268 相模女子大学・短期大学部
269 産業能率大学
270 自治医科大学（医学部） 医
271 自治医科大学（看護学部）／東京慈恵会医科大学（医学部〈看護学科〉）
272 実践女子大学・短期大学部 総推
273 芝浦工業大学（前期日程、英語資格・検定試験利用方式）
274 芝浦工業大学（全学統一日程・後期日程）
275 十文字学園女子大学
276 淑徳大学
277 順天堂大学（医学部） 医
278 順天堂大学（スポーツ健康科・医療看護・保健看護・国際教養・保健医療・医療科学部） 総推
279 上智大学（神・文・総合人間科学部） 総推
280 上智大学（法・経済学部） 総推
281 上智大学（外国語・総合グローバル学部） 総推
282 上智大学（理工学部） 総推
283 上智大学（TEAP スコア利用型）
570 湘南医療大学 新
284 湘南工科大学
285 昭和大学（医学部） 医
286 昭和大学（歯・薬・保健医療学部）
287 昭和女子大学
288 昭和薬科大学
289 女子栄養大学・短期大学部
290 白百合女子大学
291 成蹊大学（法学部－A方式）
292 成蹊大学（経済・経営学部－A方式）
293 成蹊大学（文学部－A方式）
294 成蹊大学（理工学部－A方式）
295 成蹊大学（E方式・G方式・P方式）
296 成城大学（経済・法学部－A方式）
297 成城大学（文芸・社会イノベーション学部－A方式）
298 成城大学（S方式〈全学部統一選抜〉）
299 聖心女子大学
300 清泉女子大学
301 聖徳大学・短期大学部
302 聖マリアンナ医科大学 医
303 聖路加国際大学（看護学部）
304 専修大学（スカラシップ・全国入試）
305 専修大学（学部個別入試）
306 専修大学（全学部統一入試）

た行（関東の大学）

307 大正大学
308 大東文化大学
309 高崎健康福祉大学 総推
310 高千穂大学
311 拓殖大学
312 玉川大学
313 多摩美術大学
314 千葉工業大学
315 千葉商科大学
316 中央大学（法学部－学部別選抜）
317 中央大学（経済学部－学部別選抜）
318 中央大学（商学部－学部別選抜）
319 中央大学（文学部－学部別選抜）
320 中央大学（総合政策学部－学部別選抜）
321 中央大学（国際経営・国際情報学部－学部別選抜）
322 中央大学（理工学部－学部別選抜）
323 中央大学（6学部共通選抜）
324 中央学院大学
325 津田塾大学
326 帝京大学（薬・経済・法・文・外国語・教育・理工・医療技術・福岡医療技術学部）
327 帝京大学（医学部） 医
328 帝京科学大学 総推
329 帝京平成大学 総推
330 東海大学（医〈医〉学部を除く－一般選抜）
331 東海大学（文系・理系学部統一選抜）
332 東海大学（医学部〈医学科〉） 医
333 東京医科大学（医学部〈医学科〉） 医
334 東京家政大学・短期大学部
335 東京経済大学
336 東京工科大学
337 東京工芸大学
338 東京国際大学
339 東京歯科大学
340 東京慈恵会医科大学（医学部〈医学科〉） 医
341 東京情報大学
342 東京女子大学
343 東京女子医科大学（医学部） 医
344 東京電機大学
345 東京都市大学
346 東京農業大学
347 東京薬科大学（薬学部） 総推
348 東京薬科大学（生命科学部） 総推
349 東京理科大学（理学部〈第一部〉－B方式）
350 東京理科大学（理工学部－B方式）
351 東京理科大学（工学部－B方式）
352 東京理科大学（先進工学部－B方式）

2023年版 大学入試シリーズ（赤本）

私立大学②

- 353 東京理科大学（薬学部－B方式）
- 354 東京理科大学（経営学部－B方式）
- 355 東京理科大学（C方式、グローバル方式、理学部〈第二部〉－B方式）
- 356 東邦大学（医学部） 医
- 357 東邦大学（薬学部）
- 358 東邦大学（理・看護・健康科学部）
- 359 東洋大学（文・経済・経営・法・社会・国際・国際観光学部）
- 360 東洋大学（情報連携・ライフデザイン・理工・総合情報・生命科・食環境科学部）
- 361 東洋英和女学院大学 総推
- 362 常磐大学・短期大学 総推
- 363 獨協大学
- 364 獨協医科大学（医学部） 医

な行（関東の大学）

- 365 二松学舎大学
- 366 日本大学（法学部）
- 367 日本大学（経済学部）
- 368 日本大学（商学部）
- 369 日本大学（文理学部〈文系〉）
- 370 日本大学（文理学部〈理系〉）
- 371 日本大学（芸術学部）
- 372 日本大学（国際関係学部）
- 373 日本大学（危機管理・スポーツ科学部）
- 374 日本大学（理工学部）
- 375 日本大学（生産工・工学部）
- 376 日本大学（生物資源科学部）
- 377 日本大学（医学部） 医
- 378 日本大学（歯・松戸歯学部）
- 379 日本大学（薬学部）
- 380 日本大学（医学部を除く－N全学統一方式）
- 381 日本医科大学 医
- 382 日本工業大学
- 383 日本歯科大学
- 384 日本獣医生命科学大学
- 385 日本女子大学
- 386 日本体育大学

は行（関東の大学）

- 387 白鷗大学（学業特待選抜・一般選抜）
- 388 フェリス女学院大学
- 389 文教大学
- 390 法政大学（法〈法律・政治〉・国際文化・キャリアデザイン学部－A方式）
- 391 法政大学（法〈国際政治〉・文・経営・人間環境・グローバル教養学部－A方式）
- 392 法政大学（経済・社会・現代福祉・スポーツ健康学部－A方式）
- 393 法政大学（情報科・デザイン工・理工・生命科学部－A方式）
- 394 法政大学（T日程〈統一日程〉・英語外部試験利用入試）
- 395 星薬科大学 総推

ま行（関東の大学）

- 396 武蔵大学
- 397 武蔵野大学
- 398 武蔵野美術大学
- 399 明海大学
- 400 明治大学（法学部－学部別入試）
- 401 明治大学（政治経済学部－学部別入試）
- 402 明治大学（商学部－学部別入試）
- 403 明治大学（経営学部－学部別入試）
- 404 明治大学（文学部－学部別入試）
- 405 明治大学（国際日本学部－学部別入試）
- 406 明治大学（情報コミュニケーション学部－学部別入試）
- 407 明治大学（理工学部－学部別入試）
- 408 明治大学（総合数理学部－学部別入試）
- 409 明治大学（農学部－学部別入試）
- 410 明治大学（全学部統一入試）
- 411 明治学院大学（A日程）
- 412 明治学院大学（全学部日程）
- 413 明治薬科大学 総推
- 414 明星大学
- 415 目白大学・短期大学部

ら・わ行（関東の大学）

- 416 立教大学（文系学部－一般入試〈大学独自の英語を課さない日程〉）
- 417 立教大学（文学部－一般入試〈大学独自の英語を課す日程〉）
- 418 立教大学（理学部－一般入試）
- 419 立教大学（国語〈3日程×3カ年〉） 新
- 420 立教大学（日本史・世界史〈2日程×3カ年〉） 新
- 421 立正大学
- 422 早稲田大学（法学部）
- 423 早稲田大学（政治経済学部）
- 424 早稲田大学（商学部）
- 425 早稲田大学（社会科学部）
- 426 早稲田大学（文学部）
- 427 早稲田大学（文化構想学部）
- 428 早稲田大学（教育学部〈文科系〉）
- 429 早稲田大学（教育学部〈理科系〉）
- 430 早稲田大学（人間科・スポーツ科学部）
- 431 早稲田大学（国際教養学部）
- 432 早稲田大学（基幹理工・創造理工・先進理工学部）
- 433 和洋女子大学 総推

中部の大学（50音順）

- 434 愛知大学
- 435 愛知医科大学（医学部） 医
- 436 愛知学院大学・短期大学部
- 437 愛知工業大学 総推
- 438 愛知淑徳大学
- 439 朝日大学 総推
- 440 金沢医科大学（医学部） 医
- 441 金沢工業大学
- 442 岐阜聖徳学園大学・短期大学部 総推
- 443 金城学院大学
- 444 至学館大学 総推
- 445 静岡理工科大学
- 446 椙山女学園大学
- 447 大同大学
- 448 中京大学
- 449 中部大学
- 450 名古屋外国語大学 総推
- 451 名古屋学院大学 総推
- 452 名古屋学芸大学 総推
- 453 名古屋女子大学・短期大学部 総推
- 454 南山大学（外国語〈英米〉・法・総合政策・国際教養学部）
- 455 南山大学（人文・外国語〈英米を除く〉・経済・経営・理工学部）
- 456 新潟国際情報大学
- 457 日本福祉大学
- 458 福井工業大学
- 459 藤田医科大学（医学部） 医
- 460 藤田医科大学（医療科・保健衛生学部）
- 461 名城大学（法・経営・経済・外国語・人間・都市情報学部）
- 462 名城大学（情報工・理工・農・薬学部）
- 463 山梨学院大学

近畿の大学（50音順）

- 464 追手門学院大学 総推
- 465 大阪医科薬科大学（医学部） 医
- 466 大阪医科薬科大学（薬学部） 総推
- 467 大阪学院大学 総推
- 468 大阪経済大学 総推
- 469 大阪経済法科大学 総推
- 470 大阪工業大学 総推
- 471 大阪国際大学・短期大学部 総推
- 472 大阪歯科大学（歯学部）
- 473 大阪商業大学 総推
- 474 大阪女学院大学・短期大学 総推
- 475 大阪成蹊大学・短期大学 総推
- 476 大谷大学 新 総推
- 477 大手前大学・短期大学 総推
- 478 関西大学（文系）
- 479 関西大学（理系）
- 480 関西大学（英語〈3日程×3カ年〉）
- 481 関西大学（国語〈3日程×3カ年〉）
- 482 関西大学（文系選択科目〈2日程×3カ年〉）
- 483 関西医科大学（医学部） 医
- 484 関西医療大学 総推
- 485 関西外国語大学・短期大学部 総推
- 486 関西学院大学（文・社会・法学部－学部個別日程）
- 487 関西学院大学（経済・人間福祉・国際学部－学部個別日程）
- 488 関西学院大学（神・商・教育・総合政策学部－学部個別日程）
- 489 関西学院大学（全学部日程〈文系型〉）
- 490 関西学院大学（全学部日程〈理系型〉）
- 491 関西学院大学（共通テスト併用／英数日程）
- 492 畿央大学 総推
- 493 京都外国語大学・短期大学 総推
- 494 京都光華女子大学・短期大学部 総推
- 495 京都産業大学（公募推薦入試） 総推
- 496 京都産業大学（一般選抜入試〈前期日程〉）
- 497 京都女子大学 総推
- 498 京都先端科学大学 総推
- 499 京都橘大学 総推
- 500 京都ノートルダム女子大学 総推
- 501 京都薬科大学 総推
- 502 近畿大学・短期大学部（医学部を除く－推薦入試） 総推
- 503 近畿大学・短期大学部（医学部を除く－一般入試前期）
- 504 近畿大学（医学部－推薦入試・一般入試前期） 医 総推
- 505 近畿大学・短期大学部（一般入試後期） 医
- 506 皇學館大学 総推
- 507 甲南大学 総推
- 508 神戸学院大学 総推
- 509 神戸国際大学 総推
- 510 神戸松蔭女子学院大学 総推
- 511 神戸女学院大学 総推
- 512 神戸女子大学・短期大学 総推
- 513 神戸薬科大学 総推
- 514 四天王寺大学・短期大学部 総推
- 515 摂南大学（公募制推薦入試） 総推
- 516 摂南大学（一般選抜前期日程）
- 517 同志社大学（法、グローバル・コミュニケーション学部－学部個別日程）
- 518 同志社大学（文・経済学部－学部個別日程）
- 519 同志社大学（神・商・心理・グローバル地域文化学部－学部個別日程）
- 520 同志社大学（社会学部－学部個別日程）
- 521 同志社大学（政策・文化情報〈文系型〉・スポーツ健康科〈文系型〉学部－学部個別日程）

共通テスト対策関連書籍

共通テスト対策 も 赤本で

① 過去問演習

2023年版

共通テスト 赤本シリーズ

A5判／定価1,078円（本体980円）

共通テスト対策過去問集　売上 No.1!!
※日販オープンネットワークWIN調べ（2021年4月〜12月、売上冊数）に基づく

英語・数学・国語には、本書オリジナル模試も収載！

英語はリスニングを11回分収載！ 赤本の音声サイトで本番さながらの対策！

- 英語 リスニング／リーディング※1 DL
- 数学I・A／II・B※2
- 国語※2
- 日本史B
- 世界史B
- 地理B
- 現代社会
- 倫理，政治経済／倫理
- 政治・経済
- 物理／物理基礎
- 化学／化学基礎
- 生物／生物基礎
- 地学基礎※3

DL 音声無料配信　※1 模試2回分収載　※2 模試1回分収載　※3 地学（共通テスト2年分＋試行調査2回分）も収載

② 自己分析

赤本ノートシリーズ　**過去問演習の効果を最大化**

▶共通テストには

赤本ノート（共通テスト用）　赤本ルーズリーフ（共通テスト用）

共通テスト赤本シリーズ
Smart Start シリーズ
全28点に対応!!

▶大学入試シリーズにも

大学入試シリーズ
全550点に対応!!

赤本ノート（二次・私大用）

③ 重点対策

Smart Start シリーズ

共通テスト スマート対策 3訂版

基礎固め＆苦手克服のための**分野別対策問題集**!!

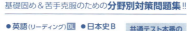

- 英語（リーディング）DL
- 英語（リスニング）DL
- 数学I・A
- 数学II・B
- 国語（現代文）
- 国語（古文・漢文）
- 日本史B
- 世界史B
- 地理B
- 現代社会
- 物理
- 化学
- 生物
- 化学基礎・生物基礎
- 生物基礎・地学基礎

DL 音声無料配信

共通テスト本番の内容を反映!
全15点 好評発売中!

A5判／定価1,210円（本体1,100円）

手軽なサイズの実戦的参考書

目からウロコのコツが満載!
直前期にも!

満点のコツ シリーズ　赤本ポケット